Profesores Desechables

La Grieta

Gazir Sued

Profesores Desechables

La Grieta

® ©Gazir Sued 2020

Editorial *La Grieta*
Lirio #495 – Urb. Mansiones de Río Piedras
San Juan, Puerto Rico - 00926
Tel. 787-226-0212

Correo electrónico: gazirsued@yahoo.com
gazirsued@gmail.com
http://www.facebook.com/gazir

Imagen de portada: "Al otro lado del reloj"; tomada en el interior de la Torre de la Universidad de Puerto Rico, por Gazir Sued (2017)
Imagen de contraportada: Autorretrato (2020)

ISBN: 978-0-9763039-9-2

ÍNDICE

Profesores Desechables

Prólogo

....i-xviii

Dr. Gazir Sued-Jiménez vs. Universidad de Puerto Rico y Otros; Apelación al Tribunal Supremo de Puerto Rico; 29 de abril de 2019
....1-119

I. Alegato de la parte apelante (Parte I): relación fiel y concisa de los hechos procesales y de los hechos importantes y pertinentes del caso; señalamientos y discusión de los errores y faltas cometidas por los funcionarios apelados; disposiciones reglamentarias, legales y jurisprudencias aplicables al caso..4-38

II. Alegato de la parte apelante (Parte II): perfeccionamiento de los fundamentos de derecho y disposiciones reglamentarias, legales y jurisprudencias aplicables al caso; referencias, citas y discusión de las disposiciones legales y autoridades jurídicas que establecen la jurisdicción y la competencia del Tribunal..........................39-106

III. Súplica..107-108

IV. Certificación de notificación a la parte apelada............109

Resolución del Tribunal Supremo, 3 de mayo de 2019..............110

Moción impugnando la resolución del Tribunal Supremo de Puerto Rico y demanda del Dr. Gazir Sued Jiménez para que considere su apelación íntegra y en sus méritos, 13 de mayo de 2019..111-118

Resolución Final del Tribunal Supremo, 31 de mayo de 2019....119

Apéndice #1 - Apelación del Dr. Gazir Sued ante la Junta de Gobierno de la Universidad de Puerto Rico (copia literal de la apelación original - caso núm. 1 DAJG (2018-2019-, documentos de seguimiento, anejos, evidencias y apéndices complementarios que constan en el expediente hasta finalizar el proceso apelativo a nivel institucional (2016-2018) 123-313

Apéndice #2 - **Profesores desechables e inequidad laboral en la Universidad de Puerto Rico**; septiembre de 2016..................317-356

Apéndice #3 - **El trabajo intelectual académico: proyecto para la reconfiguración de la política editorial de la UPR y sus revistas académicas** (Presentado a la consideración del Senado Académico del Recinto de Río Piedras, 15 de abril de 2016).......................359-392

Apéndice #4 - **Investigación histórica sobre las condiciones laborales de los docentes sin plaza en la Universidad de Puerto Rico / Proyecto de enmienda a la Ley Universitaria y al Reglamento General de la UPR / Carta de Derechos del Personal Docente sin Plaza en la Universidad de Puerto Rico** (presentado a la Comisión de Educación y Reforma Universitaria del Senado de Puerto Rico; 13 de julio de 2017)....................................395-427

Referencias Bibliográficas

....429-478

Prólogo

PRÓLOGO

En una columna publicada a inicios de verano de 2016 expresé, con notada angustia y aires de desasosiego, el sostenido malestar por las injustas condiciones laborales a las que somos sometidos los profesores más jóvenes de la Universidad de Puerto Rico.[1] Este breve escrito, sin embargo, no aludía exclusivamente a mi experiencia de casi veinte años como trabajador docente. Era, además, un fragmento reflexivo de mis investigaciones acumuladas hasta la fecha; y formaba parte de mis esfuerzos como intelectual para sensibilizar y crear conciencia -dentro y fuera de la Academia- sobre el grave estado de situación laboral de los educadores universitarios contratados temporalmente de manera indefinida y sin oportunidad de lograr por sus méritos plazas permanentes o, al menos, mejores condiciones de estabilidad laboral. En este sentido, la columna representaba la posición política del autor, animada por la voluntad de aportar en lo posible a contrarrestar las condiciones institucionales, las relaciones de poder, estructuras y actitudes que perpetúan el problema. Entre sus líneas, denuncié que a la incertidumbre de las contrataciones le sigue una vida de sobrevivencia entre la precariedad laboral, el desempleo involuntario y la pobreza forzada; y concluí con estas palabras:

> "La Universidad envejece, y los profesores que ayer éramos jóvenes también avejentamos. El porvenir sigue el rastro a las sombras perfumadas del pasado, repetido siempre, siempre imitado. Ojeras empolvadas, sonrisas pintadas, panzas abultadas y espaldas encorvadas; sueños rotos, logros y hazañas; todo reincide en el carnaval de vida universitaria, pero se agrava la situación de sus más jóvenes educadores.
>
> La Universidad envejece, pero su envejecimiento no es natural. La condición degenerativa del ser humano hace vital el relevo generacional, y nada excusa el menosprecio institucional a los profesores más jóvenes. Ayer lo decía con mi barba negra, hoy lo digo con ella emblanquecida…"

---

[1] Sued, Gazir; "Relevos vitales"; *El Nuevo Día*, 1 de junio de 2016; p.310.

Adentrada esa misma semana, recibí carta oficial de la autoridad patronal de la Universidad en evidente represalia, informándome -sin dar razón alguna- que no sería renovado mi contrato como profesor; a pesar de cumplir cabalmente con los requerimientos institucionales. La carta citada no solo anunciaba la decisión patronal, pues su contenido representaba entre líneas una orden de cesantía sin justa causa, tan injusta e injustificada como sospechosa:

> "En el descargue de mis responsabilidades, como Directora, le informo que evalué exhaustivamente el informe de los miembros del Comité (de Personal) que le recomendaron (que se le extendiera a usted un contrato a tiempo completo...) Sin embargo, lamento informarle que no le estaremos extendiendo un nuevo contrato..."[2]

Sin más, agradeció mis servicios como docente durante el periodo que "disfruté" del contrato y, a nombre del Departamento y del suyo propio, me deseó "mucho éxito" en mis proyectos y gestiones profesionales. Por mi parte, insistí en que me fuera entregado por escrito el informe oficial que justificara tal determinación (*de la que supe que no contaba con el aval de los demás profesores del Departamento, incluyendo a los miembros del Comité de Personal). Pasadas dos semanas, solo conseguí audiencia para una reunión "informativa" con la directora, quien - en función de autoridad patronal y con marcados aires de prepotencia y cinismo- ratificó su postura, alegando que no está obligada con fuerza de ley a entregar por escrito sus justificaciones; y que la concesión de audiencia era solo un acto de condescendencia discrecional del patrono, no una obligación legal.

Esta actitud patronal, aunque evidentemente desconsiderada e irrespetuosa, no es extraña en la historia de la Universidad. De hecho, la negativa a rendir informes escritos que justifiquen los criterios patronales impuestos al margen de los requerimientos contractuales y la reglamentación institucional es una práctica *normalizada* en la Institución. Esta realidad, de hecho, no acredita su legitimidad moral ni abona positivamente a las condiciones laborales del personal docente más vulnerable. Por el contrario,

---

[2] Carta de la directora Vicky Muñiz Quiñones (Depto. de Ciencias Sociales, Facultad de Estudios Generales, UPR-RP), 7 de junio de 2016; p.298.

salvaguarda privilegios arcaicos del poder patronal, dejándolos actuar sin escrúpulos de manera arbitraria y caprichosa; y así discriminar ilícitamente e incluso fichar o carpetear ilegalmente a profesores disidentes, ya sea por consideraciones ideológicas (políticas); en represalia contra expresiones intelectuales discordantes; o por cuestionamientos a las autoridades académicas y/o administrativas dominantes. Esta modalidad del poderío patronal en la Universidad degenera en el acto de excluir a los profesores más vulnerables de sus derechos laborales funda-mentales y hasta privarlos de empleo indefinidamente y sin justa causa.

Así las cosas, la audiencia me fue concedida como privilegio discrecional y no como derecho laboral. Su contenido -expuesto a manera de alocución acusatoria pero actuado como monólogo de reprimenda maternal, con acentuados matices de cinismo y cargado de calumnias, difamaciones y falsedades, irracionalidades e incoherencias- es revelador.[3] Entre las expresiones ejemplares, además de mostrar desagrado por mi estilo pedagógico "atípico" en el salón de clases y mis publicaciones, la directora alegó que *tiene* "acceso a un escenario más amplio", en particular sobre "preocupaciones" que *recibe* de "distintas fuentes"; de "personas que se me acercan". Y aunque nunca presentó evidencia alguna, entre líneas confesó que su decisión estaba basada, en parte, en actos de espionaje y fichaje ilícito o carpeteo; y, en parte, en supuestas quejas, rumores y chismes de otros profesores, a quienes tampoco evidenció:

> "…son cosas que tienen que ver, unas con un estilo, con una manera, una forma; (…) …la forma en que defiendes, lo que sea, ahí hay un problema. ¿Cuál es el problema? Falta de respeto a los colegas; falta de respeto a las normas; a las reglas de la Institución…"[4]

A su extensa descarga acusatoria e imputaciones de insubordinación e insolencia, añadió que he *creado* un clima entre pares, entre colegas, de "intranquilidad" y "desconfianza"; que mi "estilo" es "ofensivo" y contrario a "lo que es ser Universidad"; que he creado un *clima* de "incertidumbre de por dónde vienes, qué

---

[3] Transcripción de reunión con Vicky Muñiz Quiñones, Dir. Depto. Ciencias Sociales, Facultad de Estudios Generales, 16 de junio de 2016; pp.300-307.

[4] Ídem.

podemos esperar, a quién va a atacar, bajo qué cosa…"; y que muchos en la Facultad tienen "coraje… mucho coraje."

Entre sus reproches también se confesó afectada emocionalmente: "…a mí me crea mucha ansiedad, no saber por dónde tú vienes"; y dijo que, en base a esas "consideraciones en términos generales" y a "personas que se me acercan", "no me sentía segura, tranquila, de renovar ese contrato." Acto seguido, concluyó que, "después de todas esas oportunidades":

> "…mira te voy a hablar ahora como mamá. A mis hijas, desde chiquitas les decía esto se hace y esto no se hace… y después las consecuencias venían…"[5]

Al finalizar su monólogo acusador y reprimenda maternal, insistí que me fuera entregado el informe de su evaluación oficial por escrito, y ella respondió: "Déjame decirte una cosa, yo no tengo obligación de hacerlo…"

Las palabras citadas, transcritas literalmente, revelan no solo su carácter arbitrario, caprichoso y malicioso, sino, además, la crítica condición de decadencia administrativa en el principal centro docente del país. Estas expresiones -dichas con fuerza de autoridad patronal pero no escritas en informe oficial- evidencian, a la vez, un alarmante nivel de corrupción institucional. Corrupción que, entre complicidades y silencios, se manifiesta en todo el escalafón jerárquico del sistema universitario. Así, por ejemplo, a mi demanda de que me fuese entregado el informe de evaluación que debía sustentar la determinación de cesantía y evidenciar las acusaciones en las que se basaba, el Decano de la Facultad respondió:

> "Le informo que el informe es un documento de trabajo interno, por lo que no procede dar paso a su solicitud."[6]

Confirmada la existencia de un informe secreto sobre mi persona -ataviado como "documento de trabajo interno"- y la negativa oficial a entregármelo, queda al descubierto la existencia de motivaciones políticas discriminatorias; y se revela, al mismo

---

[5] Ídem.

[6] Carta del decano Carlos Rodríguez Fraticelli; 20 de junio de 2016; p.309.

tiempo, la nefanda e ilegal práctica institucional de espionaje y carpeteo a profesores universitarios.

A finales de junio apelé por derecho propio (sin asistencia legal) a la principal autoridad patronal del Recinto. A este trámite le siguió la misma suerte, y la alta jerarquía institucional se alineó sin más para encubrir las negligencias denunciadas y proteger a los funcionarios imputados hasta la fecha. Por asesoría de abogados corporativos inescrupulosos, la Rectora denegó mi apelación aduciendo que:

> "…la contratación y retención del personal docente por medio de contratos de servicio es una prerrogativa gerencial; (…) …no se requiere cumplir con las instancias de debido proceso (de ley) que usted solicita; y (…) …siendo que no hay expectativa legítima sobre la renovación de su contrato y que en su caso no existe evidencia alguna de discrimen o violaciones de derecho, se deniega su apelación."[7]

En vano solicité reconsideración, quedando encubierto el informe secreto y en suspenso la interrogante central: ¿Sobre qué criterios se justifica que no haya sido renovado mi contrato como profesor, a pesar de cumplir cabalmente con los requerimientos institucionales y haber sido recomendada mi recontratación por el Comité de Personal? Y, a pesar de advertir y denunciar que la Oficina de Asesoría Jurídica había violado cánones de ética para anular los méritos de la apelación, tergiversando disposiciones legales y reglamentarias; ignorando la relación de hechos y fundamentos de derecho; y suprimiendo la evidencia documental; la rectora reiteró su postura.

A esta fecha ya era evidente la complicidad entre la alta jerarquía de burócratas institucionales, y era previsible que la determinación de cesantía, aunque injusta e ilícita, sería irrevocable; ya por el peso del informe secreto, ya por las motivaciones políticas que lo subyacen. A todas luces, la carta de cesantía injustificada, el infundado contenido acusador de la audiencia original y las rotundas negativas a rendir cuenta oficial por escrito, no se limitaban a expresar modalidades arbitrarias de reprimenda y censura sobre mis ejecutorias como académico sino, además, a

---

[7] Resolución de la Rectora Interina, Dra. María de los Ángeles Castro Arroyo; 3 de agosto de 2016; p.164.

coartar mis derechos de expresión, bloquear mis investigaciones y proyectos, y silenciar mis posiciones críticas del (des)orden institucional y los abusos patronales.

Pero las medidas de represalia contra mi persona no se limitaban a garantizar mi exclusión del escenario académico en general sino, además, de convertir mi cesantía en una suerte de castigo ejemplarizante, con el fin de intimidar y cohibir a los demás profesores que también sufrían de condiciones similares de precariedad, incertidumbre e iniquidad laboral. Advertida la intención de amedrentarme y silenciarme y, en el acto, atemorizar a los profesores más vulnerables -y mientras continuaba mi caso por sus méritos particulares- decidí publicar una parte sustancial de mis investigaciones y propuestas afines sobre las condiciones laborales de los profesores desechables.[8] Un fragmento de éstas también fue publicado en el principal diario de circulación nacional:

> "(…) En la Universidad de Puerto Rico, el secretismo se cultiva como tradición institucional y la "autonomía" se manipula como subterfugio para encubrir negligencias administrativas, abusos de poder "discrecional", arbitrariedades y caprichos de sus autoridades… (…) ¿Cómo justificar el régimen de secretismo que impera en *nuestro* principal centro de educación superior? ¿Qué información es objeto de ocultamiento a la mirada pública? ¿Con qué legitimidad se afanan por esconderla? ¿Qué encubren cuando lo hacen? ¿Quién se beneficia realmente? ¿A quién protegen preferencialmente? ¿A quién privilegian selectivamente? ¿A quién le hacen daño secretamente?"[9]

En esta breve columna sostuve que -desde una perspectiva ética- el secretismo es una práctica antagónica e irreconciliable con los principios políticos de una sociedad democrática; y su contraparte, la transparencia, es condición esencial para una administración pública saludable y para que en la resolución de conflictos laborales impere la justicia. En acorde, denuncié que los trabajadores docentes más vulnerables, ligados a la Universidad bajo un régimen contractual de segregación e inseguridad laboral,

---

[8] Sued, Gazir; "Profesores desechables e inequidad laboral en la Universidad de Puerto Rico" (Parte I-II); Revista *80grados*, 2 y 9 de sept. de 2016; pp.335-374.

[9] Sued, Gazir; "Secretismo"; *El Nuevo Día*, 17 de septiembre de 2016.

en condiciones de precariedad económica y marginación institucional, son quienes más sufren los embates del secretismo, que incluye la negativa a rendir los informes de evaluación profesional por escrito, así como la fabricación ilícita de informes secretos mediante espionaje y carpeteo. Asimismo:

> "Tras bastidores coartan su libertad de cátedra, obstruyen sus investigaciones y bloquean sus publicaciones. A puerta cerrada deciden quién puede enseñar y quién será cesanteado; niegan informes de evaluaciones y se abstienen de dar razones sobre sus determinaciones, siempre bajo el eufemismo de "prerrogativa gerencial…""[10]

Esa misma semana denuncié en comunicado de prensa el estado de situación de mi caso.[11] Agotados los trámites apelativos en el Recinto, elevé la apelación a la presidencia de la UPR. Su respuesta inmediata fue contratar a un oficial examinador externo, abogado corporativo privado y afamado por sus inclinaciones anti obreras. Además de la dilación injustificada, el contenido fraudulento de su informe era previsible y, otra vez, -casi un año después- tuve que denunciar el sistemático encubrimiento de los méritos del caso con el fin premeditado y malicioso de evadir responsabilidades administrativas y legales; y proteger de manera privilegiada y sospechosa a los funcionarios imputados.[12]

Confirmadas las complicidades entre la alta jerarquía de burócratas institucionales; frustradas mis expectativas de justicia objetiva, y desposeído injustamente de oportunidades equitativas de empleo como docente, me vi obligado a presentar mi caso ante la Junta de Gobierno de la UPR. Para esta fecha ya me habían sido vedadas nuevas publicaciones sobre la situación laboral de los docentes sin plaza en la Universidad, en el mismo diario donde había publicado el escrito al que le siguió la represalia de cesantía que dio origen a mi caso. No obstante, continué publicando sobre el tema en otro medio informativo independiente -tal vez el más

---

[10] Ídem.

[11] Comunicado de Prensa: "Profesor denuncia violación a derechos civiles y laborales en la UPR"; 19 de septiembre de 2016; pp.323-324.

[12] Moción de Reconsideración a Presidenta Interina, Dra. Nivia A. Fernández Hernández; 11 de abril de 2017; pp.252-254.

vinculado a la comunidad universitaria para entonces y donde ya había publicado artículos investigativos sobre las condiciones laborales de los profesores desechables-.[13] A un año de mi cesantía y en medio de disputas con la alta jerarquía del gobierno institucional, publiqué esta reflexión crítica sobre la situación generalizada en el sistema universitario del Estado:

> "Bajo el gran manto de virtudes que hermosean su imagen y consagran su prestigio, la Universidad de Puerto Rico maltrata a sus profesores más vulnerables. Condenados a sufrir los embates de la incertidumbre, la segregación y la precariedad laboral, casi la mitad de los educadores universitarios son víctimas de violencia institucional. Esta vergonzosa realidad se agrava con el tiempo y no augura mejoría el porvenir.
>
> La recurrencia de escándalos por corrupción y las secuelas de la crisis financiera monopolizan la cobertura mediática, y se enajena la mirada pública de las condiciones laborales de estos educadores. La viciosa cultura de secretividad que impera en la Universidad garantiza la eficacia del encubrimiento.
>
> Pero la principal razón de su invisibilidad es el miedo: miedo a disentir en libertad; miedo a expresar sus pensamientos con honradez intelectual; miedo a denunciar a viva voz sus malestares; miedo a manifestar sus deseos de justicia; miedo a las represalias del poder patronal.
>
> Todavía las contrataciones, evaluaciones, y criterios de retención y cesantía siguen viciadas por actitudes y prácticas ilegítimas, como el discrimen por razones ideológicas, el padrinazgo político, el amiguismo, la arbitrariedad y el capricho.
>
> Por fuerza de cláusulas contractuales ilícitas son despojados de derechos fundamentales, incluso de tener expectativas de conservar sus empleos. Víctimas de inequidades e iniquidades cotidianas, enraizadas en sospechosas clasificaciones laborales, hasta les niegan el valor de su experiencia de años y años de servicio.
>
> Contratados como "temporeros", estos profesores son forzados al silencio; a reservar para sí sus ideas

---

[13] Sued, Gazir; "La UPR ante la crisis fiscal del Estado y el proyecto neoliberal"; Revista 80grados, 16 de junio de 2017 / Sued, Gazir; "Docentes sin plaza ante la incertidumbre laboral y la violencia institucional"; Revista *80grados*, 23 de junio de 2017 (http://www.80grados.net)

> divergentes y a callar sus críticas al sistema opresor; a soportar pasivamente sus frustraciones y tormentos; y a jurar sumisión incondicional para preservar sus empleos. Así, intimidados y en silencio se ensimisman; y así se aíslan; y así los desechan caprichosamente.
>
> Contra los profesores privados injustamente de sus empleos, la UPR vuelca todo su aparato "legal"; y gasta más en abogados corporativos para evitar que enseñen, que lo que debiera invertir en proteger a sus educadores.
>
> Con miedo y sin miedo, ¡rompamos el silencio!"[14]

A esta fecha ya había pasado un año de cesantía de empleo por represalia y, en base a un informe interno-secreto y motivaciones discriminatorias ilícitas, me seguía estando prohibido ejercer la docencia en la UPR. Las dilaciones injustificadas seguían siendo recurrentes. Mientras tanto, la alta gerencia del gobierno institucional continuaba derrochando presupuesto en abogados corporativos contratados para confeccionar artificios de apariencia legal y proteger la imagen institucional a toda costa, encubriendo así los abusos y negligencias denunciadas, protegiendo a los imputados e impidiendo mi contratación como profesor. Sin embargo, del mismo modo a como venía haciéndolo cada semestre durante casi veinte años, salí a buscar trabajo como profesor y llevé mi currículum vitae actualizado a diferentes departamentos, facultades y recintos. La indiferencia y el silencio generalizado no solo significaba un rechazo administrativo a emplearme como profesor sino, además, la existencia de instrucciones discriminatorias internas/secretas, desautorizando mi contratación en el sistema universitario del Estado. En este escenario, volví a denunciar mediante comunicado de prensa la naturaleza y situación de mi caso; advertí que, de no resolverse en base a sus méritos (relación de hechos, fundamentos de derecho y evidencias), lo elevaría a los tribunales de justicia; y anuncié mi intención de hacer público todo su contenido:

> "Para combatir en lo posible el sospechoso régimen de secretismo institucional, tras el cual se cuajan a diario todo tipo de corrupciones y violaciones de derechos, pondré mi

---

[14] Sued, Gazir; "Silencio"; Revista *80grados*, viernes, 21 de abril de 2017 (http://www.80grados.net)

granito de arena haciendo pública toda la evidencia que sostiene mi caso. Espero contribuir así a la lucha por lograr la transparencia deseada en la administración del sistema de educación superior pública, particularmente sobre el régimen de contrataciones de profesores universitarios sin plaza, que ha estado viciado históricamente por amiguismos y padrinazgo político por encima del principio de mérito."[15]

Durante este periodo, entregué a la Junta de Gobierno -como adición a mi expediente apelativo- copia de mi investigación histórica-jurídica sobre las condiciones laborales de los docentes en la Universidad de Puerto Rico[16]; y un proyecto de enmienda a la Ley Universitaria y al Reglamento General de la UPR para crear la Carta de Derechos del Personal Docente sin Plaza en la Universidad de Puerto Rico.[17] El mismo proyecto de ley lo presenté al poder legislativo e hice públicas mis gestiones e investigaciones:

Iniciativa en defensa de derechos de profesores universitarios[18]
(Comunicado de Prensa)

San Juan, PR. 18 de julio de 2017. En su carácter de ciudadano, profesor e investigador universitario, el Dr. Gazir Sued presentó a la Comisión de Educación y Reforma Universitaria del Senado de Puerto Rico un proyecto de ley para crear la Carta de Derechos de los docentes sin plaza en las instituciones públicas de educación superior.

El proyecto de ley está basado en una extensa y rigurosa investigación histórica sobre la Universidad de Puerto Rico y sus relaciones con el proyecto ético-político de los derechos

---

[15] Comunicado de Prensa: Ultimátum a Junta de Gobierno UPR por discrimen y represalia contra profesor universitario; San Juan, 7 de junio de 2017; pp.331-332.

[16] Sued, Gazir; "Devenir histórico de los derechos civiles y la (in)justicia laboral en la Universidad de Puerto Rico: Jurisprudencia y Legislación pertinentes al contexto universitario y su relación con los trabajadores docentes (1900-2017)"

[17] Sued, Gazir; Proyecto de enmienda a la Ley Universitaria y al Reglamento General de la UPR / Carta de Derechos del Personal Docente sin Plaza en la Universidad de Puerto Rico; presentado a la Junta de Gobierno de la Universidad de Puerto Rico; 17 de julio de 2017; pp.413-445.

[18] Comunicado de Prensa: Iniciativa en defensa de derechos de profesores universitarios; San Juan, 18 de julio de 2017.

humanos y los principios constitucionales, jurídicos y legales, que la ordenan, que definen su misión social y que regulan sus prácticas académicas y administrativas. Entre las principales fuentes de referencia destacan los informes de la Comisión de Derechos Civiles y convenios internacionales de la UNESCO relativos a los derechos de los docentes universitarios, así como las resoluciones de asambleas claustrales afines, como la Asociación Puertorriqueña de Profesores Universitarios (APPU) y la Coordinadora Nacional de Docentes sin Plaza (CoNaD), entre otras.

El proyecto de ley y la investigación histórica contribuyen a superar los escollos institucionales a la política pública y a la ética gubernamental de transparencia en las gestiones administrativas del Estado, relacionadas en este caso al régimen de contratación, evaluación, retención y cesantía del personal docente sin plaza. A la vez, permiten la creación de mecanismos institucionales para fiscalizar efectivamente los abusos discrecionales, negligencias y corrupciones del poder patronal de la Universidad de Puerto Rico que -como evidencia la investigación histórica- todavía opera al margen del principio de mérito y, bajo sospechosa secretividad incurre en prácticas ilícitas como discrímenes inconstitucionales, amiguismo, padrinazgo político y exclusiones arbitrarias de oportunidades equitativas de empleo. En este contexto, la autonomía administrativa conferida por obra legislativa sigue siendo usada como subterfugio para evadir el cumplimiento de los preceptos de la ley universitaria y encubrir violaciones al Reglamento General de la UPR. El proyecto de ley, en contraste, provee garantías de protección a los derechos civiles y laborales de los docentes más vulnerables del sistema universitario del Estado.

El proyecto de ley y la investigación histórica también han sido presentados a la Junta de Gobierno de la Universidad de Puerto Rico. No obstante, considerando que por décadas la gerencia institucional del sistema de la UPR ha ignorado la grave situación de la desigualdad laboral de los docentes sin plaza, y que nunca ha atendido las recomendaciones y reclamos concretos de este sector del claustro universitario, resulta imperativa la intervención de la Legislatura de Puerto Rico y la creación de una Carta de Derechos, a los fines de garantizar la igualdad laboral y protección de los derechos de los docentes sin plaza del sistema de educación superior pública de Puerto Rico.

Del mismo modo, el proyecto de ley contribuiría a enaltecer los cánones éticos que deben regular el ejercicio de la abogacía pero que, sin embargo, los cuerpos de "asesoría jurídica" de la UPR ignoran y violentan sistemáticamente en menoscabo de derechos fundamentales de docentes sin plaza.

Según el Dr. Sued, cualquier iniciativa de reforma universitaria, tanto a la ley como al reglamento general de la UPR, debe estar comprendida dentro del marco normativo de los derechos humanos, civiles y laborales reconocidos internacionalmente y en acorde con los principios éticos y políticos de las constituciones democráticas modernas. En este sentido –añade- los derechos civiles y laborales de los docentes sin plaza deben contar con garantías de reconocimiento, respeto y protección con fuerza de ley.

Igualmente, el profesor universitario presentó el proyecto de ley y sus investigaciones a la Junta de Gobierno de la UPR, a la Comisión de Derechos Civiles (CDC), a la Asociación Puertorriqueña de Profesores Universitarios (APPU) y al Colegio de Abogados de Puerto Rico, entre otros.

Adjunto a este comunicado de prensa se incluye el proyecto de ley y la investigación original sometida a la comisión senatorial. Sirva como contribución del autor a la educación general sobre los derechos humanos y como fuente de referencia documental para la labor de periodismo investigativo en los medios informativos del país.

El proyecto de ley y la investigación adjunta fueron ignorados sin mediar comunicación alguna por todos los remitentes, dentro y fuera de los circuitos universitarios. Incluso la misma revista que hasta entonces me había publicado sin trabas guardó silencio y su gerencia editorial decidió no publicar el comunicado de prensa ni el proyecto de ley. Poco después, la Coordinadora Nacional de Docentes Sin Plaza se desvanecería sin dejar mayores rastros; y hasta la Asociación Puertorriqueña de Profesores Universitarios optó sospechosamente y sin rendir cuenta por sabotear la iniciativa…

Poco después el huracán María azotó a la Isla y el caso apelativo se dilataría otro año más. A finales de septiembre de 2018, la Junta de Gobierno -como era previsible- acogió al pie de la letra el informe de su oficial examinadora, que enseguida impugné:

"Ya han pasado más de dos años desde que me ha sido vedada de manera ilegítima e ilegal la posibilidad de continuar ejerciendo la cátedra en esta institución, de la que soy egresado, por la que fui becado para estudios doctorales en el exterior y en la que llevo enseñando bajo cláusulas contractuales precarias casi dos décadas. El contenido del informe de la oficial examinadora omite de manera sospechosa los vínculos de toda una vida dedicada a esta Universidad; e invisibiliza, de modo igualmente sospechoso y éticamente deplorable, todos los argumentos y pruebas de evidencia que integran el expediente apelativo...

El carácter fraudulento del informe de la oficial examinadora es de tal magnitud que no solo omite que se ha denunciado el acto de privar al apelante de oportunidades de empleo en la Institución por motivos ilegítimos e ilegales. Omite, además, que esta determinación está fundada en posturas discriminatorias, prejuiciadas, arbitrarias, caprichosas y carentes de base racional de una profesora que abusó de su investidura gerencial para ejercer represalia contra el apelante por artículos publicados en la prensa y hasta por gestiones profesionales privadas. También omite que la directora-decana imputada abusó de su poder gerencial para impedir los trámites iniciados por el apelante durante el periodo contractual para defender la libertad de cátedra y, del mismo modo, para acallar sus denuncias sobre censuras por motivos políticos e ideológicos, entre otros atropellos cotidianos.

La oficial examinadora omite que el apelante ha demandado desde un principio que le sea entregado el informe de la evaluación que fundamenta la negativa a reconocerle oportunidad de empleo. La oficial examinadora incluso ha tenido el atrevimiento de "interpretar" el silencio de la parte apelada y la desfachatez de confeccionar conclusiones para justificar el discrimen institucional..."[19]

Según el informe de la oficial examinadora, la negativa a renovarme contrato como profesor está basada en mis "deficiencias pedagógicas"; y concluye -con letra ennegrecida- que:

"...entre las razones académicas que la directora le expuso al apelante, para su decisión, se encuentra el desempeño del apelante en clase; el estilo del apelante de falta de respeto a

---

[19] Moción de Reconsideración ante la Junta de Gobierno e impugnación de Informe de Oficial Examinadora; 21 de septiembre de 2018; pp.284-288.

las normas y reglas de la Institución; su relación con los colegas, entre otros."[20]

Las mismas calumnias las repite alegando, sin fundamento objetivo, que la decisión de la directora estuvo basada en la evaluación del Comité de Personal y que:

"...tras evaluar exhaustivamente la misma, ésta entendió dentro de su mejor juicio académico que no procedía la renovación del contrato."[21]

Sin embargo, el informe encubre maliciosamente el hecho de que el Comité de Personal recomendó la renovación de mi contrato de manera unánime y que la directora se negó a someter por escrito los fundamentos de su decisión de ignorar la recomendación y de ignorar las disposiciones reglamentarias de la Institución. El informe de la oficial examinadora no solo encubre la conducta discriminatoria, arbitraria y caprichosa denunciada extensamente, sino que la refuerza con artificios retóricos sin fundamentos y con la intensión de tergiversar los hechos y socavar insidiosamente mi integridad profesional y mis méritos como intelectual docente:

"...la Directora, tras analizar detenidamente el expediente del apelante (...) determinó que en el ejercicio de proteger los mejores intereses universitarios que al apelante no le fuese renovado el contrato."[22]

Según concluye el informe impugnado, mi contratación representaría un riesgo a los "mejores intereses universitarios". Sobre estas premisas y alegatos falsos la Junta de Gobierno basó su decisión; y con ella, avaló las prácticas ilícitas denunciadas, fundamentadas y evidenciadas en mi apelación.

Frustradas las gestiones dentro de la jurisdicción institucional, a finales de octubre de 2018 radiqué mi caso ante el

---

[20] Informe de la Oficial Examinadora para la Junta de Gobierno, Lcda. María Soledad Ramírez Becerra; 5 de julio de 2018. / Junta de Gobierno. Universidad de Puerto Rico. Decisión de Apelación de la Junta de Gobierno, Núm. 1 DAJG (2018-2019); 28 de agosto de 2018.

[21] Ídem.

[22] Ídem.

Tribunal de Apelaciones; y lo hice como litigante por derecho propio (sin abogados) y en condición de indigente (desempleado y sin fuente de ingresos económicos). A esta fecha ya habían pasado más de dos años (2016-2018) de iniciado el pleito contra las autoridades gerenciales y gobierno de la Universidad de Puerto Rico por discrimen político; represalia; cesantía injustificada; privación y exclusión ilícita del derecho a igual oportunidad de empleo; violación de derechos constitucionales, humanos, civiles y laborales; violación de reglamentos y ley de la Universidad de Puerto Rico; violación a cánones de ética; difamación; negligencia administrativa; encubrimiento; fraude; espionaje y carpeteo; y otras prácticas ilícitas de funcionarios y alta jerarquía del gobierno institucional.

Hasta entonces, el caso no había sido atendido en sus méritos (alegatos; razonamientos éticos y jurídicos; relación de hechos; fundamentos de derecho; denuncias, acusaciones y evidencias; etc.) por ninguna de las autoridades apeladas (rectores, presidentes y Junta de Gobierno). El proceso en conjunto -desde los informes de representantes legales y oficiales examinadores hasta las decisiones de las autoridades gerenciales- revelaba a todas luces un esquema de fraude institucional, sostenido con fines ilícitos: eludir obligaciones legales y reglamentarias; encubrir las conductas y prácticas denunciadas; proteger de este modo a los funcionarios implicados en actos de corrupción (discrimen político, represalia, violación de derechos humanos, civiles y laborales; cesantía injustificada; difamación; carpeteo; etc.); y conspirar para privarme ilegalmente del derecho humano y constitucional a igual oportunidad de empleo.

A finales de marzo de 2019, el Tribunal de Apelaciones emitió sentencia, ratificando en complicidad la determinación de la Junta de Gobierno de la UPR. El escrito de sentencia ignoró los méritos de mi apelación y sacó de contexto algunos fragmentos, distorsionando la relación de hechos y los fundamentos de derecho; tergiversando los alegatos cardinales y omitiendo información y evidencias sustanciales. En términos generales, la sentencia incurrió en faltas éticas, artimañas e imposturas similares a las esgrimidas por la gerencia política de la UPR y sus "asesores" legales.

Agotado este recurso, a finales de abril de 2019 apelé por derecho propio y en condición de indigente al Tribunal Supremo de Puerto Rico. En el transcurso del caso se cumplirían tres años desde que fui privado injustamente de oportunidad para continuar ejerciendo cátedra en la UPR. El principio de mérito, que debía imperar como derecho laboral de carácter fundamental seguía siendo ignorado y suplantado por argucias patronales, cobijadas en un informe secreto ilícito que, de existir, nunca quisieron rendir. Igualmente, y más allá de mi caso particular, seguían siendo ignoradas mis demandas reivindicativas de los derechos laborales de todos los docentes universitarios, principalmente de los más vulnerables del sistema, para quienes peticioné formalmente al Tribunal Supremo:

- que declare nulas las cláusulas contractuales que han sido denunciadas en el escrito original y en el expediente apelativo como sospechosas e ilícitas;

- que reconozca como derechos protegidos con fuerza constitucional la libertad de cátedra, de investigación, acceso a información; publicación y exposición de las producciones intelectuales y obras creativas de los docentes; y los ratifique como modelos ejemplares de derechos humanos en el contexto universitario en particular y en el contexto social en general;

- que ordene enmendar la ley y el reglamento de la Universidad para garantizar la plena equidad en derechos, oportunidades y trato de los docentes universitarios; indistintamente de las clasificaciones administrativas y/o contractuales.

A finales de mayo de 2019 el Tribunal Supremo se alineó en complicidad política con la alta jerarquía del gobierno de la UPR y los jueces del Tribunal de Apelaciones; ignoró mi impugnación y, sin justificarse, resolvió finalmente:

Resolución

San Juan, Puerto Rico, a 31 de mayo de 2019

Acogida como una reconsideración la *Moción impugnando la Resolución del Tribunal Supremo de Puerto Rico y demanda del Dr. Gazir Sued Jiménez para que considere su apelación íntegra y en sus méritos* (...) se provee no ha lugar.

Con su resolución, el Tribunal Supremo de Puerto Rico no solo incurre en craso incumplimiento de sus responsabilidades éticas y deberes ministeriales. Las graves implicaciones de la misma trascienden mi caso particular, pues se hacen extensivas a todos los docentes que sufren las mismas condiciones de precariedad laboral y son víctimas de abusos del poder patronal en todo el sistema universitario del Estado. Con su resolución, el máximo foro judicial del país, consiente la represalia institucional por denunciar las condiciones de precariedad laboral y promover cambios para el bienestar general de los trabajadores docentes más vulnerables; avala las prácticas ilícitas de espionaje y carpeteo institucional por motivos discriminatorios de orden político; y consiente la fabricación de informes secretos para privar de oportunidades equitativas y justas de empleo en la Institución. Consecuentemente, al ignorar las denuncias por difamaciones, calumnias, rumores maliciosos y demás mentiras y acusaciones infamantes —constitutivas del informe-expediente secreto de "evaluación"- priva a los docentes sin plaza de protecciones constitucionales contra humillaciones viciosas y ataques abusivos a su honra y reputación. Asimismo, el Tribunal Supremo se hace partícipe -en complicidad con la alta gerencia de la UPR- de la intensión perversa de intimidar las voces de disidencia política, de acallar sus denuncias y suprimir sus reclamos de justicia.

Durante esos tres años combatí al brutal sistema de corrupción gerencial que reina en la Universidad de Puerto Rico y a sus mafias de abogados corporativos, que convinieron—en base a un expediente secreto, acusaciones infamantes y tantas otras mentiras- discriminarme y privarme de oportunidades equitativas de empleo como profesor. Frustradas mis gestiones a nivel institucional, llevé mi causa en calidad de ciudadano y trabajador litigante por derecho propio y en condición indigente a los tribunales de más alto rango en la Isla, y -sin mediar fundamento racional, ético y jurídico- rechazaron mi apelación, privándome así de protecciones constitucionales a mis derechos laborales, civiles y humanos.

Durante esos tres años, agoté todos los "remedios" institucionales y judiciales, y llevé hasta el límite de lo posible la verdad y la razón en búsqueda de justicia. Hoy se habrán cumplido cuatro años desde que me privaron —viciosamente- de poder enseñar en la Universidad de Puerto Rico; porque consideran que mi labor docente es amenazante a sus "mejores intereses"…

Yo sé que mi integridad les intimida; yo sé que la firmeza de mi carácter les amedrenta; porque soy persona honesta, radicalmente honesta; porque tengo el valor de no quedarme callado ante lo injusto; porque tengo el coraje resuelto a salirle al paso a embusteros, abusadores y corruptos. Así seguiré siendo, ese es mi juramento.

Por ahora y por lo que pueda valer, queden aquí grabadas para la memoria histórica evidencias de mis intentos; y para su vergüenza, los nombres de los profesores corruptos investidos con poderes gerenciales; de los jerarcas del gobierno institucional que los encubrieron; y los de sus mafias de abogados sin escrúpulos que los protegieron; los de los jueces negligentes que en complicidad política los apadrinaron; y los de quienes, aún sin nombrarlos, guardaron silencio y sabotearon traicioneramente mis esfuerzos.

Valga esta publicación por lo prometido; y ojalá algún día su contenido se haga valer con mejor suerte que la mía... por la Universidad que podría ser, si quisiéramos; por los profesores que, en su devenir incierto, a duras penas, serán; y, sobre todo, por quienes entre ellos injustamente desecharán...

Gazir Sued-Jiménez vs. Universidad de Puerto Rico
Apelación al Tribunal Supremo de Puerto Rico

Estado Libre Asociado de Puerto Rico
TRIBUNAL SUPREMO DE PUERTO RICO[1]

Dr. Gazir Sued-Jiménez
(Apelante)

vs.

Universidad de Puerto Rico (UPR) y Otros
(Apelados)

Núm. de Caso:

Revisión Administrativa procedente de la Junta de Gobierno de la Universidad de Puerto Rico Caso Núm. 1 DAJG (2018-2019) sobre apelación Dr. Gazir Sued Jiménez vs. UPR, Recinto de Río Piedras (Apelación Administrativa – (JG 17-08)

Sentencia del Tribunal de Apelaciones: KLRA201800657 (Panel XII - integrado por el juez Hernández Sánchez (presidente); la jueza Brignoni Mártir; y la jueza Méndez Miró (ponente); 27 de marzo de 2019)

Sobre: discrimen político; represalia; privación y exclusión ilícita de igual oportunidad de empleo; violación de derechos constitucionales, civiles y laborales; violación de reglamentos y ley de la Universidad de Puerto Rico; violación a cánones de ética; difamación; negligencia administrativa y corrupción institucional; encubrimiento y fraude; espionaje y carpeteo; etc.

---

[1] *El escrito apelativo original, presentado ante el Tribunal de Apelaciones el 30 de octubre de 2018, constaba de 99 páginas y de un apéndice de 397 páginas. El 16 de noviembre el Tribunal ordenó reducirlo arbitrariamente a la mitad. La versión final fue radicada el 30 de noviembre de 2018, editada (bajo protesta) a 67 páginas e intacto el apéndice. La versión aquí publicada es la apelación final presentada al Tribunal Supremo el 29 de abril de 2019 (CC-2019-0341); y es sustancialmente similar a la presentada al Tribunal de Apelaciones. Por criterios editoriales se omiten las mociones procesales, la página de portada, el índice de materia e índice legal. El Apéndice -que incluye la apelación original, evidencias y documentos complementarios ante la UPR (2016-2018)- se reproduce completo, y las referencias citadas se identifican en las respectivas notas al calce.

RECURSO DE APELACIÓN AL TRIBUNAL SUPREMO[2]

Comparece Gazir Sued Jiménez por derecho propio y en condición indigente, y con carácter de urgencia expone, alega y solicita:

1. Gazir Sued Jiménez, ciudadano, mayor de edad y vecino de San Juan; sociólogo y doctorado en Filosofía del Derecho y Ética; profesor universitario, escritor e investigador; comparece como apelante y se identificará como Dr. Sued.

2. La parte apelada originalmente es: Universidad de Puerto Rico[3] (UPR); Junta de Gobierno (JG) de la Universidad de Puerto Rico[4]

---

[2] En conformidad con el Reglamento del Tribunal Supremo el cuerpo de este escrito apelativo integra en su alegato una relación fiel y concisa de los hechos procesales y de los hechos importantes y pertinentes del caso; los señalamientos y discusión de los errores y faltas cometidas por los funcionarios apelados; las disposiciones reglamentarias, legales y jurisprudencia aplicables al caso; así como las citas de las disposiciones legales que establecen la jurisdicción y la competencia del Tribunal; y la súplica del recurrente. El recurso incluye un Apéndice que contiene copia literal de la apelación original y los documentos de seguimiento que constan en el expediente hasta finalizar el proceso apelativo a nivel institucional (UPR) y en el Tribunal de Apelaciones. El Apéndice contiene, además, anejos y apéndices complementarios que forman parte del expediente original y que, por su relevancia y pertinencia, serán de utilidad al Tribunal para comprender a profundidad los méritos del caso y resolver en justicia la controversia.

[3] La Universidad de Puerto Rico es una corporación pública. (Ley de la Universidad de Puerto Rico (Ley Núm. 1 de 20 de enero de 1966, según enmendada - Rev. 21 de febrero de 2018 www.ogp.pr.gov) (Art. 1.-Declaración de Propósitos de la Ley) La Universidad, como órgano de la educación superior, por su obligación de servicio al pueblo de Puerto Rico, en la consecución de su misión y objetivos, debe "fidelidad a los ideales de una sociedad integralmente democrática…" (Art. 2) La UPR "tendrá todas las atribuciones, prerrogativas, responsabilidades y funciones propias de una entidad corporativa encargada de la educación superior, las cuales ejercerá a través de la Junta de Gobierno. Tendrá autoridad para demandar y ser demandada…" (Art. 3.1)

[4] "La Universidad de Puerto Rico será gobernada por una Junta de Gobierno… Art. 3. Junta de Gobierno. Ley de la Universidad de Puerto Rico. "La Junta formulará las directrices que regirán la orientación y el desarrollo de la Universidad (…) de conformidad con la presente Ley, y supervisará el funcionamiento de la institución. La Junta representará el interés público en la Universidad, velando siempre por la protección de la Universidad contra intereses político partidistas, o cualquier otro interés, que menoscabe su autonomía, contra

(Lcdo. Walter Alomar-Jiménez - presidente de la JG; Lcda. Zoraida Buxó-Santiago - Vicepresidente; Lcdo. Luis Berrios-Amadeo – Secretario; Lcdo. Antonio Monroig; Dra. Mayra Olavarría - Representante Claustral; Dr. Alan Rodríguez-Pérez - Representante Claustral; Sr. Eric Pérez-Torres **-** Representante Secretaria de Educación); Dr. Jorge Haddock-Acevedo, Presidente de la UPR[5]; Dr. Luis A. Ferrao-Delgado, Rector[6] del Recinto de Río Piedras (UPR-RP); Dra. Vicky Muñiz-Quiñones, Ex Directora del Depto. Ciencias Sociales / Decana de la Facultad de Estudios Generales, UPR-RP; Dr. Carlos Rodríguez-Fraticelli, Ex Decano de la Facultad de Estudios Generales, UPR-RP; Dra. María de los Ángeles Castro, Ex Rectora Interina del Recinto de Río Piedras; Dra. Nivia Fernández-Hernández, Ex Presidente Interina de la UPR; Dra. Carmen H. Rivera-Vega, Ex Rectora Interina del Recinto de Río Piedras; Lic. Marcos A. Díaz-Galarza, representante legal del RRP - Oficina de Asesoría Jurídica del Recinto de Río Piedras.

---

tendencias anti intelectuales que se manifiesten en contra de la libertad académica, la promoción de la conciencia crítica…" (Art. 3.G) Entre los deberes, debe "Resolver las apelaciones que se interpusieren contra las decisiones del Presidente" (Art.3. H6) Asimismo, la Junta de Gobierno debe "Promover, a tenor con las prácticas aceptadas en las mejores instituciones universitarias del mundo, la sostenida vinculación de los egresados de la Universidad con su Alma Mater…" (Art.3. H23)

[5] El Presidente de la UPR es el director del sistema universitario; en tal capacidad, actúa en representación de la Junta de Gobierno, y "supervisará las labores universitarias. Le corresponderá también armonizar las iniciativas de esos organismos y funcionarios, y tomar sus propias iniciativas para promover el desarrollo de la Universidad." En el cumplimiento de sus funciones, el Presidente tiene el deber de: "Hacer cumplir los objetivos, normas, reglamentos (…) de la Universidad; de "representar oficialmente a la Universidad"; y de "resolver las apelaciones que se interpusieren contra las decisiones de los rectores". (Ley de La UPR. Art. 5B-C. Del Presidente de la UPR.

[6] El Rector ejerce la autoridad administrativa y académica dentro del ámbito de su respectiva unidad institucional, "conforme a lo dispuesto en esta ley y a las normas y reglamentos universitarios." (Art. 7B. -De los Rectores) El Rector es quien nombra a Decanos y Directores de Departamentos; y es quien nombra o contrata personal al personal universitario (docente). "Los decanos propondrán el nombramiento o contratación del personal docente a recomendación del director del departamento (…) previa consulta de éste a los miembros de dicho departamento..." El Rector, debe "Resolver las apelaciones que se interpusieren contra las decisiones de los decanos." (Art. 7C 5; 6; 7 y 9)

Parte I

3. En el transcurso de dos años y cuatro meses (2016-2018), el Dr. Gazir Sued sostuvo por derecho propio un recurso de apelación ante las autoridades gerenciales y gobierno de la Universidad de Puerto Rico (UPR) por discrimen político; represalia; cesantía injustificada; privación y exclusión ilícita del derecho a igual oportunidad de empleo; violación de derechos constitucionales, humanos, civiles y laborales; violación de reglamentos y ley de la Universidad de Puerto Rico; violación a cánones de ética; difamación; negligencia administrativa; encubrimiento; fraude; espionaje y carpeteo; y otras modalidades precisas de corrupción institucional y de prácticas ilícitas de funcionarios gerenciales y gobierno de la UPR.[7]

4. Agotados los recursos de apelación administrativa en la UPR[8], el Dr. Sued apeló por derecho propio y en condición de indigente al Tribunal de Apelaciones, el 1 de noviembre de 2018.

5. La apelación incoada y sostenida por el Dr. Sued no ha sido atendida en sus méritos (alegatos; razonamientos éticos y jurídicos; relación de hechos; fundamentos de derecho; denuncias, acusaciones y evidencias; etc.) por ninguna de las instancias apeladas y respectivas autoridades apelativas (Rector[9], Presidente[10] y Junta de

---

[7] Apelación del Dr. Gazir Sued a la Junta de Gobierno de la Universidad de Puerto Rico. *En adelante citado como Apéndice #1; pp.123-313.

[8] Según dispone el Reglamento de Procedimientos Apelativos para el Sistema Universitario (Certificación Núm. 138 de 1981-82; Consejo de Educación Superior) Certificaciones Núm. 79 (1982-83); Núm. 138 (1983-84); Núm. 59 (1984-85); Núm. 83 (1988-89); Núm. 93 (1989-90) del Consejo de Educación Superior; Certificaciones Núm. 21 (1993) y Núm. 91 (1999-2000) de la Junta de Síndicos. (El Artículo 1. Secc. 1.1 de este reglamento dispone que "Se interpretará de modo que asegure la tramitación justa de todo procedimiento y evite dilación y gastos injustificados.")

[9] Art. 2. Apelaciones ante el Rector. Secc.2.1 Jurisdicción. Serán apelables ante el Rector las decisiones tomadas por los Decanos, Directores… o cualquier otro funcionario que en el desempeño de sus funciones le responda directamente… El Rector entenderá y resolverá las apelaciones que interponga cualquier parte interesada que se considere adversamente afectada por la decisión emitida por los funcionarios mencionados…

Gobierno[11]); y el proceso apelativo en conjunto -desde los informes de representantes legales y oficiales examinadores hasta las decisiones de las autoridades gerenciales- constituye un esquema de fraude institucional, sostenido con fines ilícitos: eludir obligaciones legales y reglamentarias; encubrir las conductas y prácticas arbitrarias denunciadas; proteger de este modo a los funcionarios implicados en actos de corrupción (discrimen político, represalia, violación de derechos humanos, civiles y laborales; cesantía injustificada; difamación; carpeteo; etc.); y conspirar para privar ilegalmente al Dr. Sued del derecho humano y constitucional a igual oportunidad de empleo.

6. Ya han pasado tres años desde que le ha sido vedada de manera ilegítima e ilegal la posibilidad de continuar ejerciendo la cátedra en la UPR al Dr. Sued; institución de la que es egresado, por la que fue becado para estudios doctorales en el exterior y en la que ha sido profesor bajo sospechosas cláusulas contractuales desde 2004.

7. Las decisiones de los cuerpos de gobierno institucional están basadas exclusivamente en informes de representantes legales y oficiales examinadores que falsean los hechos objetivos; ignoran, manipulan y tergiversan maliciosamente los planteamientos centrales de la apelación; omiten de manera sospechosa los vínculos y relaciones de toda una vida dedicada a la Universidad; e invisibilizan, de modo igualmente sospechoso y éticamente deplorable, los argumentos, denuncias y evidencias que integran el expediente apelativo del Dr. Sued.

8. Del carácter fraudulento, antiético, insidioso y doloso de las intromisiones de "representantes legales" privados e institucionales implicados en este caso, el Dr. Sued ha presentado numerosas denuncias que constan en el expediente apelativo.

---

[10] Art. 4. Apelaciones ante el Presidente. Secc.4.1 Jurisdicción. El Presidente entenderá y resolverá las apelaciones que interponga cualquier parte interesada que se considere adversamente afectada por la decisión emitida por un Rector"

[11] Art. 5. Apelación ante la Junta de Gobierno (*Antes Consejo de Educación Superior) Jurisdicción. Secc. 5.1. Jurisdicción. La Junta de Gobierno "entenderá y resolverá" las apelaciones que interponga cualquier parte interesada que se considere adversamente afectada por la decisión emitida por el Presidente de la Universidad de Puerto Rico…"

9. Asimismo, el Dr. Sued ha denunciado de manera consistente el financiamiento institucional de éstas prácticas de evidente corrupción, sostenidas intencionalmente por el gobierno institucional (rectores, presidentes y Junta de Gobierno) para impedir que el profesor enseñe y pueda tener oportunidad equitativa y justa de ejercer cátedra sin atropellos, discrímenes, hostigamientos, acosos e intimidaciones por parte de otros profesores que abusan de sus potestades gerenciales como directores de departamento y decanos bajo el protectorado y con la complicidad de las máximas autoridades institucionales.

10. La omisión maliciosa del historial laboral y de la relación de vida del Dr. Sued con la Universidad de Puerto Rico constituye una artimaña empleada para desvirtuar los méritos de la apelación y despojar al apelante de sus derechos fundamentales y de las debidas protecciones constitucionales, legales y reglamentarias.

11. Las referencias específicas a los méritos académicos y profesionales del Dr. Sued constan en el expediente apelativo[12]; están detalladas cronológicamente en su *Currículum Vitae*[13]; y han sido reconocidas en conformidad con el principio de mérito, el Reglamento de la UPR y los requerimientos institucionales sobre evaluación del personal docente en los informes consecutivos de comités de personal y autoridades nominadoras desde 2004.

12. Previendo la recurrencia de las actuaciones maliciosas de la representación legal de la UPR y considerando la marcada tendencia de las autoridades implicadas en el caso a suscribir de manera automática los artificios y falsedades de sus representantes legales, resulta imperativo destacar los aspectos biográficos del Dr. Sued que guardan relación directa con el caso y que permiten contextualizar los fundamentos de las apelación y respectivas querellas, así como los criterios de defensa contra difamaciones, engaños y ataques abusivos a su honra y reputación.

---

[12] Véase Apéndice #1. Historial laboral como Catedrático Auxiliar en la UPR (2004-2016); pp.180-196. / y Anejo #1. Reseña biográfica del Dr. Gazir Sued / Sinopsis de relación de vida con la Universidad de Puerto Rico; pp.273-280.

[13] Véase Apéndice #1. *Currículum Vitae del Dr. Gazir Sued*. (*Este documento ha sido excluido por consideraciones editoriales)

13. Según consta en el expediente apelativo, en 1992 Gazir Sued obtuvo su bachillerato (Cum Laude) en Psicología, en la Facultad de Ciencias Sociales del Recinto de Río Piedras. Durante sus años de estudios en la maestría de Trabajo Social y Sociología fue maestro de Historia de Puerto Rico y Estados Unidos en una escuela superior privada, y al mismo tiempo fue representante estudiantil del Recinto de Río Piedras en la Junta Universitaria y senador *exofício* en el Senado Académico. Simultáneamente, fue miembro fundador de la Junta Estudiantil Nacional y coordinador de la región del Caribe en la Organización Continental y Latinoamericana de Estudiantes (OCLAE). Durante este periodo, también fue editor, artista gráfico y escritor de un periódico estudiantil distribuido gratuitamente en el sistema universitario. Su vida estudiantil en escuela graduada estuvo estrechamente ligada a los procesos académicos y político-administrativos e instancias deliberativas de la Institución. Durante su incumbencia en la Junta Universitaria, por ejemplo, fue designado miembro del Comité de Planificación Estratégica, y, como senador, fue miembro del Comité de Asuntos Académicos y del Comité de Reglamento y Ley Universitaria. A tenor con sus responsabilidades como representante estudiantil y en armonía con los principios políticos de la UPR, participó en numerosos foros locales e internacionales, y presentó proyectos de reforma universitaria, muchos de ellos publicados y divulgados en los medios de la época. En 1998 obtuvo su maestría en sociología y la tesis (*El imaginario democrático*) fue aprobada unánimemente con mención sobresaliente. Desde entonces, el Dr. Sued ha sido profesor en las principales instituciones universitarias de Puerto Rico, preparando e impartiendo una extensa diversidad de cursos en las disciplinas de las ciencias sociales y las humanidades.[14]

---

[14] Entre los cursos preparados y enseñados en el Recinto de Río Piedras están: • Criminología (SOCI 3005) • Teoría Sociológica (SOCI 4005) • Sociología de la Variación de la Conducta (SOCI 3275) • Cambio Social y Cultural (SOCI4155) • Principios de Sociología (SOCI 3245) • Sociología Contemporánea (SOCI 4115) • Técnicas de Investigación Sociológica (SOCI 3267) • Estudio Independiente (SOCI 6205) • Introducción a las Ciencias Sociales. En otras universidades (UPR-Carolina; Interamericana; Sagrado Corazón; Colegio Universitario del Este y Universidad Metropolitana: • Fundamentos del Conocimiento en las Ciencias Humanas • Moral Social • Sociedad Global • Dimensiones Éticas de Asuntos Contemporáneos • Ciencia, Tecnología y Sociedad • Sociedad y Cultura

Durante el primer semestre académico de 2001 enseñó el curso de Ciencias Sociales en la Facultad de Estudios Generales del Recinto de Río Piedras. Ese mismo año recibió la distinción de la beca presidencial[15] por sus méritos académicos e inició estudios doctorales[16] en la Universidad Complutense de Madrid, España, en el programa interdisciplinario de Filosofía del Derecho, Moral y Política (Ética y Sociología). Aprobada con mención sobresaliente su tesis y obtenido el grado doctoral a inicios de 2004, regresó a Puerto Rico y reinició sus labores como docente en diversas universidades metropolitanas.

Como becario del Programa de Beca Presidencial, desde 2004, el Dr. Sued cuenta con la acreditación oficial del Decanato de Asuntos Académicos de la Administración Central de la UPR[17] y

---

Contemporánea • El Ser Humano y la Sociedad • Estructura y Cambio Social • Problemas Sociales de Puerto Rico • Historia del Pensamiento Social • El Individuo y sus Procesos Formativos • Introducción a la Demografía • Estudios Humanísticos • Historia de Puerto Rico • Humanidades • Desarrollo Económico y Urbano de Puerto Rico; entre otras.

[15] Véase Apéndice #1. La selección y otorgamiento de la Beca Presidencial (…) constituyen fundamentos razonables de expectativa laboral (…)-; pp.201-211.

[16] *Entre 1988 y 1998, varias certificaciones y circulares reafirmaron que para propósito de reclutamiento para "el ejercicio de las cátedras" era requisito el grado terminal (doctorado): "No se reclutará en plaza docente a ninguna persona que no ostente el grado terminal en su disciplina que, por regla general, será el grado doctoral."

[17] A inicios de agosto de 2004, la Vicepresidencia de Asuntos Académicos de la UPR remitió el Currículum Vitae a los decanos académicos y rectores del sistema universitario. En carta dirigida a decanos y rectores, certificó que el Dr. Sued había completado con éxito sus estudios doctorales en una universidad de prestigio fuera de Puerto Rico, y destacó su compromiso de servicio con la UPR. Asimismo, instó a estos funcionarios a considerar la posibilidad de que prestase servicio profesional en sus unidades: "…por lo que estamos seguros que podrán considerarlos en sus próximos procesos de reclutamiento…" (Carta dirigida a Decanos Académicos y Rectores de la Universidad de Puerto Rico, firmada por la vicepresidenta de Asuntos Académicos, Celeste E. Freytes, Ed.D.; 5 de agosto de 2004) Ese mismo mes, el Presidente de la UPR envió carta a los rectores indicando que la inversión presupuestaria en los becados tiene el propósito de que devuelvan en servicio a la Institución la ayuda otorgada: "por lo que estoy seguro fortalecerán la plantilla de profesores de cualquiera de las unidades que los incorpore." (Carta del presidente Antonio García Padilla a los rectores y rectoras; 17 de agosto de 2004) (Véase Apéndice #1. La selección y otorgamiento de la Beca Presidencial y la consecuente obtención de grado doctoral constituyen

cumple con todas las cualificaciones y requerimientos reglamentarios para ser considerado objetivamente para reclutamiento con carga académica regular. Sin embargo, sus expectativas laborales han sido defraudadas reiteradamente y, sin razones justificadas, sus oportunidades de empleo como docente han sido objeto de arbitrariedades administrativas e ilícitas exclusiones discriminatorias hasta el presente.[18]

Desde que obtuvo el grado doctoral en 2004, dictó numerosos cursos bajo contrato a tarea parcial en la Facultad de Ciencias Sociales del Recinto de Río Piedras.[19] Desde agosto de 2014 hasta mayo de 2016 trabajó bajo contrato a tiempo completo como profesor con rango de Catedrático Auxiliar[20], en el Departamento de Ciencias Sociales de la Facultad de Estudios Generales.[21] Durante este periodo fue miembro del Comité de Asuntos Académicos del Departamento; participó *ad honorem* en la creación y ejecución del proyecto piloto de educación universitaria a los prisioneros de máxima seguridad en las cárceles insulares, bajo acuerdo colaborativo entre la Universidad de Puerto Rico y el Departamento de Corrección y Rehabilitación; colaboró directamente como participante y conferenciante en los seminarios de Educación General; y sus contribuciones literarias, investigativas,

---

fundamentos razonables de expectativa laboral, de reclutamiento, retención en el empleo y renovación de contrato; pp.201-211)

[18] Véase Apéndice #1. -La continuidad de años de servicio docente, la ratificación constante de la idoneidad entre el acervo de candidatos mediante las evaluaciones y la revalidación de las recomendaciones de los Comités de Personal, constituyen fundamentos razonables de expectativa laboral, de reclutamiento, retención en el empleo y renovación de contrato.; pp.211-216 / y V.VI. Fundamentos del Derecho Laboral como trabajador docente sin permanencia; pp.217-226.

[19] Véase Apéndice #1. -Historial laboral como Catedrático Auxiliar en la UPR (2004-2016)-; pp.180-196 / y V. -La continuidad de años de servicio docente (…) constituyen fundamentos razonables de expectativa laboral…-; pp. 211-216.

[20] Reglamento General de la UPR. Capítulo VII. Régimen de Personal: Disposiciones aplicables al personal docente. Art. 41 - Categorías y Rangos para el Personal Docente. Sección 41.1.2 - Catedrático Auxiliar / Art. 44 - Rango de Ingreso en cada Categoría. Sección 44.1.1- Personal docente con Doctorado.

[21] Véase Apéndice #1. -Historial laboral como Catedrático Auxiliar en la UPR (2004-2016)-; pp.180-196 / y V. -La continuidad de años de servicio docente (…) constituyen fundamentos razonables de expectativa laboral…-; pp. 211-216.

académicas y profesionales han sido reconocidas oficialmente en diversas instancias de la UPR.[22] Ejemplares de su extensa producción investigativa, periodística y literaria se encuentran en las principales bibliotecas del sistema universitario[23], en la biblioteca del Tribunal Supremo y la biblioteca legislativa, entre otras. Numerosas investigaciones, conferencias, ponencias y artículos publicados tratan temas relacionados a la Universidad y guardan estrechos vínculos con los lineamientos ético-políticos sostenidos durante su trayectoria de vida como trabajador intelectual y docente universitario. Las evaluaciones estudiantiles durante toda su trayectoria como profesor universitario y el elevado registro de retención y aprovechamiento académico, han sido fuentes consistentes de legitimidad, pertinencia y valor de su práctica docente y metodología pedagógica.[24]

14. A tenor con el Reglamento General de la Universidad de Puerto Rico[25], desde 2004 el Dr. Sued cumple cabalmente todas las

---

[22] Ver carta de agradecimiento y reconocimiento por labor creativa y contribución docente e investigativa en la actividad *Universidad, Obra Creativa y País*, UPR-RP: "El esfuerzo de docentes e investigadores como usted es el que hace posible realizar la labor creativa en el Recinto de Río Piedras, que hoy reconocemos..."; Firmada por el rector Severino Valdez, 20 de abril de 2016. (Carta de Reconocimiento del Rector Carlos Severino Valdez, Ph.D., 20 de abril de 2016)

[23] Ver carta de agradecimiento y reconocimiento de contribución intelectual a la Colección Puertorriqueña (CP): "A nombre de La Colección Puertorriqueña de la UPR-RRP, me dirijo a usted con el fin de expresarle nuestro más sincero y profundo agradecimiento por las donaciones de los ejemplares impresos de los libros de su autoría. Los recursos servirán de gran beneficio a nuestra comunidad universitaria y público investigador." Firma Juan R. Dávila, Bibliotecario y María E. Ordóñez, Bibliotecaria Jefa de la CP; 4 de abril de 2016. • "La Biblioteca de Derecho es el centro de investigación jurídica más importante del país y su aportación fortalece la colección y la investigación puertorriqueña a nivel nacional e internacional. Le felicitamos por su valiosa aportación académica y le agradecemos por la donación del recurso. Entendemos que será de mucha utilidad para la facultad, los estudiantes y la comunidad académica en general." Firmada por el director Samuel Serrano Medina, 27 de mayo de 2016.

[24] Véase Apéndice #1. Muestrario de evaluaciones estudiantiles (2004-2016)-; pp.196-201.

[25] Reglamento General de la Universidad de Puerto Rico / Certificación Núm. 160 (2014-2015) de la Junta de Gobierno de UPR; 29 de junio de 2015 / Ley de la Universidad de Puerto Rico (Ley Núm. 1 de 20 de enero de 1966, según

condiciones necesarias para desempeñar un cargo docente.[26]; y cumple plenamente con todos los criterios para la selección del personal.[27] Su historial de más de una década como docente en la UPR[28] evidencia objetivamente la calidad de sus méritos académicos y profesionales, así como el cumplimiento efectivo de sus responsabilidades como docentes.[29] Todas estas dimensiones han sido reconocidas por los comités de personal y autoridades nominadoras (directores, decanos y rectores) que han recomendado la contratación del Dr. Sued desde que obtuvo su grado doctoral en 2004.

15. El 22 de febrero de 2016 el Dr. Sued fue evaluado en el salón de clases por el Dr. Carlos Sánchez y el Dr. Gabriel de la Luz, miembros del Comité de Personal (CP) del Departamento de Ciencias Sociales (DCISO). Según el informe: "Resultó claro por lo

---

enmendada) / *Manual del Profesor*, Decanato de Asuntos Académicos del RRP-UPR; 4ta ed. revisada, 2010.

[26] Reglamento General. Art. 42 –Condiciones Necesarias para Desempeñar un Cargo Docente.

[27] Art. 43 - Criterios para la Selección del Personal. • Sección 43.1- Calidad del expediente académico y calidad de las universidades donde realizó estudios. • Sección 43.2 - Dominio de la materia a enseñar y capacidad para integrarla con áreas afines. • Sección 43.3 - Experiencia en la docencia y en la aplicación de los conocimientos en un campo particular. • Sección 43.4 - Trabajos publicados y conferencias dictadas. • Sección 43.5 -Identificación con la filosofía y los objetivos de la Ley de la Universidad. • Sección 43.6 - Capacidad para la investigación científica o la labor creativa.

[28] Véase Apéndice #1. Anejo #1. Reseña biográfica del Dr. Gazir Sued / Sinopsis de relación de vida con la Universidad de Puerto Rico; pp.273-280; y Parte II. Historial laboral como Catedrático Auxiliar en la UPR (2004-2016); pp.180-196.

[29] Art. 63 - Deberes y Atribuciones del Personal Docente. • Secc. 63.1.1- Desarrollo de objetivos • Secc. 63.1.2 -Asistencia a reuniones • Secc. 63.1.3 - Presentación y discusión de planteamientos • Sección 63.1.4 - Respeto a valores fundamentales • Secc. 63.1.5 - Participación en procesos de consulta • Secc. 63.1.6 - Participación en procesos de elección • Secc. 63.1. 7 - Información al día en su disciplina • Secc. 63.1.8 - Participación en programas de mejoramiento profesional • Secc. 63.1.9 - Participación o cooperación en procesos de evaluación • Secc. 63.1.10 - Planificación del programa académico • Secc. 63.1.11 - Cumplimiento de obligaciones relacionadas con la tarea docente • Secc. 63.2.2 - Trabajo de investigación.

observado que el profesor es un maestro entusiasta preparado para trabajar en el aula."[30]

16. La primera semana del mes de marzo de 2016 la directora del DCISO, Dra. Vicky Muñiz Quiñones, envió al Dr. Sued un formulario para identificar preferencias de horario para el semestre entrante (2016-2017) y el Dr. Sued lo entregó el **7 de marzo de 2016**. Hasta finalizar el semestre académico el profesor Sued habría cumplido intachablemente todos los requisitos contractuales y reglamentarios, y las evaluaciones del Comité de Personal, así como la entrega del formulario citado reforzaron la legitimidad y razonabilidad de su expectativa laboral.

17. El **4 de abril de 2016** el Dr. Sued fue visitado al salón de clases por la directora del DCISO y el Dr. Francisco Torres, también miembro del Comité de Personal. Según el informe del CP, el Dr. Torres: "Concurre además con los demás colegas de este comité con relación al potencial intelectual y al amplio nivel de cultura general que en el Dr. Sued Jiménez se observa."[31]

18. La evaluación estudiantil, administrada el 4 de abril, según el informe del Comité de Personal, "...arrojó una valoración de 9.0, es decir de Bueno a Excelente."[32]

19. En el mes de mayo, el Comité de Personal rindió su informe unánime: "El Comité de Personal del DCISO recomienda la contratación del Dr. Gazir Sued para realizar labores en esta unidad académica bajo un contrato a Tiempo Completo en las mejores condiciones laborales que sea posible obtener."[33]

---

[30] Informe del Comité de Evaluación del Departamento de Ciencias Sociales (Sobre la recomendación en torno a la recontratación del Dr. Gazir Sued Jiménez); firmado por los profesores Carlos J. Sánchez Zambrana, Ph.D.; Francisco Torres Rivera, Ph.D.; y Gabriel de la Luz Rodríguez, Ph.D.; mayo de 2016.

[31] Ídem.

[32] Ídem.

[33] Ídem.

20. El **1de junio de 2016** el Dr. Sued publicó una columna, "Relevos Vitales"[34], en la edición impresa y digital del periódico *El Nuevo Día*, en la que expresó una crítica reflexiva sobre la precariedad de las condiciones laborales de los profesores sin plaza. Argumentos análogos en sustancia ya los había expresado anteriormente de manera pública en la UPR.[35]

21. Esa misma semana, el **7 de junio de 2016**, el Dr. Sued recibió correspondencia de la directora Muñiz Quiñones notificándole que, a raíz de su evaluación del informe del Comité de Personal que recomienda contratación, "...lamento informarle que no le estaremos extendiendo un nuevo contrato para el próximo año académico."[36]

22. La directora Muñiz Quiñones tenía conocimiento de las gestiones de organización gremial del Dr. Sued; y conocía de las publicaciones, investigaciones en curso y posiciones políticas sobre las precarias condiciones laborales del sector docente al que pertenecía. La decisión de la directora Muñiz de no renovar contrato la misma semana en que fue publicado el artículo "Relevos Vitales"[37] y su negativa a rendir informe oficial escrito, deben considerarse como prácticas ilegales de coerción por motivos políticos y represalia.[38]

---

[34] Véase Apéndice #1. Anejo #7. Sued, Gazir; "Relevos vitales"; *El Nuevo Día*, miércoles, 1 de junio de 2016; p.292.

[35] *Primer encuentro de profesorado por contrato y a tiempo parcial en la UPR-Río Piedras*, organizado por los Comités de Asuntos Académicos y Claustrales del Senado Académico del Recinto de Río Piedras, UPR); Anfiteatro L-I de la Escuela de Derecho; 2 de marzo de 2016.

[36] Véase Apéndice #1. Anejo #2. Carta de la directora Muñiz Quiñones; 7 de junio de 2016; p.281.

[37] El artículo fue circulado en los correos electrónicos de los profesores, así como en las redes sociales. El Dr. Sued lo envió a la directora Muñiz Quiñones el 1 de junio de 2016, solicitándole que lo circulara a los colegas del departamento. Evidencia del correo electrónico está disponible a solicitud del Tribunal.

[38] A pesar del intento de intimidación de la directora Muñiz Quiñones y del decano Rodríguez Fraticelli mediante la represalia de cesantía y exclusión discriminatoria de oportunidad de empleo en la UPR, el Dr. Sued publicó una parte preliminar de su investigación. (Sued, Gazir; "Profesores desechables e

23. El **10 de junio de 2016** el Dr. Sued remitió una carta a la directora Muñiz expresando que "Considerando mis méritos en todas sus dimensiones, la recomendación del Comité de Personal, las evaluaciones estudiantiles y la matrícula estudiantil para el año académico entrante, estimo pertinente y justo que me informe de las razones específicas en las que basó su determinación. (…) …reitero mi disposición de continuar enseñando en el departamento y solicito su reconsideración…"[39]

24. El **16 de junio de 2016** la directora. Muñiz concedió audiencia al Dr. Sued para decirle verbalmente sus razones para no renovar el contrato a pesar de sus méritos, credenciales y recomendación del Comité de Personal. La alocución de la Dra. Muñiz fue transcrita e integrada como apéndice en la apelación del Dr. Sued.[40] Asimismo, analiza, desmiente e impugna la falsedad y malicia de los alegatos, difamaciones, calumnias y acusaciones de la Dra. Muñiz Quiñones; quien –según la evidencia presentada- abusó de su poder como Directora y se aprovechó de su posición de autoridad administrativa para incurrir en prácticas discriminatorias prohibidas por el Reglamento General, la Ley de la Universidad y la Constitución de Puerto Rico.

25. La transcripción íntegra de esta alocución y su deconstrucción por parte del Dr. Sued constituyen una parte sustancial del razonamiento apelativo en conjunto. La referencia objetiva a su contenido, sin embargo, ha sido omitida maliciosamente en todas las decisiones administrativas e informes de representantes legales y oficiales examinadores hasta el presente. A continuación, se

---

inequidad laboral en la Universidad de Puerto Rico" (Parte I y II); Revista *80 grados*, 2 y 9 de septiembre de 2016. (http://www.80grados.net); (Apéndice #2; pp.315-356)

[39] Véase Apéndice #1. Anejo #3. Carta a la directora Muñiz Quiñones, 10 de junio de 2016; p.282.

[40] Véase Apéndice #1. -Transcripción de la reunión con la Dra. Muñiz, 16 de junio de 2016 / Impugnación de alegatos falsos, de acusaciones infundadas, de calumnias, de difamaciones y de violación a la libertad de cátedra del profesor Gazir Sued; pp.143-152. *La transcripción original completa está integrada como evidencia en Anejo #4. Transcripción de reunión con Dra. Vicky Muñiz Quiñones; pp.283-289.

presenta una breve exposición de estos alegatos y de la refutación del Dr. Sued, según consta en el expediente apelativo.

26. En la reunión del 16 de junio la Dra. Muñiz Quiñones no presentó documentación escrita que sustentara sus argumentos, y dijo que, como directora, *tiene* "acceso a un escenario más amplio" de los que tiene el Comité de Personal, en particular sobre "preocupaciones" que *recibe* de "distintas fuentes". La directora Muñiz Quiñones tampoco especificó cuáles o quiénes eran las "fuentes" en que basa sus "preocupaciones" y, consecuentemente, su decisión. La negativa a rendir cuentas sobre sus alegadas fuentes de información sobre el Dr. Sued debe considerarse como acto de espionaje y fichaje ilícito o carpeteo.

27. La Dra. Muñiz alegó que durante su visita de "evaluación" al salón de clases del Dr. Sued "hubo una situación anómala" "que no debió ocurrir", "según mi consulta con el asesor…" No obstante, no especificó qué relación podría haber entre su función evaluadora -según la reglamentación institucional vigente- y la consulta con un asesor legal sobre las ejecutorias del Dr. Sued en el salón de clases. La directora se limitó a decir que la clase a la que asistió "formó parte de las razones" que justifican su posición, porque *quedó* "muy defraudada". Alegó, además, que a *su* "entender" fue una clase "impropia" para una evaluación "para determinar si se renovaba o no se renovaba el contrato."

Este comentario evidencia, si no un craso desconocimiento de la normativa institucional que regula las evaluaciones del personal docente[41]; una tergiversación maliciosa de éstas, que degenera en una violación a la libertad de cátedra, pues las evaluaciones en los salones de clase forman parte de los procesos formativos inherentes al ejercicio de la docencia y no pueden usarse para condicionar la contratación del docente; y menos aún para chantajearlo e intimidarlo porque no se ajusta a gustos personales, caprichos y arbitrariedades de la directora.

28. La impresión subjetiva de la directora no está sustentada por los criterios institucionales de evaluación del personal docente, y constituye un comentario personal sin peso legítimo sobre la

---

[41] Informe del Comité de Evaluación del Departamento de Ciencias Sociales (2016) / Apéndice: Criterios de evaluación de profesores a aplicarse en la visita.

evaluación y consideraciones para renovar contrato al Dr. Sued. Además, evidencia una tergiversación arbitraria de las funciones y objetivos explícitos del proceso evaluativo del profesor, según dispone el Reglamento General[42] y las certificaciones vigentes.[43]

29. Dadas las implicaciones y consecuencias que acarrea la "opinión" de la directora Muñiz contra el Dr. Sued, el reproche contenido en sus comentarios sobre la clase "evaluada" constituye una violación a los derechos contractuales del Dr. Sued como catedrático y a su libertad de cátedra, protegida con fuerza de Ley.

30. La opinión despectiva de la Dra. Muñiz sobre las temáticas tratadas en clase por el Dr. Sued, constituye una violación a la libertad de cátedra; y el uso del adjetivo "atípica" constituye un eufemismo de censura política que no representa los criterios reglamentarios institucionales para evaluación de las ejecutorias docentes.

31. No obstante la incongruencia entre los argumentos de la Dra. Muñiz y los criterios de evaluación de personal docente - reglamentados en la UPR en consonancia con el principio de Mérito según dispone la ley[44]-; la Dra. Muñiz le dijo al Dr. Sued que

---

[42] Reglamento General. Art. 45 - Evaluación del Personal Docente. Sección 45.1- Marco normativo. / Sección 45.2 - Comités de personal / Sección 45.3 - Criterios de evaluación.

[43] Guía General y Criterios para la Evaluación del Personal Docente del Recinto de Río Piedras de la UPR; aprobado por el Senado Académico, 30 de abril de 2015 (Certificación Núm.113, Año 2014-2015)

[44] Reglamento General de la UPR. Art. 45. • Secc. 45.3 - Criterios de evaluación • Secc. 45.3.1 - Calidad de la enseñanza, la investigación o la divulgación. • Secc. 45.3.2 - Dedicación a las labores y al servicio universitario. • Secc. 45.3.3 - Cumplimiento de los deberes docentes. • Secc. 45.3.4 - Mejoramiento profesional. • Secc. 45.3.5 - Cooperación en los trabajos de la facultad, incluyendo comités y programas de estudios. • Secc. 45.3.6 - Trabajos de investigación y creación realizados. • Secc. 45.3.7 - Conferencias sobre materias propias de su campo. • Secc. 45.3.8 - Publicación, exposiciones, conciertos y otras actividades análogas. • Secc. 45.3.9 - Reconocimientos recibidos. • Secc. 45.3.10 - Opiniones fundamentadas y sustanciadas de sus compañeros y otras personas relacionadas con su trabajo. • Secc. 45.3.11- Actitud profesional: disposición del profesor para participar en actividades profesionales; su equidad, tacto, sensatez, discreción y objetividad en el manejo de las situaciones en que

la evaluación del Comité de Personal ("ese tipo de cosas") no fue el "factor determinante" de su decisión de no recomendar la renovación de contrato. Según le dijo la Dra. Muñiz al Dr. Sued: "…las otras me preocupan mucho más"; que "son cosas que tienen que ver, unas con un estilo, con una manera, una forma"; y reitera "la forma en que defiendes, lo que sea, ahí hay un problema". "¿Cuál es el problema?" –preguntó la directora- y enseguida respondió: "Falta de respeto a los colegas; falta de respeto a las normas; a las reglas de la Institución…"

Además, de inmediato añadió a su descarga acusatoria que el Dr. Sued ha *creado* un clima entre pares, entre colegas, de "intranquilidad" y "desconfianza", y que sus *insolencias* son contrarias a "lo que es ser Universidad".

32. Las imputaciones de insubordinación e insolencia son de carácter subjetivo, carecen de fundamentos y sus premisas son falsas. Las acusaciones de la directora Muñiz constituyen calumnias y difamaciones, no una evaluación legítima en base a criterios institucionales.

33. Según alega la directora Muñiz, en un ensayo de la autoría del Dr. Sued[45], éste se *dirige* y *alude* a unos compañeros de manera "ofensiva" e "irrespetuosa". Según alega la directora, "lo de Umbral creó mucho coraje aquí en la Facultad, mucho coraje". El escrito aludido, sin embargo, fue circulado por directriz y con aval de ella como directora y del decano.[46] Su impresión negativa sobre el "estilo" del Dr. Sued es subjetiva, y en ningún momento explica qué considera "ofensivo" y a quién ha "ofendido" y "faltado el respeto". Tampoco explica quiénes de la Facultad tienen "coraje" con el Dr. Sued y, sin embargo, generaliza sus calumnias…

---

participa; cooperación espontánea con la unidad a la cual sirva y con la institución en general.

[45] Sued, Gazir; El trabajo intelectual académico: proyecto para la reconfiguración de la política editorial de la UPR y sus revistas académicas. (Presentado a la consideración del Senado Académico del RRP, 15 de abril de 2016 y programado para sesión de 25 de agosto de 2016. A esta fecha el Dr. Sued había sido cesanteado y el proyecto fue ignorado y eliminado de la agenda…) Véase Apéndice #3; pp.357-392.

[46] Véase Apéndice #1. Anejo #10. Carta circular del decano Rodríguez Fraticelli al Personal Docente de Estudios Generales, 18 de febrero de 2016; p.296.

En todo caso, las acusaciones carecen de fundamento, representan impresiones subjetivas prejuiciadas y no guardan relación con los criterios institucionales de evaluación del personal docente. La realidad es que el documento es un proyecto de la autoría del Dr. Sued, y que contiene un análisis crítico, ético-político, epistemológico y jurídico de las condiciones de divulgación de las producciones intelectuales en la Universidad, y fue presentado al Senado Académico del Recinto de Río Piedras como proyecto de reforma de las revistas institucionales y como acción afirmativa contra prácticas de censura y discrimen efectuadas bajo el eufemismo de "evaluación" editorial. Los alegatos de la directora, sin embargo, intentan desacreditar los méritos del proyecto y representan una posición política antagónica por parte de la directora y no criterios legítimos y objetivos de evaluación del personal docente.

34. A tono con la descarga de acusaciones sin fundamento y calumnias difamatorias, en base a su impresión sobre el alegado "*coraje*" generalizado en la Facultad, la directora le dijo al Dr. Sued que su "forma y estilo" han creado un *clima* de "incertidumbre de por dónde vienes, qué podemos esperar, a quién va a atacar, bajo qué cosa..." Nuevamente, sus "preocupaciones" son subjetivas y no responden a los criterios institucionales de evaluación.

35. En su alocución, la directora Muñiz también reprocha las posiciones políticas y críticas del Dr. Sued en las asambleas claustrales, convirtiendo sus legítimas expresiones en objeto de censura y represalia, usándolas ilícitamente para justificar la negativa a renovar contrato.

36. Otro "incidente" sobre el que basa su posición la Directora, es con relación a una carta personal que el Dr. Sued envió al Secretario del Departamento de Corrección.[47] Según alega, el último "incidente" "fue la carta directa al Secretario", por la que acusa falsamente al Dr. Sued de asumir la representación "a nombre de nosotros" "y en un lenguaje muy fuerte, exiges al Secretario que

---

[47] Para referencia ver • Sued, Gazir; "Las mujeres encarceladas en Puerto Rico y sus derechos humanos"; Revista *80 grados*, 25 de marzo de 2016 (http://www.80grados.net) • Sued, Gazir; "Prisioneras"; *El Nuevo Día*, 20 de marzo de 2016; entre otros.

cese y desista, y no sé cuántas otras cosas más." Este último "incidente" -que la directora usa para justificar su posición- también es falso; y, como el resto de sus calumnias, lo dice para afectar adversamente la reputación del Dr. Sued y sus oportunidades de empleo en la UPR. Se adjunta la carta aludida como evidencia.[48] La realidad es que la directora abusa de su poder al tratar de impedir al Dr. Sued el ejercicio de derechos constitucionales y derechos reconocidos con fuerza de Ley en el Reglamento General de la UPR.

37. Los supuestos "incidentes" que fundamentan la decisión de la directora Muñiz son construcciones viciadas y prejuiciadas, carentes de fundamentos y de legitimidad institucional dentro del marco de las regulaciones sobre evaluaciones de personal docente y criterios de reclutamiento y contratación. El carácter subjetivo de las acusaciones de la directora expresa sus inseguridades, prejuicios y temores personales; y pervierten las funciones de su autoridad administrativa. El recurso recurrente de impresiones subjetivas y calumnias en lugar de presentar hechos reales y evidencias, como dispone el Reglamento General, mina la credibilidad de la directora y anula su autoridad evaluadora.

38. Antes de finalizar su exposición de motivos para oponerse a la contratación del Dr. Sued, la directora Muñiz le dijo: "a mí me crea mucha ansiedad, no saber por dónde tú vienes." En base a esas "consideraciones en términos generales" y a "personas que se me acercan", "no me sentía segura, tranquila, de renovar ese contrato."

39. La directora Muñiz reiteró que, a su *parecer*, "después de todas esas oportunidades", no iba a recomendar la contratación del Dr. Sued. Acto seguido, en abierta falta de respeto y profesionalismo, le dijo: "…mira te voy a hablar ahora como mamá. A mis hijas, desde chiquitas les decía esto se hace y esto no se hace… y después las consecuencias venían…"

40. Al finalizar su exposición la directora Muñiz, el Dr. Sued solicitó que le fuera entregado el informe de evaluación oficial por escrito,

---

[48] Ver Apéndice #1. Anejo #11. Carta de Gazir Sued al Lic. Einar Ramos López, Secretario del Departamento de Corrección y Rehabilitación; 29 de marzo de 2016; p.297.

pero ella indicó: "Déjame decirte una cosa, yo no tengo obligación de hacerlo…"

41. Además, la directora Muñiz le dijo al Dr. Sued que ya para esa fecha había acordado con el Decano Fraticelli entrevistar a otros candidatos "para ocupar ese contrato".

42. El informe de "evaluación" que la directora rindió secretamente al decano afecta adversamente la reputación del Dr. Sued y lacera injustamente sus oportunidades de empleo como catedrático en la UPR. Los alegatos y acusaciones de la directora son falsos, y el recurso malicioso a la calumnia suplanta la verdad de los hechos y distorsiona la realidad.

43. La negativa de la Dra. Muñiz a entregar su informe de "evaluación" por escrito viola el debido proceso de Ley, que garantiza que cualquier decisión administrativa que afecte la reputación, condiciones laborales y oportunidades de empleo, debe presentar un pliego detallado de los cargos; dar oportunidad de confrontar la evidencia; y recibir la determinación de los hechos probados en un informe escrito.

44. El **18 de junio de 2016** el Dr. Sued apeló al decano de la Facultad, Carlos Rodríguez Fraticelli, y solicitó copia escrita del documento de informe-evaluación de la Dra. Muñiz.[49]

45. El **20 de junio de 2016** el decano Rodríguez Fraticelli respondió al Dr. Sued: "Le informo que el informe es un documento de trabajo interno, por lo que no procede dar paso a su solicitud."[50]

46. El decano Rodríguez Fraticelli avaló la posición de la directora Muñiz a pesar de carecer de evidencia y constituir un pliego de acusaciones falsas y calumnias.

47. Durante este periodo el decano Rodríguez Fraticelli era objeto de investigación por corrupción y por la que eventualmente sería

---

[49] Véase Apéndice #1. Anejo #5. Carta al decano Rodríguez Fraticelli; 18 de junio de 2016; p.290.

[50] Véase Apéndice #1. Anejo #6. Carta del decano Rodríguez Fraticelli; 20 de junio de 2016; p.291.

destituido de su puesto. Durante ese semestre el Dr. Sued lo había cuestionado en asamblea claustral, presidida por el decano. Su complicidad con la Dra. Muñiz Quiñones debe ser sospechada e imputada como represalia.[51]

48. La negativa a rendir informe escrito sobre las razones de cesantía y exclusión de oportunidad de empleo al Dr. Sued, violan los objetivos de convivencia institucional y las disposiciones del Reglamento General relativas a las responsabilidades sustantivas de la Universidad con relación a los procesos de reclutamiento y retención del personal docente.[52] La solicitud del informe de evaluación escrito ser fundamenta en Derecho y la denegación constituye falta administrativa sujeta a sanciones disciplinarias. Según el Reglamento General:

> -Cuando sea obligatoria la evaluación de un miembro del personal, los resultados de ésta se reducirán a un informe escrito. La persona evaluada será notificada formalmente con copia del informe y tendrá oportunidad de discutir el contenido del mismo con la autoridad nominadora o con la persona que ésta designe.-[53]

Según el Reglamento General, la Ley de la Universidad y la Constitución de Puerto Rico:

> "Ninguna autoridad nominadora ni ningún funcionario ejercerá discriminación en contra de ningún miembro del

---

[51] Consta en el expediente apelativo que, en Asamblea de la Facultad de Estudios Generales (2016) el Dr. Gazir Sued cuestionó abiertamente la determinación del decano Rodríguez Fraticelli de ofrecer contrato con plaza a un amigo suyo, en el contexto de las pesquisas institucionales sobre prácticas de corrupción en torno al otorgamiento de becas presidenciales. El cuestionamiento fue sobre qué criterios favorecía a un abogado amigo suyo y sin credenciales suficientes para ocupar una plaza docente, cuando el Dr. Sued llevaba años en espera y con todas las credenciales requeridas con fuerza de Ley. (Véase Apéndice #1. Parte II.IV.; pp.143-152)

[52] Reglamento General de la UPR. Capítulo V. Régimen de Personal: Disposiciones aplicables a todo el Personal.

[53] Art. 29. Sección 29.8 - Informes de evaluaciones.

personal universitario o en contra de un aspirante a empleo..."[54]

La petición formal está amparada en el derecho del Dr. Sued a examinar su expediente[55] y obtener acceso a cualquier información recopilada sobre su persona, sobre todo si ésta es sospechada de ilegalidad y ha sido usada para privarlo de oportunidad de empleo. La negativa de las autoridades imputadas viola su derecho a tramitar efectivamente la solicitud de revisión de su caso[56] y el debido proceso de Ley.

49. El 29 de junio de 2016 el Dr. Sued presentó el recurso de apelación al rector Carlos Severino Valdez[57], principal autoridad nominadora del Recinto.[58] El Dr. Sued expuso la relación de hechos y los fundamentos de Derecho que sitúan en su debido contexto los méritos del caso; e integró impugnación y querella formal por las ejecutorias arbitrarias, maliciosas y difamatorias de la directora Muñiz Quiñones y el decano Rodríguez Fraticelli. Asimismo, presentó alternativas para resolver favorablemente su estado de situación laboral y medidas preventivas como acción afirmativa para

---

[54] Art. 31. - Igualdad de Oportunidades para todo el Personal. Sección 31.1- Prohibición de toda discriminación.

[55] Art. 46. Sección 46.7.2 - Derecho a examinar expediente.

[56] Art. 46. Sección 46.7.3 - Derecho a solicitar revisión.

[57] Véase Apéndice #1. Apelación al Rector, Dr. Carlos Severino Valdez; 29 de junio de 2016; pp.131-156.

[58] Reglamento General de la UPR. Capítulo VI. Régimen de Personal: Disposiciones sobre nombramiento de los distintos Funcionarios y Empleados del Sistema Universitario. Art. 37- Autoridades Nominadoras. Sección 37.3.4 - Nombramiento de personal universitario en sus respectivas unidades. Los rectores nombrarán el personal universitario en sus respectivas unidades... En el caso del personal docente, se consultará previamente al profesorado a través de los comités u otros organismos establecidos en este Reglamento. / Art. 40 - Disposiciones Aplicables a Todos los Procesos de Consulta sobre Nombramientos. Sección 40.5 - Factores a considerar - Tanto los funcionarios que hacen la consulta, como las personas consultadas, tomarán en consideración, entre otras cosas, las características y funciones del cargo y las cualidades deseables de quien ha de ocupar el cargo, incluyendo preparación, experiencia y posibilidades de éxito en el desempeño de sus funciones que puedan tener los distintos candidatos.

erradicar las prácticas de abuso de autoridad y discrimen contra su persona.

50. En su apelación, el Dr. Sued demostró que los alegatos de la directora Muñiz Quiñones, avalados por el decano Rodríguez Fraticelli, además de expresar violaciones a la Ley y el Reglamento, y discrímenes prohibidos constitucionalmente; expresa también arbitrariedades y caprichos en la aplicación de las normas y procedimientos establecidos en la institución.[59]

51. El texto íntegro de la apelación al rector sería remitido eventualmente al presidente y a la Junta de Gobierno. Tras dilaciones injustificadas, las tres instancias apeladas coincidirían en desestimar la apelación haciendo caso omiso de sus méritos y en abierta violación a la ley universitaria y al principio de mérito, así como de los reglamentos que regulan los procesos de selección y evaluación del personal docente en la UPR.

52. El **7 de julio de 2016** el Dr. Sued llevó otra carta de seguimiento, cuestionando la dilación. Expresó, además que la situación e incertidumbre le afectaban emocionalmente, y que sus proyectos de investigación estaban en suspenso por la inmensa carga de trabajo que implicaba la preparación del escrito apelativo.[60]
　*En la tarde de ese mismo día el rector Carlos Severino fue destituido, y también el presidente Uroyoán Ramos Walker y el decano Rodríguez Fraticelli.

53. El **12 de julio de 2016**, el Dr. Sued remitió personalmente una carta de seguimiento a la nueva rectora, Dra. Castro Arroyo.[61] En la misma abrevió su estado de situación y expresó su ansiedad por la

---

[59] Reglamento General de la UPR. ● Art. 35. Sección 35.2.16 - Formulación de querellas a base de cargos que se saben falsos, con ánimo de perjudicar al querellado. ● Art. 35. Sección 35.2.19 - Violaciones a la Ley de la Universidad, a las disposiciones de este Reglamento y demás reglamentos universitarios. ● Art. 35. Sección 35.2.1 - Incompetencia profesional o incumplimiento de los deberes del cargo o puesto.

[60] Véase Apéndice #1. Carta al Rector…, Dr. Carlos Severino Valdez; 7 de julio de 2016; p.154.

[61] Véase Apéndice #1. Carta a la Rectora Interina, Dra. María de los Ángeles Castro Arroyo; 12 de julio de 2016; p.155.

posible dilación del caso y el consecuente agravamiento de las circunstancias que dieron lugar al recurso apelativo.

54. El **20 de julio de 2016**, el Dr. Sued llevó una tercera carta insistiendo en saber sobre la situación de su escrito apelativo y querellas.[62]

55. El **1 de agosto de 2016**, el Dr. Sued remitió otra carta a la rectora Castro Arroyo, impugnando el nombramiento como decana a la Dra. Muñiz Quiñones.[63] Denunció que ese nombramiento era conflictivo con el proceso apelativo, toda vez que éste integraba querellas formales sobre violaciones a la Ley, a los reglamentos y a las certificaciones vigentes en la Universidad, por parte de la Dra. Muñiz. Asimismo, la instó a revocar de inmediato la decisión de nombrar a la Dra. Muñiz como decana, y a suspender cualquier acción administrativa que la favorezca preferencialmente o pueda interpretarse como acto de parcialidad en detrimento del debido proceso de Ley y los reglamentarios que amparan la apelación y querellas.

56. El **3 de agosto de 2016**, ante el silencio y la dilación injustificada de rectoría para atender el caso apelativo del Dr. Sued, y en vista de la proximidad del inicio del semestre académico, éste elevó su escrito de apelación a la Presidenta Interina, Dra. Celeste Freytes González.[64]

57. En el ínterin de esta fase del proceso apelativo, el Dr. Sued llevó su *Currículum Vitae* actualizado y cartas de intensión ofreciendo sus servicios docentes a diversas escuelas, facultades y departamentos del Recinto. Las gestiones fueron ignoradas, lo que abona a la sospecha de exclusión discriminatoria de oportunidad de empleo. Ese semestre también fueron contratados otros profesores con

---

[62] Véase Apéndice #1. Carta a la Rectora Interina, Dra. María de los Ángeles Castro Arroyo; 20 de julio de 2016; p.156.

[63] Véase Apéndice #1. Carta a la Rectora Interina, Dra. María de los Ángeles Castro Arroyo; 1 de agosto de 2016; p.157.

[64] Véase Apéndice #1. Carta a la Presidenta Interina, Dra. Celeste Freytes González, 3 de agosto de 2016; pp.158-159.

credenciales y méritos inferiores a los del Dr. Sued, lo que evidencia la exclusión discriminatoria de oportunidad de empleo.

58. El **5 de agosto de 2016** el Dr. Sued recibió resolución de la rectora denegando su apelación. La rectora avaló el informe de la Oficina de Asesoría Jurídica, aduciendo que "la contratación y retención del personal docente por medio de contratos de servicio es una prerrogativa gerencial"; que "no se requiere cumplir con las instancias de debido proceso que usted solicita"; y que "…siendo que no hay expectativa legítima sobre la renovación de su contrato y que en su caso no existe evidencia alguna de discrimen o violaciones de derecho, se deniega su apelación."[65]

59. De las indagaciones del Dr. Sued se revela que fueron contratados otros profesores con cualificaciones inferiores; excluyéndolo de oportunidad equitativa de empleo, en abierta violación al principio de mérito, a la ley universitaria y a los reglamentos institucionales que establecen los criterios de selección y evaluación de personal docente.

60. El **15 de agosto de 2016** el Dr. Sued entregó solicitud de reconsideración a la rectora Castro Arroyo.[66] En la misma, expresó su inconformidad e indignación con los argumentos esgrimidos para denegar su apelación, e indicó que los daños previstos se habían materializado y agravados con el paso del tiempo: "¿En base a qué criterios se justifica que no haya sido renovado mi contrato como docente, a pesar de cumplir cabalmente con los requerimientos institucionales y haber sido recomendada mi recontratación por el Comité de Personal?"

En la misma carta advirtió a la rectora que fue inducida a error por la Oficina de Asesoría Jurídica, que ha violado cánones de ética para anular los méritos de la apelación, tergiversando disposiciones legales y reglamentarias; ignorando la relación de hechos y fundamentos de derecho; y suprimiendo la evidencia documental. Asimismo, impugnó las alegaciones en las que la

---

[65] Véase Apéndice #1. Resolución de la Rectora Interina, Dra. Castro Arroyo; 3 de agosto de 2016; p.160.

[66] Véase Apéndice #1. Solicitud de Reconsideración a la Rectora Interina…; 15 de agosto de 2016-; p.161-162.

rectora basó su resolución y la instó a atender el caso en sus méritos.

61. El **19 de agosto de 2016**, el Dr. Sued recibió la decisión de la rectora Castro Arroyo: "No habiendo información adicional que abone a su reclamación, me reitero en la decisión anterior."[67]

62. El **22 de agosto de 2016**, la presidenta interina, Dra. Freytes González resolvió devolver el caso a la rectora, y le ordenó que atendiera y resolviera en los méritos la apelación.[68]

63. Hasta esta fecha, la negativa a rendir el informe escrito de la ex directora y decana Muñiz Quiñones y la determinación de la rectora Castro Arroyo de desestimar la apelación del Dr. Sued sin considerar los méritos de la misma, perfilan un patrón de negligencia maliciosa y corrupción institucional y, al mismo tiempo, abren la sospecha de tratarse de una conspiración ilícita para privar al Dr. Sued de oportunidades equitativas de empleo por discrimen político y represalia.

64. El **24 de agosto de 2016**, el Lic. Díaz Galarza (Oficina de Asesoría Jurídica) notificó a presidencia que la rectora "ya había atendido el asunto" y acusó al Dr. Sued de crear confusión entre los foros administrativos.[69]

65. El **26 de agosto de 2016** el Dr. Sued remitió una carta aclarativa dirigida a la presidenta Freytes González, que incluía nueva información y evidencias pertinentes al caso de apelación para ser integradas al expediente oficial.[70] Entre sus planteamientos,

---

[67] Véase Apéndice #1. Carta de Rectora Interina…; 18 de agosto de 2016; p.163.

[68] Resolución de la Presidenta Interina, Dra. Celeste E. Freytes González sobre Apelación Núm. 90.1105 -Dr. Gazir Sued Jiménez (Apelante) vs. UPR, Recinto de Río Piedras (Apelado)-; 18 de agosto de 2016.

[69] "Moción Informativa" de la Oficina de Asesoría Jurídica sobre Apelación Núm. 90.1105 -Dr. Gazir Sued Jiménez (Apelante) vs. UPR-RRP (Apelado); firmada por Lic. Marcos A. Díaz Galarza, 23 de agosto de 2016.

[70] Véase Apéndice #1. Carta a la Presidenta Interina…, Dra. Celeste Freytes González, 26 de agosto de 2016; pp.164-166.

impugnó la decisión de la rectora y la intromisión fraudulenta y encubridora de la Oficina de Asesoría Jurídica del Recinto.

66. El **30 de agosto de 2016** le fue notificada al Dr. Sued la contratación del Lcdo. Frank Gotay Barquet, "para que, en calidad de Oficial Examinador, evalúe los méritos de los señalamientos y remita un informe y recomendaciones al presidente sobre los asuntos planteados".

*Durante ocho meses más se dilataría injustificadamente la apelación en manos del Oficial Examinador -un ente privado, costoso y ajeno a la Universidad de Puerto Rico- y quien, en incumplimiento de sus funciones[71] y en abierta violación a los cánones de ética, confeccionaría finalmente un informe sospechosamente excluyente de los méritos del caso...

67. El **7 de septiembre de 2016** el Dr. Sued radicó un documento de Adiciones al Expediente Apelativo en la oficina del Oficial Examinador.[72] Entre los planteamientos, el Dr. Sued solicitó remuneración por el tiempo en que ha estado cesanteado injustificadamente, en los términos dispuestos en la Ley Núm. 80.

68. El mismo día, el Lic. Díaz Galarza volvió a radicar moción de desestimación. En la misma, falsea la relación de hechos y manipula los fundamentos de derecho, oculta información y omite y tergiversa maliciosamente las evidencias presentadas para anular los méritos del caso y encubrir las violaciones de los funcionarios implicados.[73]

69. El **4 de octubre de 2016** el Dr. Sued remitió carta de seguimiento al Oficial Examinador emplazándolo por la dilación injustificada.[74] En la misiva denunció el sistemático encubrimiento

---

[71] El Reglamento de Procedimientos Apelativos de la UPR (Secc. 6.7) dispone que entre las facultades del Oficial Examinador están las de citar a las partes y testigos; presidir vistas administrativas, "...y realizar todas aquellas gestiones razonablemente encaminadas a resolver eficazmente la apelación."

[72] Véase Apéndice #1. Adiciones al Expediente Apelativo I-VII; pp.167-228.

[73] "Moción de Desestimación" radicada por el Lic. Marcos A. Díaz Galarza (RUA núm. 14,118); Oficina de Asesoría Jurídica, Recinto de Río Piedras; 7 de septiembre de 2016.

[74] Véase Apéndice #1. Carta de seguimiento al Oficial Examinador, Lcdo. Gotay

de los méritos del caso con el fin premeditado y malicioso de evadir las responsabilidades administrativas y legales correspondientes.

70. El **10 de enero de 2017**, tras seis meses desde que inició el proceso apelativo, el Dr. Sued remitió carta de seguimiento al Oficial Examinador.[75] Entre sus planteamientos, volvió a denunciar las prácticas de corrupción institucional que vician el proceso apelativo. Planteó, además, que el reclamo de "deferencia" que le hace la Oficina de Asesoría Jurídica, constituye un subterfugio para encubrir acciones ilícitas de los funcionarios imputados; y que su alegado "peritaje" es un eufemismo para conceder privilegio de inmunidad a los abusos discrecionales y discriminatorios del poder patronal.

71. Asimismo, volvió a denunciar la contratación de personas que poseen credenciales inferiores a los suyos, y replanteó la sospecha de que existe una orden de exclusión discriminatoria contra su persona, que lo priva ilegalmente de oportunidades equitativas de empleo.

72. En esa carta, el Dr. Sued denunció la contratación ilegal del profesor que sería su suplente por favoritismo político. En violación al Reglamento de la UPR[76], la Dra. Muñiz Quiñones contrató a un profesor que era candidato de un partido político a un puesto electivo en las elecciones de 2016. A inicios del semestre electoral, la directora fue ascendida a Decana de la Facultad y ella misma certificó la contratación ilegal. La rectora de los Ángeles Castro, firmó el contrato de este candidato político, en violación del Reglamento General y, al mismo tiempo, avaló la determinación de no renovar contrato al Dr. Sued, a sabiendas de que se trataba de una acción ilegal de discrimen político y represalia.

Barquet; 4 de octubre de 2016; p.229.

[75] Véase Apéndice #1. Carta de seguimiento al Oficial Examinador / Adiciones al Expediente Apelativo…; 10 de enero de 2017; pp.230-233.

[76] Reglamento General de la UPR. El Art. 54 (Licencias para Participar en el Proceso Político) dispone que será obligatorio que todo miembro del personal docente, que en años eleccionarios figure como candidato certificado de un partido político reconocido para algún cargo público de carácter electivo, solicite licencia a partir del inicio del primer semestre de ese año académico, hasta el 31 de diciembre.

73. El Dr. Sued también informó al Oficial Examinador que había respondido a varias convocatorias públicas para ocupar plazas docentes en el Recinto de Rio Piedras; e integró dos cartas de recomendación[77] como referencias pertinentes, que reafirman la calidad de sus méritos como profesional docente y su contenido desmiente algunas de las acusaciones difamatorias y falsos alegatos sostenidos por la directora/decana Muñiz Quiñones.

74. El **13 de marzo de 2017** el Dr. Sued remitió carta de seguimiento a la nueva presidenta interina, Dra. Nivia Fernández Hernández.[78]

75. El **27 de marzo de 2017** el Dr. Sued remitió carta a la presidenta Fernández Hernández[79] impugnando el informe del Oficial Examinador.[80] Planteó que dicho informe "no atiende los méritos del caso" y "corrompe el proceso apelativo y anula toda posibilidad de justicia." En su informe, el Oficial Examinador falta a la verdad; ignora la relación de hechos; tergiversa y oculta la información sustancial que fundamenta los méritos del caso. Denunció, además, que la UPR ha gastado más dinero en abogados para impedir su restitución en el empleo que lo que hubiera invertido en renovar el contrato como docente. Asimismo, denunció como acto de corrupción institucional la práctica de invisibilizar los méritos de la apelación y manipular tecnicismos "legales" para proteger de manera privilegiada y sospechosa a los funcionarios imputados.

---

[77] Los profesores Dr. Aarón Gamaliel Ramos y Dr. Waldemiro Vélez Cardona, son catedráticos del Departamento de Ciencias Sociales y ambos participaron del proyecto de educación universitaria en la cárcel. El profesor Ramos es el catedrático de mayor antigüedad en el Departamento. Véase Apéndice #1. Carta de Recomendación de Waldemiro Vélez Cardona, Ph.D., 7 de diciembre de 2016; (Anejo #17; pp.306-307) y Carta de Recomendación de Aarón Gamaliel Ramos, Ph.D., 12 de diciembre de 2016 (Anejo #18; pp.308-309)

[78] Véase Apéndice #1. Carta de seguimiento a Presidenta Interina, Dra. Fernández; 13 de marzo de 2017; pp.234-235.

[79] Véase Apéndice #1. Carta de seguimiento a Presidenta Interina, Dra. Fernández; 27 de marzo de 2017; pp.236-237.

[80] Informe y Recomendación del Oficial Examinador, Lic. Frank Gotay Barquet; sobre Apelación Núm. 90.1105 (Dr. Gazir Sued v. Universidad de Puerto Rico, Recinto de Río Piedras; 16 de marzo de 2017.

76. El **7 de abril de 2017**, la Presidenta Interina, Dra. Nivia Fernández Hernández; emitió su resolución "adoptando" el Informe del Oficial Examinador[81]: "A la luz del informe del Oficial Examinador, Lcdo. Frank Gotay Barquet, se determina adoptar el mismo, el cual a través de sus fundamentos establece que, el apelante no estableció que tenga derecho a que se le otorgue o se le renueve su contrato de servicios como facultad docente ni demostró que la decisión de la directora de Departamento de Ciencias Sociales del Recinto de Río Piedras de no renovarle el contrato fue contraria a derecho."

77. El **11 de abril de 2017** el Dr. Sued presentó moción de reconsideración a la presidenta interina, Dra. Fernández Hernández e impugnó el informe fraudulento del Oficial Examinador.[82] Asimismo, reiteró que considera un acto de corrupción institucional la práctica de invisibilizar los méritos de la apelación y manipular tecnicismos "legales" para proteger de manera privilegiada y sospechosa a los funcionarios imputados.

78. El **3 de mayo de 2017** el Dr. Sued elevó su apelación a la Junta de Gobierno de la Universidad de Puerto Rico.[83] A esta fecha habían pasado nueve meses del proceso apelativo y ya se había agotado el procedimiento en las instancias de rectoría y presidencia sin verse el caso en sus méritos. En la parte introductoria de la apelación el Dr. Sued planteó que "…las determinaciones en ambos foros carecen de legitimidad y considero imperativo impugnarlas y declararlas nulas por su carácter fraudulento y marcados visos de corrupción."

79. El **8 de mayo de 2017** el Dr. Sued llevó una carta a la nueva rectora interina del Recinto de Río Piedras, Dra. Carmen H. Rivera

---

[81] Véase Apéndice #1. Resolución de la presidenta interina, Dra. Nivia A. Fernández Hernández sobre Apelación Núm. 90.1105 (Dr. Gazir Sued v. UPR-RRP); 6-7 de abril de 2017; pp.238-239.

[82] Véase Apéndice #1. Moción de Reconsideración a Presidenta Interina…; 11 de abril de 2017; pp.240-242.

[83] Véase Apéndice #1. Apelación del Dr. Gazir Sued… Apelación ante la Junta de Gobierno; 3 de mayo de 2017; pp.129-130.

Vega.[84] En la misiva, de siete páginas, le informó sobre el proceso apelativo recién elevado ante la Junta de Gobierno y le expresó su indignación ante el carácter viciado e ilícito de las determinaciones de los funcionarios implicados y denunciados.

80. Asimismo, informó a la rectora que –en base a investigaciones recientes- supo que los profesores del Departamento de Ciencias Sociales solicitaron a la decana Muñiz Quiñones que rindiera cuenta sobre su determinación de no renovar el contrato por encima de la recomendación del Comité de Personal, y que ésta se negó.[85]

81. **El 7 de junio de 2017** se cumplió el primer año del proceso apelativo. Ese día el Dr. Sued remitió carta de seguimiento a la Junta de Gobierno.[86] Entre sus planteamientos, señaló que la exclusión discriminatoria de oportunidad de empleo en la UPR ha causado daños irreparables a su reputación, a su quehacer intelectual y profesional, y condición económica. Sostuvo el Dr. Sued, que "dentro de nuestro ordenamiento jurídico y bajo el actual estado de derecho, la arbitrariedad y el capricho constituyen violaciones al principio de mérito que debe regir los procesos de evaluación y criterios de contratación en la Universidad de Puerto Rico. Los mismos están reglamentados por la institución en acorde con los requerimientos de la Ley…" Reiteró que la funcionaria imputada expresó verbalmente sus motivaciones, y éstas evidencian estar basadas en criterios discriminatorios de orden político e ideológico, y en sospechosas impresiones subjetivas, arbitrarias y caprichosas. Denunció, además, que fue objeto de espionaje institucional y carpeteo; y que la negativa a renovar el contrato no constituye una determinación administrativa legítima sino un acto ilícito de represalia. Reiteró, además, que "…de no atenderse en un tiempo razonable y en sus méritos este caso, y de no resolverse en

---

[84] Véase Apéndice #1. Carta a la Rectora Interina…, Dra. Carmen H. Rivera Vega, 8 de mayo de 2017; pp.243-249. *El 18 de mayo de 2017 la rectora Rivera Vega renunció. Ese verano, Gazir Sued y la ex rectora coincidieron en una reunión de la APPU. Sued le preguntó si había leído la carta y ella contestó que nunca se la hicieron llegar.

[85] *La información fue suministrada por un profesor que no quiso identificarse por temor a represalias.

[86] Véase Apéndice #1. Carta (Ultimátum) a la Junta de Gobierno de la Universidad de Puerto Rico; 7 de junio de 2017; pp.250-251.

justicia a mi favor, me veré compelido a entablar una demanda judicial. La misma sería radicada contra la UPR como entidad corporativa del Estado, contra las personas imputadas por discrimen y represalia, y contra las personas involucradas en el esquema de encubrimiento, complicidad y corrupción institucional."

82. El **10 de julio de 2017** el Dr. Sued remitió a la Junta de Gobierno una moción presentando nueva evidencia concerniente al caso apelativo.[87]

83. El **17 de julio de 2017** el Dr. Sued remitió a la Junta de Gobierno su investigación histórica-jurídica sobre las condiciones laborales de los docentes en la Universidad de Puerto Rico[88] y un proyecto de enmienda a la Ley Universitaria y al Reglamento General de la UPR para crear la Carta de Derechos del Personal Docente sin Plaza en la Universidad de Puerto Rico.[89]

84. El **3 de agosto de 2017** el representante legal del Recinto de Río Piedras, Lic. Marcos A. Díaz Galarza, presentó moción de desestimación ante la Junta de Gobierno.[90] Alega el Lic. Díaz Galarza que: "...el apelante no ha levantado ningún argumento válido que sostenga o fundamente que se haya discriminado en su

---

[87] Véase Apéndice #1. Moción... nueva evidencia ante la Junta de Gobierno; 10 de julio de 2017; pp.257-258. / Anejo #20; Carta de la Comisión de Derechos Civiles al Dr. Gazir Sued; 7 de julio de 2017; pp.310-311 / y Reconocimiento del Dr. Fernando Picó sobre labores docentes del profesor Gazir Sued; 15 de abril de 2017 (Anejo #19; p.309)

[88] Sued, Gazir; "Devenir histórico de los derechos civiles y la (in)justicia laboral en la Universidad de Puerto Rico: Jurisprudencia y Legislación pertinentes al contexto universitario y su relación con los trabajadores docentes (1900-2017)" (*Este documento ha sido omitido por consideraciones editoriales. Las referencias jurídicas pertinentes han sido integradas en la parte II de la apelación al Tribunal Supremo)

[89] Sued, Gazir; Proyecto de enmienda a la Ley Universitaria y al Reglamento General de la UPR / Carta de Derechos del Personal Docente sin Plaza en la Universidad de Puerto Rico; presentado a la Junta de Gobierno de la Universidad de Puerto Rico; 17 de julio de 2017. (Apéndice #4; pp.393-428)

[90] "Moción de Desestimación" firmada por el "representante legal" del Recinto de Río Piedras, Lcdo. Marcos A. Díaz Galarza; 3 de agosto de 2017.

contra. La apelación no establece discrimen por ninguna de las categorías protegidas, ya sea a nivel constitucional, a nivel de legislación, ni a nivel de la propia reglamentación universitaria." (…) "El apelante tampoco ha levantado ningún fundamento válido ni fáctico, de que la decisión de no renovarle el contrato se tomó a base de prejuicio en su contra." (…) "La apelación no detalla hechos específicos que puedan dar margen a una alegación de discrimen." (…) "…de ser cierta la transcripción, lo que reflejaría es un proceso de supervisión en el cual la directora del Departamento le indicó razones legítimas para no considerar al apelante para una nueva contratación. De ser cierta la transcripción, la misma reflejaría y sostendría, precisamente, que el apelante era inadecuado para un nuevo contrato. Allí no hay visos de discrimen alguno."

85. El **7 de agosto de 2017** el Dr. Sued impugnó ante la Junta de Gobierno la "moción de desestimación", y denunció las imposturas, mentiras, intromisiones indebidas, difamaciones y demás violaciones éticas del representante legal del Recinto de Río Piedras.[91]

86. Con la misiva del 7 de agosto, el Dr. Sued, "a los fines de subsanar las lagunas jurídicas y enmendar los yerros relativos al proceso apelativo" adjuntó como apéndice su investigación histórica sobre la Universidad de Puerto Rico y sus relaciones con el proyecto ético-político de los derechos humanos y los principios constitucionales, jurídicos y legales que la ordenan, que definen su misión social y que regulan sus prácticas académicas y administrativas.[92]

87. El **14 de agosto de 2017**, el Dr. Sued remitió una carta al nuevo rector interino, Dr. Luis A. Ferrao Delgado[93]; a quien solicitó

---

[91] Véase Apéndice #1. Carta a la Junta de Gobierno (Denuncia por imposturas y violaciones éticas del representante legal del Recinto de Río Piedras); 7 de agosto de 2017; pp.252-256.

[92] Sued, Gazir; "Devenir histórico de los derechos civiles y la (in)justicia laboral en la Universidad de Puerto Rico… (1900-2017)" (*Apéndice #5 en apelación al TS, omitido por consideraciones editoriales)

[93] Véase Apéndice #1. Carta al Rector Interino del Recinto… Dr. Ferrao Delgado; 14 de agosto de 2017; pp.259-265. *El rector Ferrao era profesor en el mismo departamento que dirigía la directora Muñiz Quiñones a la fecha de la

audiencia "para dialogar en persona y tratar de resolver definitivamente y en justicia mi caso."

88. El **23 de agosto de 2017** la Junta de Gobierno notificó al Dr. Sued la resolución de que no admitirá la nueva evidencia presentada en moción del 10 de julio.[94] La resolución de la JG no explica, justifica o fundamenta el rechazo de la evidencia a pesar de la relevancia establecida para el caso apelativo. La nueva evidencia fue removida del expediente de manera cuestionable, arbitraria y sospechosa... En la misma resolución la Junta de Gobierno notificó que el caso sería referido a un Oficial Examinador. *Durante un año adicional sería dilatado injustificadamente el proceso apelativo; agravando los daños y perjuicios ocasionados al Dr. Sued.

89. El **27 de agosto de 2018** la Junta de Gobierno de la UPR emitió su decisión sobre el caso.[95] La misma lee: "Declarar No Ha Lugar la apelación de epígrafe y confirmar la decisión de la presidenta interina que sostuvo la determinación del Recinto de Río Piedras de no renovar contrato de servicios con el apelante. Los fundamentos para esta determinación están contenidos en el Informe de la Oficial Examinadora, el cual se adopta."

90. El **21 de septiembre de 2018**, el Dr. Gazir Sued remitió una misiva al rector del Recinto Ferrao Delgado; quien tras un año de la primera carta todavía no había contestado.[96]

---

cesantía del Dr. Sued. Durante el primer año como Rector, la Dra. Muñiz fue reemplazada de su puesto de confianza como decana de la Facultad de Estudios Generales, a la que está adscrita el departamento de Ciencias Sociales.

[94] Resolución. Apelación Administrativa JG-17-08, del 23 de agosto de 2017. Firmada por la Lic. Migdalisse Ramos Costa, Secretaria Ejecutiva de la Junta de Gobierno.

[95] Véase Apéndice #1. Decisión de Apelación de la Junta de Gobierno, Núm. 1 DAJG (2018-2019); 27 de agosto de 2018; p.266. *La notificación y documentos fueron recibidos en correo residencial del apelante, el 11 de septiembre de 2018.

[96] Véase Apéndice #1. Carta al Rector Interino..., Dr. Luis A. Ferrao Delgado; 21 de septiembre de 2018; pp.267-268.

91. El **21 de septiembre de 2018**, el Dr. Gazir Sued radicó moción de reconsideración ante la Junta de Gobierno[97] e impugnación del Informe de la Oficial Examinadora.[98] El informe de referencia debe declararse inválido porque engañó e indujo a error a los miembros de la Junta de Gobierno, teniendo por efecto inmediato el encubrimiento, manipulación dolosa y tergiversación insidiosa de los hechos, pruebas de evidencia, argumentos y méritos objetivos que constituyen la apelación en ciernes. Planteó, además: "Ya han pasado más de dos años desde que me ha sido vedada de manera ilegítima e ilegal la posibilidad de continuar ejerciendo la cátedra en esta institución, de la que soy egresado, por la que fui becado para estudios doctorales en el exterior y en la que llevo enseñando bajo cláusulas contractuales precarias casi dos décadas. El contenido del informe de la oficial examinadora omite de manera sospechosa los vínculos de toda una vida dedicada a esta Universidad; e invisibiliza, de modo igualmente sospechoso y éticamente deplorable, todos los argumentos y pruebas de evidencia que integran el expediente apelativo…

El carácter fraudulento del informe de la oficial examinadora es de tal magnitud que no solo omite que se ha denunciado el acto de privar al apelante de oportunidades de empleo en la Institución por motivos ilegítimos e ilegales. Omite, además, que esta determinación está fundada en posturas discriminatorias, prejuiciadas, arbitrarias, caprichosas y carentes de base racional de una profesora que abusó de su investidura gerencial para ejercer represalia contra el apelante por artículos publicados en la prensa y hasta por gestiones profesionales privadas. También omite que la directora-decana imputada abusó de su poder gerencial para impedir los trámites iniciados por el apelante durante el periodo contractual para defender la libertad de cátedra y, del mismo modo, para acallar sus denuncias sobre censuras por motivos políticos e ideológicos, entre otros atropellos cotidianos.

---

[97] Véase Apéndice #1. Moción de Reconsideración ante la Junta de Gobierno e impugnación de Informe de Oficial Examinadora; 21 de septiembre de 2018; pp.269-272.

[98] Informe de la Oficial Examinadora para la Junta de Gobierno, Lcda. María Soledad Ramírez Becerra; 5 de julio de 2018. / Junta de Gobierno. Universidad de Puerto Rico. Decisión de Apelación de la Junta de Gobierno, Núm. 1 DAJG (2018-2019); 28 de agosto de 2018.

La oficial examinadora omite que el apelante ha demandado desde un principio que le sea entregado el informe de la evaluación que fundamenta la negativa a reconocerle oportunidad de empleo. La oficial examinadora incluso ha tenido el atrevimiento de "interpretar" el silencio de la parte apelada y la desfachatez de confeccionar conclusiones para justificar el discrimen institucional. Según el informe de la oficial examinadora, el apelante tiene "deficiencias pedagógicas" y éstas son el fundamento de la decisión de no renovar contrato. Esta calumnia la repite en varias ocasiones a lo largo del informe y luego concluye y marca con letra ennegrecida que: "...entre las razones académicas que la directora le expuso al apelante, para su decisión, se encuentra el desempeño del apelante en clase; el estilo del apelante de falta de respeto a las normas y reglas de la Institución; su relación con los colegas, entre otros."[99]

La misma calumnia la repite alegando, sin fundamento objetivo alguno, que la decisión de la directora estuvo basada en la evaluación del Comité de Personal y que "...tras evaluar exhaustivamente la misma, ésta entendió dentro de su mejor juicio académico que no procedía la renovación del contrato."[100] Sin embargo, el informe del Comité de Personal recomienda la renovación de contrato de manera unánime y la directora se ha negado a someter por escrito los fundamentos de su decisión de ignorar la recomendación del Comité de Personal y las disposiciones reglamentarias de la Institución. El informe de la oficial examinadora no solo encubre la conducta discriminatoria, arbitraria y caprichosa que ha sido denunciada; sino que la refuerza con artificios retóricos sin fundamento y con la intensión evidente de tergiversar los hechos y socavar insidiosamente la imagen del apelante: "...la Directora, tras analizar detenidamente el expediente del apelante (...) determinó que en el ejercicio de proteger los mejores intereses universitarios que al apelante no le fuese renovado el contrato."[101]

92. Según concluye el informe impugnado, la contratación del Dr. Gazir Sued representaría un riesgo a los "mejores intereses

---

[99] Informe de la Oficial Examinadora; op.cit; p.27.

[100] Op.cit., p. 28.

[101] Op.cit., p. 32.

universitarios". Sobre premisas y alegatos falsos la Junta de Gobierno basó su decisión; y con ella, avaló las prácticas ilícitas denunciadas por el Dr. Sued en su recurso de apelación. Asimismo, la Junta de Gobierno ignoró la moción de reconsideración.

93. El **29 de octubre de 2018** el Dr. Sued se comunicó con la secretaria del decano de la Facultad de Estudios Generales, quien le informó que la ex decana imputada, Dra. Vicky Muñiz Quiñones, fue reemplazada de su puesto de confianza por el Rector. Según la secretaria, la Dra. Muñiz Quiñones se acogió a la jubilación y se fue de Puerto Rico.

94. El **1 de noviembre** el Dr. Sued presentó su escrito apelativo al Tribunal de Apelaciones. El mismo integraba 99 páginas y un apéndice de 397 páginas. Al caso fue identificado como KLRA201800657; atendido por el Panel XII, integrado por el juez Hernández Sánchez (presidente); la jueza Brignoni Mártir; y la jueza Méndez Miró. El **16 de noviembre** el Tribunal ordenó recortar el escrito a la mitad.

95. El **30 de noviembre** el Dr. Sued presentó la versión final del escrito apelativo, que consta de 67 páginas y el apéndice original. En la moción que lo acompaña hizo constar que "…mediante un arduo trabajo de edición, el escrito original fue recortado a la mitad, eliminándose –muy a pesar del recurrente- cerca de cincuenta (50) páginas." Asimismo, planteó que -por las características complejas de los méritos del caso- considera de fundamental relevancia y pertinencia el contenido íntegro de este escrito, que es su alegato; y solicitó al Tribunal que permitiera el excedente de páginas. (La petición fue concedida)

96. El **21 de diciembre de 2018**, la representación legal de la parte recurrida presentó su alegato en oposición, solicitando al Tribunal la confirmación de la decisión de la Junta de Gobierno.[102] En su escrito, alega que la Junta de Gobierno "…estableció que la no renovación estuvo basada en razones legítimas no

---

[102] Alegato en Oposición sobre caso KLRA201800657 presentado por la firma Nolla, Palou & Casellas LLC y los abogados Juan M. Casellas Rodríguez (RUA 12,968) y Jennifer López Negrón (RUA 16,506); en representación de la UPR; 21 de diciembre de 2018.

discriminatorias."[103] El contenido del escrito -como era predecible- repitió las imposturas, mentiras, encubrimientos y demás faltas éticas y administrativas denunciadas y evidenciadas por el Dr. Sued.

97. El **27 de marzo de 2019** el Tribunal de Apelaciones emitió su sentencia, confirmando la determinación de la Junta de Gobierno de la UPR.[104] El escrito de sentencia ignoró los méritos de la apelación del Dr. Sued; y sacó de contexto algunos fragmentos, distorsionando la relación de hechos y los fundamentos de derecho; tergiversando los alegatos cardinales y omitiendo información y evidencias sustanciales. En términos generales, la sentencia incurre en faltas éticas, artimañas e imposturas similares a las esgrimidas por la parte apelada originalmente (UPR). Estas prácticas -sospechosas e ilícitas- ya habían sido denunciadas reiteradamente en la apelación original y advertidas de manera preventiva en la apelación elevada al Tribunal de Apelaciones. No obstante, el Tribunal de Apelaciones optó por hacer caso omiso al contenido del escrito y expediente apelativo del Dr. Sued y, en su lugar, decidió reproducir las imposturas de la gerencia institucional de la UPR y sus representantes legales.

98. Agotado el recurso apelativo ante el Tribunal de Apelaciones, el **29 de abril de 2019**, el Dr. Sued apeló al Tribunal Supremo de Puerto Rico.

---

[103] Op.cit., p.11.

[104] Sentencia del Tribunal de Apelaciones sobre caso KLRA201800657 (Panel XII integrado por el juez Hernández Sánchez (presidente); la jueza Brignoni Mártir; y la jueza Méndez Miró (ponente); 27 de marzo de 2019 (Notificada el 28 de marzo de 2019)

PARTE II

99. En conformidad con el Reglamento y en base a las investigaciones histórico-jurídicas del Dr. Sued, en la parte a continuación se perfeccionan los fundamentos de derecho y se detallan las disposiciones reglamentarias, legales y jurisprudencias aplicables al caso; y las referencias de las disposiciones legales y autoridades jurídicas que establecen la jurisdicción y competencia del Tribunal. Por su relevancia y pertinencia, esta parte se estima de gran utilidad al Tribunal para comprender a profundidad los méritos del caso; a la vez que previene la frivolidad de cualquier argumento que ponga en duda la capacidad de los tribunales para dirimir controversias surgidas en la Universidad de Puerto Rico.

Desde principios del siglo XX, la jurisprudencia y la obra legislativa insular y federal han reconocido la gravedad del problema de la autoridad patronal irrestricta y, al mismo tiempo, han identificado sus estrechos vínculos con las más diversas manifestaciones de corrupción institucional. A tenor con los principios de derecho laboral que moldean nuestro ordenamiento jurídico constitucional, y con el objetivo de proteger a la ciudadanía trabajadora –de la que los docentes universitarios forman parte- los poderes judiciales y legislativos han estado obligados históricamente a imponer frenos certeros a las actuaciones discriminatorias ilícitas de los poderes patronales del Estado y sus corporaciones públicas; que incluyen, por supuesto, a la Universidad de Puerto Rico. Entre éstas destacan el padrinazgo político y el amiguismo; represalias; espionaje, fichajes ilegales e informes secretos o carpeteo; arbitrariedades y caprichos; cesantías injustificadas y sospechosas privaciones de oportunidades de empleo; violación de derechos constitucionales, humanos, civiles y laborales; violación de reglamentos; violación de cánones de ética; encubrimiento; fraude; y demás formas de corrupción institucional. Los mismos principios y objetivos para contrarrestar estas prácticas también pueden identificarse con claridad a escala global en las sociedades democráticas modernas. Incluso sobre los derechos que protegen a los trabajadores docentes en general, y a los docentes sin plaza en particular, existen convenios internacionales adoptados por la Organización de las Naciones Unidas y enmarcados en la Declaración Universal de los Derechos Humanos. El Reglamento de la Universidad de Puerto Rico es ejemplar al respecto:

"En el desempeño de sus responsabilidades sustantivas, la Universidad requiere estructurar y mantener un ordenamiento administrativo y funcional que responda a principios de excelencia, tanto en lo que concierne al desenvolvimiento de la función docente como en lo relativo a las variadas funciones administrativas… Para ello, incumbe a las autoridades universitarias desarrollara normas, procedimientos y maneras que motiven a los individuos más talentosos en todos los órdenes ocupacionales a ofrecer sus servicios a este alto centro de la docencia y a permanecer en él como dedicación de sus vidas.

Las normas universitarias deben concebirse y las actuaciones administrativas dirigirse a que el mérito sea el criterio por el cual se rija la selección, la capacitación ocupacional, los ascensos y la retención de todo el personal universitario, a fin de que el servicio a nuestra Universidad y, por ende, al pueblo puertorriqueño, se constituya en una carrera inspirada en los nobles objetivos que le dan vida a nuestra institución. Es consideración relevante que las oportunidades de servicio a la Universidad, en todas sus manifestaciones, se hagan asequibles a todos los que sientan el impulso y la disposición de colaborar con ella en el logro de sus propósitos. Para ello, y a fin de propender al logro de la excelencia, todos los procesos de reclutamiento, selección, ascenso, retención y separación del personal universitario, se fundamentarán esencialmente en las capacidades relativas de los aspirantes, calibradas en demostraciones objetivas, libres de prejuicios y discriminación por razones de raza, color, sexo, edad (…) o por ideas políticas…"[105]

El origen de los principios políticos que protegen a los trabajadores de las diversas modalidades de discrímenes ilícitos del poder patronal puede rastrearse al menos desde finales del siglo XVIII en su relación intrínseca con los derechos humanos y derechos civiles reconocidos en los textos constitucionales de la

---

[105] Reglamento General de la Universidad de Puerto Rico. Capt. V. Régimen de Personal: Disposiciones aplicables a todo el personal (Digitalizado en http://www.upr.edu)

época. La enmienda XIV de la Constitución de los Estado Unidos, por ejemplo, dispone que ningún Estado aprobará o hará cumplir ninguna ley que niegue a nadie la igual protección de las leyes. Del mismo modo disponía la ley Orgánica de 1917: Art. 2. -No se pondrá en vigor en Puerto Rico ninguna ley… que negare a una persona de dicha isla la protección igual de las leyes.- El precepto es claro y no deja margen de interpretación que pudiera degenerar en un sentido opuesto. Tampoco abre espacio a que los patronos, en base a las clasificaciones administrativas de sus empleados o a criterios económicos sin más, los despojen arbitrariamente de este u otros derechos fundamentales.

Desde inicios del siglo XX la judicatura insular prohibió la arbitrariedad y el capricho en las gestiones de despido, separación o cesantía de trabajadores; e impuso restricciones al poder discrecional de los patronos en todas las esferas de Gobierno y sus respectivas dependencias y ramificaciones institucionales:

> "Nuestro gobierno es un gobierno de ley, y todos los funcionarios, desde lo más alto hasta el más inferior, están obligados á obedecer á la ley sin duda alguna."[106]

Así como se ratificó la legitimidad jurisdiccional del Tribunal sobre la rama ejecutiva del Gobierno, los tribunales de justicia de la época, en acorde con la jurisprudencia estadounidense, convinieron en regular el poder discrecional de todos los funcionarios del Estado, indiferentemente de sus posiciones o rangos de autoridad. De este modo, se impuso como requerimiento previo a la separación o cesantía de empleados la "justa causa".[107] El requerimiento de justa causa limita el poder de la autoridad nominadora para despedir a su arbitrio a los empleados nombrados por ella misma, e implica "…la necesidad de un procedimiento que requiere la previa notificación y audiencia del empleado a quien se

---

[106] Lutz v. Post, Gobernador de Puerto Rico (1908) 14 D.P.R. p.860. En acorde a la jurisprudencia estadounidense, "Un deber ministerial o ejecutivo… es un deber con respecto al cual no ha dejado nada á la discreción del funcionario. Dicho deber es un deber simple y definitivo…cuya existencia ha sido admitida ó probada, y que está impuesto por ley." "…es un deber que debe cumplirse en un determinado estado de hechos, en una forma prescrita, en obediencia á la autoridad legal, y sin el ejercicio del criterio o la discreción del funcionario…"

[107] Belaval v. Todd, Alcalde (1916) 24 D.P.R. p.26.

trata de destituir."[108] De acuerdo a la jurisprudencia citada, las palabras "por justa causa" tienen su significado y "revelan la intensión manifiesta" de la Legislatura de Puerto Rico, que decidió organizar para bien de las administración de la cosa pública y del pueblo "un cuerpo de empleados que trabaje con el firme convencimiento de que en el cumplimiento de sus deberes descansa la seguridad de sus posiciones."[109]

Con anterioridad a 1906, en Puerto Rico el patrono-funcionario del Gobierno podía nombrar y separar a los empleados "a voluntad", pero "hoy la ley exige justa causa para la separación y hasta que la separación no se realiza por justa causa, que significa previa notificación y audiencia, es necesario concluir que el empleado continúa indefinidamente desempeñando sus funciones..."[110] De modo equivalente al historial de la jurisprudencia estadounidense, la judicatura insular reconoció la importancia de garantizar mejores condiciones laborales a la clase trabajadora, y comprendió que para viabilizar el proyecto político-social y económico del Estado, las decisiones judiciales debían restringir en lo posible cualquier manifestación de abuso, discrimen y capricho patronal:

> "La tendencia de las modernas democracias es la de asegurar cada vez más la inteligente intervención del pueblo en los asuntos públicos, pero creando al mismo tiempo una máquina administrativa compuesta de hombres honrados, activos y competentes que se sientan seguros en sus puestos mientras cumplan fielmente con los deberes de los cargos para los cuales fueron nombrados o elegidos."[111]

La judicatura insular desmintió los antiguos pretextos que justificaban las cesantías por motivos políticos incongruentes con la realidad laboral y las funciones objetivas de los trabajadores; y consecuentemente proscribió la terminación automática del empleo

---

[108] *State ex rel, Hitchcock v. Hewit* en 16 L.R.A. 413; según Belaval v. Todd; op.cit.

[109] Belaval v. Todd, Alcalde (1916) 24 D.P.R. p.26.

[110] Ídem.

[111] Ídem.

por criterios ajenos a las labores concretas de los empleados.[112] El mismo principio sería válido para cualquier relación laboral, y en el devenir histórico de la jurisprudencia moderna no existe ni fundamento jurídico ni necesidad institucional que justifique interpretar alguna ley de manera contraria al requerimiento de justa causa para despedir, destituir, separar o cesantear a un empleado que cumpla con su encargo. Al menos desde las primeras décadas del siglo XX, las antiguas potestades absolutas de los patronos estatales en general y en particular el poder de cesantear de manera sumaria o a voluntad sin justa causa, fueron proscritas de modo equivalente en las jurisprudencias inglesas y estadounidenses. Paralelo al requerimiento de justa causa, la notificación previa, la radicación de cargos, y la oportunidad de ser oído en su defensa el empleado a ser destituido o cesanteado, se integrarían desde entonces al derecho laboral puertorriqueño y, por ende, a las decisiones judiciales. Del mismo modo, cualquier interpretación judicial sobre la intensión legislativa en materia laboral debía reivindicar el principio de justa causa en los pleitos por despidos injustificados o por cesantías sumarias o impuestas sin el debido proceso de ley. El mismo principio aplica a todos los empleados estatales sin distinciones, sean empleados municipales, alcaldes, médicos, policías, maestros o jueces, etc.

Desde entonces, la facultad para destituir está sujeta "a la condición tácita prescrita por los principios de justicia eterna de que oiga a la parte a quien se acusa."[113] La obligación del patrono de "oír" al apelante en su defensa "es uno de los principios de justicia que ninguna persona será castigada sin ser oída."[114] "Es contrario a la justicia ordinaria que se resuelva sobre los derechos de una parte

---

[112] "No debe presumirse que los empleados subalternos habrán de impedir necesariamente el desarrollo del programa (de partido que venza en las elecciones) porque sustenten ideas políticas distintas de las de sus jefes. Si en la expresión y ejercicio de dichas ideas los empleados demostraran una hostilidad y una deslealtad que impliquen la imposibilidad de una cooperación eficiente con la administración de la que forman parte en el cumplimiento de sus deberes públicos, entonces será el momento apropiado para tomar tal hecho en consideración a los efectos de decidir si los empleados deben o no continuar en sus puestos." (Belaval v. Todd, Alcalde (1916) 24 D.P.R. p.26)

[113] Ramshay Q. B. 173 en Belaval v. Todd (1916); op.cit.

[114] Reg. V. Canterbury, 1 El. & El. 545; en Belaval v. Todd (1916); op.cit.

sin ser oída."¹¹⁵ Incluso cuando a la facultad discrecional para nombrar le apareja la facultad de destituir, si el empleado cumple satisfactoriamente con su trabajo, ésta "...no puede ser puesta en acción a no ser que se haya formulado un cargo contra el funcionario, notificado la queja, oída la prueba para sostener la misma y concediéndole la oportunidad al perjudicado de defenderse."¹¹⁶ Y aun cuando el patrono tenga motivos de peso que justifiquen la destitución o separación del empleado o funcionario:

> "...antes de la destitución debe precisarse en qué consiste el incumplimiento. En otras palabras, debe encontrarse culpable al funcionario de mala conducta en los deberes de su cargo, y no entraremos en ninguna discusión para probar que en un gobierno de leyes, la declaración de culpabilidad por la cual puede privarse a una persona de derechos e intereses valiosos y sufrir además seriamente su nombre y reputación, significa que debe existir una queja, juicio y sentencia, y dársele al perjudicado la oportunidad de defenderse y presentar prueba."¹¹⁷

Ni las legislaciones ni las jurisprudencias modernas cuestionan o socavan la facultad patronal para destituir o cesantear empleados, sino que protegen al trabajador de posibles decisiones arbitrarias, caprichosas o discriminatorias del poder patronal. La facultad para despedir a un empelado solo ha de ejercerse si éste "no cumple fielmente con los deberes de su cargo" y la sentencia del patrono "no debe dictarse sin darse aviso, o sin que exista un cargo o especificación o tener oportunidad el funcionario de formular su defensa. En esto va envuelta la reputación y el derecho del interesado... a conocer la acusación y a ser oído en su defensa..."¹¹⁸ El mismo principio se sostiene reiteradamente en la

---

[115] Williams v. Bagot, 3 Barn. & C. 785; Capel v. Child, 2 Cromp. & J. 558; en Belaval v. Todd (1916); op.cit.

[116] Cita traducida de la obra del juez Dillon; *Corporaciones Municipales*, tomo 1; en Belaval v. Todd (1916); op.cit.

[117] Page v. Hardin, 8 B. Mon. 648; en Belaval v. Todd (1916); op.cit.

[118] Com. v. Slifer, 25 Pa. 23, 64 Am. Dec. 680; Ham v. Boston, 142, Mass. 90, 2 New Eng. Rep. 642; citados en Belaval v. Todd (1916); op.cit.

jurisprudencia estadounidense citada en los tribunales de justicia de Puerto Rico.[119] En consonancia, a la facultad patronal para destituir, los tribunales han impuesto el deber de investigación previa y constatación de las alegadas irregularidades, negligencias o fechorías del funcionario o empleado público a ser destituido o cesanteado, por lo que "…dicha facultad –judicial por su naturaleza- no podía ser ejercitada debidamente (legalmente) sin ser notificado el funcionario (o empleado) contra quien había de procederse, o dársele la oportunidad de defenderse el interesado…"[120] La misma regla general sería refrendada y aplicada consecuentemente en el Tribunal Supremo de Puerto Rico, obligando a los patronos de todas las ramificaciones del Estado a ceñirse al mandamiento de ejercer el poder de separar, despedir o cesantear empleados o funcionarios solo por justa causa y ateniéndose al debido procedimiento: "…existe la tendencia en casi todos los Estados de exigir que tenga lugar un procedimiento semejante a un juicio en el cual se da al funcionario o empleado la oportunidad de defenderse y presentar prueba…", en otras palabras, que la persona que va a ser destituida (separada o cesanteada) "debe haber tenido la oportunidad de defenderse" ante la autoridad que ostenta la facultad de separarlo de su empleo.

> "Una audiencia significa y lo exigen los dictados de la justicia común, que el funcionario a quien se trata de separar de su cargo, habrá de hacérsele una notificación razonable de los actos específicos u omisiones de que se le acusa, dándole una oportunidad razonable para defenderse, esto es, para contestar los cargos y presentar

---

[119] La destitución de un funcionario público sólo puede tener lugar por justa causa (Field v. Com. 32 Pa. St. 478) Si es nombrado "a voluntad", puede ser destituido discrecionalmente por el que lo nombró… pero "…solo puede ejercitarse la facultad de destituir al formularse cargos contra el acusado, y después de haber sido notificado y de habérsele dado una oportunidad de ser oído…" (State v. St. Louis, 90 Mo. 19, 6 West. Rep. 464); citados en Belaval v. Todd (1916); op.cit.

[120] Dullam v. Willson, 53 Mich. 392, 51 Am. Rep. ?28; en Belaval v. Todd (1916); op.cit. La misma regla fue sostenida y reconocida en los siguientes casos: Denver v. Darrow, 13 Colo. 460; State v. Bryce, 7 Ohio, pt. 2, 82; Carter v. Durango City Council (Colo.), 27 Pac. Rep. 1057; Hallgren v. Campbell, 82 Mich. 255, 9 L.R.A. 408; Murdock v. Phillips Academy, 12 Pick. 244, 16 L.R.A. 415)

sus pruebas, y si lo deseare, permitirle confrontarse y repreguntar a los testigos en su contra..."[121]

La antigua creencia en que el poder de nombramiento era atribuido sin restricción alguna e incluía el poder discrecional absoluto para destituir a voluntad había sido impugnada radicalmente en los tribunales estadounidenses desde el siglo XIX. Del mismo modo, desde 1907, las legislaciones laborales en la Isla integraron los mismos preceptos y los tribunales insulares hicieron suyas las mismas regulaciones y restricciones al poder patronal, proscribiendo el ejercicio de esa facultad si era impuesto sin justa causa y sin el debido proceso de ley (formulación de cargos por escrito, notificación escrita de los mismos, investigación, oportunidad de defensa para contestar los cargos, también por escrito, presentar pruebas o ser confrontado y repreguntar a los testigos en su contra).[122] Por encima de todas las categorías y clasificaciones laborales, que son siempre de naturaleza administrativa, las nuevas reglas prevalecerían como denominador común en la jurisprudencia insular, dándole a los trabajadores y funcionarios del Estado un sentido de justicia superior y de respeto a la dignidad humana en el derecho a saber por qué eran cesanteados y a defender sus intereses y expectativas de conservar sus empleos.

Desde la primera década del siglo XX, a los tribunales de Puerto Rico se les reconoce jurisdicción para intervenir en los casos en que un empleado ha sido víctima de "abuso de discreción" patronal y ha sido cesanteado o privado de oportunidad de empleo; y "...cuando un empleado es destituido ilegalmente y sin causa justificada..."[123]

---

[121] Cintrón v. Berríos, Alcalde (1917) 24 D.P.R. p.721. Cuando el funcionario con derecho a ser oído al formulársele cargos es, sin razón alguna que lo justifique, privado de aquel derecho (audiencia y defensa) debe concedérsele el remedio de mandamus para su reposición. La negativa patronal a explicitar si existe o no justa causa para separar del empleo y la negación del derecho a notificación y audiencia, darían paso a expedir auto de mandamus para la restitución del empleado en su cargo. (Sarriera v. Todd (1917) 26 D.P.R, p.4)

[122] Jiménez v. Reily, Gobernador (1922) 30 D.P.R. p.626; Castro v. Gallardo, Tesorero (1925), 34 D.P.R. p.199.

[123] Al menos desde 1908 puede rastrearse en el historial judicial en Puerto Rico la integración del recurso de *mandamus* como "el remedio adecuado para impedir

Desde antes de entrada la década del 30, la política laboral en Puerto Rico -adoptada por las tres ramas de Gobierno- disponía que los empleados públicos tienen derecho a no ser separados de sus cargos sino "por aquellas causas que favorezcan la eficiencia del servicio" y "por motivos que se presentarán por escrito."[124] Las "causas" que debían justificar la cesantía o la negativa a renovar contratación no eran impresiones subjetivas del patrono sino hechos concretos sujetos a comprobación o descrédito mediante el debido proceso de ley (investigación, audiencia, etc.)[125] La regulación legal del poder patronal estaba enmarcada dentro del principio ético-político de justicia laboral, y la judicatura isleña de la época lo resume en estas palabras:

> "La tendencia moderna, y la más justa, y el espíritu de la ley creadora del servicio civil, son garantizar la eficiencia del servicio público, formando y sosteniendo un cuerpo de empleados competente, laborioso y honrado, que no esté sujeto a los cambios, veleidades o apasionamientos políticos, o a la mala voluntad, el despotismo, o las miras interesadas de los jefes, sino que dependa de sí mismo, de su propia conducta en el ejercicio de sus funciones. Cumplir con el deber, tal es la norma del empleado; y si lo cumple, considerarse en su posición seguro, tal la garantía de la ley, que si se viola será restablecida por los tribunales de justicia."[126]

---

que un funcionario separe de su empleo a un empleado cuando hay un manifiesto abuso de discreción." "Cuando un empleado es destituido ilegalmente y sin causa justificada, el mandamus es el remedio adecuado para reponerle en el cargo." (38 C.J. 7090710, Ex Rel Meyer v. Baldwin, 19 L.R.A. (N.S.) 40; citados en Gil v. Chardón, (1930) 41 D.P.R p.210.

[124] Castro v. Gallardo, Tesorero (1925) 34 D.P.R. p.199; Gil v. Chardón, (1930) 41 D.P.R; p.210.

[125] Entre las causas que se consideran "buenas y suficientes" para la destitución del servicio: • por delincuencia o mala conducta; • por incapacidad física o mental; • por conducta criminal, deshonrosa, inmoral o notoriamente degradante; • por el uso habitual y excesivo de bebidas embriagantes; • por negarse a prestar declaración de ser requerida según dispone la ley • y, por hacer intencionalmente una declaración falsa sobre cualquier hecho sustancial, o por practicar cualquier engaño o fraude… (Gil v. Chardón, (1930); op.cit.)

[126] Gil v. Chardón, (1930); op.cit.

El tribunal de justicia interviene legítimamente cuando los funcionarios públicos investidos con poder patronal abusan de sus facultades discrecionales para suspender, destituir, cesantear, negarse a renovar contratos, así como a privar de oportunidad de empelo sin justa causa y sin el debido proceso de ley. Ya no se trata de justificar irreflexivamente el poder discrecional absoluto del patrono, como en épocas anteriores. Con miras a hacer más efectivas y productivas las relaciones laborales en conjunto, el proceso judicial se volcó a favor de la parte más vulnerable en los conflictos obrero-patronales: los trabajadores. Ya no se consideraría infalible la voluntad patronal y éste estaría compelido a justificar el despido o cesanteo del trabajador, y a responder y evidenciar ante los tribunales de qué manera la cesantía del trabajador favorece al servicio público; o cómo la destitución del empleado contribuye a la eficiencia de la institución… Para la judicatura de la época, "…dar la razón en absoluto a la parte más fuerte, con mayor autoridad (el patrono) …constituye un mal mayor que el que se trata aparentemente de evitar."[127]

A inicios de los años 30 la legislatura puertorriqueña ratificó los mismos principios de justicia laboral[128], y en varios casos la judicatura insular reiteró su resolución: que la celebración de una vista para dilucidar los cargos formulados "es indispensable y un requisito claro al tratar de remover a una persona de su empleo…" Para hacerlo "es necesario que se haga mediante cargos suficientes debidamente formulados y después de celebrada una vista de los mismos."[129] El requerimiento de causa justificada y debido proceso de ley, además de refrenar los abusos discrecionales, arbitrariedades y caprichos patronales, también procuraba impedir los discrímenes proscritos por la Constitución de Estados Unidos y las leyes locales.

"Así como a virtud del inciso 18, sección 2 de la Ley Jones (Carta Orgánica), no puede exigirse ningún requisito

---

[127] Ídem.

[128] La secc.28 de la Ley. Núm. 88 de 1931 dispone como requisitos previos a la destitución de empleados causas justificadas, formulación de cargos y vista o audiencia (oportunidad para ser oídos); según Matos v. Veve, Marshall, (1934) 46 D.P.R; p.356.

[129] Pérez v. Esteves, Comisionado, (1932) 43 D.P.R; p.13; Gil v. Chardón (1930); op.cit.; Castro v. Gallardo, Tesorero (1925), op.cit.

político o religioso para desempeñar un cargo, tampoco puede separarse del mismo a la persona que lo desempeña por razón de sus ideas religiosas o políticas."[130]

Ningún empleado del servicio civil podía ser separado o despedido "salvo por causas justificadas, previa formulación de cargos y oportunidad de ser oída en su defensa." Si el patrono no cumple con estos requisitos procede el *mandamus* para que se ordene la restitución en el empleo del trabajador cesanteado. Del mismo modo, si el funcionario "actuó de mala fe, y fuera de la órbita de sus atribuciones", violando derechos constitucionales del empleado, "...cae dentro de la jurisdicción de los tribunales, a los cuales incumbe el deber de protegerlos."

> "Cuando la abolición de un cargo obedece no a razones de economía aducidas para ellos sino a otras de índole política (...) con el propósito de separar del cargo al empleado que lo ocupa, la abolición monta a la destitución arbitraria del empleado sin previa formulación de cargo y oportunidad de defensa y debe ser repuesto en el mismo."[131]

Igualmente, si no se prueban los cargos formulados o las necesidades objetivas que justifiquen la cesantía del empleado, o bien si la destitución responde a razones de índole política o religiosa, el Tribunal debe ordenar la restitución en el empleo.[132] La doctrina de justa causa y debido proceso de ley fue ratificada por la jurisprudencia insular desde la primera década del siglo XX, e incluso ni el Gobernador ni funcionario alguno del Estado estaban exentos de su cumplimiento. De éste infringir derechos privados, también "viene sujeto a remedios judiciales, igual que cualquier otra persona."[133]

---

[130] Romero Moreno v. Gore, Gobernador (1934) 46 D.P.R. p.408.

[131] Ídem.

[132] Domenech v. Corte, (1935) 48 D.P.R.; p.542.

[133] Romero Moreno v. Gore, Gobernador (1934); op.cit; Jiménez v. Reily, Gobernador (1922); op.cit; Lutz v. Post, Gobernador de Puerto Rico (1908); op.cit.

> "La ley no autoriza al Gobernador para ser arbitrario; antes bien, le impone el deber de obedecerla y la misión de hacerla cumplir. No empece que el Gobernador actúe so color de autoridad. Si sus actuaciones resultan claramente arbitrarias, los tribunales de justicia son los llamados a pronunciar, a solicitud de parte, la última palabra y a reparar el agravio inferido, aunque emane de las más altas esferas gubernativas."[134]

El mismo principio era extensivo a todos los funcionarios designados por el Gobierno e instituciones estatales y -de modo similar a la jurisprudencia estadounidense- cuando éstos "penetran arbitrariamente en el campo de la ilegalidad" e infringen derechos privados, "la parte agraviada puede acudir a los tribunales a recabar justicia" y compete a la jurisdicción de los tribunales "proteger los derechos de todos los ciudadanos, cuando hayan sido infringidos sin parar mientes en la posición oficial de la persona culpable de la infracción."[135]

Entrados los años 30, la judicatura insular reafirmó los principios ético-políticos que regulan la hermenéutica jurídica moderna y ratificó la ruptura epistemológica con los viejos paradigmas y entendidos que privilegiaban la voluntad singular del patrono y le atribuían un poder discrecional absoluto e irrestricto. A tenor con la jurisprudencia estadounidense, la jurisprudencia insular de la época repudió reiteradamente el ejercicio arbitrario, caprichoso y discriminatorio del poder patronal. La racionalidad predominante entre los cuerpos legislativos y judiciales de Estados Unidos y de Puerto Rico recalcaba que no existe precepto expreso o tácito en la Constitución, ni en estatuto alguno, que exima a ningún funcionario del Estado, sea cual fuere su posición o rango de autoridad, de ser demandado ante un tribunal:

> "…no es el rango o el carácter del funcionario, sino la naturaleza de la cosa a ser hecha, lo que rige. Ningún funcionario está por encima de la ley."[136]

---

[134] Romero Moreno v. Gore, Gobernador (1934); op.cit.

[135] Ídem.

[136] Ídem.

En base a estos principios, tanto la intensión de la legislatura como las interpretaciones judiciales en materia de derechos y justicia laboral estaban comprometidas a proteger a los trabajadores de "…veleidades y apasionamientos políticos, o la mala voluntad, el despotismo, o las miras interesadas de los jefes."[137]

El poder jurisdiccional de los tribunales de justicia sobre cuestiones laborales no socava la autoridad formal del patrono, sino que regula sus facultades discrecionales y los obliga a ceñir sus actuaciones en conformidad con los principios del derecho y los objetivos de la ley. Es en este sentido que la ética jurídica predominante en las primeras décadas del siglo XX tendía a favorecer la protección de los trabajadores contra los abusos patronales, discrímenes por ideas políticas, arbitrariedades y caprichos. Sin menoscabo de las funciones administrativas formales de los patronos, éstos estaban obligados con fuerza de ley a justificar las determinaciones de despido, separación o cesantía de trabajadores; y a evidenciar en qué medida sus cesantías benefician al servicio público o hacen más eficaz el funcionamiento de las instrumentalidades (agencias de Gobierno, instituciones o corporaciones públicas) del Estado. En acorde con los preceptos constitucionales de equidad y justicia, y los objetivos expresos de las legislaciones laborales, la jurisprudencia insular de la época reafirmó: "La justicia no reconoce castas ni jerarquías" y "debe extender su brazo protector por igual a todos los ciudadanos."[138]

En 1930 la legislatura insular aprobó el nuevo Código Civil de Puerto Rico, y sus disposiciones reforzaron la tendencia de la jurisprudencia insular a proteger los derechos laborales de la clase trabajadora contra los abusos y arbitrariedades de los patronos. Al mismo tiempo consolidó el poder jurisdiccional de los tribunales de justicia para intervenir cuando las leyes existentes tuvieran lagunas u omisiones que pudieran afectar adversamente a la ciudadanía en general y a la clase trabajadora en particular.

> Art. 7 -Cuando no haya ley aplicable al caso, el tribunal resolverá conforme a equidad, que quiere decir que se tendrá en cuenta la razón natural de acuerdo con los

---

[137] Gil v. Chardón (1930); op.cit; citado en Romero Moreno v. Gore, Gobernador (1934); op.cit.

[138] Romero Moreno v. Gore, Gobernador (1934); op.cit.

principios generales del derecho, y los usos y costumbres aceptados y establecidos.[139]

Inclusive, la nueva ley responsabilizó al tribunal que rehusare fallar "a pretexto de silencio, obscuridad, o insuficiencia de la ley, o por cualquier otro motivo."[140] Para tales casos, el Código Civil dispuso que:

> Art. 19 -El medio más eficaz y universal para descubrir el verdadero sentido de una ley cuando sus expresiones son dudosas, es considerar la razón y espíritu de ella, o la causa o motivos que indujeron al poder legislativo a dictarla.[141]

Hasta la fecha, tanto los preceptos constitucionales estadounidenses, la carta orgánica de 1917, el Código Civil de 1930 y la legislación laboral en Puerto Rico[142], refrendaban las inclinaciones predominantes entre la judicatura insular con relación a los derechos de los trabajadores. Consecuentemente, los casos resueltos a esta fecha disponían que un funcionario nominador tiene facultad para destituir a un empleado por justa causa y en bien de la eficiencia del servicio, pero si la destitución o negativa a renovar contrato respondía a criterios arbitrarios o a razones de orden político o religioso, el empleado debía ser restituido en el empleo:

> "Si el funcionario nominador destituyere al nominado arbitrariamente, sin justa causa, sin formulación de cargos (por escrito) ni oportunidad de defenderse, el funcionario o empleado destituido puede recurrir directamente a los tribunales y obtener por medio de un mandamus su reposición."[143]

---

[139] Código Civil de Puerto Rico (1930); Art. 7. Art. 7. Negativa de un tribunal a emitir fallo; aplicación de la equidad en ausencia de ley aplicable.

[140] Ídem.

[141] Código Civil de Puerto Rico (1930); Art. 19. Razón, espíritu y motivos de la ley. (31 L.P.R.A. sec. 19)

[142] Ley Núm. 15 del 14 de abril de 1931 (Ley Orgánica del Departamento del Trabajo y Recursos Humanos)

[143] Pérez Marchand v. Garrido, (1935) 48 D.P.R.; p.457.

A tales efectos, el Tribunal debía conocer y considerar todas las cuestiones de hecho y de derecho planteadas, y "todos los expedientes que se presenten con relación al caso serán documentos públicos."[144] Ante las posibles ambigüedades en los textos legislativos o en los reglamentos de las instrumentalidades estatales, el Código Civil disponía que "Las palabras de una ley deben ser generalmente entendidas en su más corriente y usual significación…"[145] y que "Cuando las palabras de una ley son dudosas, su sentido debe ser buscado por el examen y comparación de las frases dudosas con otras palabras y sentencias que les estén relacionadas, en el orden de una buena investigación, para llegar a su verdadero significado."[146]

En base al historial legislativo y a la trayectoria de la jurisprudencia insular en materia de derechos laborales, la investidura de poder patronal a la Universidad de Puerto Rico no podría contravenir la política laboral del Estado y los preceptos constitucionales en los que se asienta. No existía, pues, fundamento racional legítimo o legal que pudiera sostener que la intención legislativa fue la de conceder facultades omnímodas a los funcionarios institucionales, o permitirles ignorar el desarrollo evolutivo de la justicia laboral en Puerto Rico y socavar los derechos reconocidos a sus trabajadores, trátese de empleados docentes o no docentes. De ningún modo puede inferirse del texto de la ley universitaria que el poder patronal tenía la potestad absoluta e irrestricta de separar o cesantear a sus empleados sin justa causa y sin el debido proceso de ley, de manera arbitraria, discriminatoria o caprichosa. La facultad de separar o cesantear a un empleado de la Universidad estaba sujeta implícitamente a las regulaciones, condiciones y restricciones impuestas al poder patronal por las instancias legislativas y judiciales, y la relativa autonomía administrativa que la ley de 1925 concedió a la Universidad no puede interpretarse en contradicción a los principios éticos y derechos de sus trabajadores.

---

[144] Ídem.

[145] Código Civil de Puerto Rico (1930); Art. 15. Uso general y popular de las palabras. (31 L.P.R.A. sec. 15)

[146] Código Civil de Puerto Rico (1930); Art. 17. Palabras dudosas. (31 L.P.R.A. sec. 17)

Tampoco puede sostenerse que por omisión en el texto de la ley el patrono está exento de la obligación de ceñir sus actuaciones a tenor con la política laboral del Estado, o abstraerse a voluntad de las consideraciones sociológicas, históricas, éticas y políticas que los cuerpos legislativos y judiciales del país han sostenido para proteger al trabajador de los abusos del poder patronal. Enmarcado en los preceptos del Código Civil de 1930[147] y en la racionalidad predominante sobre la cuestión obrero-patronal en la legislación y en la jurisprudencia insular desde principios del siglo XX, resulta concluyente que los requerimientos de justa causa para despedir o cesantear a un trabajador, su derecho a recibir notificación escrita de las razones del despido o cesantía, el derecho a ser oído y levantar su defensa, así como el derecho a demandar y buscar protección en los tribunales, eran elementos consustanciales al espíritu de la justicia laboral de la época.

En este contexto, ningún funcionario estatal o patrono institucional estaba eximido del deber de respetar los derechos de los trabajadores, y la administración de la Universidad de Puerto Rico no estaba exceptuada de la regla. Por el contrario, más allá de la relativa ambigüedad y de las omisiones de la ley, la intención legislativa implicaba de manera tácita que el juicio patronal para cesantear a un empleado universitario debía estar sostenida por un genuino interés o necesidad institucional y no por motivaciones ilícitas de orden discriminatorio, arbitrario o caprichoso. Cualquier interpretación de la ley o decisión judicial que contraviniera estos principios de justicia laboral para favorecer el poder discrecional del patrono de manera absoluta e irrestricta debía juzgarse como ilegítima e improcedente, no solo por carecer de fundamentos jurídicos o por contradecir los principios éticos y derechos políticos de la clase trabajadora sino, además, por los previsibles e irreparables daños que ocasionarían a sus víctimas, despojadas de sus fuentes de sostén económico y sometidas a embates emocionales como consecuencia del desempleo involuntario.

El efecto desmoralizador de una cesantía o despido injustificado era ampliamente reconocido por las legislaturas y judicaturas de la época, y la política gubernamental, aunque

---

[147] "Las leyes que se refieren a la misma materia o cuyo objeto sea el mismo, deben ser interpretadas refiriendo las unas a las otras, por cuanto lo que es claro en uno de sus preceptos pueda ser tomado para explicar lo que resulte dudoso en otro." Código Civil de Puerto Rico (1930): Art. 18. (31 L.P.R.A. sec. 18)

insuficiente, apuntaba esfuerzos concretos para mejorar las condiciones de existencia de la clase trabajadora, procurando garantizar en lo posible la seguridad del empleo y la oportunidad de conservarlo sin temor a cesantías injustificadas por discrímenes, arbitrariedades o caprichos patronales. Entre estas coordenadas, nada indica que las relaciones obrero-patronales en la Universidad del Estado pudieran alterar la trayectoria de reivindicaciones laborales alcanzadas hasta entonces.

Gradualmente, en los años 30 y 40, las legislaturas estatales estadounidenses promulgaron leyes protectoras de los derechos civiles-laborales de los maestros. En 1938 la Asamblea Legislativa de Puerto Rico adoptó legislación similar[148], y entrados los años 40 la judicatura insular se pronunciaría en afinidad.[149] La intención de estas leyes era:

> "...proteger a los buenos maestros... de someterse compulsoriamente a las influencias políticas de aquellos que tienen el poder de otorgar o retirarles el nombramiento; y de asegurarles empleo a tales maestros, después de un largo periodo de servicios satisfactorios para el público, prescindiendo de los vaivenes de la política o las preferencias de aquéllos que tienen en sus manos la administración de asuntos escolares."[150]

Tanto las jurisdicciones judiciales estadounidenses como las locales resolvieron repetidamente que la aprobación de dicha ley tenía, entre sus propósitos principales, "proteger a los maestros" y por ende, "debe interpretarse siempre liberalmente a favor de aquéllos en cuya protección fue aprobada."[151] Esta racionalidad jurídica, así como la intensión legislativa que la sostiene, era

---

[148] Ley Núm. 213 de 15 de mayo de 1938 (18 L.P.R.A § 214)

[149] González v. Gallardo (1943) 62 D.P.R. p.275.

[150] Andrews v. Union Parish School Board, 184 So. 574, 578 (La., 1938); Sherry v. City of St. Paul, 277 N.W. 541 (Minn., 1938); en Gonzalez v. Gallardo (1943); op.cit.

[151] Kennington et al. V. Red River Parish School Board, 200 So. 514, 16 (La. 1940); en González v. Gallardo (1943): op.cit.

extensiva a todo el sistema de educación, que incluye, por supuesto, a los profesores universitarios.

La judicatura insular atribuyó la misma intensión al Congreso de Estados Unidos al conceder, mediante el Acta Orgánica regente en Puerto Rico desde 1917, poderes de autonomía administrativa para salvar a las instituciones de educación pública de presiones políticas indebidas. En este sentido, la ley de 1938 tenía el propósito de "establecer la selección de maestros sobre una base científica, imparcial, y conseguir personal de alta capacidad asegurándoles un empleo permanente"; y sus disposiciones apuntaban a "relevar al poder nominador de la presión política o de otra índole a favor de candidatos específicos"[152]

Entrada la década de los 40, la jurisprudencia insular reiteró sus convergencias con las leyes protectoras de los trabajadores y sus pronunciamientos contra las destituciones arbitrarias, despidos sin causa y cesantías injustificadas:

> "El funcionario nominador no tiene autoridad para destituir arbitrariamente. En el ejercicio de sus funciones, debe ajustarse a las disposiciones de la ley, formulando cargos, oyendo al empleado, y destituyendo si es necesario, cuando existe una causa para la destitución. Si no se cumple con los requisitos de la ley y (…) se decreta arbitrariamente una destitución, el empleado destituido puede acudir a los tribunales de justicia para obtener la debida reparación."[153]

Además de sustentarse esta postura en base a los precedentes legislativos y jurídicos insulares, también remite a las resoluciones contemporáneas de las legislaciones y jurisprudencia estadounidense, que habían convenido que se trata de "principios reconocidos en cualquier país libre y democrático" (limitar el poder discrecional de destitución, requiriendo "justa causa" o "causa legal"[154]; el derecho del acusado a ser oído, a ser confrontado con sus acusadores, y a defenderse.[155])

---

[152] Ídem.

[153] Gatell v. MacLeod (1940) 56 D.P.R.; p.119; Cruz v. Garrido, (1941) 58 D.P.R. p.653.

[154] Justa causa significa causa legal. "La legislatura aplicó los principios de que esas

"El funcionario que destituye tiene una vasta discreción; pero no es ilimitada, debe ser guida por la ley y la evidencia. Los miembros de un tribunal no pueden actuar caprichosa o arbitrariamente."[156]

En 1942, la Asamblea Legislativa aprobó una nueva ley que vendría a refrendar y a consolidar la política general de protección de la clase trabajadora puertorriqueña contra los abusos y discrímenes patronales, fijando penalidades por las violaciones a esta ley.[157] La misma dispuso que incurrirá en delito:

Secc. 1. –Todo patrono que lleve a cabo cualquier acto de perjudicial discrimen contra sus obreros y empleados... porque los mismos hayan organizado o intervenido en actividades de una unión obrera, o hayan demandado la celebración de un convenio colectivo, o hayan participado en una huelga o en una reclamación de mejores salarios y condiciones de trabajo o porque estén afiliados a determinado partido político...-

Seguido, dispuso que cualquiera de los actos listados "constituirá evidencia *prima facie* de la infracción de la ley", situando en primer lugar el delito de "cesantía sin justa causa."[158] El texto de la ley evidencia la intención legislativa de proteger a la clase

---

personas tendrían derecho a ser oídas, a ser confrontadas con sus acusadores y a defenderse." (Gatell v. MacLeod (1940); op.cit.)

[155] People ex rel. Metevier v. Therrien, 80 Mich. 187, 195, 45 N.W. 78; citado en Gatell v. MacLeod (1940); op.cit.

[156] Ídem.

[157] Ley de 7 de mayo de 1942 (Ley para proteger a los obreros y empleados contra perjudiciales discrímenes de sus patronos, fijar penalidades por las violaciones a esta Ley...); *Leyes de Puerto Rico*; núm. 114; p.691.

[158] Sección 2. Cualquiera de los siguientes actos... constituirá evidencia *prima facie* de la infracción de esta Ley: 1. La cesantía sin justa causa. 2. La reducción injustificada el salario. 3. El aumento de la jornada laboral sin adecuada compensación. 4. La imposición de condiciones más onerosas en el trabajo. 5. La degradación en el empleo, cargo, función o labor que desempeñan. 6. La privación o negación de beneficios, facilidades, mejoras, servicios, descansos, vacaciones, pensiones o bonificaciones... (Ley de 7 de mayo de 1942; op.cit.)

trabajadora sin reservas por las clasificaciones administrativas o demás distinciones artificiales. La tipificación como prácticas delictivas las actuaciones discriminatorias, arbitrariedades y caprichos de los patronos, y la consecuente imposición de penalidades, también se hizo extensiva de manera general a todos los patronos de todas las instrumentalidades del Estado (agencias de gobierno, instituciones y corporaciones públicas). Asimismo, fortaleció el sentido de justicia laboral en Puerto Rico y, de manera tácita, liberó al poder judicial de incurrir en errores, confusiones y tergiversaciones por omisiones y ambigüedades en las leyes precedentes. A tenor, la legislatura dispuso que "Toda ley o parte de ley que se oponga a la presente, queda derogada" (Secc.5); declaró su "carácter urgente y necesario", y ordenó que empezara a regir de inmediato (Secc.6)

El texto de la ley universitaria de 1942 articuló con nitidez los principios éticos y objetivos políticos que dan razón de ser a la Universidad de Puerto Rico, clarificando conceptos cardinales y orientando a la vez las premisas fundamentales que deberían ser consideradas y reivindicadas en los tribunales de justicia. En la "declaración de propósitos" o exposición de motivos, por ejemplo, destacó que una parte cardinal de sus responsabilidades, fines y "obligación de servicio al pueblo de Puerto Rico", era la preparación de "servidores públicos". La definición legal del "servidor público" precisó el concepto en el marco de la intensión legislativa, y demarcó las coordenadas racionales en que debería enmarcarse cualquier ejercicio interpretativo del poder judicial, en particular cuando dilucida sobre las relaciones y pleitos obrero-patronales.

> "Debe entenderse por "servidor público" todo el que, habiéndose valido de las oportunidades que proporciona el pueblo de Puerto Rico a través de la Universidad, se gradúa en la misma. En este sentido, no es servidor público solamente el que labora en instrumentalidades del Gobierno, sino toda persona equipada con la educación universitaria en cualquier posición, profesión, actividad, pública o privada, o género de vida productiva que emprenda en uso del equipo intelectual suministrado por la Universidad."[159]

---

[159] Ley de la Universidad de Puerto Rico (1942); publicada en su órgano

Los trabajadores docentes del sistema universitario de la UPR, indistintamente de sus clasificaciones, son servidores públicos. La ley universitaria de 1942 dispuso que la selección y reclutamiento del personal docente debía reglamentarse "a tono con las normas que las mejores prácticas universitarias aconsejan".[160] Asimismo, ratificó la relación fundamental entre las libertades políticas constitucionales y las condiciones laborales de los profesores universitarios y demás trabajadores del servicio público en la Universidad:

> Secc. 15. -Por la presente se garantiza la libertad de cátedra y el pleno disfrute de sus derechos políticos y civiles a los miembros del personal docente, técnico y administrativo de la Universidad de Puerto Rico.-

Más allá de las funciones formales y clasificaciones o rangos administrativos, los trabajadores docentes o "claustro universitario" (profesores, profesores asociados, profesores auxiliares e instructores) constituían "un organismo para laborar por el mejoramiento de las normas académicas y el progreso cultural de la Universidad." (Secc.18 y 30)

Si la más alta encomienda legislativa a la Universidad era la de hacer fructificar la cultura democrática de Puerto Rico[161], sería irracional presumir que de algún modo concedió poderes omnímodos al patrono o que favorecía la sujeción de los trabajadores docentes más vulnerables a cesantías sin causas

---

informativo oficial, el periódico quincenal *Universidad: Órgano Oficial de la Universidad de Puerto Rico*; 1948-1960.

[160] Secc. 14. El Reglamento (…) establecerá un sistema adecuado para la selección del personal docente a tono con las normas que las mejores prácticas universitarias aconsejan; fijará una escala de sueldos y promociones que garantice el debido reconocimiento de los méritos y servicios del personal universitario (…) y establecerá todas las demás provisiones convenientes y necesarias para el funcionamiento de la institución. (Ley de la Universidad (1942); op.cit.)

[161] "En la alta encomienda de hacer fructificar estos propósitos, la Universidad de Puerto Rico se considerará como servidora de la cultura democrática dentro y fuera de Puerto Rico, predominantemente a través de sus servicios a la cultura democrática de Puerto Rico." (Declaración de propósitos; Ley de la Universidad (1942); op.cit.)

justificadas o a que los privaran de las oportunidades de empleo por motivaciones discriminatorias, arbitrarias o caprichosas.[162]

Igualmente quedó aclarado que la concesión legislativa de autonomía administrativa a la Universidad no implicaba que ésta pudiera operar de manera absolutamente independiente del Gobierno de Puerto Rico[163], o que le concediera poder para contravenir preceptos constitucionales o ignorar derechos reconocidos para toda la clase trabajadora. En este sentido, la autonomía universitaria no podía interpretarse como subterfugio para eximir a la Institución de sus vínculos y obligaciones con el proyecto político democratizador del Estado de Derecho, o que sus ramas legislativas y judiciales no ostentan poderes jurisdiccionales para fiscalizar su encomienda y enmendar sus faltas...

La Declaración Universal de los Derechos Humanos (1948) reforzó los principios morales que regían la ley universitaria y en los que tenían profundo arraigo los derechos laborales de sus docentes.[164] En base a los principios fundamentales de los derechos humanos volvieron a quedar desacreditadas las clasificaciones discriminatorias que los patronos imponían a la ciudadanía trabajadora para evadir la obligación de justificar las causas de despidos, cesantías y negativas a renovar contratos; de informar de las mismas por escrito; y de dar oportunidad para defenderse. También volvieron a quedar impugnadas las posturas judiciales que, en base a omisiones o ambigüedades de las leyes, o en base a las clasificaciones administrativas o contractuales de los patronos, obstruían o negaban el derecho de los trabajadores más vulnerables a disponer de recursos efectivos ante los tribunales (Art.8-10). Además de reiterar de manera tácita la ilegitimidad de los artificios

---

[162] "El Consejo Superior de Enseñanza podrá revocar cualesquiera de dichos nombramientos cuando, a juicio suyo, los intereses de la Universidad justifiquen tal intervención." (Secc.2)

[163] Los miembros del gobierno institucional (Consejo Superior de Enseñanza) son nombrados por el Gobernador de Puerto Rico, con el consejo y consentimiento del Senado de Puerto Rico; y debe rendir informes anuales al Gobernador y a la Asamblea legislativa. (Secc. 2; Ley de la Universidad (1942)

[164] El periódico oficial de la UPR publicó íntegra la Declaración Universal de los Derechos Humanos, y en ediciones posteriores la conmemoró, reproduciendo fragmentos y contextualizando su pertinencia local e internacional para "reafirmar la fe en 1os derechos fundamentales del hombre, en la dignidad y el valor de la persona humano..." (Periódico *Universidad*...; octubre de 1949 y 1950)

diferenciales entre la ciudadanía y la clase trabajadora, y de condenar explícitamente cualquier modalidad de discrimen injustificado, la Declaración Universal de los Derechos Humanos sostuvo entre sus principios fundamentales el derecho al trabajo (Art.23). A tenor con estas disposiciones, cualquier racionalidad o práctica que degenerase en la privación arbitraria del empleo o que resultara en la cesantía o exclusión de un trabajador sin justa causa o por motivos discriminatorios, sería contraria a las justas exigencias de la moral y del bienestar general en una sociedad democrática.

Entrada la década de los 50, resulta concluyente que la legitimidad de cualquier fundamento jurídico en materia laboral debía estar ligada a los principios éticos y derechos políticos de la ciudadanía trabajadora, que incluye a los docentes universitarios. Inferir lo contrario supondría conceder facultades omnímodas al poder patronal, atribuyéndole una autoridad absoluta e irrestricta para socavar a voluntad o por capricho la dignidad humana del ciudadano trabajador, y despojarlo o privarle de su sustento económico a voluntad, aunque la misma se ejerza por motivaciones discriminatorias ilícitas e ilegales. Igualmente supondría creer que el Estado de Derecho en Puerto Rico, por conducto de su poder legislativo y judicial, privilegia al patrono con inmunidad para infringir discrecionalmente los mandamientos y prohibiciones constitucionales... Esta racionalidad, enraizada en un profundo sentido moral de la justicia laboral y la dignidad humana, moldeó el texto final de la Constitución de Puerto Rico en 1952. "Las leyes que rigen ahora estarán sujetas a lo que diga la constitución y no la constitución a lo que digan las leyes."[165] Por orden de prelación jurídica, ni las leyes, ni los contratos, ni las decisiones judiciales, podrían contravenir los preceptos constitucionales en menoscabo de los derechos humanos de la ciudadanía trabajadora. En este sentido, las facultades omnímodas atribuidas al poder patronal para cesantear sin justa causa o denegar arbitrariamente oportunidad de empleo a un trabajador son incongruentes con los derechos consignados en la Constitución; y el atributo del poder de actuar a voluntad o caprichosamente implica la concesión de un privilegio de inmunidad para discriminar ilegalmente, y también debe considerarse inconstitucional.

---

[165] Según el delegado Lino Padrón Rivera, en Diario de Sesiones de la Convención Constituyente de Puerto Rico (17 de septiembre de 1951 a 6 de febrero de 1952); digitalizado en http://www.oslpr.org)

Dentro del nuevo marco constitucional, la ley universitaria no disponía límites a la jurisdicción de los tribunales en cuanto a las determinaciones del gobierno institucional, y tampoco disponía que sus decisiones fuesen finales y obligatorias: "La intensión legislativa fue no impedir toda revisión judicial en casos sobre permanencia y status de profesores de la universidad."[166] En este sentido, en ausencia de un estatuto que lo prohíba expresamente, los tribunales de justicia no pueden abstraerse de su responsabilidad política ministerial ni abstenerse de investigar e interceder para proteger y reivindicar derechos fundamentales de los docentes que han sido mancillados por funcionarios institucionales.[167]

Aunque los procedimientos administrativos estaban compelidos moralmente a atender con objetividad las apelaciones levantadas contra determinaciones patronales injustas, la realidad podía ser otra, y las garantías de derecho insuficientes. Los funcionarios imputados gozaban del privilegio de protección institucional y su maquinaria legal era puesta a su servicio de manera automática e independiente de los méritos de las apelaciones. Ante esta circunstancia los tribunales de justicia en el Estado de Derecho estaban obligados a proteger al trabajador docente que enfrentaba, en posición de desventaja, el poderío patronal de la UPR.[168]

El informe de la comisión gubernamental sobre los derechos civiles de 1959 denunció que las prácticas de favoritismo personal y padrinazgo político seguían siendo la norma en la selección y cesantía de empleados públicos en Puerto Rico. Para

---

[166] Rivera Valiente v. Benítez, Rector (1952); op.cit.

[167] "Cuando el estatuto guarda silencio en cuanto al alcance de la revisión judicial de actuaciones de una agencia administrativa, las cortes tan sólo determinan si el cuerpo administrativo cometió error sobre cuestiones de derecho, entre éstas si el récord administrativo contiene evidencia sustancial para basar las conclusiones de hecho del cuerpo administrativo en cuestión." (Rivera Valiente v. Benítez (1952); op.cit.). (…) "…la misión de las cortes es examinar el récord administrativo para determinar si se cometió algún error de derecho, incluyendo la cuestión de si los autos contienen evidencia sustancial para basar la decisión administrativa." (Ídem) Los mismos argumentos se reiteran posteriormente en López v. Muñoz, Gobernador (1957) 80 D.P.R. p.4)

[168] "La norma judicial al efecto de que es preferible agotar la acción administrativa antes de acudir a lo judicial en solicitud de una petición de mandamus, es una norma de conveniencia compatible con la justicia, y no posee tal inflexibilidad que lleve a la frustración de un derecho o a la negación de un remedio." (González Saldaña v. Tribunal Superior (1965); 92 D.P.R. p.477)

contrarrestar los daños de esta práctica, promovió la imposición del principio de mérito como regla general de los procesos de contratación, evaluación, retención y cesantía de empleados:

> "El principio de mérito para el servicio público es uno de los más fundamentales en el sentido general de mantener un gobierno democrático y eficiente sin parcialidad en contra de individuos o grupos minoritarios. Como protección de los derechos fundamentales de los empleados públicos y de todos los ciudadanos, es probablemente la garantía más importante."[169]

En acorde a este principio regulador del poder patronal, debían crearse mecanismos apelativos "para salvaguardar el principio de mérito y proteger a los empleados "contra abusos y discriminaciones indebidas". Posteriormente serían acogidas estas propuestas por los cuerpos legislativos y la jurisprudencia puertorriqueña, pero las prácticas discriminatorias del poder patronal en las instrumentalidades del Estado seguirían perpetrándose indefinidamente...

Entrada la década de los 60, predomina en la jurisprudencia puertorriqueña el reconocimiento del derecho del trabajador a no ser destituido sin justa causa y sin el debido proceso de ley (oportunidad de ser oído y defenderse).[170] Igualmente, prevalecen las restricciones al poder de arbitrariedad patronal, acrecentando las expectativas laborales de adquirir rango de permanencia en base al

---

[169] Informe del Comité del Gobernador para el Estudio de los Derechos Civiles en Puerto Rico (1959). Parte X: Los Derechos Fundamentales y el Principio de Mérito en el Servicio Público.

[170] En 1962 el Tribunal Supremo hizo recuento de las decisiones aprobadas por mayoría que sostenían "el derecho del empleado a no ser destituido sin justa causa, y mediante oportunidad de ser oído y defenderse." (Bezares v. González, Alcalde (1962) 84 D.P.R. p.468: • Gil v. Chardón (1930) • Pérez v. Estévez, Comisionado, (1932) • Matos v. Veve, Marshall, (1934) • Pérez Marchand v. Garrido (1935) • Domenech v, Corte, (1935) • Pereda v. Padín, (1936) • Gatell v. MacLeod (1940) • Cruz v. Garrido (1941) • González v. Gallardo • García v. Cordero, Admor. (1943) • Rodríguez v. Buscaglia, Tes. (1944) • Rosario v. Gallardo (1945) • Cantellops v. Fernós (1945) • Rivera Valiente v. Benítez, Rector (1952); D.P.R.; op.cit.)

principio de mérito.[171] Asimismo, se refrendaron las restricciones de la ley a toda práctica de discrimen, intimidación, coerción o represalia del patrono contra cualquier trabajador que, en el ejercicio de sus derechos, levante querellas contra el patrono o sus funcionarios, reclame reivindicaciones laborales, salariales, etc.[172]

La ley universitaria de 1966 define a la UPR como corporación pública, obligada a servir al pueblo de Puerto Rico y, en el cumplimiento de su "misión esencial", serle fiel "a los ideales de una sociedad integralmente democrática." (Art.2) En la consecución de sus objetivos, le es consustancial "la más amplia libertad de cátedra y de investigación científica."[173] El principio de la "libertad académica" se deriva de las libertades de pensamiento y expresión consagradas en las constituciones puertorriqueña[174] y estadounidense[175]; y -según están garantizadas constitucionalmente

---

[171] "...es un contrasentido decir que habrá un sistema de méritos si no va a haber permanencia para los empleados..." (Bezares v. González, Alcalde (1962) 84 D.P.R. p.468) "El deseo Legislativo es que el empleado disfrute lo más posible de una relativa permanencia o de indefinida incumbencia (...) ya que a la larga en ello va envuelta la excelencia del trabajo rendido." (Arcelay Rivera v. Superintendente Policía, (1967) 95 D.P.R., p.211)

[172] "Constituye una práctica ilícita de trabajo el que un patrono intervenga, restrinja, ejerza coerción o intente intervenir, restringir o ejercer coerción con sus empleados en el ejercicio de sus derechos de negociación colectiva o para otro fin de ayuda o protección mutua." (Ley de Relaciones del Trabajo 29 L.P.R.A. sec. 69 (1) (a) La actividad concertada no está limitada al campo de la negociación colectiva, sino que puede tener otros y distintos propósitos tales como querellarse de las condiciones del lugar del trabajo..." (J.R.T. v. Morales, (1964) 89 D.P.R. p.777) "El previo conocimiento de la actividad concertada de sus empleados por parte del patrono es un ingrediente indispensable para que su acción discriminatoria contra un empleado constituya una práctica ilícita del trabajo." (Ídem)

[173] Art.9B -El Reglamento General de la Universidad determinará lo relativo al ejercicio de las funciones, atribuciones y prerrogativas del Claustro, así como los deberes y derechos de cada claustral, y contendrá aquellas disposiciones, en cuanto al ejercicio de tales derechos y el cumplimiento de tales deberes, que aseguren el orden, la seguridad y la normalidad de las tareas institucionales.-

[174] El carácter constitucional de la libertad académica ya había sido reconocido en el Informe del Comité del Gobernador para el Estudio de los Derechos Civiles en Puerto Rico, en 1959. (Op.cit., p.294; 309)

[175] El Tribunal Supremo de los Estados Unidos ha reconocido el rango constitucional del derecho a la libertad académica en base a las garantías de

a todos los ciudadanos- "no pueden ni deben ser restringidas en el ámbito universitario, dentro o fuera de los salones de clases..."[176]

El informe de la Comisión de Derechos Civiles (1967) también advirtió sobre las condiciones de los profesores más vulnerables ante las actuaciones administrativas de "discrecionalidad arbitraria".

> "Se recomienda que el Reglamento de la Universidad de Puerto Rico provea normas para impedir discrímenes inconstitucionales en el trato del personal con contratos no permanentes y que establezca procedimientos para plantear y ventilar querellas contra la violación de dichas normas."[177]

La suspensión sumaria o cesantía injustificada de un profesor son prácticas inconstitucionales. Si bien la ley disponía que los profesores permanentes solo puedan ser destituidos mediante formulación de cargos y el debido proceso de ley, la misma regla debía ser aplicable sin reservas a los profesores sin permanencia. No existía razón alguna que justificara la exclusión selectiva de este derecho en el ámbito universitario, y "las autoridades universitarias no pueden violar las normas de la Constitución." La autonomía administrativa no debía servir de pretexto para evadir los

---

libertad de pensamiento y expresión. (• Sweezy v. New Hampshire, 354 U.S. 234 (1957) • Shelton v. Tucker, 364 U.S., 479 (1960) • Keyishian v. Board of Education of the City of New York, 342 U.S., 485 (1952) • Wieman v. Updegraff, 344 U.S., 183 (1952) • Barenblatt v. U.S., 360 U.S. 109 (1959) • Griswold v. Connecticut, 381 U.S., 479 (1965). El 23 de enero de 1967, el Tribunal reconoció el rango constitucional de la libertad académica y declaró inconstitucional privar de empleo a profesores considerados "subversivos". (Op.cit., pp.294-295)

[176] "...a menos que sea por reglamentación razonable para impedir la violencia, la alteración a la paz o la interrupción de las labores académicas." (Informe de la Comisión de Derechos Civiles (1967); op.cit., p. 309.

[177] Op.cit., pp.320; 335. Sostuvo, además, que -en base a los derechos constitucionales- en la Universidad no debe existir ningún tipo de censura en cuanto a los temas a discutirse, las posiciones ideológicas a expresarse y el estilo de la expresión, sea oral, escrita o mediante manifestaciones de las artes. Del mismo modo, debe permitirse libremente en el ámbito universitario la publicación y distribución de cualquier tipo de publicación, sin tener que pedir permiso especial a la autoridad administrativa y "sin ninguna censura institucional". (Op.cit., p.317)

mandamientos constitucionales o para violar derechos civiles. El poder patronal de la Universidad no puede tergiversar arbitrariamente el sentido de la autonomía para despojar de estos derechos a los profesores sin permanencia.

Para evitar abusos de autoridad, la Comisión de Derechos Civiles (CDC) de 1967 ratificó las recomendaciones del informe de 1959, coincidiendo en que "es necesario establecer un sistema de mérito en todos los aspectos del trato del personal para que las decisiones se basen en criterios de idoneidad y excluyan elementos ajenos al mérito."[178] El nuevo reglamento debía garantizar igualdad de oportunidad de empleo y objetividad en la selección de los nuevos miembros de la facultad. El profesor debía poder sentir la seguridad de que no sería excluido por sus ideas o expresiones políticas; que su labor docente sería juzgada (evaluada) con justicia; y que por el fruto de su trabajo podría satisfacer sus expectativas laborales y obtener la permanencia.[179] De acuerdo al informe de la CDC, estos son "elementos esenciales de la libertad académica" y "el principio de mérito es salvaguarda de los derechos civiles universitarios."[180]

---

[178] Según el informe de la comisión de 1956: "En la selección, las promociones, las destituciones y todos los demás aspectos del trato de maestros y alumnos no debe entrar en juego ningún factor ajeno al criterio de idoneidad. (...) "El principio de considerar individualmente a cada persona por sus méritos profesionales para la labor requerida, nos parece el único aceptable. (...) La cuestión tiene que plantearse en términos de la capacidad particular para una determinada tarea." (Op.cit., p.309) El Informe de la CDC de 1967 lo endosó (op.cit., pp.319; 328; 339)

[179] Deben mejorarse considerablemente las normas y prácticas sobre la permanencia de la facultad en la UPR. No se deben utilizar contratos temporeros para extender el periodo probatorio... y a los profesores con contratos de tiempo completo se les debe evaluar igual que a los de contrato probatorio. (Op.cit., p.320) "Es debatible el requisito actual de cinco años de servicios satisfactorios para adquirir el status de permanente..." (Op.cit., p.329)

[180] Ídem. El informe de la CDC urgió la intervención de la legislatura para subsanar los efectos adversos de sus omisiones: "No nos parece que debe dejarse a la discreción de las autoridades universitarias el reglamentar, sin normas legislativas, los derechos civiles de los profesores y estudiantes..." (Op.cit., p311) También insistió en que las normas reglamentarias deben cumplirse y aplicarse mediante "procedimientos y principios equitativos, completamente libre de favoritismos o discrecionalidades arbitrarias." Asimismo, planteó la necesidad de crear un ambiente de "justicia con derecho" y de eliminar "los gestos de autoritarismo paternalista y otros abusos personales de la autoridad." (Op.cit.,

A mediados de los años 60 e inicios de los 70, el Tribunal Supremo de Puerto Rico volvió a desmentir las presunciones despóticas del poder patronal, y ratificó el principio de "justa causa" que ya había sido reconocido por la legislatura y la jurisprudencia insular desde principios del siglo XX. Desde entonces, las palabras "justa causa" tienen un significado preciso y revelan la "intención manifiesta" de la legislatura.[181] Del mismo modo la judicatura insular reconoció la intención legislativa de proveer a los trabajadores del "firme convencimiento de que en el cumplimiento de sus deberes descansa la seguridad de sus posiciones."[182] La jurisprudencia insular también enfatizó que el requerimiento de justa causa y, consecuentemente, del debido proceso de ley, no están sujetos a tergiversaciones arbitrarias por parte del poder patronal:

> "...la causa o la justa causa es causa legal o en derecho, no es el criterio o la sola apreciación del poder que destituye, por más aparentes o justificadas que a él le puedan parecer las razones que tenga para destituir. Secuela de ellos, una destitución por causa o justa causa debe estar precedida de una determinación de tipo legal o de naturaleza judicial en cuanto a la existencia o no de una causa o justa causa. Esto a la vez exige que la destitución esté precedida también por una audiencia dada al empleado destituido, con oportunidad de ser oído en su defensa contra la separación. (...) ...no tendría eficacia jurídica si no se permitiera en la misma una vista en el fondo, donde el

---

p.307) Al concluir su informe, la CDC expresó su esperanza en que el nuevo reglamento de la UPR redujera "las posibilidades de arbitrariedad por parte de los administradores" (Op.cit., p.328)

[181] "Si la legislatura hubiera deseado que los empleados municipales hubieran podido ser destituidos a su voluntad por los alcaldes..., no hubiera empleado las palabras "por justa causa" que empleó en la secc. 32 de la Ley Municipal (1906)." La ley vigente en 1970 tiene el mismo principio... (Soto v. Alcalde Mun. Bayamón (1970) 99 D.P.R. p.415)

[182] Belaval v. Todd, Alcalde (1916); op.cit. en Soto v. Alcalde Mun. Bayamón, (1970); op.cit.

poder que destituye tenga que sustanciar los cargos y los funcionarios destituidos puedan defenderse de ellos."[183]

El Tribunal Supremo de Puerto Rico ratificó el imperativo político de las sociedades democráticas de erradicar las discrecionalidades arbitrarias del poder patronal. Asimismo, reivindicó el principio de mérito como criterio cardinal de las gestiones administrativas del servicio público en los estados de Derecho.[184] En 1972, la judicatura sostuvo que el hecho de que las facultades para emplear y despedir a un empleado "irregular" (sin permanencia) fuera de carácter discrecional, no puede justificar, excusar o condonar el discrimen por razón de ideas políticas y demás derechos protegidos por la Constitución. Además:

"El dar vigencia a las garantías constitucionales establecidas en la carta de Derechos de la Constitución… para la protección de los derechos individuales de los ciudadanos es una función ineludible de este Tribunal." [185]

Asimismo, insistió en que "el capricho… no debe ser favorecido por los tribunales", y que "el ejercicio de discreción no puede servir de mampara al discrimen. De lo contrario sería fácil evadir artificiosamente la prescripción constitucional." Además, sostuvo el Tribunal:

"Sería un contrasentido interpretar que la Constitución ampara al grupo de empleados que menos lo necesitan –

---

[183] López, Alcalde v. Tribunal Superior, (1964) 90 D.P.R. p.304. / Soto v. Alcalde Mun. Bayamón (1970); op.cit.

[184] "Nuestra legislación, como la de tantos otros países que tienen sistemas de administración pública avanzados (Inglaterra, Estados Unidos, Alemania, Francia y otros), reconoce las ventajas del principio de mérito de los servidores públicos. Ya se entiende que en los sistemas democráticos el poder político se solicita y se obtiene para servir al país y no para servirse de él. Es generalmente reconocido que el antiguo y desacreditado régimen de botín "con cambios de arriba abajo en todo el personal administrativo como resultado de cada elección puede considerarse práctica condenable, dañina y obsoleta." (Soto v. Alcalde Mun. Bayamón, (1970); op.cit.)

[185] Báez Cancel v. Alcalde Mun. de Guaynabo (1972) 100 D.P.R.; p.982.

empleados permanentes- mientras deja desamparados a los que más necesitan de su protección."[186]

La jurisprudencia insular también había reconocido que las diversas instrumentalidades del Estado podían disponer clasificaciones entre las personas "siempre y cuando sea razonable y con miras a la consecución de un interés público legítimo", y que no infringieran la cláusula constitucional de igual protección de las leyes, que "prohíbe un trato desigual injustificado."[187] En este sentido, las clasificaciones del personal debían ser consideradas irrazonables e inválidas por los tribunales cuando eran arbitrarias y no podía establecerse nexo alguno con el interés legítimo del Estado o de la corporación. Del mismo modo, debían ser juzgadas como irrazonables e inválidas cuando la clasificación afectaba derechos fundamentales del ciudadano:

> "Hay áreas en las cuales, por su tangencia con la dignidad humana y con el principio de que todo el mundo es igual ante la ley, toda clasificación es inherentemente sospechosa y está sujeta al más minucioso examen judicial. Estas áreas incluyen las clasificaciones o discrímenes por motivo de raza, color, sexo, nacimiento, origen o condición social, ideas políticas o religiosas, y nacionalidad."[188]

En consonancia, estableció el Tribunal que:

> "El peso de la prueba recae en aquél que alega la inconstitucionalidad de la legislación en controversia: corresponde al Estado demostrar la existencia de un interés público apremiante o de superior jerarquía (compelling state interest) que justifique la clasificación y

---

[186] Ídem.

[187] Zachry International v. Tribunal Superior (1975), 104 D.P.R. p.267.

[188] Wackenhut Corp. v. Rodríguez Aponte (1972) 100 D.P.R. p.518. "Todas las clasificaciones tangentes con la dignidad del ser humano y con el principio de igualdad ante la ley se consideran inherentemente sospechosas..." (León Rosario v. Luis Torres, (1980) 109 D.P.R. p.804)

probar que la misma promueve necesariamente la consecución de ese interés."[189]

En el ámbito civil como en el laboral, los tribunales designaron como "clasificación sospechosa" "aquella en que las características en que se basa la clasificación no guardan relación con la habilidad o aptitud de las personas afectadas por la clasificación."[190] A tenor con esta doctrina jurídica, la clasificación de los profesores universitarios sin permanencia (empleado contractual) debía considerarse irrazonable, discriminatoria e inconstitucional porque relegaba "a un estado legal de inferioridad a una clase con abstracción de las potencialidades y características individuales de sus miembros"; porque no respondía a un interés apremiante del Estado o de la institución; porque no tenía como objetivo el bien común; y, porque en base a esta clasificación, inherentemente sospechosa, se afectaban adversamente derechos constitucionales y laborales del ciudadano-trabajador docente. Además, en base a esta clasificación se reforzaban las actitudes generalizadas entre quienes ostentaban el poder patronal y se resistían a reconocerle a la ciudadanía trabajadora, entre ella a los profesores más vulnerables, derechos esenciales: equidad en las oportunidades de trabajo; igual paga por igual trabajo[191]; seguridad de que sus labores y cualificaciones profesionales fueran juzgadas en base a criterios objetivos de mérito; y, de ser objeto de alguna determinación de cesantía, que fuese por justa causa y mediante el debido proceso de ley…

El carácter discriminatorio, degradante e ilícito de estas clasificaciones administrativas se manifestó en la negativa patronal a reconocer la expectativa laboral de los trabajadores sin permanencia. No obstante, esta práctica no está basada en ningún principio jurídico, ético o político legítimo, sino en la mera arbitrariedad del poder patronal. A mediados de la década del 70, la

---

[189] Zachry International v. Tribunal Superior (1975); op.cit.)

[190] Ídem.

[191] "El principio de igual paga por igual trabajo interesa evitar discrímenes de una parte e irritaciones de otra, producidas cuando la compensación diferente carece de justificación frente a la igualdad de la labor rendida." (4 Diario de Sesiones de la Convención Constituyente, p. 2574 (Ed. 1961); citado en Zachry International v. Tribunal Superior (1975), op.cit.)

judicatura insular reconoció que la expectativa laboral solo puede ser comprendida dentro de las circunstancias puntuales que caracterizan las relaciones del trabajador con su trabajo[192], y que debe considerarse en base a los principios de mérito y no del capricho discrecional del patrono o los términos contractuales impuestos de manera irrazonable e ilícita.[193]

> "Un empleado público tiene un reconocido interés en la retención de su empleo, si dicho interés está protegido por ley o cuando las circunstancias crean una expectativa de continuidad... (...) Un empleado público, bajo las disposiciones de la Constitución del ELA, goza de protección constitucional contra discrimen, aun cuando no pueda fundar su reclamo en un "interés propietario" en el puesto."[194]

Es a partir de las circunstancias que engloban la realidad laboral del trabajador que éste cultiva una legítima y razonable expectativa de que el puesto que desempeña por contrato se convierta en permanente en un tiempo razonable; y asimismo guarda "plena fe y seguridad" de permanecer en el empleo y que no sería cesanteado "aunque el cargo o nombramiento que ostentaba para fines presupuestarios era por contrato y provisional." En este sentido, los tribunales insulares y estadounidenses reconocieron que aún los trabajadores sin permanencia, en el contexto preciso de sus relaciones laborales, no solo tenían una expectativa laboral legítima, sino que, además, de ser objetos de cesantía, el patrono estaba compelido a justificar la causa y dar oportunidad de defensa.[195] De

---

[192] Lupiáñez v. Srio. de Instrucción (1977) 105 D.P.R. p.696.

[193] Conforme a la jurisprudencia federal: "Un interés legal en ejercer un empleo particular puede crearse mediante un contrato implícito." (Bishop v. Wood, 44 U.S.L.W. 4820, 4821 (U.S. June 10, 1976); Board of Ragents v. Roth, 408 U.S. 564, 576-577 (1971); Wieman v. Updegraff, 344 U.S. 183 (1952); citados en Lupiáñez v. Srio. de Instrucción (1977); op.cit.

[194] Pierson Muller I. v. Feijóo (1978) 106 D.P.R. p.838.

[195] Connell v. Higginbotham, 403 U.S. 207 (1971); Slochawar v. Board of Higher Education, 350 U.S. 551 (1956); Soto v. Alcalde Mun. Bayamón, 99 D.P.R. p.415, 417 (1970); Arcelay Rivera v. Superintendente Policía, 95 D.P.R., p.211, 225 (1967); Santiago Agricourt v. C.R.U.V. 90 D.P.R. p.839, 843 (1964); Pastor

lo contrario, el patrono debía restituirlo en su empleo o uno similar, y pagarle los sueldos correspondientes al periodo de la cesantía.[196]

En 1975, la Ley de Personal ordenó que el principio de mérito fuera aplicable a todas las agencias e instrumentalidades del Gobierno de Puerto Rico, incluyendo a las corporaciones públicas "exentas", como la Universidad de Puerto Rico.[197] Por disposición de esta ley, incluso las agencias excluidas tenían que aprobar nuevos reglamentos incorporando el principio de mérito.[198] Su intención sería ratificada en los tribunales, reiterando que el propósito fundamental de esta ley era extender el principio de mérito uniformemente como norma rectora a todos los sectores del servicio público de Puerto Rico.[199] La UPR actuó en conformidad con el mandato legal de establecer criterios de evaluación del personal docente y reglamentarlos en acorde al principio de mérito. El informe de la comisión del Recinto de Río Piedras[200] destacó la necesidad imperativa de superar las improvisaciones que caracterizaban las gestiones académicas y administrativas de la época, y de establecer reglamentación "clara, definida y uniforme" "que permita bregar con la evaluación de los profesores con la mayor justicia y equidad, y que asegure y promueva el fundamental objetivo universitario de mejorar la calidad de la docencia." La

---

Lozada v. Director Ejecutivo, (1974) D.P.R. 101 p.923; citados en Lupiáñez v. Srio. de Instrucción (1977); op.cit.

[196] Ley Núm. 80 de 30 de mayo de 1976.

[197] El principio de mérito se adoptó en la UPR en base a las disposiciones de la Ley Núm. 5 (14 de octubre de 1975) (Ley de Personal del Servicio Público...). Dispone el Reglamento General de la UPR. Sección 98.31 - Principio de mérito - Principio según el cual se selecciona y administra sobre la base de la capacidad sin discrimen por razones de raza, color, sexo, nacimiento, edad, origen, condición física o condición social, ni por razones políticas o religiosas.

[198] "Principio de Mérito" se refiere al concepto de que todos los empleados públicos deben ser seleccionados, ascendidos, retenidos y tratados en todo lo referente a su empleo sobre la base de la capacidad, sin discrimen por razones de raza, color, sexo, nacimiento, edad, origen o condición social, ni a sus ideas políticas o religiosas. (Ley Núm. 5 de 1975; op.cit.)

[199] Reyes Coreano v. Director Ejecutivo (1980), 110 D.P.R. p.40.

[200] Informe de la Comisión del RRP sobre Normas y Criterios de Evaluación de Profesores, 1974-1975.

primera recomendación fue la adopción de un reglamento que garantizara un "procedimiento común" en todos los departamentos y facultades, "que reglamente y ordene por igual la evaluación de profesores, tanto para la renovación de contratos como para la concesión de permanencia y ascenso de rango." La Comisión concluyó:

> "Las más elementales nociones de trato igual, de debido proceso de Ley y de Justicia, exigen que todos los profesores posean los mismos derechos y las mismas obligaciones en lo que respecta el modo en que habrá de conducirse su evaluación."

Asimismo, argumentó que no existen razones académicas que justifiquen la disparidad en los procedimientos evaluativos y que no existe justificación legítima para contradecir los principios y fundamentos de Derecho invocados. La comisión precisó la uniformidad del proceso estableciendo "un mismo conjunto de criterios". Además, promovió que se realizaran actividades "para estimular el desarrollo personal y el mejoramiento profesional de los nuevos profesores que se unen a la comunidad académica…", y que éstos debían ser objeto de "evaluaciones obligatorias cada año hasta obtener la permanencia…" El cuerpo responsable de las evaluaciones claustrales sería un Comité de Personal departamental, y sus funciones debía ejercerlas según los criterios reglamentarios.[201] Entre éstos, dispuso que: "luego de finalizada la evaluación de cada candidato, y después de discutir con dicho candidato el resultado de la evaluación, el Comité preparará un informe escrito respecto a cada candidato evaluado, que contenga las conclusiones y fundamentos de la evaluación. Copia del informe se le entregará al candidato evaluado, quien podrá formular por escrito sus comentarios u objeciones al informe final del Comité…" Los criterios de evaluación[202] de profesores debían enmarcarse dentro

---

[201] Procedimientos de Evaluación de Profesores (Apéndice I); op.cit.

[202] • I. Calidad de la enseñanza. A. Dominio de la materia (1. Muestra competencia en su disciplina; 2. Revela estar al día en su materia; 3. Afronta eficazmente las preguntas del estudiante; 4. Comparte con otros compañeros sus conocimientos en el campo de su especialidad, formal o informalmente; 5. Hace aportaciones de contenido al curso que enseña) B. Estrategias: Métodos y Técnicas de la Enseñanza (1. Usa técnicas y métodos adecuados a la materia que

del principio de mérito, y las fuentes de información[203] a considerar estaban reglamentadas y no dejaban margen a juicios subjetivos que pudieran dar lugar a discrímenes injustificados, arbitrariedades o caprichos. Ni las fuentes de información, ni los criterios de evaluación, ni el procedimiento burocrático variarían significativamente con el paso del tiempo.[204]

---

enseña; 2. Estimula la participación activa del grupo; 3. Permite preguntas de sus estudiantes; 4. Acepta discrepancias como aspecto importante del proceso educativo; 5. Explora mediante preguntas el nivel de entendimiento de los estudiantes; 6. Organiza el trabajo adecuadamente. C. Habilidad para comunicarse (1. Explica con claridad, precisión y efectividad; 2. Atiende los puntos de vista de los estudiantes; 3. Estimula la atención del estudiante; 4. Está pendiente de signos de duda o confusión de los estudiantes; 5. Respeta e inspira el respeto del estudiante.) D. Procedimientos y medios para evaluar a los estudiantes (1. Da a conocer anticipadamente los criterios a base de los cuales serán evaluados los estudiantes; 2. Utiliza la evaluación como parte integrante del proceso enseñanza-aprendizaje; (…) • II. Cumplimiento de los deberes y dedicación al servicio universitario. B. Puntualidad en la realización de los trabajos relacionados con la enseñanza (1. Cumple cabalmente su horario de clase; 2. Cumple cabalmente con el periodo de duración de clases; 3. Cumple con sus horas de oficina; 4. Entrega a tiempo el prontuario; 5. Entrega a tiempo los bosquejos de los cursos; 6. Entrega las calificaciones finales de los estudiantes en el tiempo estipulado; 7. Asiste regularmente a las reuniones de Departamento, Facultad y Claustro.) C. Trabajos de Comités (1. Disponibilidad para trabajar en comités; (…) 6. Participación activa en los trabajos de los comités…) • III. Trabajos de investigación y publicaciones. A. Publicaciones (1. Libros; 2. Art. s; 3. Otras formas de publicaciones); B. Trabajos escritos inéditos; C. Creación; D. Labor de investigación en proceso. • IV. Preparación y mejoramiento académico. A. Años de servicio docente; B. Estudios y grado completados; C. Actitud hacia los estudios formales; D. Participación en actividades académicas; E. Viajes y otras actividades culturales. • V. Otros criterios. A. Servicios a la Universidad; B. Conferencias públicas y congresos…; C. Reconocimientos y honores recibidos; D. Participación en labores de servicio público; E. Enseñanza en otras instituciones universitarias, y experiencia del profesor en el ejercicio de su profesión; F. Asociaciones profesionales; G. Participación y colaboración con actividades estudiantiles.

[203] Currículum Vitae, evaluaciones en salón de clases, evaluaciones estudiantiles, etc. Desde finales de la década de los 70 las evaluaciones estudiantiles a sus profesores fueron integradas entre los criterios que regulan los procesos de evaluación del personal docente. En términos formales, debían jugar un papel importante para efectos de retención del nombramiento y/o renovación de contratos.

[204] El informe de evaluaciones y recomendaciones del Comité de Personal del Departamento debe ser elevado al Comité de Personal de la Facultad y, consecuentemente, el Decano de la Facultad debe remitirlo al Rector.

El Reglamento de la Universidad de Puerto Rico[205] adoptó el principio de mérito y, a tenor con el mandato de la ley, dispuso los criterios de selección[206] y evaluación[207] del personal docente. Asimismo, con el fin de regular los criterios de selección y evaluación de los profesores y no dejar margen para actuaciones discriminatorias ilícitas, arbitrarias y caprichosas por parte de las autoridades nominadoras, el Reglamento General dispuso los deberes y atribuciones del personal docente.[208]

Entre 1988 y 1998, varias certificaciones y circulares reafirmaron que para propósito de reclutamiento para "el ejercicio de las cátedras" era requisito el grado terminal (doctorado): "No se reclutará en plaza docente a ninguna persona que no ostente el grado terminal en su disciplina que, por regla general, será el grado doctoral."[209] No obstante, la gerencia institucional de la UPR continuaría contratando personal docente sin éstas cualificaciones, excluyendo arbitraria y sospechosamente a profesores con grados doctorales; inclusive a becados del Programa de Beca Presidencial de la propia UPR.[210]

A pesar de las estrictas regulaciones del sistema de selección y evaluación del personal docente, en la práctica, los profesores sin permanencia seguirán estando desprotegidos de garantías internas contra abusos discrecionales del poder patronal, y seguirían siendo objeto de cesantías injustificadas y de negativas arbitrarias a renovar

---

[205] Reglamento General de la UPR / Ley de la Universidad de Puerto Rico; op.cit.

[206] Art. 43 -Criterios para la Selección del Personal; op.cit.

[207] Art. 45 - Evaluación del Personal Docente; op.cit.

[208] Art. 63 - Deberes y Atribuciones del Personal Docente; op.cit.

[209] Circulares Núm. 80-77 y Núm. 12 (1988-89) del Rector; Circulares Núm. 11 (1989-90) y Núm. 10 (1990-91) del Decano de Asuntos Académicos; Certificación núm. 83 del Senado Académico, UPR-RP; Certificación Núm. 110 (1997-98) de la Junta Administrativa, UPR-RP; 20 de marzo de 1998.

[210] La otorgación de becas presidenciales forma parte integral del proceso formativo de los docentes del sistema universitario del Estado y, a la par con la consecuente obtención del grado doctoral, se materializa un pacto contractual que crea expectativas razonables de empleo docente. No obstante, las autoridades nominadoras en los recintos reconocen selectivamente esta distinción académica e ignoran, según su conveniencia política, su particular valor de mérito como criterio en la selección de profesores.

sus contratos. Esta realidad se agravaría a consecuencia de imposturas judiciales que todavía comulgaban con credos arcaicos y actitudes patronales despóticas, y que a pesar del carácter cardinal del principio de mérito y su estrecha relación con los derechos civiles y laborales de los trabajadores docentes, seguirían viciando las prácticas administrativas de la Universidad del Estado…

Usando como subterfugio la relativa autonomía administrativa conferida por ley, y cobijada tras el sospechoso adjetivo calificativo de "experta", la autoridad patronal de la Universidad seguiría violentando sus propios reglamentos institucionales e imponiendo cláusulas contractuales ilícitas a los profesores sin permanencia, sometiéndolos indefinidamente a injustas condiciones de inseguridad, segregación e inequidad laboral, al margen de los principios de mérito y en menoscabo de sus derechos civiles.

A pesar de la sospechosa falta ética de algunos jueces al privilegiar al poder patronal de manera automática, sin fundamento e irreflexivamente como "deferencia" por un supuesto y también sospechoso atributo de "peritaje", los tribunales tienen poder jurisdiccional para intervenir -más allá de las consideraciones constitucionales- sobre actuaciones administrativas "patentemente arbitrarias o que carecen de base racional."[211]

En conformidad con los preceptos constitucionales y el inconcluso proyecto político de los derechos humanos, los tribunales están compelidos a contener y contrarrestar los abusos discrecionales de los patronos corporativos del Estado. A tenor con esta encomienda, la jurisprudencia insular -en la década de los 80- también reconocía como derecho legítimo y razonable el interés del trabajador en retener su empleo, incluso por encima de las cláusulas contractuales que, de manera sospechosa e ilícita, lo negasen. En casos de despidos y cesantías injustificadas impugnadas por el

---

[211] "En ausencia de violaciones a derechos constitucionales, los tribunales únicamente deben intervenir en la revisión de actuaciones de organismos educativos cuando son patentemente arbitrarias o carecen de base racional. Esta función debe realizarse con suma cautela ya que los jueces no cuentan con la información ni el peritaje (*expertise*) para revisar decisiones sobre evaluaciones de personal docente. Las cortes no son los organismos apropiados para administrar el sistema educativo ni para resolver los conflictos que surgen de la operación diaria de los centros de enseñanza, a menos que se infrinjan directamente valores constitucionales fundamentales." (Berríos Martínez v. U.P.R. (1978) 107 D.P.R.; p.144)

trabajador, los tribunales debían considerar su interés en conservar el empleo con relación a las circunstancias que crearon su expectativa.[212]

El sector laboral más vulnerable del servicio público en Puerto Rico, que incluye a los docentes universitarios sin permanencia, es el contratado a "tiempo fijo" y clasificado como "transitorio". Según los informes de la Comisión de Derechos Civiles, estos nombramientos pueden constituir un subterfugio para obviar el procedimiento ordinario de reclutamiento, según dispuesto en la Ley de Personal y en los reglamentos institucionales. La exposición de motivos de la Ley Núm. 56 (1989) ya había denunciado la gravedad del problema de los nombramientos "transitorios" o contrataciones de "duración fija". Según dispone la ley, este mecanismo solo debía utilizarse "en situaciones imprevistas o de emergencia" pero, sin embargo, "a través de los años (…) ha sido utilizado en forma irregular para atender necesidades permanentes de las agencias."[213] En el contexto universitario, aunque el reglamento institucional dispone lo mismo que la ley[214], la autoridad patronal nombra recurrentemente un número sustancial de profesores que han servido por periodos prolongados, durante los cuales se repite semestral o anualmente el mismo proceso de renovación de contratos temporales (duración fija) sin que puedan adquirir el derecho a la permanencia. Además, en base a la clasificación de docentes "transitorios", las cláusulas contractuales los privan arbitrariamente de expectativa de continuidad en el empleo, sometiéndolos indefinidamente a condiciones injustas e injustificables de precariedad, inequidad, marginación e inseguridad laboral. Esta situación –advierte la ley- "resulta ser injusta y

---

[212] Se reconoce interés en la retención del empleo "…cuando las circunstancias del empleo le crean una expectativa de continuidad." (Pierson Muller I. v. Feijóo (1978) 106 D.P.R. p.838, 852; Morales Narváez v. Gobernador (1982) 112 D.P.R. p.761; citados en Depto. Recs. Naturales v. Correa (1987) 118 D.P.R. p.690)

[213] Ley Núm. 56 de 16 de agosto de 1989.

[214] Reglamento General de la UPR. Art. 30 - Clases de Nombramientos. Sección 30.1.5 - Nombramiento temporero -Será el nombramiento que se otorga para cubrir un cargo o puesto no regular, que se apruebe por un período fijo no mayor de doce (12) meses, para atender necesidades especiales del servicio, como lo son las alzas imprevistas y ocasionales en el volumen del trabajo. Este nombramiento no debe ser antesala de un nombramiento probatorio o permanente, a menos que éste se logre mediante el procedimiento regular que establece este Reglamento.-

perjudicial al empleado, quien está sujeto a una frágil relación que no le garantiza la igualdad en el empleo"; y, al mismo tiempo, contraría el interés del Estado y la política pública que, en conformidad con el principio de mérito, regula con fuerza de ley al poder patronal para proteger a los trabajadores de sus abusos "discrecionales".

La judicatura puertorriqueña denunció el carácter "devastador e impermisible" de esta práctica sobre el sistema de mérito, porque contraviene la intensión de la Asamblea Legislativa, que considera de "alta prioridad y de urgente necesidad" resolver la "delicada e irregular situación" creada por el nombramiento de personal transitorio, a los fines de "hacer justicia a los empleados públicos" y brindarles "la oportunidad de adquirir la deseada estabilidad y seguridad en el trabajo."[215] El informe de la Comisión de Derechos Civiles (1993) concluyó que los nombramientos transitorios "son una burla al principio de mérito" y que el personal clasificado "transitorio", no solo está privado de oportunidades equitativas de empleo sino que, además, "es particularmente vulnerable al discrimen político".[216]

Contrario a lo dispuesto en la ley y a lo refrendado por la judicatura insular[217], profesores doctorados y sin permanencia, a

---

[215] Expresiones del juez Hernández Denton (DRN v. Enrique Correa 87 JTS 35), citado en Informe de la CDC (1989)

[216] Informe de la Comisión de Derechos Civiles (1993); op.cit. Estudios posteriores reiteran que los nombramientos "transitorios", en la mayoría de los casos, violentan la rigurosidad de mérito porque facilitan el favoritismo o amiguismo político en puestos cuyas funciones corresponden a puestos regulares de carrera sin competir, en claro perjuicio de las personas incluidas en los registros de elegibles. (Santana Rabell, Leonardo; *Fulgor y decadencia de la Administración Pública en Puerto Rico*; San Juan, 1994) Además, los nombramientos temporeros se realizan por tiempo indefinido, "lo que constituye otro atentado contra el principio de mérito." (Colón González, José Luis; "El discrimen político en el empleo público mediante la manipulación de los sistemas de mérito: el caso de Puerto Rico"; XVII Congreso Internacional del CLAD sobre la Reforma del Estado y de la Administración Pública; 2012)

[217] "La esencia del nombramiento transitorio en el servicio público es su duración fija. Este tipo de puesto responde a la necesidad de brindarle a las agencias y departamentos del gobierno flexibilidad para atender las demandas de personal con carácter inmediato, pero a la vez temporero, surgidas por situaciones imprevistas o de emergencia, las cuales no pueden afrontarse con el personal regular." (Depto. Recs. Naturales v. Correa (1987) 118 D.P.R. p.690) "La autorización para la creación de puestos transitorios tiene por objeto proveer un

pesar de estar altamente cualificados y de cumplir con los requerimientos del trabajo docente en la Universidad del Estado por años consecutivos, siguen siendo contratados a "tiempo fijo" como "temporeros" y sometidos a trato desigual e injusto. En base a las clasificaciones sospechosas[218] del personal docente sin permanencia (empleado contractual, irregular, temporal, transitorio), el poder patronal de la Universidad les priva arbitrariamente de oportunidades equitativas de empleo y los despoja del derecho de protección legal contra abusos discrecionales de funcionarios administrativos.

Los profesionales docentes bajo contrato a tiempo fijo, más allá de las clasificaciones administrativas de nombramientos "no regulares"[219] ("temporeros" y/o a "tarea parcial"[220]) en el Reglamento General, ejercen funciones propias de puestos de carrera y cultivan expectativas legítimas de conservar el empleo.[221] El estado

---

mecanismo para atender las necesidades de personal adicional temporero, en situaciones de aumentos periódicos en el volumen de trabajo, actividades de corta duración y sustitución de empleados regulares en uso de licencia. La esencia del nombramiento transitorio es su duración fija. …brindar a las agencias flexibilidad para atender las demandas de personal con carácter inmediato y temporero, surgidas por situaciones imprevistas o de emergencia…" (Orta v. Padilla Ayala (1992); op.cit.)

[218] En 1970, el Tribunal Supremo ya había establecido que es la función o naturaleza del trabajo que desempeña un empleado, no el nombre de la plaza o cargo que ocupa, la base determinante de si éste está cubierto por las disposiciones legislativas. (Soto v. Alcalde Mun. Bayamón, (1970) 99 D.P.R. p.415) El Tribunal lo reiteró en 1982: "…no es la etiqueta ni la descripción escrita de los deberes lo determinante, sino la naturaleza real de las funciones, en atención al conjunto de esos deberes y responsabilidades…" (De Franco v. Municipio de Cidra (1982) 113 D.P.R.)

[219] *Sección 30.3 - Requisitos para recibir nombramientos no regulares.* Toda persona a quien se otorga nombramiento sustituto, especial o temporero, *ad honorem* o de tarea parcial, satisfará todos los requisitos de preparación académica, experiencia y aptitud establecidos para el puesto como si se tratara de un nombramiento probatorio o permanente.

[220] *Sección 30.1. 7 - Nombramiento de tarea parcial.* Será el nombramiento de término fijo que se otorga para cubrir un cargo o puesto no regular que conlleve la prestación de servicios mediante un horario menor que el regular, dependiendo de su clasificación como personal docente o personal no docente.

[221] La jurisprudencia puertorriqueña ha determinado que "…no es el nombre con que se denomina un acto el que determina su contenido, sino su contenido, según

de situación empeora con el paso del tiempo, pues la experiencia profesional acumulada y los años continuos de servicio satisfactorio no les son acreditados, contradiciendo así el principio de mérito y los criterios reglamentarios de selección y retención de personal docente dispuestos en el Reglamento de la UPR.[222] En base a cláusulas contractuales ilícitas, profesores sin permanencia son cesanteados automáticamente sin mediar justa causa ni atender a criterios administrativos legítimos o razonables.

A pesar del carácter discriminatorio e ilícito de estas clasificaciones, la política laboral de la época impuso restricciones a la arbitrariedad patronal, limitando la contratación de personal *temporero* a "situaciones imprevistas o de emergencia" que no pudieran atenderse efectivamente con el personal "regular"[223]; y prohibió los nombramientos transitorios para desempeñar tareas que corresponden a "empleos de carrera".[224] Sin embargo, al margen de las disposiciones legales impuestas a todas las corporaciones públicas, patronos corporativos del Estado —como la

---

éste surge de un análisis del mismo y de todas las circunstancias que lo rodean". (Whittenburg v. Col. Ntra. Sra. del Carmen (2011) 182 D.P.R. p.937; Pueblo v. Srio. de Justicia (1986) 117 D.P.R. p.230) La misma lógica es extensible a las "clasificaciones" del personal docente en la Universidad. En este sentido, no es la definición textual de éstas la que determina la realidad de las relaciones del profesor con la Universidad sino las circunstancias objetivas que engloban la práctica de la docencia en el contexto universitario.

[222] El Reglamento General de la UPR (Capt. V. Régimen de Personal: Disposiciones aplicables a todo el personal; op.cit.) promueve explícitamente la docencia como una "carrera de vida", y compele a sus funcionarios a interpretar el orden de sus regulaciones a tenor con el objetivo de retener a sus docentes y garantizarles las mejores condiciones laborales posibles. En este marco reglamentario, cualquier profesor contratado para ejercer tareas inherentes a la docencia puede cultivar un interés razonable de conservar el empleo, independientemente del término fijo del contrato.

[223] La ley de personal en vigor (1975) clasificaba como empleado "regular" al que presta servicios continuos y satisfactorios por tres años en una agencia y posee los requisitos mínimos de preparación y experiencia. Los empleados bajo contratos temporeros que no cumplen estos términos son considerados "irregulares".

[224] Los "empleados de carrera" ingresan al sistema mediante un proceso de reclutamiento y selección que "ofrece la oportunidad de competir a toda persona cualificada que interese ingresar al empleo público." Una vez ingresa, si el empelado "transitorio" pasó por el proceso de reclutamiento, es considerado empleado de carrera.

Universidad de Puerto Rico- continuarían empleando a docentes bajo contratos temporeros para realizar labores ordinarias del personal regular y permanente.

A pesar de la profunda discordancia entre estas prácticas de fraude administrativo de la Universidad y la política de justicia laboral del Estado de Derecho en Puerto Rico, la jurisprudencia puertorriqueña ya había reconocido que todos los empleados del servicio público, incluyendo a los trabajadores docentes sin permanencia, "tienen un interés protegido en la retención de su empleo cuando las circunstancias crean una expectativa de continuidad."[225]

Sin embargo, todavía los textos contractuales de la UPR afirman que ningún contrato de servicio temporal "implica ni crea ninguna expectativa de que será renovado o extendido más allá de la fecha de vencimiento." Esta aseveración es esencialmente falsa y su reiteración automática no revela su legitimidad sino la evidente ilicitud que subyace el texto contractual. En todo caso, la consideración sobre las circunstancias que crean la expectativa laboral presupone que la justificación de una cesantía no puede remitir al contrato como único criterio de la determinación patronal. Tampoco puede alegar que su determinación es legítima o legal por el solo hecho de atribuírsela como "prerrogativa gerencial".

Además, de la contratación de servicio docente temporero no puede presumirse que las necesidades que justifican la contratación sean temporeras, coyunturales, esporádicas o accidentales. De hecho, no lo son. Sin embargo, ese es uno de los principales argumentos que la alta jerarquía patronal repite para justificar su negativa a reconocer derechos equitativos a los docentes sin permanencia. Tampoco es cierto que la terminación de un contrato de servicio prive automáticamente al docente de la

---

[225] Esta norma se ha reiterado doctrinalmente en el Tribunal Supremo de Puerto Rico: García v. Municipio de Arroyo (1996) 140 D.P.R.; Orta v. Padilla Ayala (1992); op.cit.; Torres Solano v. P.R.T.C. (1990); op.cit.; Depto. Recs. Naturales v. Correa (1987); op.cit.; Pierson Muller I. v. Feijóo (1978); op.cit; Lupiáñez v. Srio. de Instrucción; op.cit. Posteriormente volvería a ser ratificada: "Un empleado público tiene un reconocido interés en la retención de su empleo en tanto dicho interés esté protegido por ley, como ocurre con los empleados de carrera o las circunstancias del empleo le creen una expectativa de continuidad. De existir este interés, la agencia nominadora tendría que seguir ciertos procedimientos para privar al empleado de su empleo, de forma que se cumpla con el debido proceso de ley." (S.L.G. Giovanetti v. E.L.A. (2004) 161 D.P.R. p. 492)

protección y remedios de las leyes –como insiste el poder patronal-, sobre todo si existe evidencia de que las condiciones de trabajo crean expectativa de continuidad y las circunstancias que lo engloban la justifican.[226] Dentro del régimen de derecho laboral en Puerto Rico, el patrono está compelido a probar que existe causa justa para la cesantía o la negativa a renovar contrato. De lo contrario, se trata de un despido injustificado:

> "El mero hecho de que un empleado preste servicios al amparo de un contrato por tiempo determinado por sí solo no tendrá el efecto automático de privarle de la protección de esta ley si la práctica y circunstancias involucradas u otra evidencia en la contratación fueren de tal naturaleza que tiendan a indicar la creación de una expectativa de continuidad de empleo… En estos casos los empleados así afectados se considerarán como si hubieren sido contratados sin tiempo determinado. Excepto cuando se trate de empleados contratados por un término cierto bonafide o para un proyecto u obra cierta bonafide, toda separación, terminación o cesantía de empleados contratados por término cierto o proyecto u obra cierta, o la no renovación de su contrato, se presumirá que constituye un despido sin justa causa regido por esta ley."[227]

Asimismo, la ley dispone que:

> "No se considerará despido por justa causa aquel que se hace por mero capricho del patrono o sin razón

---

[226] La UPR es una corporación pública, de génesis legislativa, que económicamente funciona con fondos gubernamentales (Art. 2, Ley Núm. 2 de 20 de enero de 1966) (Sepúlveda v. U.P.R. (1984) 115 D.P.R. p.526; Cordero Jiménez v. U.P.R. (2013); op.cit. / U.P.R. v. Asoc. Pur. Profs. Universitarios (1994); op.cit. El presupuesto consolidado para el año fiscal 2016-2017 fue de $1,469,531,000.

[227] Ley Núm. 80 de 30 de mayo de 1976 (Ley de indemnización por despido sin justa causa) / (mayo 30, 1976, Núm. 80, p. 267, art. 1; marzo 1, 1988, Núm. 7, p. 50; agosto 6, 1991, Núm. 45, sec. 1; septiembre 17, 1996, Núm. 234, art. 1; octubre 7, 2005, Núm. 128, art. 1, enmienda en términos generales)

relacionada con el buen y normal funcionamiento del establecimiento."²²⁸

El régimen de contratación temporal en la Universidad extiende términos fijos semestrales o anuales, y aunque niega cualquier garantía de continuidad en el empleo o de renovación de contrato, invariablemente contrata personal docente para realizar las mismas tareas y satisfacer necesidades institucionales permanentes.

En el contexto de la Universidad de Puerto Rico, es una práctica habitual que las autoridades nominadoras ignoren los preceptos reglamentarios y los requerimientos del principio de mérito, imponiendo un régimen de contrataciones y cesantías basado en criterios personales. No obstante, otras disposiciones de la ley citada proveen para atender y remediar los casos en que los docentes cesanteados sin justa causa sean suplantados, de manera arbitraria y caprichosamente bajo el pretexto de "prerrogativa gerencial", por otros menos cualificados²²⁹; favorecidos por criterios personales o complicidades políticas, etc.

En todo caso de despido injustificado o negativa a renovación de contrato dentro de las condiciones expuestas, "el patrono vendrá obligado a alegar, en su contestación a la demanda, los hechos que dieron origen al despido y probar que el mismo estuvo justificado..."²³⁰ Este precepto legislativo es extensible a

---

[228] Ley Núm. 80 (1976); Art. 2. - Justa causa para el despido. (29 L.P.R.A. sec. 185b) Además "...el empleado así despedido tendrá derecho, además de cualquier otra adjudicación que correspondiere, a que se ordene su inmediata restitución en el empleo y a que se le compense por una suma igual a los salarios y beneficios dejados de percibir desde la fecha del despido hasta que un tribunal ordene la reposición en el empleo." (Ídem)

[229] "...el patrono estará obligado a retener con preferencia en el empleo a los empleados de más antigüedad siempre que subsistan puestos vacantes u ocupados por empleados de menos antigüedad en el empleo dentro de su clasificación ocupacional que puedan ser desempeñados por ellos..." "...entendiéndose que se dará preferencia a los empleados despedidos en caso de que dentro de los seis (6) meses siguientes a su cesantía tuviere necesidad de emplear a una persona en labores iguales o similares a las que desempeñaban dichos empleados al momento de su despido y dentro de su clasificación." (Ley Núm. 80 (1976); Art. 3. - Orden de retención de empleados)

[230] Dispone, además, que "se declara irrenunciable el derecho del empleado que fuere despedido de su cargo, sin que haya mediado justa causa, a recibir indemnización...", y ordena al patrono a restituirlo en el empleo. (Ídem)

todas las instituciones estatales y corporaciones públicas, y no existe fundamento legítimo alguno que justifique excluir a la Universidad de Puerto Rico. A tenor con la intención legislativa, en 2013 el Tribunal Supremo determinó que la *exclusión* de la esfera gubernamental de la aplicación de la Ley Núm. 80 (1976) no podía interpretarse en menoscabo de los derechos que protege ni de los principios que la sustentan:

> "El motivo de esto es que dichos empleados están debidamente protegidos por las garantías que les concede el principio de mérito, al extremo de que en caso de un despido injustificado éstos tienen derecho a ser reinstalados en sus puestos."[231]

En 2014, el Tribunal Supremo lo ratificó: "Por la naturaleza inherentemente reparadora de la Ley Núm. 80 (1976) sus disposiciones deben interpretarse liberalmente a favor del trabajador, resolviéndose toda duda a su favor."[232]

La historia de la Universidad de Puerto Rico está marcada profundamente por prácticas ilícitas de discrimen político, generalmente encubiertas por el sospechoso velo de "prerrogativa gerencial" y "autonomía universitaria." Quizás la aportación judicial más significativa al desarrollo evolutivo de los derechos civiles en Puerto Rico fue la de clarificar la extensión del concepto de discrimen político proscrito en la Constitución:

> "En lo referente a discrimen político, dicho lenguaje no condiciona la protección a evento alguno de circunstancias partidistas, sencillamente garantiza el disfrute de la libertad ideológica a que tiene derecho todo individuo en una sociedad democrática como la nuestra."[233]

---

[231] Cordero Jiménez v. UPR. (2013); op.cit.

[232] Romero et als., v. Cabrer Roig et als. (2014) 191 D.P.R p.643 ● Whittenburg v. Col. Ntra. Sra. del Carmen (2011) 182 D.P.R. p.937 ● Irrizary v. J & J Cons. Prods. Co., Inc., (2000) 150 D.P.R. p.155 ● Cuevas v. Ethicon Div. J & J Prof. Co., (1999) 148 D.P.R. p.839 ● Belk v. Martínez (1998) 146 D.P.R. p.215 ● Santiago v. Kodak Caribbean, Ltd. (1992) 129 D.P.R. p.763.

[233] Clemente v. Depto. de la Vivienda (1983) 114 D.P.R. p.764.

Este sentido amplio de lo político ya había sido reconocido en la asamblea constituyente de 1951[234], y consagrado en el Art. II. Sec.1 de la Constitución de Puerto Rico, que prohíbe y protege equitativamente a cualquier ciudadano "contra toda clase de discrimen." Asimismo, la prohibición del discrimen político estaba arraigada en la primera enmienda de la Constitución estadounidense.[235] En este contexto, convino la jurisprudencia insular que "no cabe duda de la naturaleza sustancial de ese derecho – fundamental en un sistema de gobierno democrático y corolario de la dignidad, respeto e igualdad ante la ley."[236] En conformidad a estos principios, todo empleado público "está constitucionalmente protegido del discrimen por ideas políticas de parte de la autoridad nominadora."[237]

La prohibición constitucional del discrimen político envuelve al mismo tiempo el derecho a la libertad de expresión.[238]

---

[234] "La libertad de pensamiento y la libertad de conciencia quedan aquí protegidas no sólo en su expresión sino también en las consecuencias de esa expresión. El más amplio reconocimiento del derecho a diferir y ser, no obstante, tratado con igualdad y protegido en esa diferencia por el poder público, es uno de los rasgos definidores de la democracia liberal." (*Diario de Sesiones de la Convención Constituyente* (1951), pp. 2561-2562; citado en Clemente v. Depto. de la Vivienda (1983); op.cit.)

[235] "La Primera Enmienda de la Constitución de Estados Unidos protege a un empleado público de despido tanto por lo que ha hablado como por sus creencias por lo que, a menos que requiera que las creencias privadas de la persona coincidan con la autoridad nominadora, sus creencias no pueden constituir la razón única para privarlo de continuidad en el empleo." (Ramos v. Srio. de Comercio (1982) 112 D.P.R. p.514)

[236] Ramos v. Srio. de Comercio (1982); op.cit.; Zachary International v. Tribunal Superior (1975), op.cit.; León Rosario v. Torres (1980); op.cit.

[237] Clemente v. Depto. de la Vivienda (1983); op.cit. "Todo empleado público, aún los de confianza, gozan de la protección constitucional contra el discrimen por razón de ideas políticas." (Báez Cancel v. Alcalde de Guaynabo (1972), 100 D.P.R. p.982; Ramos v. Srio. de Comercio (1982), op.cit.)

[238] "El Informe de la Comisión de Carta de Derechos de la Asamblea Constituyente consagra en forma inequívoca la primacía de que goza la libertad de expresión en nuestra estructura constitucional al describir sus secciones 3 y 4 como que 'cubren el ámbito general de la libertad de conciencia, de pensamiento, de expresión, y de las actividades propias para ejercitar a plenitud dentro de la más dilatada libertad la totalidad de estos derechos." (*Diario de Sesiones de la Convención Constituyente de Puerto Rico*, vol.4, p.2564; citado en Mari Brás v. Cabañas (1968) 96

Todas las leyes protectoras de la clase trabajadora así lo disponen desde inicios del siglo XX, algunas de manera explícita y otras de modo tácito. En este sentido, dentro de los dominios del Estado de Derecho, el poder patronal está compelido con fuerza de ley a reconocer las libertades constitucionales de los ciudadanos trabajadores, y la imposición de restricciones arbitrarias, irrazonables e injustificadas al ejercicio de estos derechos debía ser considerada como discrimen político.[239] Incluso aun cuando no existieran restricciones oficiales a las manifestaciones de ideas políticas divergentes a las del patrono, el poder de cesantear a voluntad, sin causa justificada y sin el debido proceso de ley, viabilizaba todo tipo de discriminación ilícita e inconstitucional.[240] Esta realidad afectaba más dramáticamente a los trabajadores sin permanencia, y más aún si quedaban desempleados e indigentes. Las dificultades de acceso a los tribunales y, consecuentemente, a disponer de trámites efectivos de justicia, agravaban la situación. Sin embargo, los requerimientos legales y reglamentarios basados en el principio de mérito[241], tenían entre sus objetivos cardinales refrenar las actuaciones caprichosas y arbitrarias de las autoridades administrativas, precisamente porque a éstas les subyacen formas ilícitas de discrimen político. De este modo e independientemente

---

D.P.R; p.15)

[239] "Las leyes que en alguna forma limitan el derecho constitucional de la libertad de expresión, deben ser interpretadas restrictivamente a fin de que esa limitación no traspase el límite de lo absolutamente necesario." (Pueblo v. Burgos (1953); op.cit., citado en Mari Brás v. Cabañas (1968); op.cit.

[240] "...a menos que el gobierno pueda demostrar un 'interés superior, de importancia vital', determinante de que las creencias privadas de la persona coincidan con la autoridad empleadora, sus creencias no pueden constituir la razón única para privarlo de continuidad en el empleo público" (Branti v. Finkel, pp.515-516; citado en Ramos v. Srio. de Comercio (1982); op.cit.)

[241] "La Ley de Personal del Servicio Público de Puerto Rico, Ley Núm. 5 de 14 de octubre de 1975 (3 L.P.R.A. sec. 1301 *et. seq.*), reafirmó el principio de mérito como norma rectora en la administración de personal y su extensión a todos los sectores del servicio público." (Reyes Coreano v. Director Ejecutivo (1980); op.cit.; McCrillis v. Aut. Navieras (1989) 123 D.P.R. p.115) Esta ley, "persigue alcanzar como meta los más altos niveles de excelencia, eficiencia y productividad en el servicio público, y lograr que la administración pública se rija por criterios de la mayor uniformidad, equidad y justicia." "El principio de mérito es "eje central y principio cardinal de la política relacionada con el servicio público..." (Ortiz Ortiz v. Depto. de Hacienda (1987) 120 D.P.R.; p.216)

de las clasificaciones del personal, los tribunales debían considerar las cesantías injustificadas como posibles represalias por motivos discriminatorios de orden político.[242] Del mismo modo, las políticas de inequidad por capricho patronal debían juzgarse como inherentemente sospechosas; y, asimismo, levantar dudas razonables sobre el "peritaje" atribuido irreflexivamente a los funcionarios administrativos del Estado, toda vez que la experiencia histórica en la vida política y judicial del país lo delata como eufemismo de prácticas discriminatorias ilícitas...

En el ordenamiento jurídico puertorriqueño y conforme con los cánones de ética judicial en vigor desde la década del 70, es "ministerio fundamental" de los jueces "velar porque ninguna persona sufra injusticia", y que "en todo momento y por sobre toda otra consideración, sus actuaciones han de auspiciar el descubrimiento de la verdad como base esencial de la justicia."

> Canon XIV. El Juez o la Jueza tendrá siempre presente que no es un simple árbitro o árbitra o el retraído moderador o moderadora de un debate, sino que es partícipe y actor o actriz principal en el esclarecimiento de la verdad y en la determinación de lo que es justo y puede, con mayor libertad en casos celebrados sin jurado, ser participante activo o activa en la búsqueda de la verdad siempre que no vulnere la imparcialidad que su alto oficio reclama.[243]

En el ejercicio de sus deberes ministeriales, los jueces debían ser imparciales y evitar "que sus palabras o su conducta puedan interpretarse en forma alguna como manifestaciones de discrimen o prejuicio" por motivos inconstitucionales.[244]

---

[242] En Puerto Rico, el grueso de los pleitos judiciales por discrimen político en el empleo estaba relacionado a cuestiones político-partidistas. Era común entre los casos judiciales expresiones como: "El poder judicial no tolerará discriminaciones ni despidos ilegales político-partidistas." (Colón v. C.R.U.V (1984) 115 D.P.R. p.504) Sin embargo, el discrimen político abarca circunstancias irreducibles a cuestiones político-partidistas.

[243] Código de Ética Profesional (1970); en http://www.lexjuris.com.

[244] Ídem.

En el curso de los años 80, la judicatura más progresista ratificó principios cardinales que debían regir el sistema de justicia en Puerto Rico, cónsonos con los cánones de ética judicial; y reivindicó derechos civiles que daban al traste con las imposturas judiciales que todavía vulneraban derechos esenciales de la ciudadanía trabajadora.

> "Cuando el fin primordial de una legislación es remediar los efectos adversos de una actuación inconstitucional, el Tribunal Supremo favorecerá la interpretación que resulte en una mejor protección de los derechos humanos; se tendrá presente que todas las leyes de justicia social deben ser liberalmente interpretadas a fin de poder lograr los elevados fines perseguidos por el legislador."[245]

A tenor con este principio cardinal, los tribunales de justicia en Puerto Rico debían proveer los recursos necesarios e indispensables para proteger a los ciudadanos "contra los desmanes de los funcionarios públicos que, actuando so color de autoridad, les causan daños irreparables" y, al mismo tiempo, procurar "restablecer el régimen de ley conculcado por conducta opresiva, ilegal o violenta del transgresor al orden jurídico.":

> "Cuando la dignidad y la reputación de un ciudadano es afectada ilegalmente por el Estado, le corresponde a los tribunales atender los reclamos y diseñar remedios que propendan a aminorar el daño irreparable que la persona ha sufrido."[246]

La primacía jerárquica de la Constitución sobre las leyes, y la de éstas sobre los reglamentos institucionales, también fue ratificada.[247] Dentro de este marco jurídico, la ausencia de

---

[245] Noriega v. Gobernador (1988) 122 D.P.R. p.650.

[246] Ídem.

[247] "El Tribunal Supremo ha fijado el orden jerárquico de las fuentes del Derecho como sigue: (a) la Constitución de Puerto Rico; (b) las leyes aprobadas por la Asamblea Legislativa; (c) las reglas y reglamentos aprobados y promulgados, bajo autoridad d la ley, por los organismos públicos... Cuando no hay ley aplicable al caso, el tribunal resolverá conforme a equidad." (Ídem)

legislación y los silencios de las leyes debían resolverse en conformidad con los preceptos constitucionales; la legitimidad de la razón judicial estaba condicionada a no contravenir el principio de equidad del Derecho; y el sentido jurídico de la justicia estaba enraizado en el deber de protección de los derechos humanos. Las decisiones judiciales de la época también ratificaron las restricciones jurídico-legales al ejercicio opresivo, arbitrario y caprichoso del poder patronal en la Universidad de Puerto Rico. El tribunal reafirmó que, si bien la intención legislativa al aprobar la ley universitaria fue delegar "amplios poderes en materia de derechos y deberes" a los empleados de la Universidad:

> "La Universidad de Puerto Rico, en cumplimiento del mandato legislativo, ha establecido un Reglamento General que delimita sus poderes en las áreas de selección, evaluación, retención y ascensos de su personal docente. (…) Una vez una agencia ha promulgado unos reglamentos para facilitar su proceso decisional y limitar el alcance de su discreción, viene obligada a observarlos estrictamente y no queda a su soberana voluntad reconocer o no los derechos que ella misma ha extendido a sus empleados."[248]

De este modo, quedaron desacreditadas nuevamente las presunciones absolutistas de los funcionarios administrativos de la Universidad; se abrieron al juicio crítico permanente las nociones de peritaje (*expertise*) que operaban como eufemismo de prácticas opresivas y discriminatorias[249]; y la autonomía universitaria fue sospechada como subterfugio del poder patronal para violar, con privilegio de inmunidad, los derechos civiles de sus propios trabajadores docentes. En este contexto, el poder judicial de la época reafirmó su deber ministerial:

> "La intervención de las cortes, en conflictos que surjan día a día en las operaciones de la Universidad del Estado, debe estar limitada a evitar actuaciones arbitrarias o

---

[248] García Cabán v. U.P.R. (1987) 120 D.P.R. p.167.

[249] "Un profesor de la Universidad de Puerto Rico tiene derecho a que no se le niegue la permanencia por razón de discrimen, prohibido por la Constitución o leyes aplicables." (García Cabán v. U.P.R. (1987); op.cit.)

caprichosas o en violación a los reglamentos de la entidad, o para garantizar la protección y el respeto de los derechos consagrados en las Constituciones del Estado Libre Asociado y de Estados Unidos."[250]

Los poderes relativos a la autonomía administrativa de las corporaciones públicas del Estado, y en particular de la Universidad de Puerto Rico, estaban reglamentados y de modo alguno debían contravenir los principios políticos constitucionales. La *deferencia* de los tribunales a la "discreción o pericia administrativa"[251] tampoco podía interpretarse como concesión de una autoridad patronal irrestricta.[252] El debido proceso de ley debía reconocerse como garante de "protección contra la arbitrariedad administrativa"; y garantizar "un proceso justo y equitativo que respete la dignidad de los individuos."[253] En este sentido, sería contrario a toda razón de justicia despojar a los trabajadores docentes sin permanencia de las garantías del debido proceso de ley ante situaciones de cesantía. En conformidad con la razón jurídica, también debía considerarse una afrenta a la dignidad del ciudadano-profesor el negarle derecho a saber las causas de su cesantía y el derecho a defender sus intereses laborales bajo el protectorado de la ley. La confianza en la

---

[250] Henríquez v. Consejo Educación Superior (1987) 120 D.P.R. p.194.

[251] En 1987 el Tribunal resolvió que "como universidad del estado, merece deferencia al establecer los criterios de competencia que afectan a su personal docente, ya que necesita cumplir con su misión educativa libre de presiones ajenas y en vista de que 'la cuestión es generalmente objeto de extensa reglamentación interna y evaluación por parte de un profesorado con conocimiento especializado y de vasta experiencia'. García Cabán v. U.P.R. (1987); op.cit.; U.P.R. v. Asoc. Pur. Profs. Universitarios (1994); op.cit.)

[252] "La determinación de si se requiere o no agotar los remedios administrativos, antes de recurrir a los tribunales no requiere de criterios rígidos, sino de si a la luz de las circunstancias del caso y pericia particular de la agencia se considera que la intervención judicial sería prematura. (…) Aunque la reivindicación de los derechos constitucionales corresponde y puede reclamarse en primera instancia en los tribunales (…) …al determinarse si hay que agotar los remedios administrativos en casos en que la ley provee una apelación dentro de la vía administrativa, debe distinguirse entre cuestiones de interpretación estatutaria en que los tribunales son especialistas y cuestiones propias para la discreción o pericia (expertise) administrativa." (García Cabán v. U.P.R. (1987); op.cit.)

[253] Henríquez v. Consejo Educación Superior (1987); op.cit.

imparcialidad y en la justicia de los procedimientos apelativos bajo jurisdicción institucional también estaba sujeta al cumplimiento de los requerimientos reglamentarios y éstos, a la vez, debían guardar armonía con los principios cardinales de la ley y los mandamientos constitucionales. Más allá de las regulaciones administrativas en las corporaciones del Estado[254], de ser impugnados por considerarlos injustos y discriminatorios, el acceso a la justicia en los tribunales no podía ser negado u obstruido:

> "No procede que el Estado invoque las doctrinas de jurisdicción primaria y de agotamiento de remedios administrativos cuando existe un agravio de patente intensidad a algún derecho de un ciudadano que requiera urgente reparación."[255]

Las leyes y la jurisprudencia de la época impusieron límites precisos a la autonomía administrativa de las corporaciones públicas, incluyendo a la Universidad de Puerto Rico. De manera generalizada, los tribunales ratificaron que las conductas opresivas y las actitudes ilícitas de los patronos corporativos del Estado constituían transgresiones al orden jurídico puertorriqueño; y que las actuaciones arbitrarias y caprichosas de los funcionarios administrativos eran inherentemente sospechosas de infringir derechos constitucionales de los trabajadores. Durante la década de los 90, los poderes legislativos y judiciales ratificaron los principios cardinales del proyecto político constitucional; y, en acorde,

---

[254] "Los procedimientos y las decisiones ante un organismo administrativo tienen a su favor una presunción de regularidad y corrección que debe ser respetada mientras la parte que la impugne no produzca suficiente evidencia para derrotarla." "Una mera alegación de parcialidad o prejuicio no es suficiente para sostener una reclamación de violación del debido proceso de ley. La demanda debe contener alguna alegación fáctica específica que indique parcialidad o prejuicio y no descansar meramente en conclusiones." (Henríquez v. CES (1987); op.cit.)

[255] Noriega v. Gobernador (1988) 122 D.P.R.; op.cit. / "Una demanda jurada en la cual se hace un planteamiento constitucional claro basado en hechos precisos (...) justifica la preterición del cauce administrativo." (Clemente v. Depto. de la Vivienda (1983); op.cit.) / "Si la parte contra la cual se establece presunción de discrimen político no ofrece evidencia para demostrar la no existencia del hecho presumido, el juzgador debe aceptar la existencia de tal hecho." "El demandante puede valerse de evidencia circunstancial y de presunciones que le favorezcan." (McCrillis v. Aut. Navieras (1989); op.cit.)

reforzaron los derechos civiles de la ciudadanía trabajadora y las garantías de protección contra los abusos discrecionales de los funcionarios administrativos del Estado...

Acorde con la intensión legislativa que sostiene las leyes protectoras de los trabajadores, la jurisprudencia insular reafirmó la relación intrínseca entre el principio de mérito[256] y la justicia laboral, destacando su función protectora contra prácticas patronales discriminatorias e inconstitucionales. En este sentido, cualquier determinación de cesantía debía responder a intereses legítimos de la institución y basarse en los requerimientos precisos del principio de mérito -según dispone la ley- y no en el capricho o la arbitrariedad del funcionario administrativo.[257] En conformidad con la jurisprudencia insular y federal desde inicios del siglo XX, para que fuera válida una destitución o cesantía, debía mediar "justa causa" y respetarse el "debido proceso de ley"[258] (notificar por escrito las causas[259] y dar oportunidad de defensa al trabajador). Las cesantías impuestas al margen de la ley serían objeto de sospecha de prácticas discriminatorias ilegales[260]; consideradas violatorias de

---

[256] "El principio de mérito conlleva que los más aptos, de acuerdo con sus méritos y capacidades, sean los que sirvan al Gobierno... de suerte que en la administración de la cosa pública el Estado alcance los más altos niveles de excelencia, productividad y eficiencia en los servicios que brinda al pueblo." (Torres Solano v. P.R.T.C. (1990) 127 D.P.R. p.501)

[257] "El interés del Estado, al considerar la destitución de un servidor público, es lograr una gestión pública eficaz, excelente, regular y productiva a través de la retención de los servidores públicos productivos, eficientes, disciplinados y con un alto grado de motivación y espíritu de servicio." (Torres Solano v. P.R.T.C. (1990); op.cit.)

[258] "A través de la jurisprudencia, el Tribunal Supremo ha sostenido que para que sea válida la destitución de un empleado tiene que mediar una celebración de vista y justa causa, pues de lo contrario se despojaría a un empleado de su propiedad sin el debido proceso de ley." (Torres Solano v. P.R.T.C. (1990); op.cit.)

[259] "...el empleado público tendrá derecho a que se le notifiquen por escrito los cargos en su contra." (3 L.P.R.A. sec. 1336; Cleveland Board of Education v. Loudermill, p.546.; citado en Torres Solano v. P.R.T.C. (1990): op.cit. "La legislación laboral puertorriqueña concede mayores garantías al exigir a la autoridad nominadora notificar por escrito los cargos al empleado." (3 L.P.R.A. sec. 1336; Rivera Santiago v. Srio. Hacienda, 119 D.P.R. p.265 (1987); Torres Solano v. PRTC. (1990); op.cit.)

[260] Las cesantías decretadas sin observarse las garantías de la Ley de Personal de

derechos constitucionales e imputables judicialmente como "actuación intencional del patrono".[261] La misma regla constitucional de protección equitativa de estos derechos era extensiva a todos los trabajadores, indistintamente de sus condiciones laborales y clasificaciones administrativas.[262] En consonancia con esta política de justicia laboral, el acceso a los tribunales para reivindicar derechos negados o lacerados de los trabajadores no podía ser obstruido en modo alguno por el poder patronal.[263]

A principios de los años 90, con miras a garantizar el ejercicio pleno de los derechos de la ciudadanía trabajadora, también fue aprobada una nueva ley de protección contra las represalias patronales.

> Art.2 (a) -Ningún patrono podrá despedir, amenazar, o discriminar contra un empleado con relación a los

---

Servicio Público de Puerto Rico (3 L.P.R.A. sec. 1301 y su reglamento) "guardan una íntima relación con la tesis de que tales cesantías obedecieron a motivos discriminatorios." (Orta v. Padilla Ayala (1992) 131 D.P.R. p.227) "La Constitución, la ley y la jurisprudencia condenan el discrimen por ideas políticas dentro del empleo público." (Ídem)

[261] "Cuando se trata de actos u omisiones discriminatorias e intencionales del funcionario público, el Tribunal Supremo de Puerto Rico ha resuelto que un despido discriminatorio y en violación a derechos constitucionales del empleado es una actuación intencional del patrono." (Orta v. Padilla Ayala (1992); op.cit.)

[262] "La amplia discreción para emplear y despedir a los trabajadores irregulares no es argumento para justificar, excusar o condonar prácticas discriminatorias." (Orta v. Padilla Ayala (1992); op.cit)

[263] "Cuando un empleado público reclama violación a sus derechos constitucionales tal acción no tiene que litigarse en jurisdicción primaria ni tiene que agotarse el remedio administrativo." (Orta v. Padilla Ayala (1992); op.cit.) "La parte que recurra al foro judicial y alegue que debe prescindirse del requisito de agotamiento de los remedios administrativos tiene que señalar hechos específicos y bien definidos y exponerlos de manera tal que le permita al tribunal evaluar la defensa del Estado." Entre los factores a considerar la omisión del proceso administrativo destaca: que el dar curso a la acción administrativa cause un daño inminente, material, sustancial y no teórico o especulativo; (2) que el remedio administrativo constituya una gestión inútil, inefectiva y que no ofrezca un remedio adecuado, y (3) que la posposición conlleve un daño irreparable al afectado." (Guadalupe v. Saldaña, Pres. U.P.R. (1993) 133 D.P.R.; p.42; Coss y U.P.R. v. C.E.E. (1995) 137 D.P.R. p. 877) "El injunction de derechos civiles no está supeditado a normas de jurisdicción primaria ni agotamiento de la vía administrativa." (Pierson Muller I. v. Feijóo (1978); op.cit)

términos, condiciones, (...) del empleo porque el empleado ofrezca o intente ofrecer, verbalmente o por escrito, cualquier testimonio, expresión o información ante un foro legislativo, administrativo o judicial en Puerto Rico. -[264]

El poder legislativo en Puerto Rico había proscrito el discrimen de modo consistente mediante las leyes protectoras de los trabajadores; y el poder judicial, de manera predominante en el devenir del siglo XX, lo había reconocido[265] y ratificado.[266] Durante este periodo también en las instancias judiciales-federales fueron

---

[264] Ley Núm. 115 del 20 de diciembre de 1991 (Ley de represalias contra empleado por ofrecer testimonio y causa de acción) Art.2 (b) – Cualquier persona que alegue una violación (...) de esta ley podrá instar una acción civil en contra del patrono dentro de tres (3) años de la fecha en que ocurrió dicha violación y solicitar se le compense por los daños reales sufridos, las angustias mentales, la restitución en el empleo, los salarios dejados de devengar, beneficios y honorarios de abogado. (...) (c) -El empleado deberá probar la violación mediante evidencia directa o circunstancial. (...) Una vez establecido lo anterior, el patrono deberá alegar y fundamentar una razón legítima y no discriminatoria para el despido. De alegar y fundamentar el patrono dicha razón, el empleado deberá demostrar que la razón alegada por el patrono era un mero pretexto para el despido.- Posteriormente, el Tribunal Supremo la ratificaría: "De la Exposición de Motivos surge que la ley fue creada para ratificar y confirmar la política pública de alta estima a la protección de los derechos de los trabajadores." (Cordero Jiménez v. U.P.R. (2013) 188 D.P.R. p.129)

[265] Reconocía la jurisprudencia insular que la historia del discrimen político en Puerto Rico ha sido una constante invariable en todas las administraciones de Gobierno: "Se trata de un mal enraizado en nuestro comportamiento colectivo que debe combatirse por todos los que profesamos un compromiso con los valores fundamentales de nuestro ordenamiento jurídico, de que la dignidad del ser humano es inviolable, y de que todas las personas son iguales ante la ley." (García v. Municipio de Arroyo (1996) 140 D.P.R.)

[266] "La Asamblea Legislativa... ha proscrito gran parte del discrimen en Puerto Rico en el área de empleo, mediante legislación protectora del trabajo. Ciertamente, en Puerto Rico existe un cuidadoso andamiaje de legislación protectora del trabajo. (...) El discrimen en el empleo, por ideas o afiliación política, se ha intentado erradicar en Puerto Rico. (Los empleados públicos gozan de protección en sus cargos contra el discrimen por ideas políticas. (...) El Estado, en ninguna de sus múltiples funciones o servicios, puede discriminar contra un ciudadano por el mero hecho de ser éste negro, ateo o por sus ideas políticas." (Alberty v. Bco. Gub. de Fomento (1999) 149 D.P.R. p.655)

denunciadas las prácticas discriminatorias ilícitas del poder patronal en el sistema de educación estadounidense e insular. La ilegalidad de las determinaciones arbitrarias y caprichosas de las autoridades patronales fue ratificada. Del mismo modo, la judicatura federal reiteró su poder jurisdiccional sobre procesos sospechosos y prácticas fraudulentas en la "evaluación" de docentes.[267] Sin embargo, todavía persistían actitudes despóticas entre los patronos del servicio público, que por su naturaleza daban al traste con los principios cardinales de la política laboral del Estado y, en sus manifestaciones concretas, degeneraban en prácticas discriminatorias e inconstitucionales contra los trabajadores –sobre todo, contra quienes de entre éstos carecían de permanencia.

    Para esta época todavía era frecuente la tendencia entre los patronos del Estado a tergiversar maliciosamente los silencios de las leyes y a manipular a conveniencia las ambigüedades de sus preceptos. De este modo, por ejemplo, la categoría sospechosa de "peritaje" les seguía permitiendo exagerar desmedidamente los atributos discrecionales de sus facultades administrativas; ignorar los principios de mérito y suplantarlos por criterios basados en prejuicios políticos, favoritismos personales y discrímenes ilegales. Asimismo, las clasificaciones administrativas del personal del servicio público –igualmente sospechosas- seguían sirviéndoles de pretexto para cesantear trabajadores sin justa causa y privarlos del debido proceso de ley, así como para negarles arbitrariamente el derecho de expectativa laboral y anularles a voluntad sus oportunidades de empleo. La situación laboral de los trabajadores docentes sin permanencia en la Universidad de Puerto Rico era ejemplar de estas iniquidades. Asimismo, la autonomía universitaria seguía siendo tergiversada y manipulada por el poder patronal de la UPR como subterfugio para evadir responsabilidades legales y morales.

    En 1994 el Tribunal aclaró que la "autonomía universitaria no era de rango constitucional"[268]; y ratificó su potestad jurisdiccional para interceder sobre situaciones de abusos

---

[267] *Las referencias a la judicatura estadounidense sobre evaluaciones fraudulentas a los docentes -citadas en Sued, Gazir; "Devenir histórico de los derechos civiles y la (in)justicia laboral en la Universidad de Puerto Rico… (1900-2017)"-, aparecen en la bibliografía.

[268] C.E.S. U.P.R. v. Gobernador (1994) 137 D.P.R. p.83.

discrecionales del poder patronal en cualquier instancia del Estado, incluyendo a la Universidad de Puerto Rico:

> "El Tribunal Supremo tiene la facultad revisora para resolver cuestiones de derecho sobre relaciones obrero-patronales, en particular si se afectan los derechos constitucionales. (...) La facultad del Tribunal Supremo de Puerto Rico para determinar cuestiones de derecho es particularmente clara e irrestricta en aquellos casos especiales en los cuales estén o puedan estar presentes cuestiones jurídicas de índole constitucional."[269]

Los convenios internacionales en las Naciones Unidas (UNESCO) de finales del siglo XX, si bien reivindicaron la autonomía universitaria en su relación intrínseca con las libertades académicas y los derechos de los trabajadores docentes, también advirtieron que "Las instituciones de enseñanza superior no deben utilizar la autonomía como pretexto para limitar los derechos del personal docente..."[270] En este sentido, los docentes universitarios están protegidos por las garantías constitucionales y les son extensivos los derechos civiles, políticos y laborales reconocidos internacionalmente.[271] Del mismo modo, en los convenios internacionales de la época se ratificaron los principios fundamentales de la libertad académica del personal docente; y los principios rectores de las condiciones de empleo; seguridad de empleo; criterios de evaluación; condiciones de trabajo; etc.) En acorde al principio de libertad académica, las universidades debían garantizar las libertades de cátedra e investigativas de los docentes y los derechos a publicarlas sin restricciones arbitrarias o censuras. En este contexto histórico, los tratados internacionales reconocieron la problemática del trato diferencial y discriminatorio de los profesores sin permanencia, y dispusieron entre sus normativas éticas un trato justo y equitativo equivalente al de los docentes con permanencia: "...el personal contratado regularmente a tiempo parcial deberá

---

[269] U.P.R. v. Asoc. Pur. Profs. Universitarios (1994); op.cit.

[270] Recomendación de la UNESCO relativa a la condición del personal docente de enseñanza superior; 1997; digitalizada en http://unesdoc.unesco.org/

[271] Ídem.

gozar de condiciones de empleo básicas equivalentes a las del personal docente empleado a tiempo completo".[272]

La Universidad de Puerto Rico, como institución pública de educación superior, estaba compelida moralmente a funcionar en todas sus dimensiones en conformidad con estas prescripciones internacionales, y sus reglamentos internos y prácticas gerenciales no debían contradecirlas o violentarlas arbitrariamente. Sin embargo, aunque el texto de la ley universitaria y los reglamentos institucionales integraban gran parte de estos principios normativos, todavía a finales del siglo XX prevalecían actitudes y prácticas patronales antagónicas e irreconciliables con los cánones de ética internacional que debían regir en todas las universidades públicas...

Independientemente de los silencios de las leyes, la legislación y la jurisprudencia actual protegen a los trabajadores contra los abusos discrecionales y discrímenes de los patronos corporativos del Estado, y sus preceptos aplican invariablemente a la Universidad de Puerto Rico.[273] Así, por ejemplo, la ley dispone que todo patrón que se rehúse a emplear o a reemplear a una persona por motivos proscritos en la Constitución y en las leyes protectoras de los trabajadores incurre en delito de discrimen.[274] Sin embargo, en casos de impugnaciones y demandas, el poder patronal de la UPR invoca automáticamente el principio de "autonomía" y lo tergiversa deliberadamente para evadir obligaciones legales e infringir derechos laborales de los docentes; y en los pleitos judiciales, los abogados corporativos de la UPR procuran persuadir a los jueces de que las actuaciones patronales son legítimas y legales, aunque no lo sean...

Aunque la gerencia institucional invoca fraudulentamente la autonomía administrativa para abstraerse de sus deberes y responsabilidades legales y morales, los principios constitucionales que moldean las legislaciones relativas al personal del servicio público en el Estado de Derecho puertorriqueño incluyen, de manera inequívoca, a los trabajadores docentes universitarios; en

---

[272] Ídem.

[273] En U.P.R v. U.B.O.S-U.P.R (Caso Núm. P-2013-01) el Tribunal de Apelaciones resolvió en su sentencia de 31 de agosto de 2016 que la Universidad de Puerto Rico es un patrono.

[274] Ley Núm. 100 de 30 de junio de 1959, según enmendada (Ley contra el discrimen en el empleo del 1959)

especial a los más vulnerables ante las prácticas de corrupción y discrímenes ilícitos del poder patronal de la UPR. Si bien se reconoce que ni la legislatura ni el tribunal pueden imponer "permanencias" docentes por decreto, sí pueden y deben obligar a la UPR a cumplir con sus propios reglamentos y a garantizar que éstos sean interpretados en armonía con los preceptos constitucionales, derechos y principios de justicia laboral en nuestro Estado de Derecho. La pertinencia de esta aclaración jurisdiccional se acentúa dado que el sistema de contratación de la UPR opera al margen de la ley e incurre en prácticas ilícitas e incompatibles con la política pública y las leyes protectoras de los trabajadores en general, y de los docentes sin plaza en particular. No cabe duda razonable en cuanto a que la intensión legislativa que orienta las leyes protectoras de la ciudadanía trabajadora no puede interpretarse en menoscabo de los derechos de los trabajadores más vulnerables. Del mismo modo, que los silencios y ambigüedades de la ley no pueden servir de pretexto para justificar abusos discrecionales del poder patronal; que la autonomía universitaria no puede servir de subterfugio para distorsionar los principios de equidad y justicia laboral; y que la deferencia por el peritaje atribuido a las autoridades administrativas no les concede privilegios de inmunidad para actuar ilícitamente de manera discriminatoria, arbitraria y caprichosa...

Como cualquier otra entidad del Estado, en su devenir histórico la Universidad de Puerto Rico ha estado implicada en una miríada de prácticas discriminatorias de orden político.[275] Es a raíz

---

[275] Además de las prácticas discriminatorias relativas a la afiliación política-partidista, la jurisprudencia puertorriqueña ya había reconocido que el concepto de discrimen político abarca otras dimensiones discriminatorias de igual sesgo inconstitucional y violatorias de los derechos civiles y laborales de los trabajadores: "En lo referente a discrimen político, dicho lenguaje no condiciona la protección a evento alguno de circunstancias partidistas, sencillamente garantiza el disfrute de la libertad ideológica a que tiene derecho todo individuo en una sociedad democrática como la nuestra." (Clemente v. Depto. de la Vivienda (1983); op.cit.) Enraizada en los preceptos constitucionales estadounidenses y nacionales, así como en las fuentes judiciales y legislativas que los refuerzan, el concepto jurídico de "discrimen político" abarca la miríada de expresiones ideológicas (ideas y creencias políticas, libertad de conciencia y pensamiento, etc.) que son constitutivas de la realidad de la vida social en general y de las relaciones obrero-patronales en particular. (Colón v. C.R.U.V (1984); Clemente v. Depto. de la Vivienda (1983); Ramos v. Srio. de Comercio (1982); León Rosario v. Torres (1980); Zachary International v. Tribunal Superior (1975); Báez Cancel v. Alcalde de Guaynabo (1972); Mari Brás v. Cabañas (1968); Pueblo v. Burgos (1953); etc.) En 1997, la Asamblea Legislativa enmendó la ley que prohíbe el discrimen

de prácticas discriminatorias ilícitas y no de procedimientos administrativos legítimos que la gerencia institucional excluye de oportunidades de empleo a personas que, sin embargo, cumplen con todos los criterios legales y reglamentarios para ser empleados. El inmenso poder discrecional que ostenta la autoridad patronal en la Universidad, reforzado por un régimen de secretismo institucional y por la falta de transparencia en las gestiones administrativas relativas al personal docente, propicia la recurrencia del discrimen político en todas sus dimensiones, desde favoritismos personales y padrinazgo político, hasta las más diversas prácticas discriminatorias que afectan adversamente las condiciones laborales y que degeneran en cesantías, exclusiones y privaciones de acceso equitativo a oportunidades de empleo.

Al menos desde fines de la década de los 80 el Tribunal Supremo de Puerto Rico confirmó[276] la denuncia a las prácticas de discrimen político y carpeteo institucional: "Por décadas el Estado (…) ha actuado silenciosamente al margen de la Constitución."[277] La práctica de confeccionar listas y expedientes de ciudadanos por sus "ideas políticas" fue considerada como una modalidad de "represión sutil", que "más allá del simple catálogo documental, en su esencia (…) mantienen un estigma humillante y vejatorio que atenta contra la dignidad, la intimidad y los derechos de expresión y

---

político en el empleo y en las oportunidades de empleo, integrando el concepto de afiliación política como uno diferente al de ideología o ideas políticas: Ley Núm. 121 del año 1997 (P. del S. 280) Advirtiendo que los conceptos de ideología y de afiliación no son sinónimos, la Asamblea Legislativa enmendó la ley 100 "a fin de que incluya el concepto de afiliación política y así garantizar los derechos ya adquiridos y protegidos del obrero puertorriqueño…" La misma prohíbe y castiga al patrono que "despida, suspenda o discrimine contra un empleado suyo (…) o que deje de emplear o rehúse emplear o reemplear a una persona, o limite o clasifique sus empleados en cualquier forma que tienda a privar a una persona de oportunidades de empleo o que afecten su status como empleado, por razón de edad, raza, color, sexo, origen social o nacional, condición social, afiliación política, o ideas políticas o religiosas del empleado o solicitante de empleo."

[276] Según el juez Hernández Denton, desde la época de regencia del General Blanton Winship (1934) hasta el presente, todos los gobernantes han incurrido en la nociva práctica de "confeccionar listas de personas y grupos minoritarios que promueven activamente el cambio social y político mediante acciones perfectamente legítimas y legales." (Citado en Informe de la CDC de 1989)

[277] Cita del juez Negrón García, según Informe de la CDC (1989)

libre asociación..."[278] En 1988, el Tribunal Supremo la declaró inconstitucional[279] y, en 1999, el Gobierno reconoció públicamente que la práctica de fichar a ciudadanos por motivo de sus creencias ideológicas y políticas era "injusta", "bochornosa" y "corrupta".[280]

En el contexto universitario el discrimen político ilícito es patente, y el carpeteo o fichaje ilegal es recurrente. La negativa a rendir informes escritos sobre "evaluaciones" del personal docente al margen de los criterios reglamentados lo evidencia. Se trata de expedientes confeccionados para fines discriminatorios ilícitos, que se materializan en la cesantía indefinida o en la exclusión de oportunidades equitativas de empleo. La supuesta función "evaluadora" se convierte en eufemismo de un juicio político ilegal; y el sospechoso reclamo de "confidencialidad" lo emplea el poder patronal como subterfugio para recopilar información personal con fines discriminatorios ilegales e inmorales; y confeccionar listas de profesores *inelegibles*... La negativa recurrente a contratar o a renovar contratos a profesionales docentes altamente cualificados, así como las cesantías injustificadas o impuestas solo por "prerrogativa gerencial", deben considerarse como posibles represalias por motivos discriminatorios de orden político.[281] Del

---

[278] Ídem.

[279] Noriega v. Gobernador (1988) 122 D.P.R. p.650.

[280] El Gobernador de Puerto Rico, Pedro Rosselló González (1993-2001), promulgó orden ejecutiva "Para reconocer públicamente la injusticia ocasionada por la confección y mantenimiento por el Estado Libre Asociado de Puerto Rico de expedientes y carpetas de ciudadanos única y exclusivamente por razones ideológicas..."; y sostuvo que "Es deseable dar fin a este bochornoso episodio de nuestra historia de la práctica corrupta de fichar a ciudadanos por el sólo motivo de sus creencias ideológicas y políticas" (Boletín Administrativo Núm. OE-1999-62. 14 de dic. de 1999)

[281] En el contexto universitario las prácticas de discrimen político y violencia institucional bajo la modalidad de represalias han sido advertidas y denunciadas en numerosos foros institucionales, públicos y gubernamentales. En 2007 la APPU expuso ante el cuerpo legislativo: "...hemos observado en miembros de nuestra organización que son docentes sin plaza un temor enorme de expresarse con respecto a sus condiciones de trabajo (...) todo por temor a represalias. De hecho, algunos nos han expresado miedo a que afecten sus evaluaciones de personal para justificar no volverles a contratar o realizar investigaciones (...) o temen que el patrono se moleste y entonces la contratación no se extienda (...) ...se conoce que en la UPR se toman medidas que no se plasman por escrito y son directrices que reciben los rectores, directores de departamentos..." (APPU;

mismo modo, la contratación selectiva de docentes que poseen cualificaciones inferiores a las de los profesores suplantados o excluidos es motivo para sospechar discrimen. Así lo advierte el informe de la CDC (1993): "El discrimen político no se limita a los despidos. Esta práctica se extiende a la limitación de oportunidades en el empleo a personal capacitado para favorecer otras personas…"

Otra modalidad de discrimen político en el empleo es el hostigamiento patronal. Esta práctica consiste en degradar mediante expresiones y "epítetos despectivos"[282], insinuaciones o actitudes hostiles, al empleado que no comulga con los credos ideológicos del patrono o con sus convicciones personales. También se manifiesta mediante actitudes paternalistas e intentos por domesticar los estilos de escritura y de expresión que no son del agrado personal de la autoridad patronal.[283] Desde 1959 hasta 1993, los informes de la CDC han sostenido que:

> "El discrimen político existe dentro de un esquema autoritario de gobierno donde se castiga la disidencia. (…) son muy marcadas las actitudes de autoritarismo, en el

---

Ponencia (…) sobre el R. de la C. 5939 (2007), op.cit.)

[282] En el contexto universitario, por ejemplo, es común la trata de los profesores clasificados "transitorios" como "novatos" para justificar la intromisión indebida sobre sus libertades de cátedra y menospreciar sus estilos pedagógicos porque son diferentes a los del agrado de la autoridad patronal. Esto, a pesar de poseen grados doctorales y extensa experiencia docente. Del mismo modo, todavía hay funcionarios con poder nominador que juzgan y condenan las expresiones críticas de los docentes sin plaza como incompatibles con el "verdadero estilo universitario". (Ver Sued, Gazir; "Profesores desechables e inequidad laboral en la Universidad de Puerto Rico" (2016); Apéndice #2; pp.335-374)

[283] La jurisprudencia insular ya en 1936 había clarificado que las libertades de expresión, de conciencia y pensamiento no podían ser restringidas por diferir de la autoridad patronal, y al mismo tiempo protegió como derecho civil incluso los estilos expresados de manera vehemente: "…el derecho a la crítica fuerte, alerta, severa, apasionada aún, no puede ser restringido. Corresponde a los ciudadanos de un pueblo libre. Es suyo y nadie puede arrebatárselo. Sobre eso no hay duda alguna." (Pueblo v. Lastra Charriez (1936) 50 D.P.R. p.118) En el contexto universitario, sin embargo, todavía se practica recurrentemente la violación de este derecho, sobre todo si se trata de profesores sin permanencia. (Véase Apéndice #1. Gazir Sued vs. Universidad de Puerto Rico (Apelación JG 17-08; Junta de Gobierno; 2017-18)

sentido de que deben obedecerse fielmente a las personas investidas de autoridad, por el hecho de su superioridad jerárquica, independientemente de la legalidad o razonabilidad de sus actuaciones."[284]

En el ámbito universitario, la situación de los docentes sin plaza los hace más vulnerables ante esta práctica patronal "de hacerle la vida imposible a los empleados que ostentan ideas políticas contrarias a la administración." Pero la intolerancia política del patrono no se manifiesta exclusivamente por medio de eufemismos o actitudes despectivas y humillantes. También se materializa en la obstrucción de acceso a recursos institucionales, en impedimentos para realizar investigaciones, en censuras arbitrarias de publicaciones y en restricciones injustificadas a las libertades de cátedra. Así en la Universidad como en las demás instancias laborales del Estado, si un empleado sin plaza, "contractual" o "transitorio", persiste en defender su derecho a diferir y a expresar sus discrepancias ideológicas con el patrono, éste lo juzga como insubordinado y, al término del contrato, lo tacha de las listas de elegibles para renovación y lo priva de la oportunidad de empleo. Estas prácticas discriminatorias –concluyen los informes de la CDC- son modalidades de "violencia institucionalizada":

> "El discrimen político en el empleo es sin lugar a dudas un tipo de violencia, aun cuando las decisiones de los tribunales no nos muestran el cuadro de violencia y crueldad y las consecuencias de desastre que conlleva el despido para la vida de los empleados y para sus familiares."

Aunque las prohibiciones legales y los emplazamientos éticos son claros, y las repercusiones judiciales cuantiosas[285], esta

---

[284] El tema se elabora en Apéndice #5. Sued, Gazir; "Devenir histórico de los derechos civiles y la (in)justicia laboral en la Universidad de Puerto Rico… (1900-2017)"; op.cit., pp.78-85. (*Documento omitido por criterio editorial)

[285] Según un estudio de la CDC, entre 1984 y 1990, 24 personas demandaron a la UPR por discrimen político. La cantidad pagada asciende a $14, 085, 000.Advertidos los inmensos gastos que implica esta política al erario público, la Oficina del Contralor recomendó en 2011: "Aprobar legislación para disponer que el Estado no pagará sentencias que recaigan sobre sus funcionarios en su

situación continúa reproduciéndose invariablemente en todas las instancias del Estado, no solo por las actitudes abusivas y corruptas del poder patronal, sino porque las mismas entidades públicas les proveen recursos legales y fiscales ilimitados e independientemente del carácter legal o ilegal de sus actuaciones. Del mismo modo, así como la corrupción en las instancias apelativas a nivel institucional, desidias, negligencias e imposturas judiciales refuerzan las condiciones que viabilizan la reproducción permanente de los discrímenes laborales, sobre todo cuando los tribunales se abstienen de investigar o atender los casos en sus méritos por alegada "deferencia" a las autoridades administrativas.

Las diversas manifestaciones de corrupción institucional (discrímenes ilícitos; fichajes ilegales; represalias; abusos de poder; negligencias administrativas; fraudes; etc.) son posibles cuando las prácticas administrativas, en cualquiera de sus dimensiones, se hacen de manera oculta y secreta; y sin mediar razón legítima se niega acceso a información bajo el sospechoso pretexto de "confidencialidad". Para contrarrestar los embates de estas prácticas, la judicatura reiteró que ya en Puerto Rico "ha quedado rezagada la época en que el Estado podía cubrir con el manto del misterio y el silencio sus asuntos arbitraria y caprichosamente...":

> "Los tribunales no deben conceder livianamente cualquier pedido de confidencialidad del Estado. A éste le corresponde probar precisa e inequívocamente, no con meras generalizaciones, la aplicabilidad de cualquiera de las situaciones bajo las cuales procede el reclamo de confidencialidad." [286]

De manera consecuente, la clasificación sospechosa de "información oficial"[287] y las etiquetas legislativas de "confidencialidad"[288] fueron puestas en entredicho; y la jurisprudencia

---

carácter personal por actos que constituyan violación de derechos civiles por discrimen político." (Impacto del Discrimen Político en el Gobierno... Oficina del Contralor; 2011)

[286] Santiago v. Bobb y El Mundo, Inc. (1986) 117 D.P.R p.153.

[287] Noriega v. Gobernador (1988); op.cit.

[288] Angueira v. Junta de Libertad bajo Palabra (2000) 150 D.P.R. p.10.

reivindicó como derecho legal de todo ciudadano a examinar e investigar los asuntos del Estado sin impedimentos irrazonables o injustificados.[289] En 2009, el Tribunal Supremo resolvió:

> "...validamos la primacía del derecho a la información de los ciudadanos frente a reclamos de confidencialidad levantados por el Estado para negar acceso a información pública. Ello, en vista de que el derecho ciudadano de acceso a la información en nuestra jurisdicción se deriva del derecho a la libertad de expresión, por lo que tiene una insoslayable dimensión constitucional."[290]

En el contexto universitario, sin embargo, prevalece la práctica sospechosa de rehusar información sobre las motivaciones de cesantías o negativas a renovar contratos, alegando privilegios discrecionales de "confidencialidad" y de "oficialidad". Las prácticas de favoritismo y de discrimen político en la selección, suspensión y exclusión de personal docente siguen pasando desapercibidas.[291] De este modo, la Universidad de Puerto Rico contradice el principio cardinal de transparencia que debe regir en todas las instituciones del Estado y viola sistemáticamente las libertades constitucionales de acceso a la información. La falta de transparencia en las gestiones administrativas y las sospechosas prácticas de secretismo que caracterizan el orden interior de la Universidad siguen siendo justificadas como "prerrogativas gerenciales", reservadas con arreglo a la "autonomía administrativa". De este modo, el poder patronal subvierte la intensión legislativa y tergiversa el concepto de

---

[289] Ortiz v. Directora Administrativa de los Tribunales (2000) 152 D.P.R. p.161.

[290] Aponte Hernández v. Riera (2009) D.P.R.175 p.256. El proyecto de ley 442 del Senado de Puerto Rico, dispuso que en los casos en que alguna entidad del Estado (agencias de gobierno, corporaciones públicas, etc.) alegue que la información solicitada no es susceptible de divulgación, esta deberá dirigir a la persona requirente una comunicación escrita donde "explique y fundamente" las razones para denegar acceso a la información requerida. (P. del S. 442 (Ley de acceso a la información pública...); 24 de abril de 2017. Presentado por el senador Dalmau Ramírez)

[291] En el contexto judicial, la ausencia de motivos racionales que legitimen la negativa a renovar contrato es el hecho básico que permite inferir discrimen político en sus diversas manifestaciones y otras formas de arbitrariedad patronal.

autonomía para encubrir las corrupciones de sus funcionarios (negligencias administrativas, abusos de poder discrecional, arbitrariedades y caprichos, favoritismos, discrímenes, etc.)

Aunque en nuestro ordenamiento jurídico constitucional los trabajadores docentes están protegidos contra las represalias patronales[292], bajo el régimen de secretividad imperante en la UPR estas prácticas siguen siendo habituales. Entre las manifestaciones más perversas y comunes de represalia institucional destacan la de privar al docente de oportunidades de empleo y la de negar injustificadamente la renovación de contratos.

Los textos legislativos de la reforma laboral (Ley núm. 4 de 2017) *garantizan* los derechos de los empleados públicos a no ser discriminados en los términos y condiciones de empleo, ni sujetos a represalias por razón de criterios prohibidos por ley; la protección a su privacidad y el respeto a su dignidad, que comprende la protección contra ataques abusivos a su honra y reputación; entre otros.[293] En los casos en que el patrono se reserve la discreción para interpretar las normativas contractuales, la ley reconoce la reserva, "a menos que la interpretación sea arbitraria o caprichosa."[294] Del mismo modo, ratifica el mandato de justa causa en casos de despido, y prohíbe que el mismo esté motivado por "razones legalmente prohibidas" o que sea "producto del mero capricho del patrono."[295] Además de mantener en vigor la prohibición de actuaciones patronales arbitrarias, irrazonables y caprichosas, la reforma laboral aparece articulada en la obra legislativa dentro del compromiso de garantizar las mejores prácticas en la administración pública, "respetando el principio de mérito como eje fundamental en los derechos de los servidores públicos."[296] El principio de

---

[292] Ley Núm. 115 del 20 de diciembre de 1991 (Ley de represalias contra empleado por ofrecer testimonio y causa de acción) "El que la UPR no funcione con ánimo de lucro no la exime de la amplia aplicación que ofrece la Ley Núm. 115…" (Cordero Jiménez v. UPR. (2013); op.cit.) Ley Núm. 169 (P. de la C. 1467) (Enmienda a la Ley Núm. 115); 29 de septiembre de 2014.

[293] Art. 2.14.-Derechos de los Empleados - Ley Núm. 4 (2017)

[294] Art. 2.12.-Interpretación: Disposiciones Ambiguas - Ley Núm. 4 (2017)

[295] Art. 4.4.-Se enmienda el Art. 2 de la Ley Núm. 80 de 30 de mayo de 1976 - Ley Núm. 4 (2017)

[296] Ley Núm. 8 (P. de la C. 454) "Ley para la Administración y Transformación de

mérito reaparece entre sus objetivos como garante de los derechos civiles y laborales reconocidos en la carta de derechos de la Constitución y en las leyes protectoras de los trabajadores.[297] En acorde, las *nuevas* legislaciones destacan el compromiso gubernamental de sostener una política de administración pública "transparente"; basada en principios de "equidad y justicia", y que propicie "que los trabajadores tengan una vida digna".

100. A tenor con lo expuesto en el cuerpo de este recurso judicial, detallada la relación de hechos y perfeccionados los fundamentos de derecho, queda establecida la jurisdicción y competencia del Tribunal para dirimir la controversia y resolver el caso apelativo en sus méritos.

101. Asimismo, queda prevenida la nulidad y frivolidad de cualquier argumento que ponga en duda la capacidad de los tribunales para dirimir controversias surgidas en la Universidad de Puerto Rico; y en particular las relativas al caso en ciernes.

102. Habiéndose establecido las disposiciones reglamentarias, legales y jurisprudencia, aplicables al caso, compete al Tribunal, en el ejercicio de sus responsabilidades ministeriales, atender las denuncias presentadas por el Dr. Sued y resolver el caso en sus méritos.

---

los Recursos Humanos en el Gobierno de Puerto Rico"; 4 de febrero de 2017.

[297] Principio de Mérito - significa que todos los empleados públicos serán reclutados, seleccionados, adiestrados, ascendidos, trasladados, descendidos y retenidos en consideración a su capacidad y desempeño de las funciones inherentes al puesto y sin discrimen por razón de raza, color, nacimiento, sexo, edad, orientación sexual, identidad de género, origen, condición social, ni por sus ideales políticos, etc. (Ley Núm. 8; 2017)

PART III. SÚPLICA

Por Todo Lo Cual se solicita a este Tribunal que tome conocimiento de lo expuesto; que interceda para garantizar la protección de los derechos constitucionales, civiles y laborales, del Dr. Gazir Sued; y ordene a la parte apelada (recurrida):

1. que cese y desista de excluirlo y privarlo ilícitamente de su derecho de oportunidad de empleo en la Universidad de Puerto Rico;

2. que cese y desista de las prácticas de discrimen político, represalia y carpeteo;

3. que cese y desista de las prácticas de corrupción, encubrimiento, difamación y fraude, para impedir oportunidad equitativa de empleo y el ejercicio de sus derechos;

4. que descubra y entregue informe escrito de "evaluación" y pruebas objetivas que justifiquen las decisiones "administrativas" para excluir y privar al Dr. Sued de oportunidad de empleo y recontratación en la Universidad de Puerto Rico;

Asimismo, se solicita a este Tribunal:

5. que declare nula la decisión de la parte recurrida (apelada) y ordene la restitución en el empleo docente del Dr. Sued en base al principio de mérito, la reglamentación institucional y las recomendaciones del comité de personal;

6. que imponga las medidas disciplinarias y las penalidades correspondientes por violación a los cánones de ética incurridos por el representante legal del Recinto de Río Piedras y los oficiales examinadores contratados por el Presidente y por la Junta de Gobierno;

7. que imponga las medidas disciplinarias y las penalidades correspondientes por negligencia administrativa y corrupción institucional (discrimen político; represalia; privación y exclusión ilícita de igual oportunidad de empleo; violación de derechos constitucionales, civiles y laborales; violación de reglamentos y ley

de la UPR; violación a cánones de ética; difamación; encubrimiento, fraude y carpeteo) a los funcionarios imputados (parte recurrida o apelada);

8. que declare nulas las cláusulas contractuales que han sido denunciadas en este escrito y en el expediente apelativo como sospechosas e ilícitas;

9. que ordene a la parte apelada (recurrida) que reconozca como legítima y razonable la expectativa laboral del Dr. Sued;

10. que ordene a la parte apelada (recurrida) la reparación inmediata de daños y perjuicios; y que indemnice en justicia al Dr. Sued;

11. que reconozca como derechos protegidos con fuerza constitucional la libertad de cátedra, de investigación, acceso a información; publicación y exposición de las producciones intelectuales y obras creativas de los docentes; y los ratifique como modelos ejemplares de derechos humanos en el contexto universitario en particular y en el contexto social en general;

12. que ordene enmendar la ley y el reglamento de la Universidad para garantizar la plena equidad en derechos, oportunidades y trato de los docentes universitarios; indistintamente de las clasificaciones administrativas y/o contractuales.

Certifico haber enviado y/o entregado copia de este documento a:

1. Universidad de Puerto Rico (UPR) - Junta de Gobierno de la UPR (Lcdo. Walter Alomar Jiménez - presidente de la JG; Lcda. Zoraida Buxó Santiago - Vicepresidente; Lcdo. Luis Berrios Amadeo – Secretario; Lcdo. Antonio Monroig; Dra. Mayra Olavarría - Representante Claustral; Dr. Alan Rodríguez Pérez - Representante Claustral; Sr. Eric Pérez Torres - Representante Secretaria de Educación): Correo electrónico: jg.email@upr.edu / Lic. Juan M. Casellas Rodríguez: jmc@npclawyers.com / Marieli González (Asistente) mgc@npclawyers.com

2. Dr. Jorge Haddock Acevedo, Presidente de la UPR: Correo electrónico: jorge.haddock@upr.edu

3. Dr. Luis A. Ferrao Delgado, Rector del Recinto de Río Piedras (UPR-RP): Glorimar Vázquez, Secretaria Confidencial: glorimar.vazquez3@upr.edu.

4. Dra. Vicky Muñiz Quiñones, Ex Directora del Depto. Ciencias Sociales / Decana de la Facultad de Estudios Generales, UPR-RP: Correo Electrónico: vmunizquinones@gmail.com / dciso.rrp@upr.edu

5. Dr. Carlos Rodríguez Fraticelli, Ex Decano de la Facultad de Estudios Generales, UPR-RP. carlos.rodriguez80@upr.edu. / dciso.rrp@upr.edu

6. Dra. María de los Ángeles Castro, Ex Rectora Interina del Recinto de Río Piedras: Correo Electrónico: ma.castro18@uprrp.edu

7. Dra. Nivia Fernández Hernández, Ex Presidente Interina de la UPR: Correo Electrónico: niviafernandez1@uprrp.edu

8. Dra. Carmen H. Rivera Vega, Ex Rectora Interina del Recinto de Río Piedras: Correo Electrónico: chrivera50@uprrp.edu

9. Lic. Marcos A. Díaz Galarza, representante legal del RRP: Correo Electrónico MARCOS.DIAZGALARZA@uprrp.edu / Oficina de Asesoría Jurídica del RRP asesoria.juridica@upr.edu / texabara@hotmail.com

10. Tribunal de Apelaciones. Región Judicial de San Juan. Panel XII (KLRA201800657) integrado por el juez Hernández Sánchez (presidente); la jueza Brignoni Mártir; y la jueza Méndez Miró.

En San Juan, Puerto Rico, a 29 de abril de 2019

Dr. Gazir Sued-Jiménez

Resolución del Tribunal Supremo, 3 de mayo de 2019

EN EL TRIBUNAL SUPREMO DE PUERTO RICO

Dr. Gazir Sued Jiménez

    Peticionario

        v.

Universidad de Puerto Rico y otros

    Recurridos

CC-2019-341

Certiorari

RESOLUCIÓN

San Juan, Puerto Rico, a 3 de mayo de 2019.

Atendida la Petición de *Certiorari* presentada por la parte peticionaria, se provee no ha lugar por craso incumplimiento con el Reglamento de este Tribunal.

Lo acordó el Tribunal y certifica el Secretario del Tribunal Supremo. La Juez Asociada señora Rodríguez Rodríguez expediría. La Jueza Presidenta Oronoz Rodríguez y el Juez Asociado señor Colón Pérez no intervinieron. El Juez Asociado señor Estrella Martínez no interviene.

José Ignacio Campos Pérez
Secretario del Tribunal Supremo

En el TRIBUNAL SUPREMO DE PUERTO RICO

Dr. Gazir Sued Jiménez
(Apelante)

vs.

Universidad de Puerto Rico (UPR) y otros
(Apelados)

Núm. de Caso: CC-2019-341

Sobre: Discrimen político; represalia; privación y exclusión ilícita de igual oportunidad de empleo; violación de derechos constitucionales, civiles y laborales; violación de reglamentos y ley de la Universidad de Puerto Rico; violación a cánones de ética; difamación; negligencia administrativa y corrupción institucional; encubrimiento y fraude; espionaje y carpeteo; etc.

Moción impugnando la resolución del Tribunal Supremo de Puerto Rico y demanda del Dr. Gazir Sued Jiménez para que considere su apelación íntegra y en sus méritos

I. Impugnación

1. Comparece el Dr. Gazir Sued Jiménez por derecho propio, en condición indigente y con profundo sentimiento de indignación, para impugnar la resolución del 3 de mayo de 2019, en la que el Tribunal Supremo –sin mediar fundamento racional, ético y jurídico- rechaza el recurso de apelación (presentado por el Dr. Sued el 29 de abril de 2019) y, en el acto, priva al apelante -de manera sospechosa e ilícita, injusta e injustificadamente- de las debidas protecciones constitucionales a sus derechos fundamentales, civiles y humanos.

2. Consta que -agotados los recursos de apelación administrativa en la UPR y en el Tribunal de Apelaciones- el Dr. Sued recurrió y recurre al recurso de apelación al Tribunal Supremo ("...tribunal de última instancia, máxime intérprete de la Constitución y las leyes" en Puerto Rico) en demanda de intervención, protección y reivindicación de sus derechos (violados bajo las formas de discrimen político; represalia; privación y exclusión ilícita de igual oportunidad de empleo; violación de derechos constitucionales, civiles y laborales; violación de reglamentos y ley de la Universidad de Puerto Rico; violación a cánones de ética; difamación; negligencia administrativa y corrupción institucional; encubrimiento y fraude; espionaje y carpeteo; y otras modalidades precisas de corrupción institucional y de prácticas ilícitas de funcionarios gerenciales y gobierno de la UPR)

3. Consta que el Dr. Sued, en su apelación al Tribunal Supremo, fundamenta sustancialmente sus alegatos y sostiene su relación con la racionalidad histórico-jurídica puertorriqueña y los principios ético-políticos humanistas que la engloban; demostrando consecuentemente la legitimidad, relevancia y pertinencia de sus reclamos de justicia.

4. Sin embargo, según dispone la resolución impugnada, el Tribunal acordó *proveer* no ha lugar a la apelación del Dr. Sued "por craso incumplimiento con el Reglamento de este Tribunal."[298]

5. Consta que el cuerpo del escrito apelativo integra una relación fiel y concisa de los hechos procesales y de los hechos importantes y pertinentes del caso; los señalamientos y discusión de los errores y faltas cometidas por los funcionarios recurridos (apelados); las disposiciones reglamentarias, legales y jurisprudencia aplicables al caso; así como las citas de las disposiciones legales que establecen la jurisdicción y la competencia del Tribunal; y la súplica (demanda) del apelante (recurrente). Contiene, además, la información de la parte apelada (recurrida); índice de materia e índice legal; y certificación de notificación a la parte apelada (recurrida)

6. Consta que -por las características complejas de los méritos del caso- el Dr. Sued ha expresado reiteradamente que considera de

---

[298] La jueza-asociada Rodríguez Rodríguez expidió la resolución y la jueza-presidenta Oronoz Rodríguez, y los jueces asociados Colón Pérez y Estrella Martínez no intervinieron.

fundamental relevancia y pertinencia el contenido íntegro del escrito, que es su alegato.

7. Consta que la apelación incoada y sostenida por el Dr. Gazir Sued durante los pasados tres años no ha sido atendida en sus méritos (alegatos; razonamientos éticos y jurídicos; relación de hechos; fundamentos de derecho; denuncias, acusaciones y evidencias; etc.) por ninguna de las instancias apeladas y respectivas autoridades apelativas; y el proceso apelativo en conjunto -desde los informes de representantes legales y oficiales examinadores hasta las decisiones de las autoridades gerenciales- constituye un esquema de fraude institucional, sostenido con fines ilícitos: eludir obligaciones legales y reglamentarias; encubrir las conductas y prácticas arbitrarias denunciadas; proteger de este modo a los funcionarios implicados en actos de corrupción (discrimen político, represalia, violación de derechos humanos, civiles y laborales; cesantía injustificada; difamación; carpeteo; etc.); y conspirar para privar ilegalmente al Dr. Sued del derecho humano y constitucional a igual oportunidad de empleo.

8. Consta que las decisiones de los cuerpos de gobierno institucional están basadas exclusivamente en informes de representantes legales y oficiales examinadores que falsean los hechos objetivos; ignoran, manipulan y tergiversan maliciosamente los planteamientos centrales de la apelación; omiten de manera sospechosa los vínculos y relaciones de toda una vida dedicada a la Universidad; e invisibilizan, de modo igualmente sospechoso y éticamente deplorable, los argumentos, denuncias y evidencias que integran el expediente apelativo del Dr. Sued.

9. Consta que el Dr. Sued ha denunciado de manera consistente el financiamiento institucional de éstas prácticas de evidente corrupción, sostenidas intencionalmente por el gobierno institucional (rectores, presidentes y Junta de Gobierno) para impedir que el profesor enseñe y pueda tener oportunidad equitativa y justa de ejercer cátedra sin atropellos, discrímenes, hostigamientos, acosos e intimidaciones por parte de otros profesores que abusan de sus potestades gerenciales como directores de departamento y decanos bajo el protectorado y con la complicidad de las máximas autoridades institucionales.

10. Consta que, a tenor con el Reglamento General de la Universidad de Puerto Rico, desde 2004 el Dr. Sued cumple cabalmente todas las condiciones necesarias para desempeñar un cargo docente; y cumple plenamente con todos los criterios para la selección del personal. Su historial de más de una década como docente en la UPR evidencia objetivamente la calidad de sus méritos académicos y profesionales, así como el cumplimiento efectivo de sus responsabilidades como docentes. Todas estas dimensiones han sido reconocidas por los comités de personal y autoridades nominadoras (directores, decanos y rectores) que han recomendado la contratación del Dr. Sued desde que obtuvo su grado doctoral en 2004. Estas cualificaciones también fueron reconocidas por el Tribunal de Apelaciones en sentencia del 27 de marzo de 2019.

11. Consta que el 27 de marzo de 2019 el Tribunal de Apelaciones emitió su sentencia, confirmando la determinación de la Junta de Gobierno de la UPR.[299] El escrito de sentencia ignoró los méritos de la apelación del Dr. Sued; y sacó de contexto algunos fragmentos, distorsionando la relación de hechos y los fundamentos de derecho; tergiversando los alegatos cardinales y omitiendo información y evidencias sustanciales. En términos generales, la sentencia incurre en faltas éticas, artimañas e imposturas similares a las esgrimidas por la parte apelada originalmente (UPR). Estas prácticas -sospechosas e ilícitas- ya habían sido denunciadas reiteradamente en la apelación original y advertidas de manera preventiva en la apelación elevada al Tribunal de Apelaciones. No obstante, el Tribunal de Apelaciones optó por hacer caso omiso al contenido del escrito y expediente apelativo del Dr. Sued y, en su lugar, decidió reproducir las imposturas de la gerencia institucional de la UPR y sus representantes legales.

12. Consta que el 29 de abril de 2019 el Dr. Sued presentó recurso de apelación en la Secretaría del Tribunal Supremo de Puerto Rico; y al día siguiente, 30 de abril, la Secretaría del Tribunal certificó que cumplía con todos los requerimientos reglamentarios

---

[299] Sentencia del Tribunal de Apelaciones sobre caso KLRA201800657 (Panel XII integrado por el juez Hernández Sánchez (presidente); la jueza Brignoni Mártir; y la jueza Méndez Miró (ponente); 27 de marzo de 2019 (Notificada el 28 de marzo de 2019)

–sin señalamientos de deficiencia-[300]. El 3 de mayo el Tribunal reconoció al Dr. Sued como litigante indigente, y fue notificado el mismo día. Ese mismo día, 3 de mayo de 2019, el Tribunal emitió otra resolución (la resolución impugnada) –notificada tres días después-, el 6 de mayo de 2019. En la misma rechaza la apelación del Dr. Gazir Sued "por craso incumplimiento con el Reglamento de este Tribunal."

13. Debe constar que la Constitución de Puerto Rico dispone que el Tribunal Supremo, en el ejercicio de adopción y aplicación de sus reglamentos, no puede menoscabar los derechos sustantivos de las partes. (Art. V Secc.3)

14. Debe constar que la resolución impugnada carece de fundamentos jurídicos legítimos; que burla los mandamientos constitucionales que regulan el poder judicial en Puerto Rico; y que viola los cánones de la ética judicial puertorriqueña.

15. Debe constar que la resolución impugnada representa discrimen por la condición de indigencia del apelante y, al mismo tiempo, manifiesta conducta prejuiciada contra el Dr. Sued por ejercer su derecho a representarse a sí mismo.

16. Debe constar que la resolución impugnada menoscaba derechos constitucionales sustantivos del apelante.

17. Debe constar que la resolución impugnada - niega su derecho a gozar de igual protección de las leyes (Art. II Secc. 1 y 7)

---

[300] Es preciso hacer constar que el 29 de abril la Secretaría del Tribunal Supremo recibió el recurso de apelación original y apéndice impresos, diez copias adicionales para los jueces y 10 copias en formato digital con toda la documentación requerida. La misma señaló que también debía incluir copias impresas de las decisiones de la otra parte, y al día siguiente, 30 de abril, fueron entregadas. A esta fecha todas las copias impresas de la apelación original estaban todavía en Secretaría, y debían ser entregadas a los jueces sin señalamiento de deficiencia alguna. No obstante, la secretaria ponchó la página principal de la apelación y cada una de las copias destinadas a los jueces con un sello enmarcado en letra mayúscula grande y roja: TIENE DEFICIENCIA. La cuestioné, pues me parece que afea innecesariamente la presentación del recurso y, de incierta manera, confunde y podría prejuiciar e incluso predisponer el ánimo de algún juez o jueza al rechazo mecánico de la apelación. La secretaria me dijo que es uso común hacerlo.

18. Debe constar que la resolución impugnada consciente la represalia institucional contra el Dr. Sued por denunciar las condiciones de precariedad laboral y promover cambios para el bienestar general de los trabajadores docentes (Art. II Secc. 4; 6; 16 y 17)

19. Debe constar que la resolución impugnada refuerza las conductas denunciadas por el Dr. Sued, que operan en el orden institucional en detrimento de derechos humanos, civiles y laborales.

20. Debe constar que la resolución impugnada legitima las prácticas ilícitas de espionaje y carpeteo institucional por motivos discriminatorios de orden político; y consiente la fabricación de informes secretos para privar al Dr. Gazir Sued de oportunidades equitativas y justas de empleo en la Institución.

21. Debe constar que la resolución impugnada, al consentir la confección de informes secretos y/o expedientes ilícitos (espionaje y carpeteo) priva al Dr. Sued de protección contra los ataques abusivos a su honra y reputación (Art. II Secc.8)

22. Debe constar que la resolución impugnada, al ignorar las denuncias por difamaciones, calumnias, rumores maliciosos y demás mentiras y acusaciones infamantes –que se presumen constitutivas del informe-expediente secreto de "evaluación" al Dr. Sued-, lo priva de protección legal (Art. II Secc.12) y derecho a reparación por agravios y daños ocasionados.

23. Debe constar que la resolución impugnada representa una abierta violación a la dignidad del apelante y debe sospecharse cargada de motivos ilícitos, incluyendo la intensión maliciosa de humillar al Dr. Sued.

24. Debe constar que la resolución impugnada representa un burdo intento de intimidar al apelante con la intención de acallar sus denuncias y suprimir sus reclamos de justicia.

25. Debe constar que, en este contexto y de prevalecer la resolución impugnada, serían los jueces y juezas del Tribunal Supremo de Puerto Rico quienes incurren en craso

incumplimiento de sus responsabilidades éticas y deberes ministeriales.

II. Demanda

26. Por todo lo cual se solicita a este Tribunal que tome conocimiento de lo expuesto y anule la resolución impugnada; que cese y desista de hacer uso del reglamento para menoscabar los derechos sustantivos del apelante y obstruir el acceso a la justicia por derecho propio y en condición de indigente; que considere la apelación de manera íntegra y en sus méritos; que interceda para garantizar la protección de los derechos constitucionales, civiles y laborales, del Dr. Gazir Sued; y que ordene a la parte apelada (recurrida) originalmente:

1. que cese y desista de excluirlo y privarlo ilícitamente de su derecho de oportunidad de empleo en la Universidad de Puerto Rico;

2. que cese y desista de las prácticas de discrimen político, represalia y carpeteo;

3. que cese y desista de las prácticas de corrupción, encubrimiento, difamación y fraude, para impedir oportunidad equitativa de empleo y el ejercicio de sus derechos;

4. que descubra y entregue informe escrito de "evaluación" y pruebas objetivas que justifiquen las decisiones "administrativas" para excluir y privar al Dr. Sued de oportunidad de empleo y recontratación en la Universidad de Puerto Rico;

Asimismo, se solicita a este Tribunal:

5. que declare nula la decisión de la parte recurrida (apelada) y ordene la restitución en el empleo docente del Dr. Sued en base al principio de mérito, la reglamentación institucional y las recomendaciones del comité de personal;

6. que imponga las medidas disciplinarias y las penalidades correspondientes por violación a los cánones de ética incurridos por el representante legal del Recinto de Río Piedras y los oficiales examinadores contratados por el Presidente y por la Junta de Gobierno;

7. que imponga las medidas disciplinarias y las penalidades correspondientes por negligencia administrativa y corrupción institucional (discrimen político; represalia; privación y exclusión ilícita de igual oportunidad de empleo; violación de derechos constitucionales, civiles y laborales; violación de reglamentos y ley de la UPR; Violación a cánones de ética; difamación; encubrimiento, fraude y carpeteo) a los funcionarios imputados (parte recurrida o apelada);

8. que declare nulas las cláusulas contractuales que han sido denunciadas en el escrito original y en el expediente apelativo como sospechosas e ilícitas;

9. que ordene a la parte apelada (recurrida) que reconozca como legítima y razonable la expectativa laboral del Dr. Sued;

10. que ordene a la parte apelada (recurrida) la reparación inmediata de daños y perjuicios; y que indemnice en justicia al Dr. Sued;

11. que reconozca como derechos protegidos con fuerza constitucional la libertad de cátedra, de investigación, acceso a información; publicación y exposición de las producciones intelectuales y obras creativas de los docentes; y los ratifique como modelos ejemplares de derechos humanos en el contexto universitario en particular y en el contexto social en general;

12. que ordene enmendar la ley y el reglamento de la Universidad para garantizar la plena equidad en derechos, oportunidades y trato de los docentes universitarios; indistintamente de las clasificaciones administrativas y/o contractuales.

En San Juan, Puerto Rico, el 13 de mayo de 2019

Dr. Gazir Sued-Jiménez

Resolución Final del Tribunal Supremo, 31 de mayo de 2019

RESOLUCIÓN

San Juan, Puerto Rico, a 31 de mayo de 2019

Acogida como una reconsideración la *Moción impugnando la Resolución del Tribunal Supremo de Puerto Rico y demanda del Dr. Gazir Sued Jiménez para que considere su apelación integra y en sus méritos* presentada por la parte peticionaria de epígrafe, se provee no ha lugar.

Apéndice #1

Gazir Sued
vs.
Universidad de Puerto Rico

TABLA DE CONTENIDO

I. Apelación ante la Junta de Gobierno

Apelación ante la Junta de Gobierno de la Universidad de Puerto Rico, 3 de mayo de 2017..129-130

II. Apelación original ante el Rector

Apelación al Rector del Recinto de Río Piedras, Dr. Carlos Severino Valdez; 29 de junio de 2016...131-156

    I. Relación de hechos / Fundamentos de Derecho......132-137

    II. Impugnación y Querella................................137-139

    III. Relación de hechos e impugnación sobre prácticas difamatorias, arbitrariedad administrativa, violación a la libertad de cátedra y abuso de autoridad de la directora del Departamento de Ciencias Sociales, Vicky Muñiz Quiñones y el decano de la Facultad de Estudios Generales, Carlos Rodríguez Fraticelli.....................139-142

    IV. Transcripción de la reunión con la directora Muñiz Quiñones, 16 de junio de 2016 / Impugnación de alegatos falsos, de acusaciones infundadas, de calumnias, de difamaciones y de violación a la libertad de cátedra del profesor Gazir Sued......................143-152

    V. Alternativas / Acción Afirmativa......................152-153

Carta de seguimiento al Rector, Dr. Carlos Severino Valdez; 7 de julio de 2016..154

Carta de seguimiento a la Rectora Interina, Dra. María de los Ángeles Castro; 12 de julio de 2016..155

Carta de seguimiento a la Rectora Interina, Dra. María de los Ángeles Castro; 20 de julio de 2016..156

Carta de seguimiento a la Rectora Interina, Dra. María de los Ángeles Castro; 1 de agosto de 2016...157

III. Apelación a Presidencia

Apelación a la Presidenta Interina, Dra. Celeste Freytes González; 3 de agosto de 2016..158-159

Resolución de la Rectora Interina, Dra. María de los Ángeles Castro; 3 de agosto de 2016..160

Solicitud de reconsideración a Rectora Interina, Dra. María de los Ángeles Castro; 15 de agosto de 2016..............................161-162

Carta de la Rectora Interina, Dra. María de los Ángeles Castro Arroyo; 18 de agosto de 2016..163

Carta a la Presidenta Interina, Dra. Celeste Freytes González, 26 de agosto de 2016..164-166

IV. Apelación ante Oficial Examinador de Presidencia

Apelación ante el Oficial Examinador, Lcdo. Frank Gotay Barquet, 7 de septiembre de 2016..167

Adiciones al Expediente Apelativo, 7 de septiembre de 2016...........168

    I. Relación de hechos y descripción de nuevas circunstancias relevantes a la Apelación...168-180

    II. Historial laboral como Catedrático Auxiliar en la UPR (2004-2016)..180-196

    III. Muestrario de Evaluaciones Estudiantiles (2004-2016) 196-201

    IV. La selección y otorgamiento de la Beca Presidencial y la consecuente obtención de grado doctoral constituyen fundamentos razonables de expectativa laboral, de reclutamiento, retención en el empleo y renovación de contrato..................................201-211

    V. La continuidad de años de servicio docente, la ratificación constante de la idoneidad de candidatos mediante evaluaciones y la revalidación de recomendaciones de Comités de Personal, constituyen fundamentos razonables de expectativa laboral, de reclutamiento, retención en el empleo y renovación de contrato.....................211-216

VI. Fundamentos del Derecho Laboral como trabajador docente sin permanencia..217-226

VII. Enmienda al remedio en apelación original..........226-228

Carta de seguimiento al Oficial Examinador, 4 de octubre de 2016...229

Carta de seguimiento al Oficial Examinador / Adiciones al Expediente Apelativo; 10 de enero de 2017...230-233

V. Resolución de presidencia / Seguimiento ante la Junta de Gobierno

Carta de seguimiento a Presidenta Interina, Dra. Nivia Fernández Hernández; 13 de marzo de 2017.....................................234-235

Carta de seguimiento a Presidenta Interina, Dra. Nivia Fernández Hernández; 27 de marzo de 2017.....................................236-237

Resolución de la Presidenta Interina, Dra. Nivia Fernández Hernández; 7 de abril de 2017..238-239

Moción de Reconsideración a Presidenta Interina, Dra. Nivia Fernández Hernández; 11 de abril de 2017.....................................240-242

Carta a la Rectora Interina del Recinto de Río Piedras, Dra. Carmen H. Rivera Vega, 8 de mayo de 2017......................................243-249

Carta a la Junta de Gobierno (Ultimátum); 7 de junio de 2017....250-251

Carta a la Junta de Gobierno (Denuncia por imposturas y violaciones éticas del representante legal del Recinto de Río Piedras); 7 de agosto de 2017...252-256

Moción presentando nueva evidencia ante la Junta de Gobierno; 10 de julio de 2017...257-258

Carta al Rector Interino del Recinto de Río Piedras, Dr. Luis A. Ferrao Delgado; 14 de agosto de 2017.....................................259-265

Decisión de Apelación de la Junta de Gobierno, 27 de agosto de 2018..266

Carta al Rector Interino del Recinto de Río Piedras, Dr. Luis A. Ferrao Delgado; 21 de septiembre de 2017......................................267-268

Moción de Reconsideración ante la Junta de Gobierno e impugnación de Informe de Oficial Examinadora; 21 de septiembre de 2018 269-272

VI. ANEJOS (DOCUMENTOS COMPLEMENTARIOS / EVIDENCIAS)

Anejo #1. Reseña biográfica del Dr. Gazir Sued / Sinopsis de relación de vida con la Universidad de Puerto Rico.......................273-280

Anejo #2. Carta de la directora Muñiz-Quiñones (Depto. de Ciencias Sociales, Facultad de Estudios Generales), 7 de junio de 2016.........281

Anejo #3. Carta a la directora Muñiz Quiñones, 10 de junio de 2016 282

Anejo #4. Transcripción de reunión con directora Muñiz-Quiñones (Depto. de Ciencias Sociales, Facultad de Estudios Generales; 16 de junio de 2016..283-289

Anejo #5. Carta al decano Carlos Rodríguez Fraticelli; 18 de junio de 2016..290

Anejo #6. Carta del decano Rodríguez Fraticelli; 20 de junio de 2016 291

Anejo #7. "Relevos vitales"; *El Nuevo Día*, 1 de junio de 2016..........292

Anejo #8. Correo electrónico a estudiantes, 31 de marzo de 2016.....293

Anejo #9. Carta/Correo electrónico a profesores convocados para reunión sobre proyecto piloto UPR en la cárcel, 16 de octubre de 2014 294-295

Anejo #10. Carta circular del decano Rodríguez Fraticelli al Personal Docente de Estudios Generales, 18 de febrero de 2016................296

Anejo #11. Carta al Lic. Einar Ramos López, Secretario del Departamento de Corrección y Rehabilitación (DCR); 29 de marzo de 2016...297

Anejo #12. Carta/Correo electrónico a profesores voluntarios del proyecto UPR en la cárcel, 27 de marzo de 2016..........................…....298

Anejo #13. Carta a la directora interina del Depto. de Ciencias Sociales, Dra. Carmen A. Pérez Herranz; 11 de agosto de 2016.............299-300

Anejo #14. Carta de la directora interina del Depto. de Ciencias Sociales, Dra. Carmen A. Pérez Herranz; 17 de agosto de 2016........301

Anejo #15. Tabla de relación de cursos por "contrato de servicio" como Docente en UPR e ingresos semestrales (2001-2016)..............…..302-303

Anejo #16. Comunicado de Prensa: Profesor denuncia violación a derechos civiles y laborales en la UPR; 19 de septiembre de 2016.........
....304-305

Anejo #17. Carta de Recomendación del Prof. Waldemiro Vélez Cardona, Ph.D., 7 de diciembre de 2016...........................…..306-307

Anejo #18. Carta de Recomendación del Prof. Aarón Gamaliel Ramos, Ph.D., 12 de diciembre de 2016…......…............................308-309

Anejo #19. Reconocimiento público del Dr. Fernando Picó sobre labores docentes del profesor Gazir Sued; 15 de abril de 2017..........309

Anejo #20. Carta de la Comisión de Derechos Civiles al Dr. Gazir Sued; 7 de julio de 2017...310-311

Anejo #21. Comunicado de Prensa: Ultimátum a Junta de Gobierno UPR por discrimen y represalia contra profesor universitario; 7 de junio de 2017....…..…..312-313

I. Apelación ante la Junta de Gobierno

3 de mayo de 2017

Junta de Gobierno
Universidad de Puerto Rico

Estimados miembros de la Junta de Gobierno, saludos. A tenor con la reglamentación institucional, presento para su consideración el siguiente recurso apelativo y solicito su inmediata intercesión como máxima autoridad apelativa. Durante los pasados nueve meses he agotado los procedimientos administrativos a nivel de la Rectoría del Recinto de Río Piedras y la Presidencia de la Universidad de Puerto Rico, y el caso todavía no ha sido atendido en sus méritos.[1] En este sentido, las determinaciones en ambos foros carecen de legitimidad y considero imperativo impugnarlas y declararlas nulas por su carácter fraudulento y marcados visos de corrupción.

En este documento identifico, denuncio y evidencio con claridad y precisión, determinadas situaciones que plantean violaciones a la Ley Universitaria, a los reglamentos institucionales y a las certificaciones vigentes, por parte de la Dra. Vicky Muñiz Quiñones durante su incumbencia como directora del Departamento de Ciencias Sociales, Facultad de Estudios Generales; y del destituido decano, el Dr. Carlos Rodríguez Fraticelli. En base a la detallada relación de hechos y fundamentos de derecho planteados, sostengo y demuestro con pruebas fehacientes que la funcionaria imputada incurrió en prácticas discriminatorias ilícitas y actuaciones arbitrarias en base a alegaciones infundadas, erróneas y falsas, que degeneraron en represalia y cesantía injustificada, y que afectaron y afectan adversamente mis oportunidades de empleo como docente, mis derechos laborales y civiles, y mi reputación.

Como paliativo de los daños infligidos y como preventivo de consecuencias agravantes, he propuesto como posible remedio

---

[1] Resolución de la Presidenta Interina, Nivia Fernández, Ph.D.; Apelación Núm.90.1105 (Dr. Gazir Sued v. UPR-RP / Sobre denegación de renovación de contrato por servicio docente; 7 de abril de 2017; pp.238-239.

administrativo la renovación de mi contrato en base a mis méritos académicos e historial profesional, a tenor con las recomendaciones del Comité de Personal, basadas en las regulaciones institucionales para la evaluación del personal docente, en el respeto al principio de mérito y libertad de cátedra, y en las evaluaciones estudiantiles.

Como podrán constatar, soy egresado de la UPR y becado por presidencia para estudios doctorales. Desde 2004 he servido como Catedrático Auxiliar en el mejor de los ánimos y a pesar de las condiciones de precariedad, marginación e incertidumbre laboral a las que he sido sometido. En este sentido, reitero que -en aras de hacer justicia y para prevenir futuros tratos discriminatorios- me sea otorgado un contrato que garantice las mejores condiciones laborales posibles y las oportunidades de cualificar para posiciones de continuidad laboral, docente e investigativa, y posibilidades de permanencia y ascenso de rango. Dada mi preparación académica interdisciplinaria, también puedo enseñar en distintas facultades y departamentos de ciencias sociales y humanidades.

Confío en que este cuerpo institucional examinará minuciosa-mente mis argumentos y pruebas; y que resolverá mi apelación de manera justa y en conformidad con los estatutos legales, reglamentos, principios y objetivos de la Universidad de Puerto Rico.

Quedo a su disposición,

Gazir Sued, Ph.D.

***Copia de la apelación será sometida hoy a las instancias pertinentes según dispone el reglamento.

II. Apelación al Rector

29 de junio de 2016

Carlos Severino Valdez, Ph.D.
Rector del Recinto de Río Piedras
Universidad de Puerto Rico

Estimado Dr. Severino, saludos cordiales. Le presento esta carta y la documentación de evidencias que la acompañan como recurso de apelación formal y querella ante situaciones concernientes a mi condición laboral como docente universitario y como ciudadano al servicio de la Universidad de Puerto Rico. Expondré detalladamente la relación de hechos y los fundamentos de Derecho que sitúan en su debido contexto los méritos del caso presentado para su consideración y resolución. Integraré, además, impugnación y querella formal por las ejecutorias arbitrarias, maliciosas y difamatorias de la directora del Departamento de Ciencias Sociales, la Dra. Muñiz Quiñones y el decano de la Facultad de Estudios Generales, el Dr. Rodríguez Fraticelli, con el fin de restituir mi reputación y reivindicar los derechos que me asisten legalmente como profesor universitario y como persona. Finalmente, presentaré a su consideración algunas alternativas para resolver favorablemente mi estado de situación laboral y medidas preventivas como acción afirmativa para erradicar las prácticas de abuso de autoridad y discrimen contra mi persona.

Confío en que examinará objetivamente mis argumentos y evidencias presentadas, y que su resolución sobre mi apelación será justa y en conformidad con los estatutos legales, reglamentos, principios y objetivos de la Universidad de Puerto Rico.

Quedo a su disposición,

Gazir Sued, Ph.D.
Catedrático Auxiliar UPR-RP

I. Relación de hechos / Fundamentos de Derecho

En el año 2001 obtuve la distinción de la beca presidencial para realizar estudios doctorales en España.[2] Desde que obtuve el grado doctoral en 2004, dicté numerosos cursos bajo contrato a tarea parcial en la Facultad de Ciencias Sociales.[3] Durante los dos pasados años, 2014 a 2016, he sido profesor con rango de Catedrático Auxiliar[4] y bajo contrato de tarea completa en el Departamento de Ciencias Sociales, Facultad de Estudios Generales. En virtud del Reglamento General de la Universidad de Puerto Rico[5], cumplo cabalmente todas las condiciones necesarias para desempeñar un cargo docente[6] y, del mismo modo, cumplo

---

[2] La relevancia y pertinencia de la distinción de la beca presidencial está planteada de manera detallada en las Adiciones al Expediente Apelativo (7 de septiembre de 2016) en parte IV. La selección y otorgamiento de la Beca Presidencial y la consecuente obtención de grado doctoral constituyen fundamentos razonables de expectativa laboral, de reclutamiento, retención en el empleo y renovación de contrato; pp.201-211.

[3] Ver parte II. -Historial laboral como Catedrático Auxiliar en la UPR (2004-2016); pp.180-196; y parte V en Adiciones a Expediente Apelativo (7 de septiembre de 2017) -La continuidad de años de servicio docente, la ratificación constante de la idoneidad entre el acervo de candidatos mediante las evaluaciones y la revalidación de las recomendaciones de los Comités de Personal, constituyen fundamentos razonables de expectativa laboral, de reclutamiento, retención en el empleo y renovación de contrato-; pp.211-216.

[4] Reglamento General. Capítulo VII. Régimen de Personal: Disposiciones aplicables al personal docente. Artículo 41 - Categorías y Rangos para el Personal Docente. Sección 41.1.2 - Catedrático Auxiliar / Artículo 44 - Rango de Ingreso en cada Categoría. Sección 44.1.1- Personal docente con Doctorado.

[5] Reglamento General de la Universidad de Puerto Rico / Certificación Núm. 160 (2014-2015) de la Junta de Gobierno de la Universidad de Puerto Rico; 29 de junio de 2015 / Ley de la Universidad de Puerto Rico (Ley Núm. 1 de 20 de enero de 1966, según enmendada); compilación preparada por la oficina del Secretario Ejecutivo de la Junta de Gobierno de la Universidad de Puerto Rico; 30 de abril de 2013. Para efectos de referencia también he consultado el *Manual del Profesor*, publicado por el Decanato de Asuntos Académicos del Recinto de Río Piedras, Universidad de Puerto Rico; 4ta edición revisada, 2010.

[6] Reglamento General. Artículo 42 – Condiciones Necesarias para Desempeñar un Cargo Docente.

plenamente con todos los criterios para la selección del personal.[7] En mi *Currículum Vitae*[8] se evidencia objetivamente la calidad de mis méritos académicos y profesionales, así como el cumplimiento efectivo de mis responsabilidades docentes[9], ambas dimensiones reconocidas por el Comité de Personal del Departamento de Ciencias Sociales, que ha recomen-dado consecuentemente la renovación de mi contrato.[10]

De manera congruente con las disposiciones reglamentarias vigentes y en acorde con el marco normativo de los comités de personal para la evaluación de la ejecutoria del personal docente[11], he sido evaluado favorablemente y recomendado dos

---

[7] Artículo 43 - Criterios para la Selección del Personal. • Sección 43.1- Calidad del expediente académico y calidad de las universidades donde realizó estudios. • Sección 43.2 - Dominio de la materia a enseñar y capacidad para integrarla con áreas afines. • Sección 43.3 - Experiencia en la docencia y en la aplicación de los conocimientos en un campo particular. • Sección 43.4 - Trabajos publicados y conferencias dictadas. • Sección 43.5 - Identificación con la filosofía y los objetivos de la Ley de la Universidad. • Sección 43.6 - Capacidad para la investigación científica o la labor creativa.

[8] Ver *Currículum Vitae* de Gazir Sued, Ph.D. (*Documento omitido por criterio editorial) Para referencia, ver: Reseña biográfica del Dr. Gazir Sued / Sinopsis de relación de vida con la Universidad de Puerto Rico; pp. 272-279; Historial laboral como Catedrático Auxiliar en la UPR (2004-2016); pp.180-196.

[9] Artículo 63 - Deberes y Atribuciones del Personal Docente. • Secc. 63.1.1- Desarrollo de objetivos • Secc. 63.1.2 -Asistencia a reuniones • Secc. 63.1.3 - Presentación y discusión de planteamientos • Sección 63.1.4 - Respeto a valores fundamentales • Secc. 63.1.5 - Participación en procesos de consulta • Secc. 63.1.6 - Participación en procesos de elección • Secc. 63.1. 7 - Información al día en su disciplina • Secc. 63.1.8 - Participación en programas de mejoramiento profesional • Secc. 63.1.9 - Participación o cooperación en procesos de evaluación • Secc. 63.1.10 - Planificación del programa académico • Secc. 63.1.11 - Cumplimiento de obligaciones relacionadas con la tarea docente • Secc. 63.2.2 - Trabajo de investigación.

[10] "El Comité de Personal del DCISO recomienda la contratación del Dr. Gazir Sued para realizar labores docentes en esta unidad académica bajo un contrato a Tiempo Completo en las mejores condiciones laborales que sea posible obtener." (Informe del Comité de Evaluación del Departamento de Ciencias Sociales (Sobre la recomendación en torno a la recontratación del Dr. Gazir Sued Jiménez); firmado por los profesores Carlos J. Sánchez Zambrana, Ph.D; Francisco Torres Rivera, Ph.D.; y Gabriel de la Luz Rodríguez, Ph.D.; Mayo de 2016.

años consecutivos para ejercer cargo como docente y ser contratado a tarea completa en las mejores condiciones laborales posibles. La evidencia objetiva y detallada sobre mis méritos remite nuevamente a mi *Currículum Vitae* y a los informes de evaluación y fundamentos de recomendación del Comité de Personal, preparados de acuerdo a los criterios de evaluación establecidos en el Reglamento General de la UPR[12] y las certificaciones más recientes del Senado Académico.[13] Los méritos relativos a la excelencia académica en mis ejecutorias como docente también están sostenidos, conforme a las disposiciones citadas, por las evaluaciones estudiantiles.[14]

Como docente, he cumplido intachablemente todos los requisitos contractuales y reglamentarios, he cultivado de manera legítima, razonable y fundada la expectativa de ser contratado nuevamente[15], y he expresado consistentemente mi intensión y

---

[11] Artículo 45 - Evaluación del Personal Docente. Sección 45.1- Marco normativo. / Secc. 45.2 - Comités de Personal.

[12] • Secc. 45.3 - Criterios de evaluación • Secc. 45.3.1 - Calidad de la enseñanza, la investigación o la divulgación. • Secc. 45.3.2 - Dedicación a las labores y al servicio universitario. • Secc. 45.3.3 - Cumplimiento de los deberes docentes. • Secc. 45.3.4 - Mejoramiento profesional. • Secc. 45.3.5 - Cooperación en los trabajos de la facultad, incluyendo comités y programas de estudios. • Secc. 45.3.6 - Trabajos de investigación y creación realizados. • Secc. 45.3.7 - Conferencias sobre materias propias de su campo. • Secc. 45.3.8 - Publicación, exposiciones, conciertos y otras actividades análogas. • Secc. 45.3.9 - Reconocimientos recibidos. • Secc. 45.3.10 - Opiniones fundamentadas y sustanciadas de sus compañeros y otras personas relacionadas con su trabajo. • Secc. 45.3.11- Actitud profesional: disposición del profesor para participar en actividades profesionales; su equidad, tacto, sensatez, discreción y objetividad en el manejo de las situaciones en que participa; cooperación espontánea con la unidad a la cual sirva y con la institución en general.

[13] Guía General y Criterios para la Evaluación del Personal Docente del Recinto de Río Piedras de la Universidad de Puerto Rico; aprobado por el Senado Académico, Reunión extraordinaria, 30 de abril de 2015 (Certificación Núm.113, Año 2014-2015.

[14] Ver Muestrario de Evaluaciones Estudiantiles (2004-2016); pp.196-201.

[15] La primera semana del mes de marzo de 2016 la directora Muñiz me envió el formulario de preferencias de horario para el semestre 2016-2017 y lo entregué el 7 de marzo de 2016. ***Según han estado disponibles durante todo el proceso apelativo, ambos correos electrónicos están disponibles para corroboración a solicitud de la Junta de Gobierno.

disposición de continuar enseñando en el Departamento. Establecida la necesidad de recursos docentes en el Departamento de Ciencias Sociales para el año académico 2016-2017, considerando que existen las condiciones fiscales para concertar los reclutamientos y renovaciones de personal docente, y contando con la recomendación favorable del Comité de Personal, entiendo que, en términos administrativos, corresponde someter directamente a la Oficina de Recursos Humanos los documentos pertinentes para la renovación de mi contrato.[16]

Sin embargo, recientemente ha surgido un obstáculo imprevisto que entorpece el debido proceso institucional y que afecta dramáticamente mi oportunidad de serme renovado el contrato de empleo como docente en la UPR. A pesar de cumplir a plenitud con todos los criterios de elegibilidad y de haber sido recomendado por el Comité de Personal, la directora del Departamento de Ciencias Sociales, la Dra. Vicky Muñiz Quiñones, me envió una carta en la que indicaba que, no obstante mis méritos y recomendaciones, tomó la determinación de no extenderme contrato.[17] En su breve carta no indicó de manera alguna sus razones. Esa misma semana, a tenor con los procedimientos institucionales, le envié una carta solicitando el

---

[16] Según el *Manual del Profesor*, Decanato de Asuntos Académicos del Recinto de Río Piedras, Universidad de Puerto Rico; 4ta edición revisada, 2010. V. Derechos Fundamentales del Personal Docente. VI. Deberes y responsabilidades del Personal Docente. 11. Renovación de Nombramientos y Contratos. a. Renovación en igualdad de condiciones. La misma referencia aparece reiterada en Carta Circular Núm.23 (2010-11) (Enmienda al procedimiento para el trámite de renovaciones de nombramientos no regulares y de contratos de servicios de enseñanza); de la rectora Ana R. Guadalupe a decanos de facultad y Directores de Escuelas y Departamentos Académicos; 11 de abril de 2011. Oficina de la Rectora. UPR-RP: "Con el propósito de agilizar el trámite actual de los procesos de renovación de los nombramientos no regulares y de los contratos de servicios de enseñanza, los candidatos a dichos nombramientos serán evaluados por el Decanato de Asuntos Académicos solamente una vez. A tales efectos, las renovaciones de nombramientos no regulares y de contratos de servicios de enseñanza serán autorizados por el Decano o Decana de la Facultad correspondiente. Estos se tramitarán directamente a la Oficina de Recursos Humanos y se remitirá copia al Decano de Asuntos Académicos para sus archivos. El Decanato de Asuntos Académicos continuará realizado: 1. Las evaluaciones académicas de los docentes de enseñanza cuando son reclutados por primera vez..."

[17] Carta de la directora Vicky Muñiz Quiñones (Directora del Depto. de Ciencias Sociales, Facultad de Estudios Generales), 7 de junio de 2016; p.281.

informe de las razones en las que basó su determinación, reiteré mi disposición de continuar enseñando en el departamento y solicité su reconsideración.[18]

El jueves 16 de junio me concedió audiencia para informarme verbalmente sus razones personales para no renovar mi contrato a pesar de mis méritos, credenciales y recomendación del Comité de Personal. Le solicité que me entregara su informe oficial por escrito, pero me indicó que no tenía la obligación de hacerlo y no lo hizo, limitándose a justificar su posición alegando que contaba con asesoramiento legal y el aval del decano. El 18 de junio apelé al decano de la Facultad, Carlos Rodríguez Fraticelli, Ph.D., solicitándole copia del informe de la Dra. Muñiz concerniente a sus criterios para oponerse a mi contratación y reiterándole mi solicitud de reconsideración y mi disposición a seguir enseñando en el Departamento.[19] El 20 de junio el decano me respondió que el documento solicitado es de "trabajo interno" y que no procede mi solicitud.[20]

En primera instancia, mi solicitud del informe de evaluación a la directora y al decano estuvo basada en principios éticos de consideración, respeto y deferencia mínima que se espera de las autoridades administrativas para con los profesores, en armonía con los objetivos de convivencia institucional y las disposiciones del Reglamento General relativas a las responsabilidades sustantivas de la Universidad con relación a los procesos de reclutamiento y retención del personal docente.[21] Mi solicitud del informe está fundamentada en Derecho y la denegación constituye una serie de faltas administrativas sujetas a sanciones disciplinarias. Según dispone el Reglamento General:

> -Cuando sea obligatoria la evaluación de un miembro del personal, los resultados de ésta se reducirán a un informe escrito. La persona

---

[18] Carta a la directora Muñiz Quiñones, 10 de junio de 2016; p.282.

[19] Carta al decano Carlos Rodríguez Fraticelli; 18 de junio de 2016; p.290.

[20] Carta del decano Rodríguez Fraticelli; 20 de junio de 2016; p.291.

[21] Reglamento General. Capítulo V. Régimen de Personal: Disposiciones aplicables a todo el Personal.

evaluada será notificada formalmente con copia del informe y tendrá oportunidad de discutir el contenido del mismo con la autoridad nominadora o con la persona que ésta designe.-[22]

Al mismo tiempo, según dispone el Reglamento General, a tenor con la Ley de la Universidad y la Constitución de Puerto Rico: "Ninguna autoridad nominadora ni ningún funcionario ejercerá discriminación en contra de ningún miembro del personal universitario o en contra de un aspirante a empleo..."[23] En todo caso, mi petición formal está amparada en mi derecho a examinar mi expediente[24] y la negativa de las autoridades referidas viola mi derecho a tramitar efectivamente la solicitud de revisión de mi caso[25] y el debido proceso de Ley.

Como persona afectada por la determinación de la directora del Departamento de Ciencias Sociales y del decano de la Facultad de Estudios Generales, y agotados los recursos de reconsideración en ambos foros, me veo obligado a recurrir en alzada y apelar al Rector, como autoridad académica y administrativa de rango superior en el Recinto.

II. Impugnación y Querella

A pesar de no contar con el informe escrito de la directora, su alocución durante la reunión del 16 de junio ilustra contundente-mente su posición subjetiva contra mi persona y evidencia cómo sus criterios personales afectan negativamente el proceso de mi evaluación, selección, reclutamiento y contratación como personal docente. He trascrito textualmente los alegatos de la directora Muñiz Quiñones[26], en los que supuestamente basó su

---

[22] Artículo 29. Sección 29.8 - Informes de evaluaciones.

[23] Artículo 31 - Igualdad de Oportunidades para todo el Personal. Sección 31.1- Prohibición de toda discriminación.

[24] Artículo 46. Sección 46.7.2 - Derecho a examinar expediente.

[25] Artículo 46. Sección 46.7.3 - Derecho a solicitar revisión.

[26] Transcripción de reunión con Dra. Vicky Muñiz Quiñones, Directora Depto. Ciencias Sociales, Facultad de Estudios Generales; jueves, 16 de junio de 2016); pp.283-289. En las secciones III y IV de la apelación original argumento los

postura de no recomendar mi contratación, y sus palabras evidencian que ha abusado de su poder como directora y se ha aprovechado de su posición de autoridad administrativa para incurrir en prácticas discriminatorias prohibidas por el Reglamento General, la Ley de la Universidad y la Constitución de Puerto Rico. En el documento citado, demostraré la relación de hechos y con fundamentos de Derecho que los alegatos de la directora Muñiz Quiñones, avalados por el decano Rodríguez Fraticelli, además de expresar violaciones a la Ley y el Reglamento, y discrímenes prohibidos constitucional-mente; expresa también arbitrariedades y caprichos en la aplicación de las normas y procedimientos establecidos en la institución. En la carta al decano, enviada el 10 de junio, le solicité que, en vista de los daños emocionales ocasionados por las calumnias de la Dra. Muñiz, me urgía su respuesta y acción afirmativa como decano de la Facultad.[27] Sin embargo, ignoró mi petición, dejando entrever que avala sin reservas los argumentos de la directora.

En base a lo expuesto en este escrito de apelación, procederé a demostrar que la actuación de la directora y del decano, además de que afectan adversamente mis oportunidades de empleo, laceran mi reputación como persona, como ciudadano y como profesor universitario; que los alegatos de la directora constituyen acusaciones falsas; que sus acusaciones carecen de fundamentos y evidencia objetiva; y que su determinación está basada en prejuicios personales, rumores y especulaciones.

Como parte de este recurso de apelación ante el Rector, someto toda la evidencia documental de la que dispongo. Sirva de impugnación de las falsas acusaciones y alegatos de la directora; como querella formal ante sus abusos de autoridad[28] y prácticas discriminatorias ilegales[29]; como querella ante la incompetencia

---

criterios de mi impugnación, demuestro las violaciones reglamentarias de la directora Muñiz, y desmiento sus falsas acusaciones en base a la relación de hechos, evidencias y fundamentos de derecho; pp.139-142; 143-152.

[27] Artículo 31. Sección 31.2 -Acciones afirmativas necesarias.

[28] Artículo 35. Sección 35.2.16 - Formulación de querellas a base de cargos que se saben falsos, con ánimo de perjudicar al querellado.

[29] Artículo 35. Sección 35.2.19 - Violaciones a la Ley de la Universidad, a las disposiciones de este Reglamento y demás reglamentos universitarios.

profesional e incumplimiento de deberes del decano[30]; y como defensa de mi dignidad y reputación como docente universitario y ciudadano al servicio de la Universidad de Puerto Rico.

III. Relación de hechos e impugnación sobre las prácticas difamatorias, arbitrariedad administrativa, violación a la libertad de cátedra y abuso de autoridad de la Dra. Vicky Muñiz Quiñones, directora del Departamento de Ciencias Sociales, y el Dr. Carlos Rodríguez Fraticelli, decano de la Facultad de Estudios Generales.

El primero de junio de 2016 publiqué una columna, "Relevos Vitales"[31], en la edición impresa y digital del periódico *El Nuevo Día*, en la que expresé una crítica reflexiva sobre la precariedad, crueldad e injusticia de las condiciones laborales de los profesores sin plaza. Argumentos análogos en sustancia ya los había expresado anterior-mente y de manera pública en la UPR.[32] Durante el verano en curso me disponía a investigar la historia de las condiciones laborales de los profesores sin plaza y a examinar los casos legales con miras a contribuir en lo posible a la justicia laboral de ese sector del personal docente en la Universidad de Puerto Rico, del que he sido parte durante más de doce años.[33] El tema, insertado dentro de un marco contextual e histórico mucho más amplio y complejo, el de la Universidad como objeto de estudio de las Ciencias Sociales, también forma parte del contenido de mis cursos, y la discusión y análisis desde una

---

[30] Artículo 35. Sección 35.2.1 - Incompetencia profesional o incumplimiento de los deberes del cargo o puesto.

[31] Sued, Gazir; "Relevos vitales"; *El Nuevo Día*, miércoles, 1 de junio de 2016 (http://www.elnuevodia.com); p.292.

[32] *Primer encuentro del profesorado por contrato y a tiempo parcial en la* UPR-*Río Piedras*, organizado por los Comités de Asuntos Académicos y Claustrales del Senado Académico del Recinto de Río Piedras, Universidad de Puerto Rico (UPR-RP); Anfiteatro L-I de la Escuela de Derecho; 2 de marzo de 2016.

[33] A pesar del intento de intimidación de la directora Muñiz Quiñones y del decano Rodríguez Fraticelli mediante la represalia de cesantía y exclusión discriminatoria de oportunidad de empleo en la UPR, publiqué parte de mis investigaciones en: Sued, Gazir; "Profesores desechables e inequidad laboral en la Universidad de Puerto Rico" (Parte I y II); Revista *80grados*, 2 y 9 de septiembre de 2016. (http://www.80grados.net); pp.315-356.

perspectiva crítica es constitutiva de mis responsabilidades intelectuales y académicas como catedrático universitario.

Remito a la publicación del artículo "Relevos Vitales" como preámbulo de este escrito porque esa misma semana recibí una carta de la directora del Departamento de Ciencias Sociales, la Dra. Muñiz Quiñones, notificándome que – a pesar de reconocer que cumplo a plenitud con todos los méritos y criterios de elegibilidad y de haber sido recomendada mi contratación por el Comité de Personal- tomó la determinación de no extenderme contrato.[34] En su carta no indicó las razones en que se basó. Esa misma semana le envié una carta solicitando el informe por escrito y solicité su reconsideración.[35] El jueves 16 de junio me concedió audiencia para informarme verbal-mente sus razones personales para no renovar mi contrato a pesar de mis méritos, credenciales y recomendación del Comité de Personal. Le solicité que me entregara su informe oficial por escrito, pero me indicó que no tenía la obligación de hacerlo y no lo hizo, limitándose a justificar su posición alegando que contaba con asesoramiento legal y el aval del decano.

El 18 de junio apelé al decano de la Facultad, Carlos Rodríguez Fraticelli, solicitándole copia del informe de la directora Muñiz Quiñones, concerniente a sus criterios para oponerse a mi contratación y reiterándole mi solicitud de reconsideración y mi disposición a seguir enseñando en el Departamento.[36] El 20 de junio el decano me respondió que el documento solicitado es de "trabajo interno" y que no procede mi solicitud.[37]

En primera instancia, mi solicitud del informe de evaluación a la directora y al decano estuvo basada en principios éticos de consideración, respeto y deferencia mínima que se espera de las autoridades administrativas para con los profesores, en armonía con los objetivos de convivencia institucional y las disposiciones del Reglamento General relativas a las responsabilidades sustantivas de la Universidad con relación a los procesos

---

[34] Carta de la directora Muñiz Quiñones (7 de junio de 2016); p.281.

[35] Carta a la directora Muñiz Quiñones (10 de junio de 2016); p.282.

[36] Carta al decano Rodríguez Fraticelli (18 de junio de 2016); p.290.

[37] Carta del decano Rodríguez Fraticelli, (20 de junio de 2016); p.291.

de reclutamiento y retención del personal docente.[38] Mi solicitud del informe está fundamentada en Derecho[39] y la denegación constituye una serie de faltas administrativas sujetas a sanciones disciplinarias. En todo caso, mi petición formal está amparada en mi derecho a examinar mi expediente[40] y la negativa de las autoridades referidas viola mi derecho a tramitar efectivamente la solicitud de revisión de mi caso[41] y el debido proceso de Ley.

A pesar de no contar con el informe escrito de la directora, su alocución durante la reunión citada ilustra contundentemente su posición subjetiva contra mi persona y evidencia cómo sus criterios personales afectan negativamente el proceso de mi evaluación, selección, reclutamiento y contratación como personal docente. A continuación, cito textualmente los alegatos de la directora Muñiz Quiñones para justificar su postura de no recomendar mi contratación. Demostraré simultáneamente que lo que me dijo evidencia que ha abusado de su poder como directora y se ha aprovechado de su posición de autoridad administrativa para incurrir en prácticas discriminatorias prohibidas por el Reglamento General, la Ley de la Universidad y la Constitución de Puerto Rico. En las secciones continuas demostraré que el contenido de los alegatos de la directora Muñiz Quiñones, avalados por el decano Rodríguez Fraticelli, además de expresar violaciones a la Ley y el Reglamento e incurrir en discrímenes prohibidos constitucionalmente, expresa también arbitrariedades y caprichos en la aplicación de las normas y

---

[38] Reglamento General. Capítulo V. Régimen de Personal: Disposiciones aplicables a todo el Personal.

[39] Según dispone el Reglamento General: -Cuando sea obligatoria la evaluación de un miembro del personal, los resultados de ésta se reducirán a un informe escrito. La persona evaluada será notificada formalmente con copia del informe y tendrá oportunidad de discutir el contenido del mismo con la autoridad nominadora o con la persona que ésta designe.- (Artículo 29. Sección 29.8 - Informes de evaluaciones.) Al mismo tiempo, a tenor con la Ley de la Universidad y la Constitución de Puerto Rico: "Ninguna autoridad nominadora ni ningún funcionario ejercerá discriminación en contra de ningún miembro del personal universitario o en contra de un aspirante a empleo…" (Artículo 31 - Igualdad de Oportunidades para todo el Personal. Secc. 31.1- Prohibición de toda discriminación.)

[40] Artículo 46. Sección 46.7.2 - Derecho a examinar expediente.

[41] Artículo 46. Sección 46.7.3 - Derecho a solicitar revisión.

procedimientos establecidos en la institución. En la carta al decano, le indiqué que me urgía su respuesta y acción afirmativa como decano de la Facultad.[42] Sin embargo, como apunté previamente, ignoró mi petición, lo que puede interpretarse como aval implícito a los argumentos, calumnias y arbitrariedades de la directora.

En el marco de lo expuesto en el escrito de apelación al Rector del Recinto de Río Piedras, el Dr. Carlos Severino Valdez, procederé a demostrar que la actuación de la directora y del decano, además de que afectan adversamente mis oportunidades de empleo, laceran mi reputación como persona, como ciudadano y como profesor universitario; que los alegatos de la directora constituyen acusaciones falsas; que sus acusaciones carecen de fundamentos y evidencia objetiva; que su determinación está basada en prejuicios personales, rumores y especulaciones; y constituye una actuación arbitraria e injusta. El escrito de apelación ante el Rector incluye toda la evidencia documental de la que dispongo y sirve de impugnación de las falsas acusaciones y alegatos de la directora; como querella formal ante sus abusos de autoridad[43] y prácticas discriminatorias ilegales[44]; como querella ante la incompetencia profesional e incumplimiento de deberes del decano[45]; y como defensa de mi dignidad y reputación como docente universitario y ciudadano al servicio de la Universidad de Puerto Rico.

---

[42] Artículo 31. Sección 31.2 -Acciones afirmativas necesarias.

[43] Artículo 35. Sección 35.2.16 - Formulación de querellas a base de cargos que se saben falsos, con ánimo de perjudicar al querellado.

[44] Artículo 35. Sección 35.2.19 - Violaciones a la Ley de la Universidad, a las disposiciones de este Reglamento y demás reglamentos universitarios.

[45] Artículo 35. Sección 35.2.1 - Incompetencia profesional o incumplimiento de los deberes del cargo o puesto.

IV. Transcripción de la reunión con la Dra. Muñiz Quiñones, 16 de junio de 2016[46] / Impugnación de alegatos falsos, de acusaciones infundadas, de calumnias, de difamaciones y de violación a la libertad de cátedra del profesor Gazir Sued.

En la reunión efectuada el 16 de junio, la directora Muñiz Quiñones me dijo que, como directora, tiene la facultad de tomar decisiones distintas a las que tomen los demás miembros del Comité de Personal, y que sus "reservas" las *consultó* "a nivel legal" y las sometió al decano. Según me informó, el decano "avaló" su posición.

Aunque no presentó documentación escrita que sustentara sus argumentos, la directora me dijo que, como directora, *tiene* "acceso a un escenario más amplio" de los que tiene el Comité de Personal, en particular sobre "preocupaciones" que *recibe* de "distintas fuentes". Tampoco me especificó cuáles o quiénes son las "fuentes" en que basa sus "preocupaciones".

Me dijo, sin embargo, que "desde bien temprano" le empezaron a *surgir* "preocupaciones", algunas de "mayor trascendencia" y "consecuencias".

La Dra. Muñiz alegó que durante su visita de "evaluación" a mi salón de clases "hubo una situación anómala" "que no debió ocurrir", "según mi consulta con el asesor..." No obstante, no especificó qué relación podría haber entre su función evaluadora -según dispuesta en la reglamentación institucional vigente- y la consulta con un asesor legal sobre mis ejecutorias en el salón de clases. La directora se limitó a decirme que la clase a la que asistió "formó parte de las razones" que justifican su posición, porque *quedó* "muy defraudada". Alegó, además, que a *su* "entender" fue una clase "impropia" para una evaluación "para determinar si se renovaba o no se renovaba el contrato."

La impresión subjetiva de la directora no está sustentada por los criterios institucionales de evaluación del personal docente, y constituye un comentario personal sin peso legítimo sobre mi evaluación y consideraciones para renovar mi contrato. Además, evidencia una tergiversación arbitraria de las funciones y objetivos

---

[46] Las palabras y frases en comillas son transcripciones literales y exactas dichas al Prof. Sued por la directora Muñiz Quiñones en la reunión del 16 de junio de 2016. La transcripción original completa está integrada como evidencia en Anejo #4. Transcripción de reunión con Dra. Vicky Muñiz Quiñones; pp.283-289.

explícitos del proceso evaluativo del profesor, según dispone el Reglamento General[47] y las certificaciones vigentes.[48]

La directora Muñiz alegó que yo decidí *cambiar* el contenido de mi clase "a última hora", por "la coyuntura con la asamblea de estudiantes", y calificó la clase con el adjetivo de "atípica", implicando que fue *impropia* para una visita del "miembro de mayor antigüedad" y la directora del Departamento "para renovación" de contrato. Alegó como agravante que nunca tuvo conocimiento de cuáles eran las lecturas, que "no estaban en el prontuario". Contrario a lo que alega la directora, la temática de la clase fue debidamente anunciada y los objetivos de la misma especificados previamente, incluyendo textos de referencia.[49]

Dadas las implicaciones y consecuencias que acarrea en mi contra la "opinión" de la directora, el reproche por el contenido de sus comentarios sobre mi clase constituye una abierta violación a mis derechos como catedrático y a mi libertad de cátedra, protegida con fuerza de Ley.

Como se evidencia en mi *Currículum Vitae* y sostengo en la breve reseña biográfica[50] que acompaña mi apelación al Rector, una porción de mi extensa producción intelectual, de mi obra creativa e investigativa, está digitalizada y forma parte de las referencias bibliográficas en mis cursos, ya como referente documental histórico o como ejemplo de análisis crítico sobre diversas temáticas de interés académico o de pertinencia coyuntural sociológica, ética y política. Ésta forma parte integral de mis contribuciones académicas y profesionales al ámbito docente e investigativo, a mis estudiantes, a la Universidad y a Puerto Rico. Además, no solo mis libros impresos están disponibles en las principales bibliotecas del país, incluyendo el Sistema de Bibliotecas de la Universidad de Puerto Rico, los que se

---

[47] Reglamento General. Artículo 45 - Evaluación del Personal Docente. Sección 45.1- Marco normativo. / Sección 45.2 - Comités de personal / Sección 45.3 - Criterios de evaluación

[48] Guía General y Criterios para la Evaluación del Personal Docente del Recinto de Río Piedras de la Universidad de Puerto Rico; aprobado por el Senado Académico, Reunión extraordinaria, 30 de abril de 2015 (Certificación Núm.113, Año 2014-2015.

[49] Correo electrónico a estudiantes, 31 de marzo de 2016; p.293.

[50] Reseña biográfica del Dr. Gazir Sued / Sinopsis de relación de vida con la Universidad de Puerto Rico; pp.273-280.

usan como referencia en mis clases están digitalizados y son provistos a mis estudiantes sin costo alguno.

En cuanto a la censura expresa en los comentarios de la directora, cuando desautoriza el contenido de mi clase como una "atípica" y donde, según alega, "hubo una situación anómala" "que no debió ocurrir", es preciso aclarar que el tema central fue la situación universitaria y, como indiqué en el párrafo introductorio, la Universidad como objeto de estudio de las Ciencias Sociales forma parte del contenido de mis cursos, y la discusión y análisis desde una perspectiva crítica es constitutiva de mis responsabilidades intelectuales y académicas como catedrático universitario. Es preciso, por tanto, desmentir el falso alegato de que cambié el contenido de la clase a última hora y desmentir que la literatura de referencia "no está en el prontuario". De hecho, a todos los profesores del Comité de Personal les envié copia digitalizada de mi libro *(Im)posturas*, el Departamento tiene copia impresa del libro, y la referencia está integrada en mi prontuario.[51] Las demás referencias asignadas y discutidas en clase incluían la Constitución de Puerto Rico, La Ley y el Reglamento General de la Universidad, la Declaración del Presidente y Rectores de la UPR sobre la situación de crisis fiscal del País y las implicaciones de la Junta de Control Fiscal para la Universidad, boletines universitarios estudiantiles, sindicales y claustrales, y noticias de la prensa entre otras. Como todos los temas discutidos en clase, son producto de acuerdos previos entre el profesor y los estudiantes, según acordado en el prontuario. La "opinión" despectiva sobre el tema tratado en clase constituye una violación a la libertad de cátedra, y el uso del adjetivo "atípica" constituye un eufemismo de censura política que no representa los criterios institucionales para una evaluación de mis ejecutorias docentes.

Además de la censura ilegítima e ilegal expresada por la directora, en la reunión me dijo que la clase presenciada fue *impropia* porque fue dictada predominantemente como "conferencia" y "*nuestra* metodología" de Educación General "privilegia el método interactivo", "socrático", "freiriano", "cada uno le llama de una manera distinta…" Según alega, a los profesores por contrato y a ser evaluados se nos había "pedido" "específicamente" "qué tipo de

---

[51] Prontuario preparado por el profesor Gazir Sued para el curso Introducción a las Ciencias Sociales (CISO 3121-3122), Enero-Mayo de 2016. (*Documento omitido por criterio editorial)

clase queríamos ver". Aunque el informe de la primera evaluación fue favorable al respecto, durante su visita la directora alega: "tuvimos una clase en la cual te escuchamos a ti hablar" y "las intervenciones de los estudiantes fueron muy pocas" porque "a mi juicio" "no había oportunidad".

Los argumentos citados representan claramente otra dimensión de violación arbitraria a la libertad de cátedra por parte de la directora Muñiz. Además de contradecir la evaluación de los miembros del Comité de Personal que visitaron mi clase el 22 de febrero[52], y pretender violentar los acuerdos sostenidos con mis estudiantes, mi estrategia pedagógica forma parte de la diversidad de estilos y metodologías que caracteriza los Estudios Generales, y ya ha sido presentada en diversos seminarios académicos del Departamento y todos los miembros tienen copia de mis ponencias.[53] Las evaluaciones estudiantiles durante toda mi trayectoria como profesor universitario, el elevado registro de retención y aprovechamiento académico, han sido fuentes consistentes de legitimidad, pertinencia y valor de mi práctica docente y metodología pedagógica.[54] De hecho, la sección de la clase evaluada por el Comité de Personal en ambas ocasiones fue la misma en que se efectuó la evaluación estudiantil, y la puntuación en todos los renglones demuestra los méritos de excelencia de mi ejecutoria como profesor. La "opinión" de la directora, sin embargo, responde a su impresión subjetiva, cargada de prejuicios y basada en premisas falsas.

---

[52] Informe del Comité de Evaluación del Departamento de Ciencias Sociales (Sobre la recomendación en torno a la recontratación del Dr. Gazir Sued Jiménez); firmado por los profesores Carlos J. Sánchez Zambrana, Ph.D.; Francisco Torres Rivera, Ph.D.; y Gabriel de la Luz Rodríguez, Ph.D.; Mayo de 2016.

[53] • Ponencia: "Algunas consideraciones críticas sobre la condición actual de las 'Ciencias' Sociales"; Seminario de Educación General del Departamento de Ciencias Sociales; 23 de octubre de 2015. • Ponencia: "Educación General: paradojas irresolubles y (re)soluciones (in)deseables"; Seminario de Educación General del DCISO-FEG; 27 de febrero de 2015. ***En ambas ponencias la directora Muñiz Quiñones estuvo presente; y han estado disponibles durante el proceso apelativo y, del mismo modo, a solicitud de la Junta de Gobierno.

[54] Evaluación Estudiantil del Profesor Gazir Sued, 2016. Copia de las evaluaciones estudiantiles originales desde 2004 hasta 2016 han estado disponibles durante todo el proceso apelativo y, del mismo modo, están disponibles a solicitud de la Junta de Gobierno de la UPR. Ver: Muestrario de Evaluaciones Estudiantiles (2004-2016); pp.196-201.

Argumentó también la directora que de la clase que evaluaron el semestre pasado "hubo mucho que no se corrigió", específicamente que algún estudiante llegara tarde y yo le permitiera entrar sin reprenderlo en el momento, "y nosotros ya habíamos observado ese tipo de cosas el semestre anterior, que no había ningún tipo de reacción de parte del profesor…" Además, me reprochó que permitiera el uso de recursos electrónicos en el salón de clases (celulares, laptops, tabletas) La directora evidentemente favorece métodos disciplinarios autoritarios y obsoletos y considera que soy yo quien debe "corregir" las relaciones con los estudiantes, basadas en respeto y consideración. De cualquier forma, incide nuevamente en una violación a la libertad de cátedra. El carácter viciado de su "evaluación" se hace evidente también cuando reprocha el uso de tecnologías electrónicas en el salón de clase, que sin embargo yo estimulo por elementales consideraciones ecológicas.

Pero, según la directora, "ese tipo de cosas" no fueron el "factor determinante" de su decisión de no recomendar la renovación de mi contrato. Me dijo: "las otras me preocupan mucho más"; que "son cosas que tienen que ver, unas con un estilo, con una manera, una forma"; y reitera "la forma en que defiendes, lo que sea, ahí hay un problema". "¿Cuál es el problema?" –preguntó la directora- y enseguida respondió: "Falta de respeto a los colegas; falta de respeto a las normas; a las reglas de la Institución…" Además, de inmediato añadió a su descarga acusatoria que yo he *creado* un clima entre pares, entre colegas, de "intranquilidad" y "desconfianza", y que mis *insolencias* son contrarias a "lo que es ser Universidad".

Las imputaciones de insubordinación e insolencia son de carácter subjetivo, carecen de fundamentos y sus premisas son falsas. En todo caso, como demostraré seguidamente, las acusaciones de la directora constituyen calumnias y difamaciones, no una evaluación legítima en base a los criterios institucionales.

En la misma línea argumentativa, la directora me dijo que "hubo tres momentos particulares" que son el fundamento de su posición. El primero, un "incidente" "a dos meses de haber empezado" (hace dos años). Se refiere a una reunión efectuada el 16 de octubre de 2014, convocada para discutir las enmiendas convenidas por los profesores al memorándum colaborativo entre la UPR y el DCR. Me acusa la directora de haber asumido la "representación" del grupo "que nadie te pidió que asumieras" y que la asumí con tal "vehemencia" "que no había manera de que otros participaran" "igual que ocurre en el salón de clase". Reiteró que, aunque "todo el mundo estaba de acuerdo con lo que tú estabas diciendo", mi "manera" no era universitaria y que "tú te sentiste con el derecho representarnos" e impedí que pudieran *expresarse* los demás profesores, refiriéndose específicamente al colega Aarón Ramos y a Ramón Rosario, a su persona como directora y a los demás profesores del departamento y de otros departamentos. Alegó, además, que "aparte de eso", "hubo un intercambio entre tú y la decana", y que le *planteé* en un correo electrónico que yo no *reconozco* "las relaciones jerárquicas". Seguidamente, me dijo que "lamentablemente en la Universidad se funciona con relaciones jerárquicas y necesitamos establecer esas relaciones… con nuestros superiores."

La directora, nuevamente, tergiversó maliciosamente la realidad de los hechos y miente premeditadamente para difamarme con el fin de justificar su posición. De lo acontecido en la reunión hace dos años pueden dar testimonio todos los presentes, y si impera la honestidad y se honra la verdad, más allá de las posibles diferencias todos coincidirán en que la directora miente, y que ha sacado de contexto y proporción lo acontecido. Mi posición, sin embargo, está contenida en una carta que circulé el mismo día entre todos los participantes de la reunión y que adjunto como evidencia.[55] Mis palabras exactas, que fueron tergiversadas para acusarme de insubordinación e insolencia, fueron éstas: "Considero que cuando se discuten temas entre profesores universitarios, en tanto que intelectuales académicos y colegas profesionales, no pueden imponerse relaciones jerárquicas de autoridad que vicien la horizontalidad que debe primarlas. (…) Quienes me conocen saben que no juego el juego de la subordinación cuando se trata de una injusticia, y no renuncio al principio de la razón ante la intimidación de la autoridad que no la tiene. (…) Lamento si alguien entre l@s colegas se sintió incómod@ con mi "estilo" de confrontar arbitrariedades e ignorancias. Mi integridad y honestidad no tienen moldes, y no comulgo con ninguna modalidad de la hipocresía."[56]

---

[55] Carta de Gazir Sued, 16 de octubre de 2014. Enviada a los correos electrónicos de los profesores convocados a reunión sobre proyecto piloto de educación UPR en la cárcel: Tania García, Agnes Bosch, Vicky Muñiz, Ramón Rosario Luna, Aarón G. Ramos, Linda I. Colón, Carmen A. Pérez, Waldemiro Vélez, María I. Quiñones Arocho, Carlos J. Sánchez, Francisco Torres Rivera, Doris Quiñones, Marlene Duprey Colón, Edna Benítez y Marta Medina; pp.294-295.

[56] Ídem.

El segundo "incidente serio" –me dijo la directora- "fue el de Umbral", "igual que lo que pasó con la Decana." Según alega, en un ensayo de mi autoría ("El trabajo intelectual académico: proyecto de reforma de las revistas universitarias"), que circuló en los correos electrónicos del departamento y de la facultad, me *dirijo* y *aludo* a unos compañeros de manera "ofensiva" e "irrespetuosa". Según alega la directora, "lo de Umbral creó mucho coraje aquí en la Facultad, mucho coraje". El escrito aludido, sin embargo, fue circulado por directriz y con aval de ella como directora y del decano.[57] Su impresión negativa sobre mi "estilo" es subjetiva, y en ningún momento explica qué considera "ofensivo" y a quién he "ofendido" y "faltado el respeto". Tampoco explica quiénes de la Facultad tienen "coraje" conmigo y sin embargo generaliza su calumnia sin mayores reservas o explicaciones sustantivas.

En todo caso, sin embargo, las acusaciones carecen de fundamento, representan impresiones subjetivas y no guardan relación alguna con los criterios institucionales de evaluación del personal docente. La realidad es que el documento es un proyecto de mi autoría, y que contiene un análisis crítico, ético-político, epistemológico y jurídico de las condiciones de divulgación de las producciones intelectuales en la Universidad, y lo presenté al Senado Académico del Recinto de Río Piedras como proyecto de reforma de las revistas institucionales y como acción afirmativa contra prácticas de censura y discrimen efectuadas bajo el eufemismo de "evaluación" editorial.[58] Los alegatos de la directora, sin embargo, intentan desacreditar los méritos del proyecto y representan, si acaso, una posición política antagónica por parte de la directora y no criterios legítimos y objetivos de evaluación del personal docente.

A tono con la descarga de acusaciones sin fundamento y calumnias difamatorias, en base a su impresión sobre el alegado "*coraje*" generalizado en la Facultad, la directora me dijo que mi "forma y estilo" han creado un *clima* de "incertidumbre de por dónde

---

[57] Carta circular del decano Rodríguez Fraticelli al Personal Docente de Estudios Generales, 18 de febrero de 2016. p.296.

[58] Sued, Gazir; "El trabajo intelectual académico: proyecto para la reconfiguración de la política editorial de la UPR y sus revistas académicas."; pp.357-392. *El proyecto fue presentado a la consideración del Senado Académico del Recinto de Río Piedras, 15 de abril de 2016; y programado para sesión de 25 de agosto de 2016. Para esta fecha el autor ya había sido cesanteado y el proyecto fue ignorado y eliminado de la agenda…

vienes, qué podemos esperar, a quién va a atacar, bajo qué cosa…" Nuevamente, sus "preocupaciones" son subjetivas y, aunque se confunden con sus posiciones políticas e inseguridades emocionales, no responden nunca a los criterios institucionales de evaluación ni son fundamentos universitarios legítimos para oponer resistencia a mi contratación.

La directora alegó también sin aclarar a qué se refería, que "siempre hay una amenaza de que se va a demandar…" Este comentario, falso por demás, abre la sospecha de complicidad política con el decano Rodríguez Fraticelli. La única ocasión que recuerdo haber mencionado la cuestión de un pleito legal fue en la última Asamblea de la Facultad de Estudios Generales, que cuestioné abiertamente la determinación del decano de haber hecho ofrecimiento de contrato con plaza en la Facultad a un amigo suyo, en el contexto de las pesquisas institucionales sobre prácticas de corrupción en torno al otorgamiento de becas presidenciales.[59] Mi cuestionamiento fue sobre qué criterios favorecía a un abogado amigo suyo y sin credenciales suficientes para ocupar una plaza docente, cuando yo llevaba tantos años en espera y con todos los credenciales requeridos con fuerza de Ley. De todos modos, la Universidad es una corporación pública y la Ley establece que puede ser demandada en los Tribunales. Por mi parte, yo no amenazo a nadie con hacerlo, pero si tuviera que acudir a los tribunales lo haría en pleno Derecho… A todas cuentas, mis posiciones políticas y críticas en las asambleas claustrales no pueden ser objeto de censura y represalia ni utilizadas para justificar la negativa a renovar mi contratación.

El último y más reciente "incidente" sobre el que basa su posición la directora, es con relación a una carta personal que envié al Secretario del Departamento de Corrección. Según alega, el último "incidente" "fue la carta directa al Secretario", por la que me acusa falsamente de asumir la representación "a nombre de nosotros" "y en un lenguaje muy fuerte, exiges al Secretario que cese y desista, y no sé cuantas otras cosas más." Este último "incidente" que la directora usa para justificar su posición también es falso, y como el resto de sus calumnias, lo dice para afectar adversamente mi reputación y mis oportunidades de empleo en la UPR. Adjunto la carta aludida como

---

[59] "Piden renuncia de otro decano Iupi: Profesores de la Facultad de Estudios Generales de la UPR Río Piedras están indignados con la falta de transparencia"; *Metro*; 18 de marzo de 2016 (http://www.metro.pr)

evidencia.[60] La realidad es que la directora no tiene autoridad para impedir el ejercicio de mis derechos constitucionales y derechos reconocidos con fuerza de Ley en el Reglamento General de la UPR. Aunque se lo expliqué personalmente, al parecer no lo entendió. Lo que aconteció y lo que sospecho puede ser base de su confusión, fue un correo electrónico que envié a los colegas profesores que trabajamos *ad honorem* en el proyecto de educación universitaria en la cárcel, con el objetivo de recoger sus sugerencias.[61] El contenido y estilo de la carta, sin embargo, no es sustancialmente distinto a mis expresiones públicas sobre el tema de la violencia y la crueldad carcelaria, mis artículos periodísticos, libros y conferencias, todo reseñado en mi *Currículum Vitae*.

Los supuestos "incidentes" que fundamentan la decisión de la directora Muñiz, como he demostrado, son construcciones viciadas y prejuiciadas, carentes de fundamentos y de legitimidad institucional dentro del marco de las regulaciones sobre evaluaciones de personal docente y criterios de reclutamiento y contratación. El carácter subjetivo de las acusaciones de la directora expresa sus inseguridades y temores personales, y pervierten las funciones de su autoridad administrativa. El recurso recurrente de impresiones subjetivas y calumnias en lugar de presentar hechos reales y evidencias, como dispone el Reglamento General, mina la credibilidad de la directora y anula su autoridad evaluadora. La negativa a presentar un informe escrito refuerza mis argumentos.

Antes de finalizar su exposición de motivos para oponerse a mi contratación me dijo: "a mí me crea mucha ansiedad, no saber por dónde tú vienes." En base a esas "consideraciones en términos generales" y a "personas que se me acercan", "no me sentía segura, tranquila, de renovar ese contrato."

A modo de síntesis y conclusión la directora reiteró que, a su *parecer*, "después de todas esas oportunidades", no iba a recomendar mi contratación. Acto seguido, modulando su voz en tono maternalista me dijo: "…mira te voy a hablar ahora como mamá. A

---

[60] Carta de Gazir Sued al Lic. Einar Ramos López, Secretario del Departamento de Corrección y Rehabilitación (DCR); 29 de marzo de 2016; p.297.

[61] Carta / Correo electrónico de Gazir Sued a profesores voluntarios del proyecto UPR en la cárcel, (27 de marzo de 2016) a dciso.rrp@upr.edu; profesor.ramon.rosario@gmail.com; eriveratorr3@yahoo.com; waldemirov@hotmail.com; doris.quinones.hdez@gmail.com; marleneduprey@yahoo.com; miquinones2@gmail.com; aaron.ramos@upr.edu; p.298.

mis hijas, desde chiquitas les decía "esto se hace y esto no se hace... y después las consecuencias venían..."

Me reservaré los comentarios sobre estas palabras, la falta de respeto y de profesionalismo hablan por sí solas. Al concluir su informe oral le pedí que me entregara por escrito el informe de lo que me había dicho en la reunión y respondió: "Déjame decirte una cosa, yo no tengo obligación de hacerlo..."

El informe de "evaluación" que la directora rindió al decano afecta adversamente mi reputación y lacera injustamente mis oportunidades de empleo como catedrático en la UPR. Los alegatos, acusaciones e imputaciones que fundamentan la posición de la directora son falsos, y el recurso a la calumnia suplanta la verdad de los hechos y distorsiona la realidad en mi contra. Es posible que la ausencia de motivos racionales y legítimos que sustenten su posición sea la razón de su negativa a entregarme su informe por escrito. En todo caso, sin embargo, viola el debido proceso de Ley, que garantiza que la autoridad administrativa que afecte mi reputación, condiciones laborales y oportunidades de empelo, debe presentar un pliego detallado de los cargos; darme oportunidad de confrontar la evidencia en mi contra; y recibir la determinación de los hechos probados en un informe escrito. A pesar del carácter arbitrario e ilegítimo de su negativa, el decano de la Facultad avaló su posición, y por su carta debo inferir que concuerda sin reservas con los argumentos que me expresó verbalmente y en persona la directora, a pesar de carecer de evidencia y constituir un pliego de acusaciones falsas y calumnias.

En base a las condiciones expuestas, la relación de hechos y los fundamentos de derecho, me he visto obligado a recurrir en alzada mediante recurso de apelación al Rector.

V. Alternativas / Acción Afirmativa[62]

El objetivo principal de mi apelación es resolver a mi favor el caso en ciernes, y que mi contrato sea renovado sin mayores dilaciones en base a mis méritos académicos y profesionales y a tenor con las recomendaciones del Comité de Personal, basadas

---

[62] Esta parte fue arreglada posteriormente a tenor con las circunstancias. Ver Adiciones al Expediente Apelativo. Parte VII. Enmienda sustitutiva al remedio propuesto en escrito de apelación original; pp.226-228.

en las regulaciones institucionales para la evaluación del personal docente, en el respeto al principio de mérito y libertad de cátedra, y en las evaluaciones estudiantiles.

Propongo, además, en aras de hacer justicia y para prevenir futuros tratos discriminatorios por los términos contractuales y mi precaria condición laboral, que el Rector, en virtud de mis credenciales y a tenor con su autoridad nominadora[63], y considerando que existe la necesidad de personal docente y las condiciones fiscales lo permiten, me sea otorgado un contrato que garantice las mejores condiciones laborales posibles y las oportunidades de cualificar para posiciones de continuidad laboral, docente e investigativa, y posibilidades de permanencia y ascenso de rango.

---

[63] Reglamento General. Capítulo VI. Régimen de Personal: Disposiciones sobre nombramiento de los distintos Funcionarios y Empleados del Sistema Universitario. Artículo 37- Autoridades Nominadoras. Sección 37.3.4 – Nombra-miento de personal universitario en sus respectivas unidades. Los rectores nombrarán el personal universitario en sus respectivas unidades... En el caso del personal docente, se consultará previamente al profesorado a través de los comités u otros organismos establecidos en este Reglamento. / Artículo 40 - Disposiciones Aplicables a Todos los Procesos de Consulta sobre Nombramientos. Sección 40.5 - Factores a considerar - Tanto los funcionarios que hacen la consulta, como las personas consultadas, tomarán en consideración, entre otras cosas, las características y funciones del cargo y las cualidades deseables de quien ha de ocupar el cargo, incluyendo preparación, experiencia y posibilidades de éxito en el desempeño de sus funciones que puedan tener los distintos candidatos.

7 de julio de 2016

Carlos Severino Valdez, Ph.D.
Rector del Recinto de Río Piedras
Universidad de Puerto Rico

    Estimado Dr. Severino, saludos. El pasado 29 de junio entregué en rectoría un documento de apelación y querella para su atención y resolución, y todavía no he recibido noticia. Me urge saber su determinación. La situación en ciernes y la incertidumbre no solo me afectan emocionalmente, por razones evidentes y propias de la condición de precariedad laboral, también han afectado dramáticamente los proyectos de investigación que había programado para el periodo de verano, toda vez que he tenido que ocupar el tiempo en preparar el documento de referencia y el cúmulo de evidencias que lo acompañan.
    Agradeceré la mayor diligencia posible en resolver mi caso.

Quedo a su disposición,

Gazir Sued, Ph.D.

12 de julio de 2016

María de los Ángeles Castro Arroyo, Ph.D.
Rectora Interina del Recinto de Río Piedras
Universidad de Puerto Rico

 Estimada Dra. Castro, saludos cordiales. El pasado 29 de junio entregué en rectoría un documento de apelación y querella, y al día de hoy todavía no he recibido misiva alguna. El 7 de julio entregué una carta de seguimiento, reiterando, además, que me urge saber la resolución y determinación. Indiqué en la misma que la situación en ciernes y la incertidumbre me afectan emocionalmente, por razones evidentes y propias de la condición de precariedad laboral, y que también han afectado dramáticamente los proyectos de investigación que había programado para el periodo de verano, toda vez que he tenido que ocupar el tiempo en preparar el documento de referencia y el cúmulo de evidencias que lo acompañan.

 Más tarde ese mismo día los medios informativos anunciaron la destitución del rector Carlos Severino, y temo que la atención debida a mi apelación y querella sea postergada y, en consecuencia, agravado mi estado de situación laboral. También me preocupa que la destitución del decano Rodríguez Fraticelli incida negativamente sobre mis oportunidades de empleo, pues sospecho que se reintegrará a sus labores académicas, impactando las condiciones de los contratos docentes sin plaza en el Departamento de Ciencias Sociales.

 A pesar de todo, del mismo modo que indiqué a su predecesor, confío en que usted examinará objetivamente mis argumentos y evidencias presentadas, y que su resolución sobre mi apelación será diligente, justa y en conformidad con los estatutos legales, reglamentos, principios y objetivos de la Universidad de Puerto Rico.

 Quedo a su disposición,

Gazir Sued, Ph.D.

20 de julio de 2016

María de los Ángeles Castro Arroyo, Ph.D.
Rectora Interina del Recinto de Río Piedras
Universidad de Puerto Rico

 Estimada Dra. Castro, saludos. En la tarde de ayer volví a la Oficina de Rectoría indagando sobre el estado de mi apelación y querellas sometidas el mes pasado. Por la naturaleza de la situación y los méritos del caso he expresado interés apremiante en que sea atendido con debida diligencia y premura. Además de la carta de apelación del 29 de junio, las cartas de seguimiento del 7 y del 12 de julio así lo exponen. Esta tercera carta responde a los mismos fines, pues al día de hoy ni siquiera he recibido acuse de recibo formal o la más mínima notificación por cuestión de deferencia.

 Supe que, sin embargo, el documento había sido referido a la Oficina de Asesoría Jurídica, y que era posible que la dilación se deba a que su director renunció al tiempo en que fue destituido el Rector, y que todavía no han nombrado suplente. Si esta fuera la situación, considero inaceptable e inexcusable la demora. En todo caso, apelo a usted nuevamente como máxima autoridad institucional para que atienda y resuelva el caso en ciernes.

Quedo a su disposición,

Gazir Sued, Ph.D.

1 de agosto de 2016

María de los Ángeles Castro Arroyo, Ph.D.
Rectora Interina del Recinto de Río Piedras
Universidad de Puerto Rico

Estimada Dra. Castro Arroyo, un saludo cordial. El motivo principal de esta carta es impugnar el recién nombramiento de la Dra. Vicky Muñiz Quiñones al puesto de Decana Interina de la Facultad de Estudios Generales. Como es de su conocimiento, el pasado 29 de junio presenté un documento de apelación y querella formal sobre determinadas situaciones que plantean violaciones a la Ley, a los reglamentos y a las certificaciones vigentes en la Universidad, por parte de la Dra. Muñiz durante su incumbencia como directora del Departamento de Ciencias Sociales. Las querellas presentadas y evidenciadas en el documento apelativo sostienen que la funcionaria incurrió en prácticas discriminatorias y actuaciones arbitrarias en base a alegaciones infundadas, erróneas y falsas, que afectan adversamente mis oportunidades de empleo como docente, mis derechos laborales y civiles, y mi reputación.

En vista de que mi caso todavía no ha sido resuelto como es debido, y a tenor con las disposiciones reglamentarias relativas a los procedimientos apelativos en el sistema universitario, debo insistir en que usted, como máxima autoridad administrativa en el Recinto, está compelida a garantizar la tramitación justa del procedimiento apelativo y la atención debida a las querellas formuladas, así como evitar la dilación injustificada.

En virtud de su autoridad legal como rectora, usted tiene la facultad de disponer los remedios necesarios para proteger los intereses de las partes y de la Universidad. En este sentido, le solicito enfáticamente que considere revocar de inmediato la decisión de nombrar a la Dra. Muñiz como Decana, y que suspenda cualquier acción administrativa que la favorezca preferencialmente o se preste a ser interpretada como acto de parcialidad en detrimento del debido proceso de Ley y de los procedimientos reglamentarios que amparan mi apelación y querellas.

Confío en que tomará en consideración los méritos de mi impugnación y remedios propuestos. Confío, además, en que la dilación injustificada en atender y resolver mi apelación sea enmendada en justicia y con premura.

Quedo a su disposición,

Gazir Sued, Ph.D.

III. Apelación a Presidencia

3 de agosto de 2016

Celeste Freytes González, Ph.D.
Presidenta Interina
Universidad de Puerto Rico

Estimada Dra. Freytes, saludos cordiales. Mediante esta carta elevo a su consideración el recurso apelativo y querellas que presenté en la rectoría del Recinto de Río Piedras el pasado 29 de junio, y solicito formalmente que interceda al respecto. Adjunto, además, las cuatro cartas de seguimiento que entregué personalmente, indicando el carácter apremiante de mi estado de situación e interpelando por la resolución diligente de mi caso. Lamentablemente, al día de hoy no he recibido respuesta alguna, por lo que me he visto obligado a solicitar su intercesión.

El documento de apelación y querellas señala y evidencia determinadas situaciones que plantean violaciones a la Ley, a los reglamentos y a las certificaciones vigentes en la Universidad, por parte de la Dra. Muñiz Quiñones durante su incumbencia como directora del Departamento de Ciencias Sociales, Facultad de Estudios Generales, y del recién destituido decano, el Dr. Rodríguez Fraticelli. El documento de referencia sostiene y demuestra que la funcionaria incurrió en prácticas discriminatorias y actuaciones arbitrarias en base a alegaciones infundadas, erróneas y falsas, que afectan adversamente mis oportunidades de empleo como docente, mis derechos laborales y civiles, y mi reputación.

Además de la dilación injustificada en atender mi caso y del silencio insensible y desconsiderado ante mis denuncias y reclamos de justicia, presenté impugnación por el recién nombramiento de la Dra. Muñiz como Decana, y solicité a la Rectora Castro Arroyo que suspenda cualquier acción administrativa que la favorezca preferencialmente o se preste a ser interpretada como acto de parcialidad en detrimento del debido proceso de Ley y de los procedimientos reglamentarios que amparan mi apelación y querellas.

En vista de la proximidad del inicio del semestre académico, me urge insistir en la inmediata resolución de mi recurso apelativo. Le adelanto que, como paliativo de los daños infligidos por los funcionarios imputados y como preventivo de consecuencias agravantes, he propuesto como posible remedio administrativo la renovación de mi contrato en base a mis méritos académicos e historial profesional, a tenor con las recomendaciones del Comité de Personal, basadas en las regulaciones institucionales para la evaluación del personal docente, en el respeto al principio de mérito y libertad de cátedra, y en las evaluaciones estudiantiles.

Como será de su conocimiento, soy egresado de la UPR y becado por presidencia para estudios doctorales. Durante los últimos doce años he servido como Catedrático Auxiliar en el mejor de los ánimos y a pesar de las condiciones de precariedad, marginación e incertidumbre laboral a las que he sido sometido. En este sentido, reitero que -en aras de hacer justicia y para prevenir futuros tratos discriminatorios- me sea otorgado un contrato que garantice las mejores condiciones laborales posibles y las oportunidades de cualificar para posiciones de continuidad laboral, docente e investigativa, y posibilidades de permanencia y ascenso de rango.

Confío en que examinará y resolverá mi apelación de manera justa y en conformidad con los estatutos legales, reglamentos, principios y objetivos de la Universidad de Puerto Rico.

Quedo a su disposición,

Gazir Sued, Ph.D.

3 de agosto de 2016

Dr. Gazir Sued
Calle Lirio #495
Mansiones de Río Piedras
San Juan, PR 00926
gazirsued@yahoo.com

Estimado doctor Sued:

Hago referencia a su comunicación fechada el 26 de junio de 2016 y otros documentos sometidos posteriormente. Los mismos fueron evaluados por la Oficina de Asesoría Jurídica y acogidos como una apelación al amparo de la Certificación 138, 1981-1982 del Consejo de Educación Superior, mejor conocida como el *Reglamento de Procedimientos Apelativos para el Sistema Universitario*.

Dicha Oficina nos confirma que la contratación y retención del personal docente por medio de contratos de servicio es una prerrogativa gerencial, y que la contratación sucesiva no implica compromiso alguno por parte del Recinto de ofrecer un nombramiento probatorio al empleado, ni de renovar su contrato una vez expirado el término de vigencia. Los empleados contratados mediante contratos de servicio no poseen un interés propietario sobre su puesto de empleo, por lo que la Oficina de Asesoría Jurídica entiende que no se requiere cumplir con las instancias de debido proceso que usted solicita.

La Oficina de Asesoría Jurídica evaluó también sus alegaciones concretas de discrimen o de violación de derechos, y entiende que no se le ha violado ningún derecho. A tenor con lo anterior, siendo que no hay expectativa legítima sobre la renovación de su contrato y que en su caso no existe evidencia alguna de discrimen o violaciones de derecho, **se deniega su apelación**.

De conformidad con la Sección 6.19 de la Certificación 138, 1981-1982 del Consejo de Educación Superior, le informo que de no estar conforme con esta determinación puede solicitar una reconsideración ante la Rectoría dentro de un plazo de diez (10) días a partir de la fecha de notificación. De igual manera, puede acudir a la Presidencia de la Universidad de Puerto Rico mediante un escrito de apelación dentro del término máximo de treinta (30) días a partir de la fecha en que la presente determinación le haya sido notificada por escrito. Su escrito de apelación deberá cumplir con los requerimientos de forma dispuestos en el Artículo 6 de la referida Certificación.

Cordialmente,

María de los Ángeles Castro

María de los Ángeles Castro Arroyo, Ph.D.
Rectora Interina

c: Dra. Vicky Muñiz, Decana Interina, Facultad de Estudios Generales

***Esta carta fue enviada a mi correo electrónico el 5 de agosto de 2016.

15 de agosto de 2016

María de los Ángeles Castro Arroyo, Ph.D.
Rectora Interina
Recinto de Río Piedras - Universidad de Puerto Rico

Estimada Dra. Castro Arroyo, un saludo cordial. Le expreso por este medio mi inconformidad e indignación con los argumentos esgrimidos para denegar mi apelación y solicito con apremio su reconsideración.

Tras un prolongado periodo de injustificada dilación, el pasado 8 de agosto recibí la carta de referencia a mi dirección residencial, firmada por usted el 3 de agosto y enviada con sello del correo el 5 de agosto. A esta fecha el semestre académico ya ha iniciado y, dada la negativa a resolver favorablemente mi caso y a suplir los remedios propuestos en mi apelación, los daños previstos se han materializado y se agravan con el paso del tiempo.

La interrogante central sigue vigente: ¿En base a qué criterios se justifica que no haya sido renovado mi contrato como docente, a pesar de cumplir cabalmente con los requerimientos institucionales y haber sido recomendada mi recontratación por el comité de personal?

Debo advertirle que, en vista del contenido de la carta en que se deniega mi apelación, usted ha sido inducida a error por la Oficina de Asesoría Jurídica, que no ha vacilado en violentar cánones de ética con el fin de anular los méritos de mi apelación, tergiversando las disposiciones legales y reglamentarias que protegen mis derechos como trabajador docente, ignorando la relación de hechos y fundamentos de derecho que la constituyen y suprimiendo la evidencia documental que la sostiene. En este sentido, impugno las falsas alegaciones jurídicas en las que se ha basado la denegación de mi apelación e insto a que, siendo usted la máxima autoridad apelativa en el Recinto y a quien dirijo mi apelación, la atienda en sus méritos.

Le recuerdo que soy profesor universitario víctima de violaciones de derecho, de abusos de la autoridad de funcionarios institucionales y de mezquinas irracionalidades de sus asesores legales. Tenga en mente que no soy un peón desechable por caprichos del patrono y que usted esta compelida moralmente a protegerme de las arbitrariedades injustas e injustificables de las que sigo siendo víctima.

A tenor con lo expresado, reitero la importancia de considerar el remedio provisto en mi apelación antes de que sea demasiado tarde, es decir, que se me renueve el contrato para enseñar este semestre académico. Puedo sugerir alternativamente que, dada la calidad de mi formación académica interdisciplinaria y extensa experiencia docente, me sean asignados cursos en diversos departamentos y facultades del Recinto, como Ciencias Sociales, Sociología, Psicología, Política, Trabajo Social, Historia, Filosofía, Humanidades, Derecho, Estudios Interdisciplinarios, etc.

Quedo a su disposición,

Gazir Sued, Ph.D.

18 de agosto de 2016

Dr. Gazir Sued
Calle Lirio #495
Mansiones de Río Piedras
San Juan, PR 00926
gazirsued@yahoo.com

Estimado doctor Sued:

Acuso recibo de su más reciente comunicación fechada el 15 de agosto de 2016. No habiendo información adicional que abone a su reclamación, me reitero en la decisión anterior.

Cordialmente,

María de los Ángeles Castro Arroyo, Ph.D.
Rectora Interina

c: Dra. Vicky Muñiz, Decana Interina, Facultad de Estudios Generales

26 de agosto de 2016

Celeste Freytes González, Ph.D.
Presidenta Interina
Universidad de Puerto Rico

Estimada Dra. Freytes, saludos cordiales. Le presento mediante este recurso aclaración, nueva información y evidencias pertinentes al caso de apelación 90.1105, y solicito que sean objeto de su consideración e integradas al expediente oficial.

La apelación citada fue radicada en presidencia el 3 de agosto y resuelta el 18 de agosto, devolviéndose el caso a la Rectora Interina del Recinto de Río Piedras, Dra. María de los Ángeles Castro Arroyo, y ordenándole que atienda y resuelva el caso en sus méritos.[64] En su resolución se reconoce que la Rectora no ha atendido y resuelto la apelación ante su consideración, radicada el 29 de junio en rectoría. Al día de hoy la apelación no ha sido atendida y resuelta en sus méritos, y temo que la orden de su resolución sea ignorada y tergiversada maliciosamente por la Oficina de Asesoría Jurídica del Recinto de Río Piedras. La Rectora ha delegado en ella la facultad de representarla como máxima autoridad apelativa y, a pesar de que le he advertido sobre su ineptitud para atender y resolver la apelación en sus méritos, se ha hecho eco de sus imposturas.

El mismo día que radiqué el recurso de apelación en presidencia recibí un correo electrónico de la Oficina del Rector[65], y como documento adjunto una carta firmada por la Rectora en la que exponía

---

[64] Resolución de la Presidenta Interina, Dra. Celeste E. Freytes González sobre Apelación Núm. 90.1105 (Dr. Gazir Sued Jiménez (Apelante) vs Universidad de Puerto Rico, Recinto de Río Piedras (Apelado); 19 de agosto de 2016. "Resolución: Vista la Apelación de epígrafe, presentada por el Dr. Gazir Sued Jiménez, se devuelve el caso a la rectora interina del Recinto de Rio Piedras de la Universidad de Puerto Rico, Dra. María de los Ángeles Castro Arroyo, y se ordena que atienda y resuelva en los méritos la apelación de epígrafe, en un término de 45 días calendario. Lo anterior basado que del expediente de autos no surge que la rectora haya atendido y resuelto esta apelación ante su consideración, conforme el Reglamento sobre Procedimientos Apelativos Administrativos en la Universidad de Puerto Rico (Certificación Núm. 138 1981-82, según enmendada, del entonces Consejo de Educación Superior)".

[65] Correo electrónico enviado por la Secretaria Ejecutiva de la Oficina del Rector, Rosalyn Franco Rodríguez; 5 de agosto de 2016.

su resolución del caso apelativo en ciernes.[66] En la misma deniega la apelación aduciendo que no le es requerido cumplir con las instancias de debido proceso, es decir, que no está compelida a atender y resolver el caso en sus méritos. Su resolución la basó en argumentos frívolos e imposturas de sus asesores jurídicos, negándome de manera absoluta derecho legal y protección institucional ante los abusos de poder, caprichos y arbitrariedades de los funcionarios cuyas faltas administrativas constituyen la matriz de los méritos de la apelación.

El 15 de agosto radiqué solicitud de reconsideración a la Rectora[67], y le expresé que, por el contenido de su resolución, había sido inducida a error por la Oficina de Asesoría Jurídica, que violó cánones de ética con el fin de anular los méritos de mi apelación, tergiversando las disposiciones legales y reglamentarias que protegen mis derechos como trabajador docente, ignorando la relación de hechos y fundamentos de derecho que la constituyen y suprimiendo la evidencia documental que la sostiene. De este modo, impugné las falsas alegaciones jurídicas en las que basó su resolución e insté a que, siendo la máxima autoridad apelativa en el Recinto, la atendiera en sus méritos.

El 19 de agosto recibí correo electrónico con carta adjunta firmada por la rectora en la que reitera su resolución.[68] La misma reafirma su negativa a considerar el caso de apelación en sus méritos, como ha sido ordenado por presidencia. Estas circunstancias laceran el proceso apelativo en todas sus dimensiones y previenen la posibilidad de que la resolución de presidencia sea ignorada y tergiversada maliciosamente por los asesores jurídicos de la rectora. Esta sospecha se refuerza con la "moción informativa" presentada a presidencia por la rectora interina el 24 de agosto.[69] En la misma, se falta a la verdad alegando que el caso apelativo ya ha sido resuelto, y pretende entre líneas anular la resolución de presidencia acusándome de crear confusión a conveniencia.

---

[66] Resolución de la Rectora Interina, María de los Ángeles Castro-Arroyo; 3 de agosto de 2016; p.160.

[67] Solicitud de reconsideración a rectora Castro-Arroyo; 15 de agosto de 2016; pp.161-162.

[68] Carta de la rectora Castro-Arroyo, denegando reconsideración; 18 de agosto de 2016; p.163.

[69] "Moción Informativa" de la Oficina de Asesoría Jurídica del Recinto de Río Piedras sobre Apelación Núm. 90.1105 -; firmada por Lic. Marcos A. Díaz Galarza, 23 de agosto de 2016.

En honor a la verdad y con el fin de atender debidamente y resolver en justicia la apelación, es preciso advertir que los argumentos esgrimidos por la Oficina de Asesoría Jurídica y la rectora interina han sido subterfugios frívolos y maliciosos para evadir la responsabilidad de atender y resolver el asunto en sus méritos. Esta práctica evasiva es ilegítima y no existe fundamento de derecho que conceda como prerrogativa gerencial el ocultamiento de las situaciones planteadas y evidenciadas en la apelación (violaciones a la Ley Universitaria y a los reglamentos universitarios; actuaciones arbitrarias, discriminatorias y determinaciones basadas en hechos falsos o erróneos, etc.)

La actitud hostil y antagonista de los asesores jurídicos vicia el proceso apelativo, que hasta ahora se ha tratado de una controversia administrativa dentro de la jurisdicción de la Universidad y no de una demanda legal bajo jurisdicción del Tribunal. La expresa y reiterada incapacidad de reconocer esta diferencia hace virtualmente imposible el trámite de justicia confiado al orden institucional, y predispone determinaciones que tornan infructuosos, costosos e injustos, los procedimientos administrativos.

La injustificada dilación del proceso apelativo sometido inicialmente a la jurisdicción de rectoría dio lugar a elevarlo a presidencia con carácter de urgencia. A esa fecha ya había iniciado el semestre académico y el caso no había sido atendido, los daños previstos se hicieron irreparables y el remedio inmediato propuesto se hizo improcedente. Dadas las circunstancias coyunturales consideré inútil y agotado el recurso de apelación a la rectora, y elevé el caso a la consideración de la Presidenta, reseñando el estado de situación y las consideraciones que justificaban su intervención.

Sin embargo, aunque acojo con beneplácito la resolución y orden emitida por presidencia, la realidad actual es que el remedio alternativo propuesto tampoco es realizable en lo inmediato. En este sentido, confío en que la nueva resolución, basada en los méritos del caso, también resuelva para enmendar los daños concernientes al semestre académico en curso. Del mismo modo, el remedio alternativo propuesto en la carta de solicitud de reconsideración presentada a la rectora debe integrarse al escrito de apelación como enmienda formal sin excluir el original.

Quedo a su disposición,

Gazir Sued, Ph.D.

IV. Apelación ante Oficial Examinador de Presidencia

7 de septiembre de 2016

Lcdo. Frank Gotay Barquet
Oficial Examinador

Remito esta carta, los escritos contiguos y documentos adjuntos, en referencia a la Apelación Núm. 90.1105 -Dr. Gazir Sued Jiménez (Apelante) vs. Universidad de Puerto Rico, Recinto de Río Piedras (Apelado)-. Considero pertinente exponer el desarrollo cronológico del proceso apelativo iniciado formalmente el 29 de junio de 2016, cuando fue presentado el escrito de apelación y querellas al rector del Recinto de Río Piedras, hasta el presente, que por orden de la presidenta interina, Dra. Celeste Freytes González le ha sido referido el caso en calidad de Oficial Examinador. Seguidamente, expondré una serie de argumentos que considero igualmente relevantes al caso de referencia. La intensión principal es aclaratoria y su contenido permite consolidar el contexto de los méritos de mi apelación, actualizar la relación de hechos, reforzar los fundamentos de derecho, e integrar nueva información sobre circunstancias y pruebas que estimo meritorias de su atención como Oficial Examinador. A tenor con lo planteado, solicito que el escrito que someto a su consideración sea integrado al expediente junto a la documentación de referencias y pruebas que lo acompañan. Copia del mismo y de la Apelación de referencia serán remitidas hoy mismo a la representación legal de la parte apelada, según dispuesto mediante notificación de Orden y el Reglamento de Apelaciones.

Quedo a su disposición,

Gazir Sued, Ph.D.

Adiciones al Expediente Apelativo

I. Relación de hechos y descripción de nuevas circunstancias relevantes a la Apelación

El **29 de junio de 2016** presenté personalmente el recurso de apelación en la Oficina del Rector, introducida con una carta dirigida al Dr. Carlos Severino Valdez.[70] A tenor con las disposiciones del Reglamento de Procedimientos Apelativos para el Sistema Universitario[71], expuse detalladamente la relación de hechos y los fundamentos de Derecho que sitúan en su debido contexto los méritos del caso; integraré, además, impugnación y querella formal por las ejecutorias arbitrarias, maliciosas y difamatorias de la directora del Departamento de Ciencias Sociales, la Dra. Muñiz Quiñones y el decano de la Facultad de Estudios Generales, el Dr. Rodríguez Fraticelli, con el fin de restituir mi reputación y reivindicar los derechos que me asisten legalmente como profesor universitario y como persona. Asimismo, presenté alternativas para resolver favorablemente mi estado de situación laboral y medidas preventivas como acción afirmativa para erradicar las prácticas de abuso de autoridad y discrimen contra mi persona. El escrito de apelación estuvo acompañado de cien páginas adicionales de pruebas y documentos de evidencia.

El **7 de julio de 2016** llevé personalmente una carta de seguimiento, cuestionando la dilación de acuse de recibo oficial, e indicando que me urgía saber su resolución.[72] Expresé en esta carta que la situación e incertidumbre me afectaban emocionalmente, y que mis proyectos de investigación que había programado para el periodo de verano, estaban en suspenso por la inmensa carga de trabajo que implicaba la preparación del escrito apelativo y la documentación incluida.

---

[70] Apelación al Rector del Recinto de Río Piedras, Dr. Carlos Severino Valdez; 29 de junio de 2016; pp.131-156.

[71] Reglamento de Procedimientos Apelativos para el Sistema Universitario (Certificación Núm. 138 de 1981-82; Consejo de Educación Superior) Certificaciones Núm. 79 (1982-83); Núm. 138 (1983-84); Núm. 59 (1984-85); Núm. 83 (1988-89); Núm. 93 (1989-90) del Consejo de Educación Superior; Certificaciones Núm. 21 (1993) y Núm. 91 (1999-2000) de la Junta de Síndicos.

[72] Carta al Rector del Recinto de Río Piedras, Dr. Carlos Severino Valdez; 7 de julio de 2016; p.154.

En la tarde de ese mismo día supe que el rector había sido destituido, y también el presidente Uroyoán Ramos Walker y el decano de la Facultad de Estudios Generales, el Dr. Rodríguez Fraticelli. Tomando en consideración el estado de situación interna de la Institución, esperé por el nombramiento en propiedad de la rectora interina, Dra. María de los Ángeles Castro Arroyo, y le di seguimiento a los trámites del proceso apelativo.

El **12 de julio de 2016** remití a la nueva rectora una carta de seguimiento que entregué en la rectoría.[73] En la misma abrevié mi estado de situación y expresé mi ansiedad por la posible dilación del caso y el consecuente agravamiento de las circunstancias que dieron lugar al recurso apelativo. No obstante, le indiqué que a pesar de todo, del mismo modo que le dije a su predecesor, "confío en que usted examinará objetivamente mis argumentos y evidencias presentadas, y que su resolución sobre mi apelación será diligente, justa y en conformidad con los estatutos legales, reglamentos, principios y objetivos de la Universidad de Puerto Rico."

El **20 de julio de 2016** llevé una tercera carta insistiendo en saber sobre la situación de mi escrito apelativo y querellas, y solicitando que, por una cuestión mínima de deferencia, esperaba que al menos se me notificara acuse de recibo.[74] En la misiva le informé que supe por medios informales que el documento había sido referido a la Oficina de Asesoría Jurídica, y que era posible que la dilación se debiera a que su director había renunciado al tiempo en que fue destituido el rector, y que todavía no se había nombrado suplente. Asimismo, le expresé que, si esta fuera la situación, "considero inaceptable e inexcusable la demora. En todo caso, apelo a usted nuevamente como máxima autoridad institucional para que atienda y resuelva el caso en ciernes."

El **26 de julio de 2016** volví a la rectoría con una carta que no pude entregar porque la administración institucional había recesado. A esta fecha se cumplía un mes desde que sometí mi apelación y querellas y todavía no había recibido notificación alguna. Supe por una circular

---

[73] Carta a la Rectora Interina del Recinto de Río Piedras, Dra. María de los Ángeles Castro Arroyo; 12 de julio de 2016; p.155.

[74] Carta a la Rectora Interina, Dra. María de los Ángeles Castro Arroyo; 20 de julio de 2016; p.156.

del 21 de julio, que la rectora había nombrado a la Dra. Vicky Muñiz Quiñones como decana interina de la Facultad de Estudios Generales, efectivo a partir del lunes 1 de agosto de 2016.

El **1 de agosto de 2016**, temprano en la mañana, entregué carta en la Oficina de la Rectora, impugnando el nombramiento de la Dra. Muñiz Quiñones.[75] En la misiva denuncié que ese nombramiento era conflictivo con el proceso apelativo toda vez que éste integraba querellas formales sobre determinadas situaciones que plantean violaciones a la Ley, a los reglamentos y a las certificaciones vigentes en la Universidad, por parte de la Dra. Muñiz durante su incumbencia como directora del Departamento de Ciencias Sociales, Facultad de Estudios Generales. Reiteré que las querellas presentadas y evidenciadas en el documento de referencia sostienen que la funcionaria incurrió en prácticas discriminatorias y actuaciones arbitrarias en base a alegaciones infundadas, erróneas y falsas, que afectan adversamente mis oportunidades de empleo como docente, mis derechos laborales y civiles, y mi reputación. Además, señalé que: "En vista de que mi caso todavía no ha sido resuelto como es debido, y a tenor con las disposiciones reglamentarias relativas a los procedimientos apelativos en el sistema universitario, debo insistir que usted, como máxima autoridad administrativa en el Recinto, está compelida a garantizar la tramitación justa del procedimiento apelativo y la atención debida a las querellas formuladas, así como evitar la dilación injustificada. En virtud de su autoridad legal como rectora, usted tiene la facultad de disponer los remedios necesarios para proteger los intereses de las partes y de la Universidad. En este sentido, le solicito enfática-mente que considere revocar de inmediato la decisión de nombrar a la Dra. Muñiz como Decana, y que suspenda cualquier acción administrativa que la favorezca preferencialmente o se preste a ser interpretada como acto de parcialidad en detrimento del debido proceso de Ley y de los procedimientos reglamentarios que amparan mi apelación y querellas."

En lo concerniente de manera directa a mi caso de apelación concluí la carta: "Confío en que tomará en consideración los méritos de mi impugnación y remedios propuestos. Confío, además, en que la

---

[75] Carta a la Rectora Interina, Dra. María de los Ángeles Castro Arroyo; 1 de agosto de 2016; p.157.

dilación injustificada en atender y resolver mi apelación sea enmendada en justicia y con premura."

El **3 de agosto de 2016**, ante el absoluto silencio y la dilación injustificada de rectoría para atender mi caso, y en vista de la proximidad del inicio del semestre académico, elevé mi escrito de apelación a la Presidenta Interina, Dra. Celeste Freytes González.[76] En la carta introductoria presenté un breve recuento de los méritos del caso y de los infructuosos trámites realizados para lograr la atención debida de la rectora del Recinto de Río Piedras. Señalé, además, que me urgía la inmediata resolución de mi recurso apelativo. Como parte del recuento, adelanté que, "como paliativo de los daños infligidos por los funcionarios imputados y como preventivo de consecuencias agravantes, he propuesto como posible remedio administrativo la renovación de mi contrato en base a mis méritos académicos e historial profesional, a tenor con las recomendaciones del Comité de Personal, basadas en las regulaciones institucionales para la evaluación del personal docente, en el respeto al principio de mérito y libertad de cátedra, y en las evaluaciones estudiantiles." En la misma carta también señalé que, como debía ser de su conocimiento, "soy egresado de la UPR y becado por presidencia para estudios doctorales. Durante los últimos doce años he servido como Catedrático Auxiliar en el mejor de los ánimos y a pesar de las condiciones de precariedad, marginación e incertidumbre laboral a las que he sido sometido. En este sentido, reitero que -en aras de hacer justicia y para prevenir futuros tratos discriminatorios- me sea otorgado un contrato que garantice las mejores condiciones laborales posibles y las oportunidades de cualificar para posiciones de continuidad laboral, docente e investigativa, y posibilidades de permanencia y ascenso de rango. Confío en que examinará y resolverá mi apelación de manera justa y en conformidad con los estatutos legales, reglamentos, principios y objetivos de la Universidad de Puerto Rico."

El **3 de agosto de 2016**, ya ponchada la apelación en presidencia, al llegar a mi casa recibí un correo electrónico de la Oficina del Rector[77]

---

[76] Carta a la Presidenta Interina, Dra. Celeste Freytes González, 3 de agosto de 2016; pp.158-159.

[77] Correo electrónico de Rosalyn Franco Rodríguez, Secretaria Ejecutiva II, Oficina del Rector, Recinto de Río Piedras; 3 de agosto de 2016. La

con una carta adjunta de la rectora, con fecha del 2 de agosto, indicándome acuse de recibo de la carta de impugnación remitida el 1 de agosto y notificándome que la Oficina de Asesoría Jurídica estaba evaluando mi apelación.[78]

En el ínterin del proceso apelativo y previniendo los efectos adversos de su injustificada dilación, llevé mi *Curriculum Vitae* actualizado y cartas de intensión ofreciendo mis servicios docentes a las diversas escuelas, facultades y departamentos del Recinto.

El **5 de agosto de 2016** recibí correo electrónico de rectoría con carta adjunta de la resolución de la rectora denegando mi apelación. En su carta, con fecha del 3 de agosto, la rectora avaló las conclusiones de la Oficina de Asesoría Jurídica, aduciendo que "la contratación y retención del personal docente por medio de contratos de servicio es una prerrogativa gerencial"; que en vista de mi condición laboral "no se requiere cumplir con las instancias de debido proceso que usted solicita"; y que "…siendo que no hay expectativa legítima sobre la renovación de su contrato y que en su caso no existe evidencia alguna de discrimen o violaciones de derecho, se deniega su apelación."[79]

A esta fecha, el semestre académico ya había iniciado.

El **11 de agosto de 2016** me reuní con la recién designada directora interina del Departamento de Ciencias Sociales, Dra. Carmen A Pérez Herranz, para informarle directamente sobre mi caso y reiterar mi interés en continuar enseñando en el Departamento. Por su parte, me indicó que ella estuvo ajena a ese proceso y que se limitó a firmar los contratos ya convenidos para el semestre académico en curso, según lo dispuesto por la directora Muñiz Quiñones, ahora Decana Interina de la Facultad de Estudios Generales. Le indiqué que, como

---

comunicación también fue referida a los correos electrónicos de rosalyn.franco1@uprrp.edu, josue.hernandez3@upr.edu, rafael.texidor1@upr.edu.

[78] Carta de la Rectora Interina, Dra. María de los Ángeles Castro Arroyo; 2 de agosto de 2016.

[79] Carta/Resolución de la Rectora Interina, Dra. María de los Ángeles Castro Arroyo; 3 de agosto de 2016; p.160.

es natural, yo tenía la expectativa de ser contratado nuevamente, y que debía ser de su conocimiento que haberme excluido de ser considerado por mis méritos y según criterios institucionales constituye negligencia administrativa y un acto de ilegalidad. Le informé que la Dra. Muñiz Quiñones, a pesar de haberme negado injustificadamente la recontratación, me había dicho personalmente, en la reunión del 16 de junio, que desde inicios del periodo de verano el Departamento estaba entrevistando nuevos candidatos pero que, no obstante, mi expediente sería reevaluado y considerado en la competencia. En base a ello, le solicité copia del informe del comité de evaluación que realizó entrevistas, que debió considerarme entre el acervo de candidatos para recontratación y nuevos reclutamientos y que, del mismo modo debió rendir informe escrito justificando la negativa a renovar mi contrato o a reclutarme bajo nueva contratación.

Esa misma tarde le remití carta formal a la directora, reseñando la reunión y reiterando mi solicitud de información.[80] En la misma le expresé que "espero que usted contribuya a superar el secretismo injustificado que ha viciado el proceso de mi contratación y no se haga eco del silencio encubridor de las faltas éticas y reglamentarias en las que incurrió su antecesora." Posteriormente, mediante carta enviada por correo electrónico, la directora confirmó su compromiso de facilitarme la información solicitada y me pidió tiempo para recopilar la información.[81]

El **15 de agosto de 2016** entregué personalmente en la Oficina del Rector carta de solicitud de reconsideración.[82] En la misma, expresé mi inconformidad e indignación con los argumentos esgrimidos para denegar mi apelación, e indiqué que tras un prolongado periodo de injustificada dilación, "el semestre académico ya ha iniciado y, dada la negativa a resolver favorablemente mi caso y a suplir los remedios propuestos en mi apelación, los daños previstos se han materializado

---

[80] Carta a la Directora Interina del Departamento de Ciencias Sociales, Dra. Carmen A. Pérez-Herranz; 11 de agosto de 2016; pp.299-300.

[81] Carta de la Directora Interina del Departamento de Ciencias Sociales, Dra. Carmen A Pérez-Herranz, 17 de agosto de 2016; p.301.

[82] Solicitud de Reconsideración a la Rectora Interina del Recinto de Río Piedras, Dra. María de los Ángeles Castro-Arroyo; 15 de agosto de 2016; pp.161-162.

y se agravan con el paso del tiempo. La interrogante central sigue vigente: ¿En base a qué criterios se justifica que no haya sido renovado mi contrato como docente, a pesar de cumplir cabalmente con los requerimientos institucionales y haber sido recomendada mi recontratación por el comité de personal?"

En la misma carta advertí a la rectora que "en vista del contenido de la carta en que se deniega mi apelación, usted ha sido inducida a error por la Oficina de Asesoría Jurídica, que no ha vacilado en violentar cánones de ética con el fin de anular los méritos de mi apelación, tergiversando las disposiciones legales y reglamentarias que protegen mis derechos como trabajador docente, ignorando la relación de hechos y fundamentos de derecho que la constituyen y suprimiendo la evidencia documental que la sostiene. En este sentido, impugno las falsas alegaciones jurídicas en las que se ha basado la denegación de mi apelación e insto a que, siendo usted la máxima autoridad apelativa en el Recinto y a quien dirijo mi apelación, la atienda en sus méritos."

Seguidamente reiteré a la rectora que: "...soy un profesor universitario víctima de violaciones de derecho, de abusos de la autoridad de funcionarios institucionales y de mezquinas irracionalidades de sus asesores legales. Tenga en mente que no soy un peón desechable por caprichos del patrono y que usted esta compelida moralmente a protegerme de las arbitrariedades injustas e injustificables de las que sigo siendo víctima." A tenor con lo expresado, insistí en la importancia de considerar el remedio provisto en mi apelación antes de que sea demasiado tarde, es decir, "que se me renueve el contrato para enseñar este semestre académico." También sugerí un remedio alternativo: "...dada la calidad de mi formación académica interdisciplinaria y extensa experiencia docente, me sean asignados cursos en diversos departamentos y facultades del Recinto, como Ciencias Sociales, Sociología, Psicología, Política, Trabajo Social, Historia, Filosofía, Humanidades, Derecho, Estudios Interdisciplinarios, etc."

El **19 de agosto de 2016** recibí correo electrónico de la Oficina del Rector[83] con copia adjunta de carta firmada por la rectora,

---

[83] Correo electrónico de Leslie N. Quijano Ocasio, Secretaria Administrativa de Rectoría, UPR-RP, 19 de agosto de 2016.

notificándome que "No habiendo información adicional que abone a su reclamación, me reitero en la decisión anterior."[84]

El **22 de agosto de 2016** recibí correo electrónico de la Oficina de Asuntos Legales de la UPR, notificándome la resolución emitida por la presidenta interina Dra. Celeste E. Freytes González, correspondiente a mi apelación.[85] En la Resolución, la presidenta de la UPR devolvió el caso a la rectora del Recinto de Río Piedras, y le ordenó que atendiera y resolviera en los méritos la apelación.[86]

El **23 de agosto de 2106** la secretaria del Departamento de Ciencias Sociales me notificó que la información solicitada a la directora Pérez Herranz el 11 de agosto estaría disponible al día siguiente. El sobre contenía una carta de la directora listando los documentos incluidos y copias impresas de éstos, tomadas del archivo de mi expediente del Comité de Personal Departamental.[87] Aunque la directora indica que éstos son los documentos solicitados, nada más ajeno a la realidad. Nada de lo que solicité me fue entregado, y tampoco recibí respuesta a mis interrogantes sobre el informe que debía justificar la negativa a renovarme el contrato.

De estas omisiones puede confirmarse el hecho de que la directora Pérez Herranz ciertamente estuvo ajena a los procesos de entrevistas y evaluaciones de nuevos candidatos para reclutamiento, y que su función en torno a las recomendaciones para renovar y otorgar nuevos contratos se limitó a su firma de aval formal sobre decisiones previamente tomadas por la directora Muñiz Quiñones y sobre un proceso del que no tenía conocimiento alguno, según ella misma expresó.

---

[84] Carta de la Rectora Interina del Recinto de Río Piedras, Dra. María de los Ángeles Castro Arroyo; 18 de agosto de 2016; p.163.

[85] Correo electrónico de la Secretaria Administrativa IV, Saraí Rodríguez Torres y del Asesor Legal, Lcdo. Luis M. Vázquez Rodríguez, Oficina de Asuntos Legales de la UPR, Administración Central, 22 de agosto de 2016.

[86] Resolución de la Presidenta Interina Dra. Celeste E. Freytes González sobre Apelación Núm. 90.1105 -Dr. Gazir Sued Jiménez (Apelante) vs. Universidad de Puerto Rico, Recinto de Río Piedras (Apelado)-; 18 de agosto de 2016.

[87] Carta (Correo electrónico) de la Directora Interina del Departamento de Ciencias Sociales, Dra. Carmen A. Pérez Herranz, 22 de agosto de 2016.

Mediante las indagaciones independientes que realicé posteriormente, supe que nunca se efectuó reunión alguna del Comité de Personal para evaluar nuevos candidatos durante el periodo de verano, y que sus miembros solo habían hecho las evaluaciones y recomendaciones de renovación de contrato rendidas durante con anterioridad al fin del semestre académico de enero a mayo de 2016, entre las que yo fui evaluado y recomendado para recontratación.

Supe, además, que fueron contratados por decreto autocrático otros profesores que tienen cualificaciones inferiores a las mías.

De la ausencia de evidencia documental sobre el proceso de selección y reclutamiento de personal docente, puede inferirse que fui objeto de discrimen injustificado, y que todavía prevalecen las imposturas de la Dra. Muñiz Quiñones que dieron base a mi caso apelativo y querellas.

Las circunstancias se agravaron no solo por los hechos de que la decisión de contratar suplentes fue tomada unilateralmente por la directora Muñiz Quiñones por encima de las recomendaciones del Comité de Personal, y que la directora Pérez Herranz fue instruida por ésta para firmar los contratos, en confesado desconocimiento de los procesos que le antecedieron y al margen de los requerimientos reglamentarios de la Institución. La gravedad del asunto se profundiza aún más en base al hecho de que la Dra. Muñiz Quiñones fue designada como Decana y ella misma firmó los contratos que, siendo directora, había seleccionado previamente.

La indiferencia de la rectora Castro Arroyo y su determinación de desestimar mi apelación refuerzan este evidente patrón de corrupción institucional.

El **24 de agosto de 2016** recibí correo electrónico de la Oficina de Asesoría Jurídica del Recinto[88], que incluía copia de su "Moción Informativa" dirigida a la presidenta, en relación a mi apelación.[89] En

---

[88] Correo electrónico de Migdalia Castro Centeno, Secretaria Administrativa de la Oficina de Asesoría Jurídica; 24 de agosto de 2016.

[89] "Moción Informativa" de la Oficina de Asesoría Jurídica del Recinto de Río Piedras sobre Apelación Núm. 90.1105 -Dr. Gazir Sued-Jiménez (Apelante) vs.

la misma, se notificó a presidencia que la rectora "ya había atendido el asunto" y se me acusó de crear a conveniencia confusión entre los foros administrativos.

El **26 de agosto de 2016** llevé una carta aclarativa dirigida a la presidenta, e incluí nueva información y evidencias pertinentes al caso de apelación y para ser integradas al expediente oficial.[90] En la carta de referencia informé que todavía la apelación no había sido atendida y resuelta en sus méritos, y que temía que la orden de su resolución fuera ignorada y tergiversada maliciosamente por la Oficina de Asesoría Jurídica (OAJ) del Recinto de Río Piedras. Le indiqué, además, que la rectora había delegado en la OAJ la facultad de representarla como máxima autoridad apelativa y, que a pesar de que le había advertido sobre su ineptitud para atender y resolver la apelación en sus méritos, seguía haciéndose eco de sus imposturas. También señalé que la rectora había denegado mi apelación, aduciendo que no le es requerido cumplir con las instancias de debido proceso, es decir, que no está compelida a atender y resolver el caso en sus méritos. Además, reiteré mi denuncia, planteando que la resolución de la rectora se basó en "argumentos frívolos e imposturas de sus asesores jurídicos, negándome de manera absoluta derecho legal y protección institucional ante los abusos de poder, caprichos y arbitrariedades de los funcionarios cuyas faltas administrativas constituyen la matriz de los méritos de la apelación"; y seguidamente le expresé que, "por el contenido de su resolución, había sido inducida a error por la Oficina de Asesoría Jurídica, que violó cánones de ética con el fin de anular los méritos de mi apelación, tergiversando las disposiciones legales y reglamentarias que protegen mis derechos como trabajador docente, ignorando la relación de hechos y fundamentos de derecho que la constituyen y suprimiendo la evidencia documental que la sostiene. De este modo, impugné las falsas alegaciones jurídicas en las que basó su resolución e insté a que, siendo la máxima autoridad apelativa en el Recinto, la atendiera en sus méritos." Éstas y otras circunstancias referidas en la carta a la presidenta "laceran el proceso apelativo en todas sus dimensiones y previenen la posibilidad de que la resolución de

---

Universidad de Puerto Rico, Recinto de Río Piedras (Apelado)-; firmada por Lic. Marcos A. Díaz-Galarza, 23 de agosto de 2016.

[90] Carta a la Presidenta Interina de la Universidad de Puerto Rico, Dra. Celeste Freytes-González, 26 de agosto de 2016; pp.164-166.

presidencia sea ignorada y tergiversada maliciosamente por los asesores jurídicos de la rectora."

Cito textualmente el resto del contenido de la última carta que envié a la presidenta: "En honor a la verdad y con el fin de atender debidamente y resolver en justicia la apelación, es preciso advertir que los argumentos esgrimidos por la Oficina de Asesoría Jurídica y la rectora interina han sido subterfugios frívolos y maliciosos para evadir la responsabilidad de atender y resolver el asunto en sus méritos. Esta práctica evasiva es ilegítima y no existe fundamento de derecho que conceda como prerrogativa gerencial el ocultamiento de las situaciones planteadas y evidenciadas en la apelación (violaciones a la Ley Universitaria y a los reglamentos universitarios; actuaciones arbitrarias, discriminatorias y determinaciones basadas en hechos falsos o erróneos, etc.)

La actitud hostil y antagonista de los asesores jurídicos vicia el proceso apelativo, que hasta ahora se ha tratado de una controversia administrativa dentro de la jurisdicción de la Universidad y no de una demanda legal bajo jurisdicción del Tribunal. La expresa y reiterada incapacidad de reconocer esta diferencia hace virtualmente imposible el trámite de justicia confiado al orden institucional, y predispone determinaciones que tornan infructuosos, costosos e injustos, los procedimientos administrativos.

La injustificada dilación del proceso apelativo sometido inicialmente a la jurisdicción de rectoría dio lugar a elevarlo a presidencia con carácter de urgencia. A esa fecha ya había iniciado el semestre académico y el caso no había sido atendido, los daños previstos se hicieron irreparables y el remedio inmediato propuesto se hizo improcedente. Dadas las circunstancias coyunturales consideré inútil y agotado el recurso de apelación a la rectora, y elevé el caso a la consideración de la presidenta, reseñando el estado de situación y las consideraciones que justificaban su intervención.

Sin embargo, aunque acojo con beneplácito la resolución y orden emitida por presidencia, la realidad actual es que el remedio alternativo propuesto tampoco es realizable en lo inmediato. En este sentido, confío en que la nueva resolución, basada en los méritos del caso, también resuelva para enmendar los daños concernientes al semestre académico en curso. Del mismo modo, el remedio alternativo propuesto en la carta de solicitud de reconsideración presentada a la rectora debe integrarse al escrito de apelación como enmienda formal sin excluir el original.

Ese mismo día entregué personalmente copia de la carta citada en la Oficina del Rector.

El **30 de agosto de 2016** recibí correo electrónico de la Oficina de Asuntos Legales de la UPR[91], acompañado con una "Orden" al apelante para que "envíe copia de su Apelación a la representación legal de la parte apelada." En la misma, notificó que la apelación fue referida al Lcdo. Frank Gotay Barquet, "para que, en calidad de Oficial Examinador, evalúe los méritos de los señalamientos y remita un informe y recomendaciones al presidente sobre los asuntos planteados", y que, a partir de esta fecha, los escritos concernientes al caso deben ser dirigidos al Oficial Examinador.

El **31 de agosto de 2016 recibí** correo electrónico de la Oficina de Asuntos Legales notificándome la devolución de mi carta del 26 de agosto.[92] La carta no debió ser devuelta sin más sino integrada al escrito de apelación como se disponía en ella y remitida directamente al Oficial Examinador, que fue designado en fecha posterior, todavía teniendo la presidenta o la Oficina de Asuntos Legales la jurisdicción directa sobre la apelación.

El **7 de septiembre de 2016** radiqué una carta y documento de Adiciones al Expediente Apelativo en la oficina del Oficial

---

[91] Correo electrónico de la Secretaria Administrativa IV, Saraí Rodríguez Torres, y del Asesor Legal de la Oficina de Asuntos Legales de la UPR, Lcdo. Luis M. Vázquez Rodríguez, 30 de agosto de 2016. El mismo estaba remitido simultáneamente a los correos electrónicos de la Rectora, Ma. de los Ángeles Castro (ma.castro@upr.edu); del Director de la Oficina de Asuntos Jurídicos del Recinto de Río Piedras, Rafael Texidor Torres (rafael.texidor1@upr.edu); del Oficial Examinador, Frank Gotay-Barquet (fgotay@gotayperez.com); de la Directora Interina de la Oficina de Asuntos Legales de la Administración Central de la UPR, María V. Torres Meléndez (maria.torres39@upr.edu) y del asesor legal de la misma, Lic. Luis M. Vázquez Rodríguez (luis.vazquez16@upr.edu)

[92] Carta de la Directora Interina de la Oficina de Asuntos Legales d la UPR, María V. Torres Meléndez; 31 de agosto de 2016.

Examinador. Más tarde ese mismo día, en reacción al documento citado, el representante legal de la parte apelada, el Lic. Marcos A. Díaz Galarza, volvió a radicar moción de desestimación. En la misma, falsea la relación de hechos y manipula los fundamentos de derecho, oculta información y omite y tergiversa maliciosamente las evidencias presentadas para anular los méritos del caso y encubrir las violaciones de los funcionarios implicados.[93]

II. Historial laboral como Catedrático Auxiliar en la UPR[94] (2004-2016)

Obtenido el grado doctoral a inicios de 2004, regresé a Puerto Rico. Desde entonces, honrando mi compromiso con la Universidad y mi pacto contractual con el Programa de Beca Presidencial, le he servido consistentemente y en el mejor de los ánimos en calidad de Catedrático Auxiliar, a pesar de la injusta precariedad laboral y de las prácticas discriminatorias e injustificables de contratación. Cada semestre, durante los pasados doce años, he ofrecido mis servicios docentes a escuelas, facultades y departamentos de Ciencias Sociales (Sociología, Trabajo Social, Psicología y Política); Derecho, Humanidades (Historia, Filosofía y Estudios Interdisciplinarios), y Estudios Generales (Ciencias Sociales y Humanidades); y, del mismo modo, he respondido infructuosamente a todas las convocatorias para plazas docentes en departamentos afines con mi preparación académica interdisciplinaria. Como becario del Programa de Beca Presidencial, desde 2004 cuento con la acreditación oficial del Decanato de Asuntos Académicos de la Administración Central de la UPR[95] y

---

[93] "Moción de Desestimación" radicado por el Lic. Marcos A. Díaz Galarza (RUA Núm. 14,118); Oficina de Asesoría Jurídica, Recinto de Río Piedras; 7 de septiembre de 2016.

[94] Los documentos originales citados a continuación están disponibles a solicitud de la Junta de Gobierno de la UPR.

[95] A inicios de agosto de 2004, la Vicepresidencia de Asuntos Académicos de la UPR remitió mi Currículum Vitae a los decanos académicos y rectores. En carta dirigida a decanos y rectores, certificó que yo había completado con éxito mis estudios doctorales en una universidad de prestigio fuera de Puerto Rico, y destacó mi compromiso de servicio con la UPR. Asimismo, instó a estos funcionarios a considerar la posibilidad de que prestase servicio profesional en sus unidades: "...por lo que estamos seguros que podrán considerarlos en sus

cumplo con todas las cualificaciones y requerimientos reglamentarios para ser considerado objetivamente para reclutamiento con carga académica regular. Sin embargo, mis expectativas laborales han sido defraudadas reiteradamente y, sin razones justificadas, mis oportunidades de empleo como docente han sido objeto de arbitrariedades administrativas.

A pesar del carácter arbitrario de los contratos de servicio a tarea parcial -generalmente con carga académica de solo seis créditos semestrales-, la recontratación ininterrumpida evidencia que mi trabajo docente responde a necesidades permanentes e imprescindibles de la Institución y no a excepciones coyunturales. También evidencia la disponibilidad constante de presupuesto institucional para renovar contratos. Ambos factores constituyen fuentes razonables de expectativa laboral y no existe ningún fundamento académico para justificar una carga académica que, durante más de una década, ha oscilado arbitrariamente entre una y tres clases a lo sumo. La contratación constante de personal docente con cualificaciones inferiores a las mías evidencia el carácter arbitrario del proceso de reclutamiento en conjunto, y pone en entredicho la legitimidad de los criterios que imperan entre los funcionarios responsables, desde los comités de personal, directores y decanos, hasta rectoría.

A continuación, esbozaré, de manera cronológica, el curso de mi experiencia laboral de los pasados doce años en el Recinto de Río Piedras. Al mismo tiempo, integraré muestrarios de las evaluaciones estudiantiles y remitiré directamente a las fuentes de referencia como documentos de evidencia, procurando demostrar la consistencia ininterrumpida que ha caracterizado mis gestiones personales y, a la vez, perfilar el carácter arbitrario que sostiene las condiciones de precariedad e incertidumbre laboral, la ausencia de criterios académicos para solo renovar contratos a tarea parcial y, del mismo modo, el carácter injusto, irrazonable e injustificado de las

---

próximos procesos de reclutamiento…" (Carta dirigida a Decanos Académicos y Rectores de la Universidad de Puerto Rico, firmada por la vicepresidenta de Asuntos Académicos, Celeste E. Freytes, Ed.D; 5 de agosto de 2004) Ese mismo mes, el Presidente envió carta a los rectores indicando que la inversión presupuestaria en los becados tiene el propósito de que devuelvan en servicio a la Institución la ayuda otorgada: "por lo que estoy seguro fortalecerán la plantilla de profesores de cualquiera de las unidades que los incorpore." (Carta del presidente Antonio García Padilla a los rectores y rectoras; 17 de agosto de 2004)

determinaciones de cesantía y negativas infundadas a renovar contratación...

Año académico 2004-2005

Desde 2003, durante el periodo final de mis estudios doctorales y previendo que serían culminados a tiempo, respondí a convocatorias para plazas docentes en la Universidad. En mayo de 2004, recibí carta del Departamento de Ciencias Políticas de la Facultad de Ciencias Sociales, notificándome que el Comité de Personal y la directora, "han acordado no proceder con el proceso de reclutamiento..."[96]

En 2001 ya había enseñado en el Departamento de Ciencias Sociales de la Facultad de Estudios Generales, con rango de Instructor y grado de Maestría. El grado doctoral amplificó mis expectativas de cualificar para la nueva convocatoria a plaza en el mismo Departamento. En junio de 2004 recibí respuesta denegando mi solicitud de empleo como docente. En su carta, el director expresó: "He recibido las recomendaciones del Comité de Personal[97]...y siento tener que informarle que usted no fue recomendado para contratación..."[98] Consciente de que yo cumplía cabalmente con los criterios que el Comité de Personal debía considerar para evaluar a los candidatos para contratación[99], solicité

---

[96] Cartas de de la Dra. Luz del Alba Acevedo, directora del Departamento de Ciencias Políticas, Facultad de Ciencias Sociales, UPR-RP; 20 de enero y 10 de mayo de 2004.

[97] El Comité de Personal del Depto. de Ciencias Sociales de la FEG estaba integrado por: Dra. Carmen Luisa González Muñoz; Dra. Liliana Cotto Morales; Dr. Héctor Meléndez Lugo; y la Dra. Vicky Muñiz Quiñones, Coordinadora del Comité de Personal.

[98] Carta del Dr. Pedro Álvarez Ramos, director del Depto. de Ciencias Sociales, Facultad de Estudios Generales, UPR-RP; 1 de junio de 2004.

[99] Transcripción del listado de criterios del Comité de Personal del Depto. de Ciencias Sociales, FEG, para evaluar candidatos a contratación disponía: • Deberá haber terminado el grado doctoral. • La investigación o tesis doctoral deberá ser de excelente calidad. • En igualdad de condiciones, se preferirán candidatos con estudios en áreas o disciplinas poco representadas en el departamento. • Tener interés y proyectos de investigación más allá de sus estudios formales. • Proyectar una visión interdisciplinaria en materia de producción de conocimiento y saber. • Que posea experiencia docente a nivel

copia escrita del informe de la evaluación de mi expediente y de la entrevista con el Comité de Personal.[100] La respuesta del director fue que "El Comité no emite una evaluación escrita…"[101]

En julio de 2004 respondí a la convocatoria para nombramiento probatorio en la Escuela de Derecho.[102] A inicios de agosto recibí carta de la Decana Asociada notificándome que "El Comité de Personal y la Facultad en pleno se proponen evaluar cuidadosamente la información que nos ha sometido sobre sus credenciales académicas, experiencias e intereses…"[103] A mediados de 2005 recibí notificación de la Decana: "Lamento informarle que en este momento la Escuela de Derecho no puede extenderle una invitación a formar parte de su facultad…"[104] Posteriormente solicité copia escrita del informe de evaluación del Comité de Personal.[105] Como respuesta a mi solicitud, la Decana se limitó a referirme al Reglamento General y a las "guías" del proceso adoptado por la facultad.[106]

---

universitario y algún conocimiento sobre la filosofía de los estudios generales. • Contar con publicaciones académicas de alta calidad. • Tener capacidad e interés por aportar a la enseñanza y al desarrollo curricular del departamento. • Poseer una visión integradora de las Ciencias Humanas. • Estar activo en el mundo académico y profesional a través de participación en eventos académicos… • Haber hecho aportaciones intelectuales de mérito reconocido y con proyección a nivel nacional e internacional. • Mostrar interés en la difusión de las aportaciones académicas y de investigación. • Capacidad para enseñar cursos graduados y dirigir tesis.

[100] Carta al Dr. Pedro Álvarez Ramos, director del Depto. de Ciencias Sociales, FEG, 25 de enero de 2006.

[101] Carta del Dr. Pedro Álvarez Ramos, director del Depto. de Ciencias Sociales, FEG, 14 de febrero de 2006.

[102] Carta a Dr. Efrén Rivera Ramos, decano de la Escuela de Derecho de la UPR, 13 de Julio de 2004.

[103] Carta de Ana Matanzo Vicens, decana asociada de la Escuela de Derecho, UPR-RP; 5 de agosto de 2004.

[104] Carta de Ana Matanzo Vicens, decana asociada de la Escuela de Derecho, UPR-RP; 20 de junio de 2005.

[105] Carta a la decana asociada de la Escuela de Derecho, Ana Matanzo Vicens; 25 de enero de 2006.

En agosto de 2004 la directora del Departamento de Humanidades de la UPR en Bayamón me envió acuse de recibo de mi expediente y denegó considerarme porque "...nos percatamos que su preparación está orientada hacia las Ciencias Sociales..."[107] A la misma fecha el director del Departamento de Ciencias Sociales de la UPR en Cayey respondió a mi solicitud indicando que no tenía necesidad de reclutamiento para plazas o contratos de servicio, y me advirtió que el recibo de mi *Resumé* no implica que vaya a ser considerado para futuras convocatorias, y que si interesó en prestar servicios a la institución debo renovar mi *Currículum Vitae* anualmente.[108] Por otra parte, la directora de la Oficina de Recursos Humanos de la UPR en Ponce me notificó: "no tenemos plazas disponibles."[109]

En julio de 2004 fui recomendado por el Departamento de Sociología y Antropología de la Facultad de Ciencias Sociales como "profesor a tiempo parcial" bajo "contrato de servicio" durante el primer semestre del año académico 2004-2005.[110] Durante este periodo preparé y enseñé los curos de *Criminología* (SOCI 3005) y *Sociología de la variación de la conducta* (SOCI 3275). En enero de 2005, el Decanato de Asuntos Académicos autorizó la renovación de contrato en los mismos términos que el anterior.[111] Durante ese semestre preparé y enseñé dos cursos diferentes, *Principios de Sociología* (SOCI 3245) y *Cambio Social y Cultural* (SOCI 4155). A diferencia de los profesores con permanencia, que suelen enseñar una o dos

---

[106] Carta de la decana asociada de la Escuela de Derecho, Ana Matanzo Vicens; 23 de febrero de 2006. Anejo: *Guías adoptadas por la Escuela de Derecho sobre Criterios y Procedimientos de Selección de Personal Docente en la Facultad de Derecho*.

[107] Carta de la Dra. Elsa Gelpí Baiz, directora del Depto. de Humanidades, UPR en Bayamón, 23 de agosto de 2004.

[108] Carta del Dr. Luis Galanes Valldejuli, director del Depto. de Ciencias Sociales, UPR en Cayey, 17 de agosto de 2004.

[109] Carta de Sylvia Caño Droz, directora del Decanato de Administración, Oficina de Recursos Humanos, UPR en Ponce, 4 de noviembre de 2004.

[110] Certificación de la Decana Interina, Magdalena Morales Vázquez; Oficina del Decano, Facultad de Ciencias Sociales, UPR-RP; 6 de julio de 2004.

[111] Carta de la Decana Asociada Marirosa Nazario, del Decanato de Asuntos Académicos, al Dr. Jorge Duany, director del Depto. de Sociología; 28 de enero de 2005.

preparaciones al año, yo tuve que preparar cuatro diferentes. Mi salario total durante mi primer año de docencia ($7,872) fue menor al monto anual que me confería la Beca Presidencial para mis estudios doctorales fuera de Puerto Rico.

Ese mismo año respondí a la nueva convocatoria para plaza probatoria en el Departamento de Sociología, pero también fue otorgada a otra persona.[112] Posteriormente solicité copia escrita de los informes de evaluación del Comité de Personal correspondientes a los años 2004 y 2005[113], pero nunca me fue entregada. Tampoco tuve garantía de que me fuera renovado el contrato, a pesar de que la demanda de cursos no había mermado, los puestos estaban reservados en la planificación departamental y el presupuesto ya había sido asignado para contratar el personal indispensable para cumplir con los ofrecimientos académicos de la Facultad. Para el segundo semestre (enero a mayo) de 2005, la Facultad de Ciencias Sociales contrató tardíamente doce profesores a tarea parcial...

Año académico 2005-2006

En verano de 2005 el Comité de Personal[114] recomendó nuevamente mi contratación a "tarea parcial" para el primer semestre de 2005-2006.[115] Durante ese semestre enseñé dos secciones de *Principios de sociología* y un *Estudio Independiente* (SOCI 6205). Ni las

---

[112] Cartas al Dr. Jorge Duany, director del Depto. de Sociología; 8 y 14 de febrero de 2005. / Cartas del Dr. Jorge Duany, director del Depto. de Sociología, 5 de julio de 2005. / Cartas del Dr. Jorge Duany, director del Depto. de Sociología, 7 de noviembre de 2005.

[113] Cartas al Dr. Jorge Duany, director del Depto. de Sociología; 25 de enero de 2006.

[114] El Comité de Personal del Departamento de Sociología estaba compuesto por los profesores Juan José Baldrich González, Luisa Hernández Angueira, Jesús Tapia Santamaría, Lanny Thompson Womacks, Diana López Sotomayor y Miriam Muñiz Varela. Las dos últimas estuvieron ausentes.

[115]"Sued Jiménez, Jalil Gazir. Doctor en Filosofía, del Programa de Filosofía Práctica del Departamento de Filosofía del Derecho, Moral y Política (Ética y Sociología), de la Universidad Complutense de Madrid. Es autor de varios libros. Las evaluaciones estudiantiles del profesor son generalmente positivas. El expediente está completo y es adecuado por lo que el Comité lo recomienda para enseñar en el Programa de Sociología" (Acta de la Reunión del Comité de Personal del Departamento de Sociología y Antropología; 15 de julio de 2005)

evaluaciones del Comité de Personal ni las evaluaciones estudiantiles me fueron entregadas, a pesar de haberlas solicitado. El segundo semestre, la renovación de contrato también se limitó a solo dos clases, y sin embargo fueron contratados otros profesores a tarea parcial, pero con cualificaciones inferiores a las mías. Esta realidad evidencia un patrón de negligencias administrativas y faltas crasas a los procedimientos reglamentarios en la institución, suplantados por la arbitrariedad y el favoritismo.

A finales de mayo de 2006, a dos años de haber regresado a Puerto Rico, escribí una carta al presidente, informando mi estado de situación y reseñando los infructuosos esfuerzos para conseguir plaza regular o, al menos, contar con una carga académica menos irrazonable.[116] También denuncié las prácticas de contratación preferencial o discrecional que afectaban adversamente mis condiciones laborales y violaban los términos del régimen de contratación institucional. Adjunté a la carta mi *Currículum Vitae* actualizado. Al poco tiempo me contestó, notificándome que refirió copia del mismo a los rectores[117] del sistema para que lo evalúen "y le informen de surgir alguna oportunidad de empleo…"[118]

Como en los años precedentes, volví a llevar mi *Currículum Vitae* actualizado a las diversas unidades y departamentos para el semestre académico 2006-2007. Solo recibí acuse de recibo del Departamento de Ciencias Políticas, indicándome que de surgir algún espacio me avisarían. De UPR en Cayey me enviaron una carta idéntica a la enviada en 2004.

Año académico 2006-2007

Durante el año académico 2006-2007 me fue renovado el contrato a tarea parcial en el Departamento de Sociología, limitándose a dos cursos por semestre. A pesar de la precariedad económica y de la falta de apoyo institucional, continué desarrollando mis investigaciones, ofreciendo conferencias y logrando la salida de

---

[116] Carta al presidente Antonio García Padilla; 24 de mayo de 2006.

[117] Mi *Currículum Vitae* actualizado fue remitido por el presidente García Padilla a los rectores: Dr. Jorge I. Vélez Arocho (Mayagüez); Dra. Hilda M. Colón Plumey (Humacao); Dr. Ram S. Lamba (Cayey); Dr. Andrés Rodríguez Rubio (Bayamón)

[118] Carta del presidente Antonio García Padilla; 5 de junio de 2006.

nuevas publicaciones independientes. Mi experiencia docente e historial de productividad intelectual (académica e investigativa), así como mi obra creativa, continuaron fortaleciéndose y acrecentándose. No obstante, mi condición laboral seguía estancada de manera injustificada e irrazonable.

Año académico 2007-2008

En cuarto año de servicios docentes mi situación laboral siguió siendo la misma, aunque la experiencia de enseñanza seguía acumulándose de manera satisfactoria y del mismo modo todas las dimensiones profesionales que debían ser consideradas por los comités de personal.

A finales de 2007 respondí a la nueva convocatoria para plaza probatoria en el Departamento de Sociología.[119] Entrado el nuevo año, la nueva directora me notificó: "…debo informarle que su valiosa experiencia profesional y educación formal no llenan las necesidades que en este momento el Departamento determinó como prioritarias…"[120]

Año académico 2008-2009

Tampoco hubo mejoría en mis condiciones laborales durante mi quinto año como docente. Cada semestre me asignaron solo dos secciones, pero con preparaciones diferentes cada semestre, añadiéndose *Sociología Contemporánea* (SOCI 4115) y *Teoría Sociológica* (SOCI 4005).

Año académico 2009-2010

En el primer semestre de mi sexto año de docencia continua tampoco hubo cambio alguno. Sin embargo, en el segundo semestre, por primera vez enseñé tres secciones (9 créditos), tres preparaciones diferentes: *Técnicas de investigación sociológica* (SOCI 3267), *Teoría sociológica* (SOCI 4005) y *Principios de Sociología* (SOCI 3245). Sin embargo, la carga académica de nueve créditos no significó un

---

[119] Carta al Dr. Jorge Duany, director del Depto. de Sociología; 26 de noviembre de 2007.

[120] Carta de la Dra. Karin Weyland, directora del Depto. de Sociología; 11 de julio de 2008

cambio sustancial en mis condiciones laborales, ni tampoco fue el efecto de una determinación racional del Comité de Personal sino de una decisión coyuntural de la directora.

En base a criterios que nada tienen que ver con mi desempeño docente y mis cualificaciones profesionales, y al margen de la reglamentación institucional, personas influyentes en las decisiones de los comités de personal reprocharon la asignación de más de seis créditos a profesores bajo contrato a tarea parcial.[121]

Año académico 2010-2011

El Comité de Personal recomendó por séptimo año consecutivo, o más bien, por catorce semestres sucesivos, la renovación de mi contrato.[122] Las actas de la reunión del Comité de Personal no reflejan la rigurosidad requerida por los reglamentos institucionales, y omiten selectivamente la integración de criterios fundamentales para reclutar y renovar contratos. Sin embargo, reflejan con nitidez la indiferencia de estos profesores hacia las condiciones de precariedad laboral de sus colegas más vulnerables, y la arbitrariedad mezquina de imponer que la contratación se limite a dos secciones (seis créditos) al margen de toda razón académica e indistintamente de las credenciales de los profesores.

El primer semestre del año académico 2010-2011 mi carga académica volvió a reducirse a seis créditos y el segundo semestre a una sola clase (3 créditos). Además de las evidentes arbitrariedades administrativas, la realidad interior es mucho más compleja y atañe a

---

[121] Acta de la Reunión del Comité de Personal del Departamento de Sociología y Antropología; 16 de julio de 2010. Profesores presentes: Juan José Baldrich González, Jorge L. Giovannetti Torres, Luisa Hernández Angueira, Jesús Tapia Santamaría, Lanny Thompson Womacks. Ausentes: Carlos Buitrago Ortiz, Miriam Muñiz Varela.

[122] Acta de la Reunión del Comité de Personal del Departamento de Sociología y Antropología; 16 de julio de 2010. Evaluación de los expedientes de los profesores para contratación a tarea parcial durante el primer semestre de 2010-2011. El Comité tuvo a su disposición los Currículum Vitae, pero no las evaluaciones estudiantiles. "Sued Jiménez, Jalil Gazir. Doctor en Filosofía, del Programa de Filosofía Práctica del Departamento de Filosofía del Derecho, Moral y Política (Ética y Sociología), de la Universidad Complutense de Madrid. Es autor de varios libros. Ha enseñado anteriormente en el Programa de Sociología. El Comité lo recomienda para enseñar en el Programa de Sociología."

cuestiones más sensibles y a veces difíciles de probar documentalmente. La falta de transparencia en los procesos de selección, evaluación, reclutamiento y renovación de contratos, posibilita el ejercicio de prácticas discriminatorias de carácter político, imposición de prejuicios e imperio de caprichos personales, favoritismos, celos profesionales, rencores y envidias. Los profesores bajo contratos temporales son los docentes más vulnerables en este régimen laboral. Sobre todo, si expresan posiciones disidentes a las de los profesores que ocupan posiciones de poder e influencia para decidir quién enseña o no en la Universidad.

Así las cosas, en 2008 cuestioné abiertamente la falta de objetividad en la evaluación de un ensayo investigativo que sometí a la *Revista de Ciencias Sociales*, e impugné los criterios de rechazo a la publicación, que consideré carente de fundamentos académicos y un acto de censura incompatible con la política editorial de la Revista. El profesor Jorge L. Giovannetti, del Departamento de Sociología, respondió a mi denuncia: "Si usted como académico no puede funcionar con esa parte tan fundamental del mundo académico contemporáneo, me parece que ha escogido la profesión equivocada."[123] En la misma carta me remitió enlaces para la búsqueda de empleo en universidades fuera de Puerto Rico y, en tono marcadamente sínico, concluyó que, dada la seguridad con la que valoro mis cualificaciones intelectuales: "…me parece que no tendrá problema en tener éxito en la búsqueda de una opción laboral en la cual usted se pueda sentir más cómodo."

En 2010, el profesor Giovannetti formó parte del Comité de Personal como nuevo integrante, y casualmente mi carga académica se redujo a una sola clase. Durante el conflicto huelgario de 2010 las diferencias políticas se exacerbaron, mientras yo asumí posición pública solidaria con el estudiantado[124], el profesor Giovannetti asumió la portavocía de la oposición claustral y favoreció la política de gobierno institucional que dio lugar a la huelga. El semestre siguiente fue designado a la posición de director del Departamento de Sociología y bajo su incumbencia fui cesanteado. El abuso de

---

[123] Correo electrónico del profesor Jorge L. Giovannetti, Editor de la Revista *Caribbean Studies*; 22 de octubre de 2008.

[124] Los artículos publicados en medios informativos del país están recopilados en Sued, Gazir; *(Im)posturas: antología de escritos periodísticos e investigativos, arte y fotografía documental (2003-2015)* (Editorial *La Grieta*; San Juan, 1ra edición 2014; 2da edición aumentada 2016)

poder discrecional se hizo patente y su respuesta a mi cuestionamiento refleja su desprecio hacia mi persona: "Los cursos programados para el semestre próximo (agosto a diciembre de 2011) …ya han sido asignados a los profesores titulares y a profesores de contrato a tarea parcial. Para la asignación de cursos durante el próximo semestre según programado, el Departamento de Sociología y Antropología no contará con sus servicios decentes."[125]

Año académico 2011-2012 (1er año bajo cesantía injustificada)

Paralelo a la práctica arbitraria o conspiración política de rechazar mis servicios profesionales, se ha contratado personal, local o extranjero, con credenciales o méritos formales inferiores a los míos; y se me ha negado reiteradamente acceso a mis "evaluaciones" e información concerniente a la preparación profesional de los pares contendientes, abriendo la sospecha de tratarse de contrataciones sin otro criterio que la repulsa personalista o discrimen político contra mi persona, y/o favoritismo político y amiguismo con los profesores contratados.[126] Mis posiciones disidentes y críticas al gobierno de turno también debieron influir en las resistencias internas a mi contratación, y el silencio generalizado sobre mis solicitudes de empleo en la Universidad dejaba entrever que bajo la administración institucional reinante eran inútiles mis esfuerzos. No obstante, conservé mis expectativas en base a mis méritos y credenciales acumulados y fortalecidos durante los pasados siete años…

Previo al inicio del primer semestre académico 2011-2012 remití mi *Curriculum Vitae* actualizado y cartas de intensión reiterando mi interés docente al presidente de la UPR[127], a la rectora del Recinto de Río Piedras[128], a los decanos de las facultades de Humanidades[129] y

---

[125] Correo electrónico del director interino del Depto. de Sociología, Jorge L. Giovannetti; 19 de mayo de 2011.

[126] Para efectos ilustrativos vale apuntar que el Departamento de Sociología ofreció contrato para enseñar varios cursos a una estudiante de maestría, estando yo disponible para enseñarlos. La estudiante los rechazó porque ganaba más dinero como estudiante, y el Departamento optó por cerrar las secciones.

[127] Carta al presidente de la Universidad de Puerto Rico, Dr. Miguel A. Muñoz; entregada personalmente en la Oficina de Presidencia, 11 de agosto de 2011.

[128] Carta a la Rectora del Recinto de Río Piedras, Dra. Ana Guadalupe, entregada personalmente en la Oficina de Rectoría, 9 de agosto de 2011.

Ciencias Sociales[130], y a los respectivos directores de departamentos.[131] Solo recibí respuesta del decano Interino de la Facultad de Humanidades y de la directora del Departamento de Psicología, de la Facultad de Ciencias Sociales. El decano de Humanidades me informó que había circulado mi *Currículum Vitae* entre los directores de departamentos afines a mi área de especialidad y que "de surgir alguna oportunidad, ellos se comunicarán con usted."[132] El semestre transcurrió y nunca recibí comunicación alguna. Por su parte, la directora de Psicología me indicó que refirió mi *Currículum Vitae* al Comité de Personal "para la evaluación en rigor" y que posteriormente me informarían de la misma.[133] La evaluación debió haberse efectuado como me indicó[134], pero nunca recibí informe de la misma, ni comunicación ulterior.

En octubre de 2011 solicité al decano de la Facultad de Ciencias Sociales y exdirector del Departamento de Sociología, información concerniente a las circunstancias y criterios que antecedieron y guardan relación directa o indirecta con mi cesantía y

---

[129] Carta al Decano de la Facultad de Humanidades (FH), Luís A. Ortiz López; 4 de agosto de 2011.

[130] Carta al Decano de la Facultad de Ciencias Sociales (FCS), Dr. Jorge Duany; 4 de agosto de 2011.

[131] Carta a la directora del Depto. de Filosofía (FH), Dra. Anayra Santory; 4 de agosto de 2011. • Carta al director del Depto. de Estudios Interdisciplinarios (FH), Dr. Lowell Fiet; 9 de agosto de 2011. • Carta a la directora del Depto. de Psicología (FCS), Dra. Dolores S. Miranda Gierbolini; 4 de agosto de 2011. • Carta al director del Depto. de Política (FCS), Dr. Héctor Martínez; 4 de agosto de 2011. • Carta a la Directora de Trabajo Social (FCS), Dra. Gisela Negrón; 4 de agosto de 2011. • Carta al director del Depto. de Sociología (FCS), Dr. Jorge L. Giovannetti; 4 de agosto de 2011.

[132] Carta del decano interino de la Facultad de Humanidades (FH), Luís A. Ortiz López; 25 de agosto de 2011.

[133] Carta de la directora del Depto. de Psicología (FCS), Dra. Dolores S. Miranda Gierbolini; 26 de septiembre de 2011.

[134] Carta de la directora del Depto. de Psicología (FCS), Dra. Dolores S. Miranda Gierbolini y de la Coordinadora del Comité de Personal del Depto. de Psicología, Dra. Blanca Ortiz; 9 de diciembre de 2011.

negativa a renovar contrato.[135] El mismo día me respondió por correo electrónico desentendiéndose de mi solicitud e indicándome que debía comunicarme con la Oficina de Asuntos Legales de la rectora.[136] Información similar solicité al director interino del Depto. de Sociología, el profesor Giovannetti. En su carta me indicó que "no puede suministrar" los documentos solicitados, algunos porque "son documentos internos del Departamento", y otros porque "son de carácter confidencial." Además, con la misma hostilidad y menosprecio que caracteriza su trato hacia mi persona, concluyó: "Toda vez que usted no se encuentra trabajando actualmente en el Departamento, le recuerdo que el personal del Departamento podrá atender únicamente peticiones de usted relacionadas a su expediente y su pasado desempeño en el Departamento como profesor a tarea parcial. (…) Sus tareas no incluyen la búsqueda de documentos internos para personas que no laboran con nosotros."[137]

---

[135] Carta al Dr. Jorge Duany, decano de la Facultad de Ciencias Sociales, UPR-RP; 11 de octubre de 2011. • 1. Copia del último informe anual de la Facultad de Ciencias Sociales, y de los que han debido haber sido sometidos al decanato por los departamentos de la facultad. • 2. Copia del informe de presupuesto institucional para el año académico en curso. • 3. Cualquier documento oficial donde se establezca la nueva política de reclutamiento de personal académico, criterios económicos, proyección, etc. • 4. Informe sobre los recortes en los programas académicos en la Facultad: cuántos cursos se han eliminado; a cuántos profesores no se les renovó contrato; cuántos estudiantes tiene la Facultad; datos comparativos con los últimos años; y cualquier otra data relacionada a la política de la administración actual para con la Facultad de Ciencias Sociales. • 5. Informe y Currículum Vitae de los profesores por contrato a quienes se les ha renovado la contratación o han sido contratados para este año académico y semestre en curso. • 6. Informe de Evaluación de Comité de Personal y Currículum Vitae de los profesores por contrato en los Departamentos de la Facultad de Ciencias Sociales contratados entre el 2004 y el 2011. • 7. Nombres, rango y Currículum Vitae de los profesores que integran Comités de Personal en los Departamentos de la Facultad de Ciencias Sociales, con prioridad para este año académico en curso y por los pasados ocho años (2004-2011) • 8. Nombres, rangos y Currículum Vitae de los profesores que integran el Comité de Personal en el Departamento de Sociología y Antropología, con prioridad para este año académico en curso y por los pasados ocho años (2004-2011) • 9. Copia de los informes de los Comités de Personal del Departamento de Sociología, con prioridad para este año académico en curso y por los pasados ocho años (2004-2011)

[136] Correo electrónico del decano Jorge Duany, FCS; 11 de octubre de 2011.

[137] Carta del director interino del Depto. de Sociología, Jorge L. Giovannetti; 11 de octubre de 2011.

En noviembre de 2011 respondí a la convocatoria para nombramiento de plaza probatoria en los departamentos de Filosofía e Historia de la Facultad de Humanidades.[138] La misma, como requerimiento, incluía cartas de recomendación. Cito un fragmento de la recomendación que me hiciera el Dr. Samuel Silva Gotay, Profesor Distinguido de la Universidad de Puerto Rico: "El joven profesor tiene a su haber una extensa experiencia de enseñanza en varias universidades, pero sobre todo un respetable número de publicaciones. Sus publicaciones constituyen noveles e inteligentes acercamientos a asuntos políticos y administrativos de la sociedad contemporánea desde una profunda perspectiva filosófica crítica. Estas publicaciones muestran un conocimiento amplio del carácter psicoanalítico y filosófico de problema de la represión en la sociedad contemporánea, lo cual es de mucha vigencia en nuestro tiempo. Conozco al Profesor desde sus días de estudiante y conozco de su pasión por el conocimiento. Creo que su presencia en cualquier departamento podría enriquecer la discusión académica. Lo recomiendo sin reserva alguna por las razones indicadas."[139] No obstante, nunca recibí comunicación alguna…

Años académicos 2012-2014 (2do y 3er año bajo cesantía injustificada)

Tras el cambio de administración institucional que le siguió al cambio de Gobierno en Puerto Rico, a mediados de 2013 presenté denuncia sobre mi situación de discrimen laboral a la nueva rectora Interina, solicité que se me diera acceso a la información que hasta la fecha me había sido denegada y que se abriera una investigación formal sobre mi caso.[140] Asimismo, reiteré mi deseo, disposición y

---

[138] Carta a Luis A. Ortiz López, decano de la Facultad de Humanidades, UPR-RP; 16 de noviembre de 2011.

[139] Carta de Recomendación del Dr. Samuel Silva Gotay, Profesor Distinguido de la UPR; 19 de noviembre de 2011.

[140] Carta a la rectora interina del Recinto de Río Piedras, Dra. Ethel Ríos Orlandi; 2 de julio de 2013. • Solicito que se dé curso a una investigación formal y expedita sobre mi caso y condición actual, y se tomen las medidas administrativas pertinentes. • Solicito que se incluya una investigación retroactiva (desde 2004) y extensiva a todas las contrataciones realizadas hasta la fecha actual, incluyendo el próximo semestre académico, que inicia en agosto 2013. • Solicito copia oficial de las evaluaciones que se realizaron desde 2004,

ánimo para continuar enseñado en el Recinto de Río Piedras, y adjunté mi *Currículum Vitae* actualizado. No recibí respuesta alguna durante el resto del semestre académico en curso y en enero de 2014 elevé mi denuncia y reclamos al nuevo presidente.[141] En mi carta expuse de manera concisa mi historial laboral y planteé que durante los pasados diez años he presentado a las autoridades institucionales de la Universidad de Puerto Rico prueba sustancial y consistente de mi legítima expectativa de ser integrado como profesor regular en el Recinto de Río Piedras. Apunté que a pesar de haber sido becado por la presidencia de la UPR y obtenido sobresalientemente mi grado doctoral, estuve sometido al carácter precario de contrataciones semestrales desde 2004 hasta mi cesantía injustificada en 2011. Destaqué que, desde entonces, sin mediar noticia previa y sin razones justificables, me había sido negada la renovación de contrato y me había visto forzado a subsistir bajo las condiciones del desempleo; y que, no obstante, en el curso de los años conservé la esperanza de permanecer empleado aún dentro de los términos injustos y discriminatorios propios de los contratos de "servicios profesionales" a tarea parcial. En mi esbozo señalé que cada semestre he reiterado mi disposición incondicional a continuar ejerciendo mis labores docentes con expresa intención de ocupar un puesto a tiempo completo, y denuncié que, según mi experiencia, la potestad discrecional de los directores de departamento y decanos de facultad está viciada por sus intereses y preferencias personales y no responden a los requerimientos de consideración de mérito profesional, como debiera ser. De lo contrario, -indiqué- yo no hubiera sufrido las nefastas consecuencias y daños de sus arbitrarias determinaciones, y hace tiempo hubiera tenido garantía formal de

---

los criterios precisos que justificaron mi exclusión y, a la vez, la contratación de otras personas. • Solicito copia de las credenciales del personal académico/administrativo que, desde 2004, ha tenido el encargo de evaluarme, así como las razones formales (evaluación) para denegar mi contratación. • Solicito que se envíe copia de mi *Currículum Vitae* a los decanos, decanatos académicos y directores de departamentos referidos (a nivel graduado y subgraduado), notificando mi intensión y disposición de enseñar de manera parcial o a tiempo completo, según la necesidad de cada departamento. • Solicito que se incluya nota adjunta para que cada Departamento me remita carta oficial destacando los criterios exactos de la evaluación y las razones puntuales para no contratarme.

[141] Carta al presidente de la Universidad de Puerto Rico, Dr. Uroyoán R. Walker Ramos; 27 de enero de 2014.

empleo en la Universidad de Puerto Rico. Informé, además, que este hecho lo he denunciado a otros rectores y presidentes en los pasados años, pero mis gestiones oficiales han sido sistemáticamente ignoradas, abonando al extenso repertorio de negligencias institucionales y recurrente trato irrespetuoso, abusivo y discriminatorio contra mi persona. Asimismo, sometí a su consideración una propuesta concreta para enmendar los yerros institucionales y subsanar radicalmente el problema en cuestión.

En febrero recibí notificación del presidente indicando que: "La naturaleza de los asuntos planteados en su carta requiere la consideración previa del Recinto de Río Piedras."[142] A esos fines, refirió la misma a la rectora interina "para las acciones que correspondan." A mediados de marzo todavía no había tenido respuesta de rectoría y escribí nuevamente a la rectora.[143] En abril recibí comunicación de Rectoría, indicando que se encontraban "analizando y trabajando en profundidad" el caso; y que por lo pronto "…estamos sometiendo su currículum vitae a los diferentes departamentos y escuelas del Recinto de Río Piedras." [144] Durante el tiempo restante de su incumbencia no recibí comunicación.

Años académicos 2014-2016

A inicios del nuevo semestre académico referí el asunto al nuevo rector en propiedad[145], quien había sido decano de la Facultad de Ciencias Sociales. En diciembre de 2014, recibí su respuesta, ignorando partes sustantivas de mis querellas, solicitud de información y de investigación. En su misiva indicó que remitió mi caso a sus asesores "al fin de que realizaran la investigación de la normativa aplicable a mi caso". El rector acogió las conclusiones de éstos, que alegaron que "la otorgación de la Beca Presidencial para

---

[142] Carta del presidente de la Universidad de Puerto Rico, Dr. Uroyoán R. Walker Ramos; 12 de febrero de 2014.

[143] Carta a la Rectora Interina del Recinto de Río Piedras, Dra. Ethel Ríos Orlandi; 13 de marzo de 2014.

[144] Carta de la Rectora Interina del Recinto de Río Piedras, Dra. Ethel Ríos Orlandi; 11 de abril de de 2014.

[145] Carta al Rector del Recinto de Río Piedras, Dr. Carlos Severino; 11 de septiembre de 2014.

cursar estudios doctorales no implica que el becario es acreedor o que tiene un derecho, sin más, a ocupar una plaza regular docente."[146] Esta conclusión no guarda relación alguna con mis argumentos, que evidentemente fueron ignorados, tergiversados o sacados de contexto, y constituye en lo sustancial una evasiva a atender en sus méritos mis denuncias y reclamos específicos.

No obstante, a finales de verano respondí a una convocatoria para enseñar en el Departamento de Ciencias Sociales, de la Facultad de Estudios Generales, y fui contratado por primera vez a tarea completa. La convocatoria, sin embargo, también era para ocupar una plaza probatoria, que le fue concedida a otra persona. Desde agosto de 2014 hasta mayo de 2016 (sin contar el verano) ejercí mis tareas inherentes a la docencia de manera satisfactoria y sin mayores percances, hasta la determinación de cesantía por arbitrariedad y capricho de la directora del Departamento, que me ha forzado al desempleo injustificadamente, y por lo que he tenido que apelar a las autoridades pertinentes.

En el ínterin del proceso apelativo y previniendo los efectos adversos de su injustificada dilación, llevé mi *Currículum Vitae* actualizado y cartas de intensión ofreciendo mis servicios docentes a las diversas escuelas, facultades y departamentos del Recinto. El semestre académico inició, la apelación no ha sido resuelta, y nunca recibí respuesta de oportunidad laboral de ninguna unidad.

III. Muestrario de Evaluaciones Estudiantiles[147] (2004-2016)

Desde finales de la década de los 70 las evaluaciones estudiantiles a sus profesores fueron integradas entre los criterios que regulan los procesos de evaluación del personal docente. En términos formales, deberían jugar un papel importante para efectos de retención del nombramiento y/o renovación de contratos. En parte, porque las visitas del Comité de Personal al salón de clases no se practican de manera regular y uniforme en la Institución, y, sin embargo, sí se realizan evaluaciones estudiantiles anualmente. En este sentido, la información que se desprende de éstas es la única referencia directa con la que cuentan los comités de personal para

---

[146] Carta del Rector del Recinto de Río Piedras, Dr. Carlos Severino; 8 de diciembre de 2014.

[147] Las evaluaciones estudiantiles originales están disponibles a solicitud de la Junta de Gobierno de la UPR.

"evaluar" las ejecutorias del personal docente en los salones de clase, determinar la calidad de la enseñanza y el cumplimiento con los deberes reglamentarios. No obstante, la pertinencia y relevancia que se le confiere a estas evaluaciones es desvalorada sistemáticamente, e incluso, en ocasiones, los comités de personal realizan sus evaluaciones y recomendaciones sin considerar las evaluaciones estudiantiles. Esta realidad afecta adversamente a los profesores más vulnerables, principalmente porque los miembros de comités de personal suplantan esa información por criterios subjetivos o fuentes indirectas sin prueba confiable de su validez o legitimidad.

Las razones para omitir o ignorar las evaluaciones estudiantiles son numerosas y complejas. Además de las posibles negligencias administrativas, la omisión de las evaluaciones estudiantiles viabiliza todo tipo de prácticas discriminatorias y prejuiciadas. Sobre todo, por parte de profesores que se sienten amenazados u ofendidos por las opiniones y juicios valorativos del estudiantado, sea porque ponen en cuestiona-miento sus metodologías pedagógicas, porque denuncian su mediocridad intelectual, porque critican los excesos discrecionales del profesor o simplemente porque se aburren terriblemente. Al mismo tiempo, la información derivada de las evaluaciones estudiantiles puede confirmar los niveles de excelencia académica requeridos por la Institución, y consolidar los razonamientos objetivos que deben orientar los criterios de selección, evaluación, retención y renovación de contratos. La falta de transparencia de los procesos evaluativos y el secretismo interno que caracteriza las ejecutorias de los comités de personal viabiliza que las evaluaciones estudiantiles sean devaluadas o ignoradas, abriendo espacio a la sospecha de tratarse de celos profesionales y envidias. En tales casos, se trata de infracciones sistemáticas a la reglamentación institucional, negligencias y arbitrariedades. La negativa a entregar informes escritos de las evaluaciones de los comités de personal y la negativa a facilitar las evaluaciones estudiantiles a los profesores evaluados refuerza estas acusaciones.

En lo concerniente a mi caso particular, he sido evaluado por los estudiantes desde mi primer año de docencia en el Departamento de Sociología y así consecutivamente durante siete años hasta haber sido cesanteado injustamente. He solicitado copia de las mismas, que deberían conservarse en el expediente de acervo, pero me han sido denegadas o han sido desaparecidas. No obstante, conservo las originales que me fueron suplidas esporádicamente en el curso de esos siete años148, y las más recientes digitalizadas, relativas a los años académicos 2014-2016, que fueron debidamente integradas a los criterios de evaluación del Personal Docente y que formaron parte de la recomendación que hiciera para la renovación de mi contrato. A continuación, transcribo un muestrario de las mismas, como prueba documental de la calidad en el ejercicio de mi docencia…

2008 SOCI 4115 (Sociología Contemporánea)

"Es sobresaliente y su relación con los estudiantes debería se imitada por otros profesores para hacer más efectivo el proceso de aprendizaje."

"El profesor es excelente y se destaca en el tema magistralmente."

"Entiendo que este profesor es sobresaliente porque expresa un total dominio de los temas que trabaja. Expresa diferentes puntos teóricos y enfoques. Es sumamente brillante e inteligente."

"El profesor fomenta el pensamiento crítico concerniente a las políticas y relaciones sociales contemporáneas, aplicando conceptos teóricos a nuestra cotidianidad."

"El profesor… se interesa por el aprendizaje de los estudiantes mediante la discusión abierta y crítica de los temas relacionados a la clase. Se puede ver su vocación de enseñanza en cada clase que da, y discute los temas con una base teórica increíblemente profunda."

"Sería excelente que otros profesores tuvieran métodos parecidos de traer temas relevantes a discusión…"

2008 SOCI 3245 (Principios de Sociología)

"…el profesor se destaca en su materia por encima de otros profesores ya que además de mostrar un dominio excelente, estimula el interés sobre los temas planteados."

"Es un curso muy estimulante."

"Lo más impresionante de este profesor es su método de enseñanza no tradicional… trayendo innovaciones educativas dignas de reconocimiento."

---

[148] Fuente: Formulario de Evaluación del Personal Docente; Años 2008, 2009, 2011, 2016.

"Su conocimiento es realmente profundo sobre una diversidad de temas. La exposición y transmisión de sus conocimientos también es sobresaliente. Es un profesor abierto a la ayuda de sus estudiantes y muy excelente como persona."

"Este profesor es excelente porque verdaderamente busca que los estudiantes aprendan…"

"El curso me encantó porque aprendí mucho. Vi el mundo de otra manera, gracias a los detalles que él explicó en clase. …Ahora tengo la mente mucho más abierta y puedo debatir con otros compañeros sobre temas incómodos de manera natural y firme."

"El profesor… posee una conciencia social, y con los estudiantes que muy pocos profesores poseen. La universidad necesita más personas que piensen como él y se preocupen por su país como él lo hace."

"Su método de enseñanza es muy efectivo… Mi experiencia en este curso ha sido la mejor… me gustó y al mismo tiempo aprendí muchísimo."

"El profesor demostró tener muchos conocimientos en su área de trabajo y la clase fue una interesante y que cautivó a los estudiantes con temas bien controversiales."

"El profesor es muy eficiente. Nunca ha faltado a clase, es puntual, está siempre dispuesto y accesible para el estudiante. Además, promueve el uso de las facilidades del recinto para la investigación."

"El profesor es muy bueno porque nos deja hablar de las creencias y opiniones de los demás, las lecturas y películas que nos dio fueron interesantes, nos trató con respeto y como adultos."

2009 SOCI 4005 (Teoría Sociológica)

"El profesor es un ejemplo para muchos otros porque no solo demuestra conocimiento en su concentración sino también en muchas otras."

"Que siga siendo como es, que nunca cambie, porque su método de enseñanza y su personalidad motivan al estudiante."

"Su manera de comunicarse a los estudiantes es muy humilde y cordial, lo que brinda confianza y seguridad al estudiante."

"Puedo decir que tiene capacidad para enseñar distintas áreas de las ciencias sociales y que tiene un conocimiento muy rico en todo y nos ayuda a comprender cosas de la realidad de la vida."

"Para mí.... Debería haber más profesores como el."

"El profesor es sobresaliente, conduce su clase y asigna lecturas largas… bien interesantes y pertinentes al curso."

"Considero que es un excelente profesor. Demuestra ser un tremendo académico. Muy pro-estudiante."

2009 SOCI 3245 (Principios de Sociología)

"Su trato con el estudiante es uno que facilita al estudiante aprovechar al máximo su clase. Inspira confianza."

"Tremenda clase, tomaría otra con este profesor."

"Los tópicos sociales son esbozados de manera magistral. Mantiene el equilibrio entre lo social, lo político y lo económico."

"Es muy eficiente… me siento parte de la enseñanza, nos anima a leer e investigar."

"De verdad, me lo he gozado."

"Considero que su nivel humano y realista es uno que te hace ver las cosas desde un punto de vista humanista. Sucesos que pasan en nuestro país y el mundo, aprendes de ellos y ser mejor ciudadano."

"Ha sido una experiencia magnífica y enriquecedora."

2011 SOCI 3267 (Técnicas de Investigación Sociológica)

"…ha demostrado un gran conocimiento y gran capacidad, su método de enseñanza hace la clase interesante y nos permite salir del modelo convencional creando un conocimiento e interés mayor en la investigación."

"Creo que lo más sobresaliente es que el profesor te plantea situaciones reales, a diferencia de muchos profesores que se enfocan en una teoría que muchas veces ni ellos logran comprender. Este profesor lleva el pensamiento crítico a otro nivel."

"Es muy exigente... he aprendido con él más que con otros dos juntos."

2016 CISO 3122 (Introducción a las Ciencias Sociales)

"Un excelente profesor que tiene interés porque los estudiantes aprendan y toma en consideración las situaciones individuales de los alumnos."

"Sumamente dedicado a la enseñanza, utiliza mecanismos diferentes para promover genuino interés entre sus estudiantes."

"Es un profesor sumamente preparado y siempre trae temas interesantes que me llaman la atención y a mi juicio a los demás también."

"Buen profesor, que le interesa que sus estudiantes aprendan y fomenta pensar por cuenta propia."

"Él es tremendo profesor, cubre muy bien los temas de la clase y ofrece una clase muy dinámica."

IV. El otorgamiento de la Beca Presidencial y consecuente obtención de grado doctoral constituyen fundamentos razonables de expectativa laboral, de reclutamiento, retención en el empleo y renovación de contrato.

La planificación del reclutamiento del personal docente siempre ha estado ligada a los objetivos y compromisos institucionales de excelencia académica, y ésta ha sido parte fundamental del desarrollo de la Universidad de Puerto Rico, según dispuesto en la Ley de 1966 y su Reglamento General. Es dentro de este contexto que adquieren pertinencia el programa de becas presidenciales y la adopción del principio de mérito[149], ambos integrados al sistema universitario del Estado desde mediados de la década de los 70. El marco legal y reglamento del programa de becas presidenciales se formalizó institucionalmente durante este periodo por el Consejo de Educación Superior (CES). El reglamento fue enmendado por la Certificación Núm. 137 (1981-1982), y sustituido

---

[149] El principio de mérito se adopta en la UPR en base a las disposiciones de la Ley Núm. 5 (14 de octubre de 1975) (Ley de Personal del Servicio Público de Puerto Rico). Reglamento General. Sección 98.31 - Principio de mérito - Principio según el cual se selecciona y administra sobre la base de la capacidad sin discrimen por razones de raza, color, sexo, nacimiento, edad, origen, condición física o condición social, ni por razones políticas o religiosas.

posteriormente por un nuevo reglamento mediante la Certificación Núm. 103 (1988-1989). Esta certificación establece el propósito del programa: "...dotar a la UPR de los recursos docentes e investigativos de excelencia requeridos para atender las necesidades del presente y del futuro" mediante la creación de becas "para estudios graduados y profesionales en áreas de particular interés para la institución."

A tales fines, al menos desde inicios de la década de los 80, pueden registrarse los esfuerzos administrativos centrales en promover como prioridad la selección y el reclutamiento de profesores con grado doctoral.[150] En los casos en que previamente se hubiera reclutado personal sin doctorado, la política institucional de la época fomentó la contribución económica para "mejorar la preparación académica" de sus docentes y estableció como criterio de evaluación el requisito doctoral. Además del grado terminal, se reforzaron los criterios de evaluación del personal docente, desde su "capacidad y habilidad como maestros" hasta la calidad su "labor de investigación y creatividad". Las expectativas expresas en el nuevo plan de reclutamiento se sostenían en la premisa de que "si se utilizan criterios de excelencia académica en la selección del personal docente, si se estimula a los profesores a concluir sus estudios y si luego se les retribuye apropiadamente, lograremos un cuerpo de claustrales de la más alta calidad, vital para nuestros ofrecimientos."

La misma política ha sido sistemáticamente refrendada en el curso de los años. Entre 1988 y 1998, varias certificaciones y circulares reafirmaron que para propósito de reclutamiento para "el ejercicio de las cátedras" era requisito el grado terminal: "No se reclutará en plaza docente a ninguna persona que no ostente el grado terminal en su disciplina que, por regla general, será el grado doctoral. Estos mismos principios aplicarán a contratos de servicios que excedan de la mitad de la carga docente regular."[151]

---

[150] Circular Núm.80-77 (10 de abril de 1980) emitida por el Rector Antonio Miró Montilla y dirigida a los decanos y directores.

[151] Circulares Núm. 80-77 y Núm. 12 (1988-89) del Rector; Circulares núm. 11 (1989-90) y núm. 10 (1990-91) del Decano de Asuntos Académicos; Certificación núm. 83 del Senado Académico, UPR-RP; Certificación Núm. 110 (1997-98) de la Junta Administrativa, UPR-RP; 20 de marzo de 1998.

Asimismo, durante este periodo se reafirmaron los objetivos y criterios reglamentarios para el proceso de reclutamiento docente[152], acentuando que el propósito de dichos procesos es "...que el Recinto se renueve y nutra con el personal idóneo, las nuevas ideas, las perspectivas y el peritaje adecuado para cumplir con la misión, metas y objetivos institucionales. Ello requiere la búsqueda de los mejores candidatos, con la más alta preparación académica, en conformidad con nuestra reciente clasificación como institución doctoral..."[153] En la misma certificación, el Decanato de Asuntos Académicos enfatizó que "para todos los reclutamientos, incluyendo los contratos de servicio, es necesario que las unidades tengan el cuidado de presentar a los candidatos en la mejor luz posible, de manera que se haga evidente la idoneidad de la persona para la plaza o cursos..." A tenor con el propósito expreso, también dispuso que los nombramientos y la carga académica asignada debían atender las necesidades académicas, y que "los comités de personal (...) deberán ser explícitos en el señalamiento de los méritos de cada candidato."

Para viabilizar el compromiso histórico con la excelencia académica, el Decanato de Asuntos Académicos del Recinto de Río Piedras reconoció la necesidad institucional de garantizar "una facultad diversa, con la mejor y más completa preparación académica, dedicada al estudio crítico, a la investigación creadora y al proceso de enseñanza y aprendizaje efectivo."[154] A tales fines, precisó como

---

[152] Disposiciones y circulares del Recinto que reafirman los criterios para el reclutamiento de docentes y establecen las directrices pertinentes conforme a las secciones 46 y 47 del Reglamento General de la UPR: • Certificaciones del Senado Académico: núm. 76 (1988-89); núm. 72 (1991-92); núm. 83 (1991-92) • Circulares del Rector: núm. 77 (10 de abril de 1980); núm. 3 (29 de julio de 1983); núm. 10 (1 de noviembre de 1988); núm. 12 (22 de noviembre de 1988) • Circulares de Decano de Asuntos Académicos: núm. 11 (11 de junio de 1990); núm. 10 (30 de abril de 1991)

[153] Circular Núm. 1 (1994-95) del Decanato de Asuntos Académicos (Criterios para el Proceso de Reclutamiento Docente). UPR-RP.

[154] Circular Núm.3 (2003-04) del Decanato de Asuntos Académicos. UPR-RP. En base a estos propósitos, la circular citada dispuso que el acervo de candidatos a puestos docentes debía integrar como información mínima los siguientes requisitos: • Grado académico terminal de una universidad acreditada • Capacidad para investigación y para la enseñanza efectiva • Experiencia en la enseñanza al nivel de educación superior • Publicaciones • Disponibilidad para dirigir tesis • Experiencia profesional, en preparación de propuestas... • Compromiso con la investigación y publicación en su área de

requerimiento de la planificación institucional "la selección de los mejores candidatos. Estos deben contar con la más alta preparación académica para el ejercicio de la cátedra, la investigación y la labor docente."[155] A finales de los años 90 el requisito de grado doctoral se refrendó como "norma general" para otorgar nombramientos permanentes o probatorios, y se hizo extensiva a nombramientos temporeros o sustitutos y a contratos de servicio que excedan la mitad de la carga académica regular. En 2006, la Junta de Síndicos enmendó el Reglamento General (Art. 42 Secc.42.1 y 44.1) disponiendo que para desempeñarse como *profesor* o *investigador* en la UPR a tiempo completo y parcial se requerirá haber obtenido el grado doctoral.[156]

Aunque durante varias décadas la política institucional ha sido insistente en cuanto al requisito doctoral como criterio de selección y reclutamiento del personal docente, los informes más recientes evidencian un elevado número de profesores con permanencia y de profesores bajo contratos que no cumplen con el requerimiento.[157] Esta realidad pone en tela de juicio los procesos de selección, reclutamiento y retención de docentes, y levanta sospechas sobre los criterios que prevalecen bajo la jurisdicción de los funcionarios encargados del proceso…

---

especialidad y/o en el área de enseñanza-aprendizaje. Además, indicar que el Recinto de Río Piedras es un patrono con igualdad de oportunidades de empleo.

[155] Certificaciones Núm. 84 y Núm. 110 (1997-1998), de la Junta Administrativa, RRP; y Circular Núm. 8 (1999-2000), Política de requerimiento del grado doctoral y sus excepciones, Oficina del Rector, UPR-RP. Circular Núm. 89 (1999-2000) del Rector George V. Hillyer, Ph.D. (Proceso de Planificación Académica y Reclutamiento de Personal) a Decanos y Directores de Departamentos Académicos; UPR-RP.

[156] Certificación Núm. 15 (2006-2007) de la Junta de Síndicos.

[157] En el Recinto de Río Piedras, del total del personal docente para el año 2016, el 69% (852) tenía doctorado y el 29% (361) maestría. Del total de 744 docentes permanentes y probatorio en el Recinto, el 81% (601) tiene doctorado. En el caso de los 183 docentes contratados a tiempo completo, el 52% (96), posee doctorado, y de los 157 contratados a tiempo parcial, el 30% (47) tiene doctorado. (Informe Final del Comité Conjunto para estudiar las contrataciones del personal docente y la congelación de plazas en el Recinto de Río Piedras. Senado Académico; 21 de abril de 2016)

No obstante, es dentro de este proyecto institucional y su marco de planificación estratégica que todavía guarda vigencia el programa de becas presidenciales. A pesar del contraste con los datos estadísticos y las prácticas arbitrarias de algunos funcionarios, la política institucional y los reglamentos establecen formalmente los criterios de selección, reclutamiento, evaluación y retención del personal docente. En este sentido, la otorgación de becas presidenciales forma parte integral del proceso formativo de los docentes del sistema universitario del Estado y, a la par con la consecuente obtención del grado doctoral, se materializa un pacto contractual que, por su naturaleza, crea expectativas razonables de empleo en los depositarios de la beca presidencial y, sobre todo, en quienes entre ellos han obtenido satisfactoriamente el grado terminal, que es condición para la selección, retención y renovación de contratos docentes.

***[158]

Durante mis años de estudios en la Maestría de Trabajo Social y Sociología fui representante estudiantil del Recinto de Río Piedras en la Junta Universitaria y Senador ex-oficio. Durante mi incumbencia en la Junta Universitaria[159] (1994 a 1996) y como Senador, fui miembro del Comité de Asuntos Académicos[160], del Comité de Reglamento y Ley Universitaria[161], y del Comité de

---

[158] Los documentos de referencia a continuación han estado disponibles para corroboración de la parte apelada durante todo el proceso apelativo. Del mismo modo, están disponibles a solicitud de la Junta de Gobierno de la UPR.

[159] Carta de certificación como representante estudiantil ante la Junta Universitaria; firmada por el Secretario Ejecutivo de la unta Universitaria, Pedro G. Cruz Sánchez, JD, a nombre del presidente, Dr. Norman I. Maldonado; Junta Universitaria, Administración Central, UPR; 25 de octubre de 1994 / Certificación Núm. 35 (1994-1995) del Senado Académico, UPR-RP. / Certificación Núm. 33 (1995-1996) del Senado Académico, UPR-RP.

[160] Carta de nombramiento al Comité de Asuntos Académicos del Senado del Recinto de Río Piedras; firmada por el Rector Efraín Gonzales Tejera; 2 de noviembre de 1994

[161] Carta de nombramiento al Comité de Reglamento y Ley Universitaria del Senado Académico del Recinto de Río Piedras, firmada por el Rector Efraín Gonzales Tejera; 2 de noviembre de 1994.

Planificación Estratégica del Recinto de Río Piedras.[162] Todas las dimensiones de mi vida estudiantil graduada estuvieron estrechamente ligadas a los procesos académicos y político-administrativos de la Institución, y en el desempeño de mis responsabilidades tuve conocimiento directo de las políticas y reglamentos institucionales. En 1998 obtuve mi grado de Maestría en Sociología con mención sobresaliente.[163] Durante los años subsiguientes fui profesor en las principales instituciones universitarias de Puerto Rico, preparando e impartiendo una diversidad de cursos en las disciplinas de las ciencias sociales y las humanidades.[164] Durante el semestre académico de enero a mayo de 2001 enseñé el curso de Ciencias Sociales en la Facultad de Estudios Generales del Recinto de Río Piedras. No obstante, sabía que para aspirar a una plaza regular en la Universidad de Puerto Rico no bastaban el grado de Maestría y los años de experiencia docente, y que el doctorado en una universidad acreditada y prestigiosa fuera del País era una condición fundamental para ser reclutado y poder cualificar para un puesto catedrático como carrera de vida. Ese mismo año recibí la distinción de la Beca Presidencial por mis méritos académicos e inicié estudios doctorales en la Universidad Complutense de Madrid (UCM), España.

Durante los años de estudio doctoral cultivaría la expectativa de regresar con las cualificaciones necesarias para integrarme a la

---

[162] Carta de certificación de nombramiento al Comité de Planificación Estratégica del Recinto de Río Piedras, firmada por el Rector Efraín Gonzales Tejera; 30 de agosto de 1995.

[163] Mis transcripciones de créditos, evaluaciones de tesis y diplomas están disponibles de ser requerido por la Junta de Gobierno de la UPR.

[164] Entre los cursos preparados y enseñados están: • Criminología • Teoría Sociológica • Sociología de la Variación de la Conducta • Cambio Social y Cultural • Principios de Sociología • Sociología Contemporánea • Técnicas de Investigación Sociológica • Introducción a las Ciencias Sociales I y II • Fundamentos del Conocimiento en las Ciencias Humanas • Moral Social • Sociedad Global • Dimensiones Éticas de Asuntos Contemporáneos • Ciencia, Tecnología y Sociedad • Sociedad y Cultura Contemporánea • El Ser Humano y la Sociedad • Estructura y Cambio Social • Problemas Sociales de Puerto Rico • Historia del Pensamiento Social • El Individuo y sus Procesos Formativos • Introducción a la Demografía • Estudios Humanísticos • Historia de Puerto Rico • Humanidades • Desarrollo Económico y Urbano de Puerto Rico • Historia del Pensamiento Político • Sociología de la Familia • Sociología de la Desviación; entre otras.

fuerza laboral docente de la UPR. La política institucional y las comunicaciones oficiales animaron desde los inicios mi expectativa laboral. Así lo evidencia la primera carta que recibí en 2001: "Me complace informarle que fue seleccionado para recibir la Beca Presidencial para el año académico 2001-2002. La otorgación de esta Beca es un reconocimiento a su desempeño académico y nos brinda la oportunidad de apoyar la formación de profesionales de excelente calidad, dispuestos a servir a la Universidad de Puerto Rico..."[165] Además, aceptar esta beca implicaba un compromiso contractual de servir a la UPR y lo acepté con gran entusiasmo y sin vacilaciones.

Durante este periodo, el presidente interino Jorge L. Sánchez, M.D., fue sustituido por el Lic. Antonio García Padilla, designado presidente de la Universidad de Puerto Rico. Completados cabalmente los requerimientos académicos doctorales del año académico 2001-2002 en la UCM[166], y en acorde a las estipulaciones contractuales con la UPR, el Comité de Beca Presidencial, adscrito a la Vicepresidencia para Asuntos Académicos e Investigación, recomendó al presidente García Padilla la otorgación de la beca presidencial para el año académico 2002-2003. En su carta informativa, el presidente reiteró que el programa de becas presidenciales para estudios doctorales "...es un esfuerzo institucional meticuloso y juicioso para garantizar que la Universidad pueda anticiparse a las exigencias de un mundo en acelerado cambio mediante la formación planificada de sus cuadros académicos y profesionales. La selección es un reconocimiento a sus méritos y una demostración de confianza en su potencial de servicio al pueblo de Puerto Rico..."[167] Asimismo, el Comité de Beca Presidencial reiteró que: "Adquiere usted la obligación... de rendir servicios en la

---

[165] Carta de concesión de Beca Presidencial a Gazir Sued (año académico 2001-2002), firmada por el Presidente Interino, Jorge L. Sánchez, M.D.; 19 de julio de 2001.

[166] Informe de progreso académico de Gazir Sued, en cumplimiento de requerimiento contractual, 28 de abril de 2002.

[167] Carta de renovación de Beca Presidencial (año académico 2002-2003), firmada por el presidente Antonio García Padilla; 22 de julio de 2002.

Universidad de Puerto Rico (…) luego que complete su grado doctoral."[168]

A fin del año 2002 presenté el informe de evidencia de progreso académico y cumplimiento de todas las condiciones contractuales con la UPR.[169] En su carta de recomendación[170], el Dr. José Miguel Marinas, profesor, tutor académico para el doctorado y coordinador de tesis, declaró que he realizado "con alto rendimiento y calidad" los trabajos de investigación durante el curso lectivo 2002-2003. Sobre mi labor académica destacó la excelencia de mi desempeño y sobre mi trabajo investigativo señaló que "…reúne en alto grado los requisitos de rigor teórico y metodológico, originalidad de planteamientos e interés científico del tema."

Como requisito oficial para considerar mi solicitud de renovación de la "ayuda económica" del Programa de Beca Presidencial para el año académico 2003-2004, rendí la documentación pertinente, carta de recomendación e informe sobre mi plan de estudio para culminar el grado doctoral.[171] Evaluado mi expediente académico en sus méritos, el Comité Institucional de la UPR recomendó la renovación de la Beca Presidencial para el semestre académico 2003-2004. En la carta oficial que me informa la determinación de otorgarme la Beca Presidencial, el presidente García Padilla reiteró: "Como usted sabe, el Programa de Beca Presidencial respalda los estudios hacia el doctorado de ex alumnos destacados de la Universidad de Puerto Rico en áreas de particular interés para la institución. Es por ese motivo que el contrato que usted debe firmar estipula su compromiso de rendir servicios…" en la Universidad de Puerto Rico. Y concluye: "Estamos seguros de que,

---

[168] Carta del Comité de Beca Presidencial, firmada por Ida de Jesús, de la Vicepresidencia para Asuntos Académicos de la Universidad de Puerto Rico, 22 de julio de 2002.

[169] Informe de progreso académico de Gazir Sued, en cumplimento de requerimiento contractual, 2 de diciembre de 2002.

[170] Carta de recomendación para la renovación de la Beca Presidencial a Gazir Sued, por el Dr. J.M. Marinas, director del Departamento de Sociología, Facultad de Psicología de la UCM, 8 de abril de 2003.

[171] Informe de progreso académico de Gazir Sued, en cumplimento de requerimiento contractual, 14 de abril de 2003.

al igual que nosotros, usted anticipa con alegría su posible reclutamiento como profesor de nuestra Universidad."[172]

Para el mes de junio de 2003 ya había completado sobresalientemente los requerimientos académicos del periodo de docencia e investigación del programa doctoral.[173] Durante el periodo sucesivo realicé diligentemente mi tesis doctoral, se constituyó el Tribunal evaluador[174] y se programó la fecha de defensa pública de la misma. En febrero de 2004 defendí mi tesis y obtuve, con calificación sobresaliente, mi grado doctoral.[175] El 4 de marzo recibí el diploma.[176]

En mayo de ese mismo año regresé a Puerto Rico, anticipando con alegría mi posible reclutamiento como profesor de la Universidad. Incluso antes de mi regreso a la Isla ya había enviado mi *Currículum Vitae* a numerosos departamentos de diversas facultades, expresando mi interés y disposición para enseñar.

A tenor con los objetivos y compromisos contractuales del Programa de Beca Presidencial, el 5 de agosto de 2004 la Vicepresidencia de Asuntos Académicos de la UPR remitió mi *Currículum Vitae* a los decanos académicos y rectores.[177] En su carta

---

[172] Carta de renovación de Beca Presidencial (año académico 2003-2004), firmada por el presidente Antonio García Padilla; 3 de septiembre de 2003.

[173] Ver transcripción de créditos ("Certificación Académica") y Diploma de Estudios Avanzados, otorgado en 24 de noviembre de 2003.

[174] La tesis fue dirigida por el Dr. José Miguel Marinas Herrera, Facultad de Psicología, UCM y el Tribunal fue integrado por: Dr. Eduardo Chamorro Romero, Facultad de Psicología, UCM; Dr. José Martínez Martínez, Facultad de Filosofía y Ciencias de la Educación, UCM; Dr. Luis García Soto, Facultad de Filosofía, Universidad de Santiago de Compostela; Dr. Carlos Gómez Sánchez, Facultad de Filosofía y Ciencias de la Educación, UCM; Dr. Joaquín Bandera González, Facultad de Psicología, UCM; Dr. Mariano Luis Rodríguez González, Facultad de Psicología, UCM; Dr. Alejandro Ávila Espada, Facultad de Psicología, Universidad de Salamanca.

[175] Certificado de otorgación de título universitario oficial de Doctor por la Universidad Complutense de Madrid, 25 de febrero de 2004.

[176] Diploma doctoral de Gazir Sued, Universidad Complutense de Madrid, 4 de marzo de 2004.

[177] Carta dirigida a Decanos Académicos y Rectores de la Universidad de Puerto Rico (Currículum Vitae de Participantes del Programa de Beca Presidencial),

certificó que yo había completado con éxito mis estudios doctorales en una universidad de prestigio fuera de Puerto Rico, y destacó mi compromiso de servicio con la UPR. Asimismo, instó a estos funcionarios a considerar la posibilidad de que prestase servicio profesional en sus unidades: "...por lo que estamos seguros que podrán considerarlos en sus próximos procesos de reclutamiento..." Ese mismo mes, el Presidente envió carta a los rectores indicando que la inversión presupuestaria en los becados tiene el propósito de que devuelvan en servicio a la Institución la ayuda otorgada: "por lo que estoy seguro fortalecerán la plantilla de profesores de cualquiera de las unidades que los incorpore."[178] En la misma carta, el presidente advirtió cambios inminentes en las normas administrativas del Programa de Becas Presidenciales, e instó a los rectores que hicieran los esfuerzos necesarios para identificar plazas para los becarios.

Las expectativas laborales cultivadas durante los años de estudio se acrecentaron con las gestiones citadas. No obstante, los trámites oficiales de la Administración Central de la UPR para cumplir sus objetivos programáticos y honrar las expectativas creadas contractualmente con los beneficiarios del Programa de Beca Presidencial, las autoridades académicas a cargo de los reclutamientos de personal docente en sus respectivas unidades hicieron caso omiso a la política institucional de presidencia e ignoraron las instrucciones de la Vicepresidencia de Asuntos Académicos. Desde 2004 hasta el presente, la inmensa mayoría de las unidades (recintos, facultades y departamentos) no han tenido siquiera la deferencia de responder a mis solicitudes, y me han denegado los informes de evaluación de los Comités de Personal a pesar de que he expresado reiteradamente mi interés en saber por qué no he sido considerado para ejercer la docencia, por qué se me ha negado oportunidad de empleo a pesar de mis cualificaciones y méritos, y por qué, sin embargo, han reclutado personal docente que posee credenciales inferiores a los míos, según los criterios institucionales vigentes.

Esta situación no solo evidencia una práctica generalizada de desentendimiento de la política institucional estratégica que engloba el Programa de Becas Presidenciales, sino que pone de manifiesto,

---

firmada por la vicepresidenta de Asuntos Académicos, Celeste E. Freytes, Ed.D; 5 de agosto de 2004.

[178] Carta del presidente Antonio García Padilla a los rectores y rectoras; 17 de agosto de 2004.

además, la violación sistemática del principio de mérito, que es la base del régimen de contratación de personal docente en la Universidad y del requerimiento legal de igual oportunidad de empleo. Dentro de este contexto, mi historial laboral en la Universidad ha sido indigno y frustrante.[179] No obstante, la distinción académica de la Beca Presidencial y la obtención de mi grado doctoral con méritos sobresalientes en una Universidad de prestigio fuera de Puerto Rico, siguen siendo, entre otros, fundamentos razonables para cultivar la esperanza de ser reclutado como profesor regular...

V. La continuidad de años de servicio docente, la ratificación constante de la idoneidad entre el acervo de candidatos mediante las evaluaciones y la revalidación de las recomendaciones de los Comités de Personal, constituyen fundamentos razonables de expectativa laboral, de reclutamiento, retención en el empleo y renovación de contrato.

A mediados de la década de los 70 fueron celebradas consultas oficiales entre los claustrales del Recinto de Río Piedras, que definirían las normas y procedimientos a establecerse para la evaluación de profesores con fines de permanencia y promoción de rango. Para entonces, la administración institucional reconocía la insatisfacción generalizada sobre dichos procedimientos y procedió a corregir la situación "para poder atender con equidad los reclamos legítimos de los claustrales y establecer las condiciones de trabajo institucional que enriquezcan la calidad de la enseñanza superior."[180] La comisión claustral creada en 1974 para tales fines, estuvo integrada por representantes de las distintas facultades. En su informe destacó la necesidad imperativa de superar las improvisaciones que caracterizaban las gestiones académicas y administrativas de la época, y de establecer reglamentación "clara, definida y uniforme" "que permita bregar con la evaluación de los profesores con la mayor justicia y equidad, y que asegure y promueva el fundamental objetivo universitario de mejorar la calidad de la docencia."[181] La primera

---

[179] Tabla: Relación de cursos por "contrato de servicio" como Docente de Enseñanza e ingresos semestrales (2001-2016); pp.302-303.

[180] Carta Circular Núm.75-10 del Decanato de Estudios, UPR-RP; 31 de marzo de 1975.

recomendación fue la adopción de un reglamento que garantice un "procedimiento común" en todos los departamentos y facultades, "que reglamente y ordene por igual la evaluación de profesores, tanto para la renovación de contratos como para la concesión de permanencia y ascenso de rango." Como fundamento de principio y de Derecho, la Comisión concluyó: "Las más elementales nociones de trato igual, de debido proceso de Ley y de Justicia, exigen que todos los profesores posean los mismos derechos y las mismas obligaciones en lo que respecta el modo en que habrá de conducirse su evaluación." Asimismo, argumentó que no existen razones académicas que justifiquen la disparidad en los procedimientos evaluativos y que no existe justificación legítima para contradecir los principios y fundamentos de Derecho invocados. A tenor con ello, la Comisión precisó la uniformidad del proceso mediante el establecimiento de "un mismo conjunto de criterios". Además, promovió que de manera simultánea se realizaran diversas actividades "para estimular el desarrollo personal y el mejoramiento profesional de los nuevos profesores que se unen a la comunidad académica…" y que éstos debían ser objeto de "evaluaciones obligatorias cada año hasta obtener la permanencia…" El cuerpo responsable de las evaluaciones claustrales sería un Comité de Personal departamental, y sus funciones debía ejercerlas siguiendo los criterios reglamentarios.[182] Entre éstos dispone que: "Luego de finalizada la evaluación de cada candidato, y después de discutir con dicho candidato el resultado de la evaluación, el Comité preparará un informe escrito respecto a cada candidato evaluado, que contenga las conclusiones y fundamentos de la evaluación. Copia del informe se le entregará al candidato evaluado, quien podrá formular por escrito sus comentarios u objeciones al informe final del Comité…"

Las fuentes de información a considerar por el Comité de Personal (Currículum Vitae, evaluaciones en salón de clases, evaluaciones estudiantiles, etc.) y los criterios de evaluación de profesores, no han variado sustancialmente desde entonces: I. Calidad de la enseñanza[183]; II. Cumplimiento de los deberes y

---

[181] Informe de la Comisión del Recinto de Río Piedras sobre Normas y Criterios de Evaluación de Profesores, 1974-1975.

[182] Procedimientos de Evaluación de Profesores (Apéndice I); Op.cit.

[183] A. Dominio de la materia (1. Muestra competencia en su disciplina; 2. Revela estar al día en su materia; 3. Afronta eficazmente las preguntas del estudiante; 4.

dedicación al servicio universitario[184]; III. Trabajos de investigación y publicaciones[185]; IV. Preparación y mejoramiento académico[186]; V. Otros criterios.[187] El procedimiento posterior tampoco ha variado significativamente: el informe de evaluaciones y recomendaciones del Comité de Personal del Departamento debe ser elevado al Comité de Personal de la Facultad y, consecuentemente, el decano de la Facultad debe remitirlo al rector.

Comparte con otros compañeros sus conocimientos en el campo de su especialidad, formal o informalmente; 5. Hace aportaciones de contenido al curso que enseña) B. Estrategias: Métodos y Técnicas de la Enseñanza (1. Usa técnicas y métodos adecuados a la materia que enseña; 2. Estimula la participación activa del grupo; 3. Permite preguntas de sus estudiantes; 4. Acepta discrepancias como aspecto importante del proceso educativo; 5. Explora mediante preguntas el nivel de entendimiento de los estudiantes; 6. Organiza el trabajo adecuadamente. C. Habilidad para comunicarse (1. Explica con claridad, precisión y efectividad; 2. Atiende los puntos de vista de los estudiantes; 3. Estimula la atención del estudiante; 4. Está pendiente de signos de duda o confusión de los estudiantes; 5. Respeta e inspira el respeto del estudiante.) D. Procedimientos y medios para evaluar a los estudiantes (1. Da a conocer anticipadamente los criterios a base de los cuales serán evaluados los estudiantes; 2. Utiliza la evaluación como parte integrante del proceso enseñanza-aprendizaje; (...)

[184] B. Puntualidad en la realización de los trabajos relacionados con la enseñanza (1. Cumple cabalmente su horario de clase; 2. Cumple cabalmente con el periodo de duración de clases; 3. Cumple con sus horas de oficina; 4. Entrega a tiempo el prontuario; 5. Entrega a tiempo los bosquejos de los cursos; 6. Entrega las calificaciones finales de los estudiantes en el tiempo estipulado; 7. Asiste regularmente a las reuniones de Departamento, Facultad y Claustro.) C. Trabajos de Comités (1. Disponibilidad para trabajar en comités; (...)6. Participación activa en los trabajos de los comités...)

[185] A. Publicaciones (1. Libros; 2. Artículos; 3. Otras formas de publicaciones); B. Trabajos escritos inéditos; C. Creación; D. Labor de investigación en proceso)

[186] A. Años de servicio docente; B. Estudios y grado completados; C. Actitud hacia los estudios formales; D. Participación en actividades académicas; E. Viajes y otras actividades culturales.

[187] A. Servicios a la Universidad; B. Conferencias públicas y congresos...; C. Reconocimientos y honores recibidos; D. Participación en labores de servicio público; E. Enseñanza en otras instituciones universitarias, y experiencia del profesor en el ejercicio de su profesión; F. Asociaciones profesionales; G. Participación y colaboración con actividades estudiantiles.

A partir de mediados de la década de los 90, las autoridades académicas institucionales reiteraron que para todo reclutamiento y contratación las unidades debían "demostrar la idoneidad de la persona seleccionada para la tarea asignada".[188] Consecuentemente, reiteraron que debían mantener un "acervo de candidatos de excelencia" para los ofrecimientos académicos atendidos por medio de contratos de servicio, nombramientos sustitutos y temporeros.[189] La "necesidad" de ese tipo de contratación fue enmarcada dentro de la planificación académica de las unidades o por el surgimiento de "situaciones imprevistas".

Al margen de las condiciones de precariedad laboral de los profesores contratados a tiempo definido, entrado el nuevo milenio la Institución continuó reafirmando que la finalidad de los procesos de contratación era garantizar la "selección de los candidatos con las más altas calificaciones". Hasta inicios del año académico 2000-2001, el proceso de renovación de contratos sólo requería acompañar el formulario de solicitud con la carta de recomendación del Comité de Personal correspondiente al período de vigencia de los servicios. Con miras a fiscalizar efectivamente dichos procesos, fue limitada la vigencia máxima de las recomendaciones para contratos temporeros a tres años, requiriendo la actualización del *Currículum Vitae* y otras evidencias sujetas a los criterios de evaluación que sustentaran la recomendación de renovación de contrato.[190] A partir de 2002, todas las renovaciones de nombramientos y contratos de servicios para tarea docente que hubieran cumplido tres o más años "requerirán de la revisión previa de las calificaciones académicas de los candidatos por el Decanato de Asuntos Académicos, por lo que las unidades deberán someter los documentos actualizados"

Durante este periodo, las autoridades académicas institucionales ratificaron los fundamentos y objetivos del régimen de

---

[188] Circular Núm. 1 (1994-1995) del Decanato de Asuntos Académicos, UPR-RP.

[189] Circular Núm. 3 (2003-2004) del Decanato de Asuntos Académicos, UPR-RP.

[190] Circular Núm. 11 (2000-2001) del Decanato de Asuntos Académicos (Vigencia de la recomendación académica para la renovación de nombramientos, contratos de servicio y compensaciones adicionales para tarea docente)

contratación del personal docente[191]: "El reclutamiento debe recaer en los más idóneos, de acuerdo con la normativa vigente y las transformaciones en la definición de la labor docente en el Recinto, que establecen la carga académica como: "el conjunto de actividades enseñanza, investigación, creación y servicio que realiza el personal docente...".[192] La renovación de contratos de servicio o nombramientos temporeros "debe ser el resultado de la evaluación del desempeño y de su selección como el candidato más idóneo del acervo."[193]

Los mismos principios de justicia y equidad sobre los que se asentaron los criterios de selección y evaluación del personal docente durante la década de los 70 siguen vigentes en la actualidad, y están integrados en el Reglamento General de la Universidad de Puerto Rico y las certificaciones relacionadas y en vigor.[194] Enmarcado dentro de su debido contexto, el cumplimiento cabal de lo dispuesto en el Artículo 43[195] del Reglamento General (Criterios para la selección de personal) constituye fundamento de Derecho inequívoco de expectativa laboral que trasciende los términos fijos del contrato temporal. Asimismo, la expectativa laboral creada se refuerza fuera de toda duda razonable con el cumplimiento riguroso de las disposiciones del Artículo 45 (Evaluación del personal

---

[191] Circular Núm. 9 (2003-2004) del Decanato de Asuntos Académicos (Guía para el Plan de Desarrollo Académico de Programas)

[192] Certificación Núm. 153 (2000-2001) del Senado Académico del Recinto de Río Piedras.

[193] Circular núm. 4 (2004-05) del Decanato de Asuntos Académicos; UPR-RP.

[194] Guía General y Criterios para la Evaluación del Personal Docente del Recinto de Río Piedras de la Universidad de Puerto Rico; aprobado por el Senado Académico, Reunión extraordinaria, 30 de abril de 2015 (Certificación Núm.113, Año 2014-2015.

[195] Artículo 43 Criterios para la Selección del Personal: Los candidatos a cargos en cualquiera de las categorías del personal docente, se seleccionarán utilizando, entre otros, los siguientes criterios: • Secc. 43.1 Calidad del expediente académico y calidad de las universidades donde realizó estudios. • Secc. 43.2 Dominio de la materia a enseñar y capacidad para integrarla con áreas afines. • Secc. 43.3 Experiencia en la docencia y en la aplicación de los conocimientos en un campo particular. • Secc. 43.4 Trabajos publicados y conferencias dictadas. • Secc. 43.5 Identificación con la filosofía y los objetivos de la Ley de la Universidad. • Secc. 43.6 Capacidad para la investigación científica o la labor creativa.

docente[196]) y del Artículo 63 (Deberes y Atribuciones del Personal Docente[197]) del Reglamento General. En este sentido, resulta concluyente que la continuidad de años de servicio docente, la ratificación constante de la idoneidad entre el acervo de candidatos

---

[196] Artículo 45 - Evaluación del Personal Docente En las evaluaciones de la ejecutoria de los miembros del personal docente para los distintos fines, se tomarán en cuenta los siguientes factores: • Secc. 45.3.1 Calidad de la enseñanza, la investigación o la divulgación • Secc. 45.3.2 Dedicación a las labores y al servicio universitario. • Secc. 45.3.3 Cumplimiento de los deberes docentes. • Secc. 45.3.4 Mejoramiento profesional • Secc. 45.3.5 Cooperación en los trabajos de la facultad, incluyendo comités y programas de estudios • Secc. 45.3.6 Trabajos de investigación y creación realizados • Secc. 45.3.7 Conferencias sobre materias propias de su campo • Secc. 45.3.8 Publicación, exposiciones, conciertos y otras actividades análogas • Secc. 45.3.9 Reconocimientos recibidos • Secc. 45.3.10 Opiniones fundamentadas y sustanciadas de sus compañeros y otras personas relacionadas con su trabajo • Secc. 45.3.I I Actitud profesional: disposición del profesor para participar en actividades profesionales; su equidad, tacto, sensatez, discreción y objetividad en el manejo de las situaciones en que participa; cooperación espontánea con la unidad a la cual sirva y con la institución en general.

[197] Artículo 63 - Deberes y Atribuciones del Personal Docente: • Secc. 63.I Personal docente en general. Además de las responsabilidades que se describen en los Artículos 64 y 65 y en otras disposiciones de este Reglamento, el personal docente en general tendrá las siguientes responsabilidades con relación a los asuntos que se indican a continuación: • Secc. 63.I.I- Desarrollo de objetivos - Laborar para el desarrollo efectivo de los objetivos de su departamento y facultad, de su unidad institucional y de la Universidad. • Secc. 63.1.3 Presentación y discusión de planteamientos -Participar en la presentación y discusión de planteamientos y recomendaciones ante los organismos correspondientes, con relación a asuntos que afecten la orientación y desarrollo de su departamento, facultad y unidad institucional, utilizando los mecanismos y procedimientos establecidos por ley o reglamento. • Secc. 63.1.4 Respeto a valores fundamentales -Velar por que, dentro de su ámbito de acción, ya sea en la cátedra, en la biblioteca, en la investigación científica, o en la divulgación técnica, se guarde el mayor respeto a la honradez intelectual, a la búsqueda de la verdad y a las opiniones discrepantes. • Secc. 63.I.7 - Información al día en su disciplina -Mantenerse al día en el área de su especialización y enterado de las corrientes pedagógicas y culturales de la época. • Secc. 63.1.8 Participación en programas de adiestramiento y mejoramiento profesional que se ofrezcan en su departamento y facultad. • Secc. 63.I.9 – Participación o cooperación en procesos de evaluación -Participar y cooperar en los procesos de evaluación de su labor y la de sus compañeros. • Secc. 63.1.10 - Planificación del programa académico -Participar en la planificación del programa académico de su departamento o facultad. • Secc. 63 I.I I – cumplimiento de obligaciones relacionadas con la tarea docente.

mediante las evaluaciones y la revalidación de las recomendaciones de los Comités de Personal, constituye fundamentos razonables de expectativa laboral (reclutamiento, retención en el empleo y renovación de contrato).

VI. Fundamentos del Derecho Laboral como trabajador docente sin permanencia

El reconocimiento del derecho humano universal a la educación[198] está ligado de manera intrínseca a los derechos fundamentales de los trabajadores docentes, y ninguna interpretación jurídica, legislativa o patronal, puede disolver los lazos vinculantes que los funden. Aún cuando el texto constitucional no lo enuncie de manera explícita[199], esta relación es consustancial al espíritu democrático que engloba los principios políticos del sistema de educación pública en nuestro Estado de Derecho. La Universidad de Puerto Rico, como institución pública de educación superior, está compelida con fuerza de Ley a funcionar en todas sus dimensiones dentro de este marco jurídico-político, y sus reglamentos internos no pueden contradecirlo o violentarlo en forma alguna. Debe quedar claro, pues, que no es posible garantizar los derechos de los estudiantes sin la garantía de protección de los derechos de los educadores.

En este sentido, todos los funcionarios públicos que ocupan posiciones jerárquicas y administrativas en la Universidad están obligados a respetar estos mandamientos legales y a interpretar los reglamentos institucionales y las cláusulas contractuales sin menoscabo de los derechos laborales de los docentes. De este modo, el ordena-miento jurídico-político constitucional en el que se enmarca la Universidad de Puerto Rico protege a los trabajadores docentes contra los caprichos, arbitrariedades y abusos de autoridad patronal.

---

[198] "Toda persona tiene derecho a la educación. La educación tendrá por objeto el pleno desarrollo de la personalidad humana y el fortalecimiento del respeto a los derechos humanos y a las libertades fundamentales." (Declaración Universal de los Derecho Humanos, Art.26)

[199] "La enumeración de derechos que antecede no se entenderá en forma restrictiva ni supone la exclusión de otros derechos pertenecientes al pueblo en una democracia, y no mencionados específicamente." (Art. II. Secc.19. Constitución de Puerto Rico)

Aunque entrampada dentro del modelo de gerencia neoliberal, la Universidad es una corporación pública y sus operaciones administrativas no gozan de las *libertades* discrecionales de las empresas privadas. A diferencia de éstas, en la corporación pública universitaria debe imperar un régimen de contratación, reclutamiento, retención y cesantía del personal docente cónsono con las disposiciones constitucionales, leyes y reglamentos que salvaguardan sus derechos como trabajadores y los protegen de los caprichos, arbitrariedades y abusos del poder patronal.

A tenor con estos principios, el sentido recto de las palabras no puede disociarse del contexto en que son expresadas, sobre todo para prevenir que el ejercicio interpretativo o hermenéutica jurídica afecte adversamente derechos fundamentales. En este sentido, tanto las leyes y reglamentos como los textos contractuales que definen y regulan las relaciones entre los trabajadores docentes y la Universidad, deben contener un lenguaje lo más preciso posible para evitar confusiones y laceraciones injustas a los derechos de las partes.

Pero la experiencia histórica demuestra que, no obstante la relativa precisión de los estatutos legales y reglamentarios vigentes, las autoridades institucionales suelen arrogarse una potestad discrecional irrestricta sobre la interpretación de los textos contractuales, que tiende a menoscabar los derechos de los trabajadores docentes más vulnerables, a coartar las oportunidades de empleo y de continuidad en el mismo, y a lacerar su integridad personal como ciudadano y como trabajador en el servicio público.[200]

La posibilidad de un trámite de justicia en la resolución de un caso apelativo está condicionada a que se considere con debida integridad intelectual el contexto más amplio en el que acontecen las relaciones del trabajador docente en su centro de trabajo; y, del mismo modo, que se ponderen objetivamente las circunstancias particulares que engloban estas relaciones. Se precisa reconocer, entonces, la necesidad de efectuar un análisis minucioso y riguroso de los hechos expresados por las partes, situado dentro de su debido contexto y en acorde a las circunstancias específicas que los caracterizan. En este sentido, resulta imperativo identificar y contrarrestar los usos indebidos de referencias y citas sacadas de contexto y proporción, las generalizaciones abstractas, las especulaciones infundadas y las alegaciones basadas en criterios

---

[200] Sec. 16 del Art. II de la Constitución de Puerto Rico.

meramente subjetivos que expresan prejuicios personales o formas de discrimen ilegal.

Así sucede en los casos en que los textos contractuales de empleo a tiempo fijo son interpretados erróneamente, si no por ignorancia, como subterfugio premeditado para evadir las obligaciones legales y las disposiciones reglamentarias que delimitan las funciones administrativas y que, al mismo tiempo, protegen los derechos de los docentes más vulnerables. Aunque los contratos disponen que se regirán e interpretarán de acuerdo a las leyes del Estado Libre Asociado de Puerto Rico, la tendencia entre los asesores legales de la UPR ha sido la de imponer una interpretación restrictiva que burla la intensión de las leyes y desampara a los docentes más vulnerables de la debida protección contra las acciones arbitrarias y caprichosas del patrono.

Según los textos contractuales de la UPR, ningún contrato de servicio temporal "implica ni crea ninguna expectativa de que será renovado o extendido más allá de la fecha de vencimiento." Esta aseveración es falsa por numerosas razones y su reiteración automática no revela su legitimidad sino la mezquindad tácita en el texto contractual. A todas luces, es evidente que el poder patronal de la Universidad del Estado ha sido maliciosamente tergiversado, y que en la práctica de sus funciones administrativas ha prevalecido la inclinación neoliberal a favor de las contrataciones temporeras. Esta realidad no está orientada por razones académicas sino dirigida a socavar derechos laborales de los docentes y a evadir el cumplimiento de las leyes que los protegen como trabajadores públicos. Así, por ejemplo, sobre la base de la falsa premisa que veda el derecho de expectativa laboral, el patrono corrompido desacredita los años de servicios docentes constantes, y se reserva para sí la potestad absoluta de cesantear al profesor sin que medien razones legitimas o causas justificadas.

El régimen de derecho laboral en Puerto Rico, a pesar de las terribles fuerzas de sus detractores, delimita el poder discrecional del patrono con fuerza de Ley. En principio, ninguna institución estatal o corporación pública puede negar categóricamente la existencia de expectativas laborales, y hacerlo es tan inmoral como ilegal. Sin embargo, en la Universidad de Puerto Rico prevalece una interpretación depravada del derecho laboral de los docentes bajo contratos temporales. Éstos son cesanteados automáticamente cada semestre o cada año académico, sin garantía formal de renovación. La Institución se desentiende sin más de las consecuencias nefastas de su política, creyendo que sus acciones gozan de legitimidad legal, aunque sean inmorales. Pero no es así, y cualquier determinación de cesantía que se ampare en este supuesto es producto de la corrosión moral que impera en el sistema universitario, y no de un fundamento de derecho.

La expectativa laboral del docente bajo contrato temporero o cesanteado automáticamente al término del mismo, puede demostrarse objetivamente y en contraste con las pretensiones restrictivas del texto contractual. Cualquier tribunal honrado favorecería a cualquier docente que pudiera demostrar que su relación laboral con la Universidad generó expectativas de retención en el empleo o de renovación de contrato. Del mismo modo, si se sostiene la razonabilidad de la expectativa de continuidad en el trabajo, cualquier jurista honesto convendría que la cesantía indefinida o la no renovación del contrato son modalidades de despido injustificado; que el docente está en pleno derecho de buscar amparo bajo el rigor de las leyes y que, asimismo, puede cultivar la expectativa de que el sistema de Justicia honrará su derecho a continuar trabajando en la Universidad.

A pesar del empeño malicioso en menoscabar el derecho de continuidad laboral de los docentes sin plaza, los contratos de servicios están regulados por leyes que sí lo protegen. Así las cosas, el hecho de contratar a un profesor de manera continua, cada semestre y durante años, para ejercer funciones que son normales y regulares en la Universidad, y que responden a necesidades permanentes, constituye fundamento irrefutable de expectativa laboral. De este hecho se desprende que la duración del contrato debería ajustarse a las necesidades reales de la Institución, y que éstas deben ser definidas por las circunstancias objetivas que constituyen la Universidad, no por los términos de temporalidad de un contrato. En este sentido, el cumplimiento cabal de los requerimientos institucionales para ejercer la docencia, la necesidad constante y permanente de reclutamiento para satisfacer la demanda académica y la garantía del presupuesto asignado para la renovación de contratos docentes, son fundamentos razonables de expectativa de continuidad en el empleo.

Es un hecho evidente que estas necesidades institucionales son permanentes, y que las funciones para las que se contrata el personal docente son tareas normales y regulares. Las contrataciones deberían, pues, reconocer la razonabilidad de la expectativa laboral de los profesores sin plaza y viabilizar la continuidad en el empleo, a tenor con los principios constitucionales y leyes laborales existentes, y en armonía con el Reglamento General de la Universidad del Estado.

En este contexto, la cesantía automática al término fijo del contrato no puede presumirse como condición restrictiva de la expectativa de continuidad o renovación de contrato. Sobre todo, si las circunstancias que dieron lugar a la contratación inicial no han cambiado o bien si se han amplificado las condiciones objetivas que justifican la retención del personal y la renovación del contrato. En la actualidad, la relativa estabilidad fiscal de la UPR -garantizada por los ingresos estatales, privados y federales-, el progresivo aumento en la matrícula de estudiantes y en los ofrecimientos académicos, refuerzan la expectativa de continuidad en el empleo. En base a estas circunstancias objetivas, presumir que el término fijo de un contrato de servicio no crea expectativa razonable de continuidad en el empleo, es un error que debe enmendarse, un capricho que debe erradicarse, un subterfugio para violar la ley que debe condenarse.

Del mismo modo, imponer una cesantía indefinida o negarse a renovar el contrato al margen de las circunstancias reales que determinan las necesidades institucionales y que justifican la continuidad en el empleo para satisfacerlas, constituye una forma de despido injustificado, una arbitrariedad patronal ilegítima, inmoral e ilegal.

El Reglamento General de la Universidad promueve explícitamente la docencia como una carrera de vida, y compele a sus funcionarios a interpretar el orden de sus regulaciones a tenor con el objetivo de retener a sus docentes y garantizarles las mejores condiciones laborables posibles: "…incumbe a las autoridades universitarias desarrollar normas, procedimientos y maneras que motiven a los individuos más talentosos en todos los órdenes ocupacionales a ofrecer sus servicios a este alto centro de la docencia y a permanecer en él como dedicación de sus vidas."[201] Dentro de este marco, cualquier profesor contratado para ejercer las tareas inherentes a la docencia puede cultivar la expectativa razonable de continuidad laboral, independientemente del término fijo del

---

[201] Reglamento General. Capítulo V. Régimen de Personal: Disposiciones aplicables a todo el personal.

contrato. La información estadística oficial sobre el perfil de los docentes sin plaza así lo confirma.[202]

La inversión progresiva en la preparación académica formal, el cúmulo y desarrollo sostenido de experiencia profesional y productividad intelectual (investigaciones, conferencias y publicaciones), y los años de servicios consecuentes y satisfactorios a la Universidad, son indicadores directos de que el docente tiene expectativas razonables de continuidad laboral y de renovación de contrato. Simultáneamente, las necesidades objetivas y permanentes de la Universidad y el empleo del personal docente para ejercer funciones normales y regulares equivalentes a las de los profesores con permanencia, fundamentan la razonabilidad de la expectativa de continuidad en el empleo y de renovación de contrato. En base a estas consideraciones, cualquier determinación de cesantía indefinida o negativa a renovar contrato debe estar debidamente justificada o, de lo contrario, debe presumirse que se trata de un despido sin justa causa e injustificado.

La justificación patronal no puede remitir al texto contractual como única evidencia de su determinación, por las razones antes expuestas. Tampoco puede alegar que su determinación es legítima o legal por el solo hecho de atribuírsela como "prerrogativa gerencial". Además, es preciso advertir que de la contratación de servicio docente temporero no puede presumirse que las necesidades que justifican su contratación sean temporeras, coyunturales, esporádicas o accidentales. De hecho, no lo son. Tampoco la terminación de un contrato de servicio a tiempo determinado priva automáticamente al docente de la protección y remedios de las leyes, sobre todo si existe evidencia de que las condiciones de trabajo crean expectativa de continuidad y las circunstancias que lo engloban la justifican. Dentro del régimen de derecho laboral en Puerto Rico y en el marco de las circunstancias que crean la expectativa laboral del docente en la Universidad del Estado, el patrono está compelido a probar que existe causa razonable y justa para la cesantía indefinida o la negativa a renovar contrato.

Si en el marco de la realidad económica de la Institución se garantiza la asignación de presupuesto para retener al personal docente bajo contrato y éste forma parte de los recursos ya

---

[202] Informe Final del Comité Conjunto para estudiar las contrataciones del personal docente y la congelación de plazas en el Recinto de Río Piedras. Senado Académico, UPR-RP; 21 de abril de 2016.

reclutados, la expectativa de continuidad laboral se hace patente y la terminación del contrato no puede interpretarse de manera restrictiva. Sobre todo, si el profesor depende de la Universidad, es decir, si su única o principal fuente de ingreso económico deriva de su empleo en la Universidad. Esta consideración es eminentemente moral, y le da sentido al concepto de justicia que engloba los derechos laborales de los trabajadores en general, y de los docentes universitarios en particular.

La reiteración de los años de servicio, las evaluaciones satisfactorias que los sostienen, y la probada necesidad institucional de ofrecer el servicio indefinidamente, demuestran el carácter irrazonable y arbitrario de la cesantía automática, y evidencian que la negativa a renovar contrato, habiendo expectativa legítima de continuidad, se trata de un despido injustificado. Así lo dispone la legislación laboral en Puerto Rico: "El mero hecho de que un empleado preste servicios al amparo de un contrato por tiempo determinado por sí solo no tendrá el efecto automático de privarle de la protección de esta ley si la práctica y circunstancias involucradas u otra evidencia en la contratación fueren de tal naturaleza que tiendan a indicar la creación de una expectativa de continuidad de empleo... En estos casos los empleados así afectados se considerarán como si hubieren sido contratados sin tiempo determinado. Excepto cuando se trate de empleados contratados por un término cierto *bonafide* o para un proyecto u obra cierta *bonafide*, toda separación, terminación o cesantía de empleados contratados por término cierto o proyecto u obra cierta, o la no renovación de su contrato, se presumirá que constituye un despido sin justa causa regido por esta ley."[203]

Asimismo, la ley citada dispone que: "No se considerará despido por justa causa aquel que se hace por mero capricho del patrono o sin razón relacionada con el buen y normal funcionamiento del establecimiento."[204] Además de ésta garantía de protección contra abusos y negligencias del poder patronal, la legislación garantiza la imposición de remedios a favor del trabajador cesanteado: "...el empleado así despedido tendrá derecho, además de cualquier otra adjudicación que correspondiere, a que se ordene su

---

[203] Ley de Despido Injustificado según enmendada: Ley Núm. 80 (30 de mayo de 1976), p. 267, Art. 1; Ley Núm. 7 (1 de marzo de 1988), p. 50; Ley Núm. 45 (6 de agosto de 1991), Sec. 1; Ley Núm. 234 (17 de septiembre de 1996), Art. 1; Ley Núm. 128 (7 de octubre de 2005), Art. 1.)

[204] Op.cit., Art. 2. - Justa causa para el despido. (29 L.P.R.A. sec. 185b)

inmediata restitución en el empleo y a que se le compense por una suma igual a los salarios y beneficios dejados de percibir desde la fecha del despido hasta que un tribunal ordene la reposición en el empleo."[205]

El régimen de contratación temporal en la Universidad extiende términos fijos semestrales o anuales, y aunque no garantiza formalmente la continuidad en el empleo o la renovación de contratos, todos los años, todos los semestres, contrata personal docente para realizar las mismas funciones y satisfacer sus necesidades permanentes. En ocasiones, un mismo profesor es contratado durante años consecutivos que pueden prolongarse a décadas e indefinidamente, y sin mediar justa causa o razón legítima alguna, el patrono puede decidir cesantearlo, no renovar su contrato y contratar a un suplente de menores cualificaciones (preparación académica, experiencia profesional en la docencia y años de servicio satisfactorio, etc.) Otras disposiciones de la ley citada proveen para atender y remediar los casos en que los docentes cesanteados injustificadamente sean suplantados de manera arbitraria y caprichosamente bajo el pretexto de "prerrogativa gerencial" por otros menos cualificados: "...el patrono estará obligado a retener con preferencia en el empleo a los empleados de más antigüedad siempre que subsistan puestos vacantes u ocupados por empleados de menos antigüedad en el empleo dentro de su clasificación ocupacional que puedan ser desempeñados por ellos..."[206] "...entendiéndose que se dará preferencia a los empleados despedidos en caso de que dentro de los seis (6) meses siguientes a su cesantía tuviere necesidad de emplear a una persona en labores iguales o similares a las que desempeñaban dichos empleados al momento de su despido y dentro de su clasificación." Recuérdese que la negativa a renovar contrato sin justificación legítima es interpretada por la razón jurídica como despido injustificado…

También dispone la ley de referencia que "a todo empleado temporero que haya sido contratado para continuar trabajando para el mismo patrono, se le acreditará del tiempo que haya trabajado como empleado temporero, hasta un máximo de la mitad del tiempo

---

[205] Ley Núm. 80 de 1976, p. 267, Art. 2; Ley Núm. 65 (3 de julio de 1986), p. 231; Ley Núm. 9 (3 de octubre de 1986); Ley Núm. 9 (20 de diciembre de 1991, p. 697; Ley Núm. 115 (30 de julio de 2007) Art. 5; Ley Núm. 95, Art. 1.

[206] Ley Núm. 80 de 1976, Art. 3. - Orden de retención de empleados. (29 L.P.R.A. sec. 185c)

requerido como período probatorio para la plaza; siempre y cuando la plaza que vaya a ocupar conlleve las mismas funciones o deberes de la plaza que ocupó como empleado temporero.[207] En la Universidad de Puerto Rico, sin embargo, los años de servicio temporero no son acreditados, vedando el derecho a igual oportunidad de empleo a los docentes y negando la posibilidad de acumular los requerimientos para ascender de rango y obtener permanencia.

Las mezquinas cláusulas contractuales que niegan la existencia de expectativa de continuidad laboral y la falsa presunción de que el patrono posee "prerrogativa gerencial" absoluta e irrestricta para cesantear y renovar o no los contratos docentes, han sido desmentidas y desautorizadas por la legislación laboral en Puerto Rico. En todo caso de despido injustificado o negativa a renovación de contrato dentro de las condiciones expuestas, "el patrono vendrá obligado a alegar, en su contestación a la demanda, los hechos que dieron origen al despido y probar que el mismo estuvo justificado..."[208] Igualmente, esta legislación laboral es aplicable a todas las instituciones estatales y corporaciones públicas, incluyendo a la UPR, y dispone que "se declara irrenunciable el derecho del empleado que fuere despedido de su cargo, sin que haya mediado justa causa, a recibir indemnización..."[209] y ordena al patrono a restituirlo en el empleo.

La constitución y la legislación vigente en Puerto Rico protegen a los trabajadores contra los discrímenes de los patronos, y sus preceptos aplican invariablemente a todas las instituciones estatales y corporaciones públicas, incluyendo a la Universidad de Puerto Rico. Así, por ejemplo, la ley dispone que todo patrono que se rehúse a emplear o a reemplear a una persona por razón de sus ideas

---

[207] Art. 8. -Contrato probatorio, requisitos. (29 L.P.R.A. sec. 185h) Ley Núm. 80 de 1976, p. 267, adicionado como Art. 8 en Ley Núm. 16 (21 de mayo de 1982), p. 34, Sec. 1; Ley Núm. 306 (23 de diciembre de 1998), Sec. 1.

[208] Art. 11. -Alegaciones; contestación del patrono; conferencia; procedimientos; fianza del patrono. (29 L.P.R.A. sec. 185k)

[209] Art. 9. -Irrenunciabilidad de la indemnización; nulidades. (29 L.P.R.A. sec. 185i); Ley Núm. 80 (1976) adicionado como Art. 9 en Ley Núm. 16 (1982), p. 34, Sec. 1.

políticas incurre en delito de discrimen.[210] Con relación a mi caso apelativo, resulta concluyente que, no habiendo razón legítima para no renovar el contrato, las expresiones verbales de la directora Muñiz Quiñones (16 de junio de 2016) deben interpretarse en el marco de la ley como discrimen político; y corresponde al patrono refutar la acusación y demostrar lo contrario. La ausencia de motivos racionales que legitimen la negativa a renovar contrato es el hecho básico que permite inferir el discrimen político. El contenido expreso en la reunión de 16 de junio de 2016 es evidencia sustancial del carácter discriminatorio que subyace la determinación de no renovar el contrato, y del mismo modo es prueba fehaciente de violación a mi derecho constitucional a la libertad de expresión y de prensa. Igualmente, el hecho de que la funcionaria haya aprovechado su posición de autoridad para difamarme mediante alegatos falsos y mentiras también constituye una violación a mis derechos constitucionales, y la ley me protege contra ataque abusivos a mi honra y reputación. Del mismo modo, la reglamentación institucional vigente protege los derechos políticos consignados en la Constitución, y a sabiendas la funcionaria optó por violarlos y por aferrarse a sus imposturas. A todas luces, la denegación de empleo no solo carece de fundamentos racionales o justificaciones legítimas, sino que, al mismo tiempo, constituye una represalia contra mi integridad ética y mi autonomía intelectual, y un atropello a mi dignidad como ser humano.

VII. Enmienda al remedio propuesto en apelación original

En conformidad con el Reglamento de Procedimientos Apelativos del Sistema Universitario, la apelación original, radicada ante el rector el 29 de junio de 2016, planteé como solicitud de remedio la renovación de contrato en términos similares a los de los dos años anteriores, en consonancia con las recomendaciones del Comité de Personal y las disposiciones reglamentarias aplicables. A tenor con el remedio solicitado, propuse que, "en aras de hacer justicia y para prevenir futuros tratos discriminatorios por los

---

[210] Ley Núm. 100 de 30 de junio de 1959, según enmendada (29 L.P.R.A. sec. 146 et seq) Título: Ley contra el "Discrimen por razón de edad, raza, color, sexo, origen social o nacional, condición social, afiliación política, ideas políticas o religiosas, o por ser víctima o ser percibida como víctima de violencia doméstica, agresión sexual o acecho." (junio 30, 1959, Núm. 100; título enmendado en diciembre 24, 2006, Núm. 271, art. 1.)

términos contractuales y mi precaria condición laboral, que el rector, en virtud de mis credenciales y a tenor con su autoridad nominadora[211], y considerando que existe la necesidad de personal docente y las condiciones fiscales lo permiten, me sea otorgado un contrato que garantice las mejores condiciones laborales posibles y las oportunidades de cualificar para posiciones de continuidad laboral, docente e investigativa, y posibilidades de permanencia y ascenso de rango."

Tras un prolongado periodo de injustificada dilación, el semestre académico inició y, dada la negativa a resolver favorablemente mi caso y a suplir los remedios propuestos en mi apelación, los daños previstos se materializaron y aún se agravan con el paso del tiempo. En la carta del 15 de agosto a la rectora reiteré la importancia de considerar el remedio provisto en mi apelación antes de que fuera demasiado tarde, es decir, para que se me renueve el contrato para enseñar el recién iniciado semestre académico. En la carta de referencia sugerí que, de manera alternativa, dada la calidad de mi formación académica interdisciplinaria y extensa experiencia docente, podría serme asignados cursos en diversos departamentos y facultades del Recinto, como Ciencias Sociales, Sociología, Psicología, Política, Trabajo Social, Historia, Filosofía, Humanidades, Derecho, Estudios Interdisciplinarios, etc.

Sin embargo, la realidad actual es que ni el remedio original ni su enmienda alternativa son realizables en los inmediato, porque ya ha transcurrido un mes desde el inicio de clases. En este sentido, reitero la vigencia de los remedios solicitados en mi escrito de apelación original y enmiendas posteriores para ser implementados en propiedad a partir del segundo semestre del año académico en curso (2016-2017).

---

[211] Capítulo VI. Régimen de Personal: Disposiciones sobre nombramiento de los distintos funcionarios y empleados del Sistema Universitario. Artículo 37- Autoridades Nominadoras. Secc. 37.3.4 - Nombramiento de personal universitario en sus respectivas unidades. Los rectores nombrarán el personal universitario en sus respectivas unidades… En el caso del personal docente, se consultará previamente al profesorado a través de los comités u otros organismos establecidos en este Reglamento. / Artículo 40 - Disposiciones Aplicables a Todos los Procesos de Consulta sobre Nombramientos. Secc. 40.5 - Factores a considerar - Tanto los funcionarios que hacen la consulta, como las personas consultadas, tomarán en consideración, entre otras cosas, las características y funciones del cargo y las cualidades deseables de quien ha de ocupar el cargo, incluyendo preparación, experiencia y posibilidades de éxito en el desempeño de sus funciones que puedan tener los distintos candidatos.

Del mismo modo, considero razonable solicitar como parte del remedio que se me remunere económicamente por el tiempo en que he estado desempleado injustificadamente, en los términos dispuestos en la Ley Núm. 80. Confío en que la resolución final de la presidenta, basada en los méritos del caso y en las recomendaciones del Oficial Examinador, garantice mi pronta restitución en el empleo y resuelva para enmendar en lo posible los daños ocasionados hasta el momento...

4 de octubre de 2016

Lic. Frank Gotay Barquet
Oficial Examinador
Apelación Núm. 90.1105

    Estimado Licenciado Gotay Barquet, saludos cordiales. A la fecha de esta misiva ya ha transcurrido poco más de un mes desde que la Presidenta Interina de la UPR le refirió la Apelación, y desde que inició el proceso de trámites apelativos ya han pasado más de cuatro meses. Como es de su conocimiento, la previa dilación injustificada de la parte apelada acarreó consecuencias agravantes a mi estado de situación, según lo he planteado reiteradamente y evidenciado contundentemente. Como consecuencia, en la actualidad sigo siendo víctima de la arbitrariedad y el capricho de los funcionarios denunciados en el escrito de apelación, y sufro los embates del desempleo forzado de manera injusta e injustificable.

    Igualmente, como es de su conocimiento, a esta realidad le siguió un sistemático encubrimiento de los méritos del caso, con el fin premeditado y malicioso de evadir las responsabilidades administrativas y legales correspondientes. Al día de hoy, la UPR habrá gastado más dinero en sus "asesores" legales para impedir mi restitución en el empleo, que lo que hubiera invertido en la renovación de mi contrato como docente. Estas circunstancias son opuestas a la reglamentación institucional vigente, que dispone para garantizar un procedimiento apelativo justo, que evite dilaciones injustificadas y gastos innecesarios.

    Dentro de este contexto, tomando en consideración que durante el semestre académico en curso la Institución debe planificar los ofrecimientos académicos para el año entrante y asignar el presupuesto correspondiente, y a tenor con los remedios que he propuesto reiteradamente en la Apelación, le solicito con carácter de urgencia que me informe sobre el estado actual del caso y, del mismo modo, que someta su informe a presidencia con debida premura. Confío en que atenderá sensiblemente mi reclamo de urgencia, y que su informe atenderá en justicia los méritos de la Apelación.

Quedo a su disposición,

Gazir Sued, Ph.D.

10 de enero de 2017

Lic. Frank Gotay Barquet
Oficial Examinador
Apelación Núm. 90.1105

    A la fecha de hoy ya han pasado más de seis meses desde que radiqué el recurso de apelación y más de cuatro meses desde que está bajo su consideración. Como es de su conocimiento, el nuevo semestre académico está por iniciar y la demora en su resolución acarrea un impacto adverso a mi estado de situación laboral, prolongando la cesantía injusta e injustificada y agravando las consecuencias personales y profesionales por el desempleo. Al mismo tiempo, la Universidad de Puerto Rico continúa incurriendo en prácticas ilícitas de encubrimiento de las acciones arbitrarias, caprichosas y discriminatorias de los funcionarios imputados y, a la vez, afectando negativamente la imagen de la institución[212] y malversando su presupuesto para proteger de manera sospechosa a funcionarios corruptos.

    Preciso recordar que mi historial de contratación docente está precedido por convocatoria pública y por un proceso de reclutamiento reglamentado en base al principio de mérito, que responde al fin de ocupar puesto docente a tarea completa equivalente al empleo regular de carrera y en conformidad a necesidades institucionales permanentes y debidamente presupuestadas. También preciso recordar que, a tenor con las características del empleo, fui evaluado satisfactoriamente y recomendado favorablemente por el comité de personal para que me fuera renovado el contrato por tercer año consecutivo. Consideradas las circunstancias especiales que fundamentan mi expectativa laboral, la determinación de no renovar contrato e imponer una cesantía indefinida sin justa causa y sin el debido proceso de ley constituyen las principales acciones ilícitas que dan origen a mi apelación.

    Considero que la reiterada negativa de la parte apelada a atender los méritos de mi apelación, y la insistencia de sus asesores

---

[212] El 19-20 de septiembre de 2016 circuló en diversos medios informativos el comunicado de prensa "Profesor denuncia violación a derechos civiles y laborales en la UPR"; pp.304-305. *En el comunicado (anejo #16) se incluyen enlaces de medios informativos que publicaron el comunicado.

legales en desestimarla en base a argumentos frívolos e imposturas, son signos inequívocos de corrupción institucional que vician este proceso apelativo. Del mismo modo, considero que el insistente reclamo de "deferencia" que le hace la Oficina de Asesoría Jurídica del Recinto de Río Piedras, constituye un subterfugio para encubrir las acciones ilícitas de los funcionarios imputados; y que su alegado "peritaje" es un eufemismo para conceder privilegio de inmunidad a los abusos discrecionales y discriminatorios del poder patronal.[213] Confío en que su informe como Oficial Examinador advierta oportunamente estas artimañas.

También he señalado que la contratación de personas que poseen credenciales inferiores a los míos pone en entredicho la legitimidad de la cesantía. Igualmente, he planteado la sospecha de que existe una orden de exclusión discriminatoria contra mi persona, que me priva ilegalmente de oportunidades equitativas de empleo. Confío en que la investigación del Oficial Examinador haya podido corroborar mis denuncias al respecto.

Ante la prolongada dilación del proceso apelativo, y considerando la reiterada situación de sospechosa secretividad y patente exclusión discriminatoria de oportunidad de empleo[214], me he visto

---

[213] El 7 de septiembre de 2016 radiqué un documento de Adiciones al Expediente Apelativo en la oficina del Oficial Examinador y anejos de evidencia (en formato impreso y digitalizado), con el objeto de consolidar el contexto de los méritos de mi apelación, actualizar la relación de hechos hasta la fecha, reforzar los fundamentos de derecho, e integrar nueva información sobre circunstancias y pruebas de evidencia meritorias de atención. Más tarde ese mismo día, en reacción al documento citado, el representante legal de la parte apelada, el Lic. Marcos A. Díaz Galarza, volvió a radicar moción de desestimación. Este documento se reafirma en falsear la relación de hechos y manipular premeditadamente los fundamentos de derecho esgrimidos por el apelante, oculta información sensible y omite y tergiversa maliciosamente las evidencias presentadas para anular los méritos del caso y encubrir las violaciones de los funcionarios implicados. ("Moción de Desestimación" radicado por el Lic. Marcos A. Díaz Galarza (RUA Núm. 14,118); Oficina de Asesoría Jurídica, Recinto de Río Piedras; 7 de septiembre de 2016.)

[214] Del mismo modo que lo he hecho durante los pasados trece años, según evidencio en el documento de adiciones al expediente apelativo -II. Historial laboral como Catedrático Auxiliar en la UPR (2004-2016)- de 7 de septiembre de 2016; en verano (12 de julio de 2016) y en el curso del semestre (17 de octubre de 2016), entregué personalmente mi *Curriculum Vitae* actualizado como parte de mis solicitudes de empleo en diversas facultades, escuelas y departamentos de la UPR-RP. A la fecha de hoy todavía no he recibido

obligado a continuar investigaciones independientes. Entre los hallazgos posteriores a las últimas adiciones al expediente de la apelación (7 de septiembre de 2016) y a la comunicación de seguimiento al Oficial Examinador (4 de octubre de 2016), preciso informar lo siguiente: Como medida para contrarrestar las prácticas de favoritismo y patronazgo político se estableció legislación para restringir las contrataciones de los empleados del servicio público que, durante el semestre electoral aspirasen a ocupar puestos electivos. Una medida similar existe en el Reglamento General de la UPR. El artículo 54 (Licencias para Participar en el Proceso Político) dispone que será obligatorio que todo miembro del personal docente, que en años eleccionarios figure como candidato certificado de un partido político reconocido para algún cargo público de carácter electivo, solicite licencia a partir del inicio del primer semestre de ese año académico, hasta el 31 de diciembre. En el contexto electoral de 2016, la directora del Departamento de Ciencias Sociales, de la Facultad de Estudios Generales, Dra. Vicky Muñiz Quiñones, denegó mi recontratación para suplantarme por un profesor que era candidato de un partido político el mismo semestre en que se celebrarían las elecciones. A inicios del semestre electoral, la directora fue ascendida a decana de la facultad y ella misma certificó la contratación ilegal. La rectora del Recinto, Dra. María de los Ángeles Castro, firmó sin reservas el contrato de este candidato político en violación del Reglamento General y, al mismo tiempo, avaló la determinación de no renovarme el contrato a sabiendas de que se trataba de una acción ilegal de discrimen político y represalia por mis expresiones públicas. Esta acción ilegal, de favoritismo y discrimen por razones de índole política, se suma al repertorio de las acusaciones de corrupción y de represalia planteadas y evidenciadas en mis escritos de apelación. Desconozco si esta información en particular ya ha sido considerada en el curso de la investigación del Oficial Examinador. En todo caso, le insto que la corrobore e integre a mi expediente apelativo.

Le informo, además, que he respondido a varias convocatorias públicas para ocupar plazas docentes en el Recinto de Río Piedras. Adjunto aquí dos cartas de recomendación[215] para las

---

respuesta alguna y, sin embargo, he sabido por indagaciones independientes que han contratado a personas que poseen cualificaciones inferiores a las mías…

[215] Los profesores Aarón Gamaliel Ramos y Waldemiro Vélez Cardona son catedráticos del Departamento de Ciencias Sociales, Facultad de Estudios

mismas, que considero referencias pertinentes a mi apelación. En parte, porque confirman la calidad de mis méritos como profesional docente y, sobre todo, porque su contenido desmiente algunas de las acusaciones difamatorias y falsos alegatos sostenidos por la directora/decana Muñiz Quiñones[216] contra mi persona.

A tenor con lo expresado, reitero que guardo un interés apremiante en que se resuelva este caso y se haga justicia restituyendo inmediatamente mi empleo como docente y atendiendo conforme a la ley los daños ocasionados. A estos efectos, reitero los remedios propuestos anteriormente y mi disposición a considerar propuestas alternas de la parte apelada...

Quedo a su disposición,

Gazir Sued, Ph.D.

Generales; y ambos participaron del proyecto de educación universitaria en la cárcel. El profesor Ramos es el catedrático de mayor antigüedad en el Departamento. Ver: Carta de Recomendación de Waldemiro Vélez Cardona, Ph.D., 7 de diciembre de 2016 (Anejo #17; pp. 306-307) / Carta de Recomendación de Aarón Gamaliel Ramos, Ph.D., 12 de diciembre de 2016 (Anejo #18; pp.308-309)

[216] Ver Apelación al Rector (29 de junio de 2016) IV. Transcripción de la reunión con la Dra. Muñiz Quiñones, 16 de junio de 2016 / Impugnación de alegatos falsos, de acusaciones infundadas, de calumnias, de difamaciones y de violación a la libertad de cátedra del profesor Gazir Sued; pp.143-152.

V. Resolución de presidencia / Seguimiento ante la Junta de Gobierno

13 de marzo de 2017

Dra. Nivia Fernández Hernández
Presidenta Interina
Universidad de Puerto Rico

Estimada Dra. Fernández, saludos cordiales. Antes de entrar en el asunto primordial de esta carta, me parece oportuno dejar constancia de que, ante el crítico estado de situación que enfrenta nuestra Universidad -a consecuencia de la intrusión de la Junta de Control Fiscal-, reafirmo mi compromiso como egresado, docente y ciudadano, de defenderla contra intromisiones indebidas en base al principio de autonomía y sobre el entendido de que es la comunidad universitaria la que posee el poder legítimo, el deber y la responsabilidad de administrar de manera racional, sensible y moral los recursos e ingresos institucionales.

Desde esta perspectiva ética humanista-universitaria he sostenido durante más de siete meses y por cuenta propia un proceso apelativo por razón de cesantía injustificada, represalia, discrimen político y exclusión arbitraria de oportunidad de empleo en la Universidad. Hasta la fecha, he preferido abstenerme de tratar el asunto apelativo como una cuestión técnica-legal y he centrado mis argumentos en base a los principios políticos y valores morales universitarios.[217] El cúmulo de documentos presentados hasta la fecha, incluyendo las cuestiones de hecho y fundamentos de derecho, así como el extenso legajo de evidencias, están articulados con el fin de imponer los criterios y valores universitarios por encima de los entrampamientos forzados por la lógica "legalista" e insensible de abogados corporativos. Sabemos que, ya por el estudio minucioso de los casos apelativos en la UPR, ya por la experiencia personal hasta el momento, existe una práctica sistemática y autómata de respuestas tendientes a desestimarlos, principalmente para evadir entrar de lleno

---

[217] Adjunto a esta carta el documento impreso de mi apelación en su totalidad (Apelación 90.1105), incluyendo las evidencias que lo sustentan. El material está dividido en dos partes, la primera es la apelación a presidencia, que integra la apelación original a la rectoría de UPR y el historial de seguimiento, así como los documentos de evidencia. El mismo abarca el periodo desde junio hasta agosto de 2016 y consta de 129 páginas. El segundo documento integra adiciones relevantes a la apelación original y está dirigido al Oficial Examinador con fecha de 7 de septiembre de 2016. El mismo consta de 77 páginas)

en sus méritos. Sobre esta base de conocimiento es que he desarrollado mis argumentos y reclamos de justicia; he denunciando y evidenciado con solidez racional y documental el carácter ilícito e inmoral de las prácticas e imposturas que dan pie a los méritos de mi apelación y, a la vez, he demostrado la carencia de fundamentos legítimos para desestimar el caso.

A tenor con ello, la presidenta que le antecedió, Dra. Celeste Freytes González, ordenó a la rectora del Recinto de Río Piedras atender mi apelación en sus méritos y delegó el caso a un Oficial Examinador, el Lic. Frank Gotay Barquet. A la fecha de hoy todavía el Oficial Examinador no ha radicado el informe correspondiente y ha mantenido silencio a pesar de mi persistencia en que se resuelva el caso en justicia y con premura.[218] Además, en el transcurso de estos siete meses de proceso apelativo, la parte apelada ha incumplido la orden de presidencia y ni siquiera ha retado o contradicho de modo alguno los méritos de la apelación.

Considero que el silencio y la dilación injustificada del Oficial Examinador son insostenibles, no solo porque constituyen incumplimiento del reglamento de apelaciones de la UPR[219] sino, además, porque agravan los daños acumulados contra mi persona. De continuar prolongándose irrazonablemente este proceso apelativo me veré forzado a declararlo agotado por injusto e improcedente.

Por las razones expuestas, solicito formalmente que, en el ejercicio de su autoridad como presidenta, garantice la atención del caso en sus méritos e interceda de inmediato para resolver esta injusta e injustificable situación.

Agradezco de antemano su diligencia y quedo a su disposición.

Gazir Sued, Ph.D.

---

[218] Ver cartas de Dr. Gazir Sued a Lic. Frank Gotay Barquet, Oficial Examinador -Apelación 90.1105-; 4 de octubre de 2016 y 10 de enero de 2017; pp.229; 230-233.

[219] "Se interpretará de modo que asegure la tramitación justa de todo procedimiento y evite dilación y gastos injustificados." (Art.1 Secc.1.1; Reglamento de Procedimientos Apelativos para el Sistema Universitario (Certificación Núm. 138 de 1981-82; Consejo de Educación Superior) Certificaciones Núm. 79 (1982-83); Núm. 138 (1983-84); Núm. 59 (1984-85); Núm. 83 (1988-89); Núm. 93 (1989-90) del Consejo de Educación Superior; Certificaciones Núm. 21 (1993) y Núm. 91 (1999-2000) de la Junta de Síndicos)

27 de marzo de 2017

Nivia A. Fernández Hernández, Ed.D.
Presidenta Interina
Universidad de Puerto Rico

Estimada Dra. Fernández Hernández, saludos. Al presente ya debe haber recibido el informe y recomendación del Oficial Examinador[220], Lic. Frank Gotay Barquet, concerniente a mi apelación (Núm. 90-1105). Como era previsible, el contenido del informe y su recomendación confirman los señalamientos críticos que le hice en la carta del 13 de marzo, en la que –entre otros aspectos- denuncié la dilación injustificada y sus consecuencias. Considero de suma importancia advertir que el informe del Oficial Examinador, con fecha de 16 de marzo, no atiende los méritos del caso y, en este sentido, desobedece la orden de presidencia, corrompe el proceso apelativo y anula toda posibilidad de justicia.

En su informe, el Oficial Examinador falta a la verdad, ignora arbitrariamente la relación de hechos, tergiversa y oculta la información sustancial que fundamenta los méritos del caso. En contraste -como es de su conocimiento-, los documentos argumentativos y el cúmulo de evidencias que le he presentado demuestran que he sido víctima de cesantía injustificada, represalia, discrimen político y exclusión arbitraria de oportunidad de empleo en la Universidad. Al mismo tiempo, he presentado pruebas sustantivas de violaciones a la ley y reglamentos universitarios, relativos a los principios, objetivos, requerimientos y criterios institucionales de contratación, evaluación y retención del personal docente. Al respecto, he demostrado con fundamentos éticos, académicos y de derecho, que la determinación de cesantía fue injustificada, arbitraria y caprichosa; y que la consecuente exclusión de oportunidad equitativa de empleo constituye un acto de discrimen, represalia y violación a derechos académicos, laborales y civiles fundamentales.

A tenor con lo expresado, deseo reiterar que considero inmoral el hecho de que se continúe derrochando ingresos

---

[220] Informe y Recomendación del Oficial Examinador, Lic. Frank Gotay Barquet; sobre Apelación Núm. 90.1105 (Dr. Gazir Sued vs. Universidad de Puerto Rico, Recinto de Río Piedras; 16 de marzo de 2017.

institucionales en contratos a abogados ineptos para comprender dimensiones sensitivas y complejas de lo universitario y la docencia. La UPR ya ha gastado más dinero en abogados para impedir mi restitución en el empleo que lo que hubiera invertido en renovarme contrato como docente. Asimismo, considero un acto de corrupción institucional la práctica de invisibilizar los méritos de mi apelación y manipular tecnicismos "legales" para proteger de manera privilegiada y sospechosa a los funcionarios imputados.

No obstante el carácter dramáticamente injusto e injustificable de esta situación, todavía guardo la esperanza en que usted, como principal autoridad apelativa, en su deber ministerial como presidenta, y con la debida sensibilidad y empatía que debe caracterizarla como trabajadora docente, haya estudiado de manera objetiva mis argumentos, y juzgue y resuelva en justicia según los meritos de mi apelación.

Como siempre, quedo a su disposición.

Gazir Sued, Ph.D.

UNIVERSIDAD DE PUERTO RICO
OFICINA DEL PRESIDENTE

DR. GAZIR SUED JIMENEZ APELANTE VS. UNIVERSIDAD DE PUERTO RICO RECINTO DE RIO PIEDRAS APELADA	APELACIÓN NÚM. 90.1105 SOBRE: DENEGACIÓN DE RENOVACIÓN DE CONTRATO POR SERVICIOS DOCENTES

RESOLUCIÓN

A la luz del Informe del Oficial Examinador, Lcdo. Frank Gotay Barquet, se determina adoptar el mismo, el cual a través de sus fundamentos establece que, el apelante no estableció que tenga derecho a que se le otorgue o se le renueve su contrato de servicios como facultad docente ni demostró que la decisión de la Directora del Departamento de Ciencias Sociales del Recinto de Rio Piedras de no renovarle el contrato fue contraria a derecho.

Basado en lo anterior y de conformidad a las disposiciones del Reglamento sobre Procedimientos Apelativos Administrativos de la Universidad de Puerto Rico (Certificación Núm. 138, 1981-1982, según enmendada), se confirma la decisión apelada y se declara **No Ha Lugar** la apelación por falta de jurisdicción, por lo que se ordena el cierre y archivo de este asunto en este foro. A tales fines, se incluye y se hace formar parte integral de esta Resolución, el informe rendido por el licenciado Gotay.

Cualquier parte adversamente afectada por esta Resolución podrá, dentro del plazo de diez (10) días, a partir de la notificación de la Resolución, presentar una Moción de Reconsideración de la Resolución ante el Presidente de la Universidad de Puerto Rico. Si el Presidente, en su discreción, decide reconsiderar dicha Resolución, lo hará constar mediante notificación a las partes, dentro del plazo de quince (15) días, a partir de la fecha de presentación de dicha moción. En ausencia de notificación alguna del Presidente en que expresamente haga constar su intención de reconsiderar, no se entenderá interrumpido el plazo para apelar ante la Junta de Gobierno de la Universidad de Puerto Rico.

Para apelar ante la Junta de Gobierno de la UPR, deberá radicar un escrito de apelación ante dicha Junta en el término máximo de treinta (30) días, a partir de la fecha de notificación de la Resolución u Orden Apelada. El escrito de apelación deberá especificar el nombre de la parte apelante, designar la decisión o la parte de la misma de la cual se apela, señalar la cuestión o cuestiones planteadas y contendrá una relación breve y sucinta de los hechos y fundamentos de derecho que dan lugar a la apelación y del remedio que se solicita. Se acompañará el escrito con copia de la resolución o decisión apelada. El escrito de apelación deberá estar firmado por el apelante o su representante legal y copia fiel y exacta del mismo deberá ser notificado al funcionario de cuya decisión se apela, en la misma fecha en que se radique.

En San Juan, Puerto Rico a 6 de abril de 2017.

DRA. NIVIA A. FERNANDEZ HERNANDEZ
PRESIDENTA INTERINA

CERTIFICO que envié copia fiel y exacta de la RESOLUCION que antecede a la *parte apelante*, **Dr. Gazir Sued Jiménez**, a la dirección postal: Mansiones de Río Piedras, 495 Calle Lirio, San Juan, PR 00926 (*vía correo certificado: 7016-1370-0001-6714-2073*) y a su dirección electrónica: gazirsued@yahoo.com y/o jalil.sued@upr.edu; a la **Dra. Carmen H. Rivera Vega**, Rectora Interina de la UPR-Recinto de Río Piedras, (vía correo interno y dirección electrónica: rectoria.rrp@upr.edu); al **Lcdo. Rafael Texidor Torres**, Director Interino de la Oficina de Asesoría Jurídica de la UPR-Recinto de Río Piedras, a su dirección postal: Apartado 23301, San Juan, PR 00931-3301 (*vía correo ordinario*) y a su dirección electrónica: rafael.texidor1@upr.edu; y al **Lcdo. Frank Gotay Barquet**, Oficial Examinador, a su dirección electrónica: fgotay@gotayperez.com.

En San Juan, Puerto Rico, a 7 de abril de 2017.

UNIVERSIDAD DE PUERTO RICO
ADMINISTRACIÓN CENTRAL
OFICINA DE ASUNTOS LEGALES
JARDÍN BOTÁNICO SUR
1187 CALLE FLAMBOYÁN
SAN JUAN, PR 00926-1117
TEL: (787) 250-0000; EXT. 2298

LCDA. MARTA T. REY CACHO
DIRECTORA INTERINA

11 de abril de 2017

Nivia A. Fernández Hernández, Ed.D.
Presidenta Interina
Universidad de Puerto Rico

Dra. Fernández Hernández, saludos. En primer lugar, deseo reiterar mi compromiso como egresado, docente y ciudadano, de defender nuestra Universidad contra las intromisiones indebidas de la Junta de Control Fiscal y la política de austeridad neoliberal del Gobierno insular, en base al principio de autonomía y entendiendo que es la comunidad universitaria la que posee el poder legítimo, el deber y la responsabilidad de administrar de manera racional, sensible y moral los recursos e ingresos institucionales.

En lo que respecta al estado de situación de mi caso apelativo (Núm. 90.1105), y en conformidad con el reglamento institucional, solicito formalmente su reconsideración.[221] Lamento enormemente que haya optado por *adoptar* el informe del Oficial Examinador a pesar de las observaciones críticas que advertí con anterioridad a su determinación. Como ya le había expresado, considero cuestionable que haya delegado su responsabilidad ministerial de atender mi apelación en sus méritos a un ente privado, externo y ajeno a la Universidad. Aunque usted goza de esta potestad, nada la exime de su deber como máxima autoridad apelativa de estudiar a profundidad los argumentos y evidencias que le he presentado y que constituyen los méritos de mi apelación y querellas. En su resolución, sin embargo, se hace eco de las negligencias y faltas éticas sostenidas por el cuerpo de abogados corporativos de la Institución (Oficina de Asesoría Jurídica del Recinto de Río Piedras) y reproduce de manera sospechosa las imposturas del informe del Oficial Examinador - denunciadas también con antelación a su resolución: falta a la verdad, ignora arbitraria-mente la relación de hechos, tergiversa y oculta la información sustancial que fundamenta los méritos del caso.-

---

[221] Resolución de la presidenta interina, Dra. Nivia A. Fernández Hernández sobre Apelación Núm. 90.1105 (Dr. Gazir Sued vs. Universidad de Puerto Rico, Recinto de Río Piedras); 6 de abril de 2017.

Como ya le indiqué antes, durante estos nueve meses he sostenido -desde una perspectiva ética humanista-universitaria- un proceso apelativo por razón de cesantía injustificada, represalia, discrimen político, violación a derechos y libertades constitucionales (civiles, laborales y académicas) y exclusión de oportunidad de empleo en la Universidad de Puerto Rico. Aunque he presentado los fundamentos de derecho y he evidenciado cabalmente las violaciones reglamentarias de los funcionarios imputados, he preferido abstenerme de tratar el asunto como una mera cuestión técnica-legal, con el fin de hacer primar los criterios y valores universitarios por encima de los entrampamientos forzados por la lógica "legalista", autómata e insensible de abogados corporativos. A pesar de mis esfuerzos, usted resolvió adoptar sin reparos un informe "legal" fraudulento e ignorar los razonamientos éticos, jurídicos académicos y políticos de mi apelación. Su actuación, en este sentido, podrá no ser ilegal, pero ciertamente es injusta e inmoral.

Además de sus marcados sesgos de inmoralidad, en el escenario actual de la crisis fiscal su resolución permite que se sigan derrochando ingresos institucionales en contratar abogados incompetentes para representar los intereses de justicia laboral y derechos académicos de los docentes universitarios. Mi situación lo evidencia, pues la UPR ha gastado más dinero en abogados para impedir mi restitución en el empleo que lo que hubiera invertido en renovarme contrato como docente. Asimismo, reitero que considero un acto de corrupción institucional la práctica de invisibilizar los méritos de mi apelación y manipular tecnicismos "legales" para proteger de manera privilegiada y sospechosa a los funcionarios imputados. De usted reafirmar su resolución en los términos que ha expresado, sepa que no solo afecta adversamente a mi persona, sino que le ocasiona daños irreparables a nuestra Universidad.

La interrogante central de mi apelación sigue vigente: ¿En base a qué criterios se justifica que no haya sido renovado mi contrato como docente, a pesar de cumplir cabalmente con los requerimientos institucionales y haber sido recomendada mi recontratación por el Comité de Personal?

Tenga presente que soy un profesor universitario víctima de violaciones de derecho, de abusos de autoridad de funcionarios institucionales y de mezquinas irracionalidades de sus "asesores" legales. Tenga en mente que no soy un peón desechable por caprichos del patrono y que usted está compelida moralmente a protegerme de las arbitrariedades injustas e injustificables de las que sigo siendo víctima.

A tenor con lo expuesto, insto con carácter de urgencia que reconsidere su resolución y atienda de manera objetiva, diligente y justa los méritos de mi caso. Insto, además, a que reconozca en buen ánimo que, de rectificar su resolución, abriría un espacio ejemplar de honradez y justicia en la Universidad y, en el acto, la posibilidad de contrarrestar los embates de funcionarios corruptos y de sentar precedente para erradicar las injusticias que sufren los profesores más vulnerables de nuestra Universidad, los docentes sin plaza...

Quedo a su disposición,

Gazir Sued, Ph.D.

8 de mayo de 2017

Dra. Carmen H. Rivera Vega
Rectora Interina del Recinto de Río Piedras
Universidad de Puerto Rico

 Estimada Dra. Rivera Vega, saludos cordiales. Como usted sabrá, la semana pasada radiqué un recurso apelativo ante la Junta de Gobierno de la Universidad de Puerto Rico. No obstante, más allá del proceso administrativo formal y en armonía con el espíritu universitario que ha caracterizado mis reclamos de atención y de justicia, considero como imperativo ético dirigirme a usted directamente, no solo como autoridad rectora del Recinto de Río Piedras sino –al margen de artificios jerárquicos- como colega docente. Le escribo en buen ánimo y con la esperanza en que estas letras no serán despachadas sin más o desechadas en manos del cuerpo autómata de abogados institucionales que, viciosamente, ha pretendido deshumanizar y desvirtuar mis razonamientos, al mismo tiempo que ha degradado el proceso apelativo a uno de encubri-miento y sospechosa protección de los funcionarios imputados.

 Será de su conocimiento que hace once meses fui notificado de cesantía injusta e injustificada, motivada como represalia contra mis legítimas expresiones públicas sobre las condiciones laborales de los docentes sin plaza; contra mis gestiones de denuncia como ciudadano sobre las abusivas condiciones carcelarias en el país; contra mis posiciones políticas e intelectuales críticas en el ejercicio de la libertad de cátedra; y contra mis proyectos de reforma universitaria. Como usted sabrá, esta determinación fue impuesta en base a criterios discriminatorios ilícitos, arbitrariedades y caprichos de la entonces directora del Departamento de Ciencias Sociales y ahora decana de la Facultad de Estudios Generales, la Dra. Vicky Muñiz Quiñones.[222] Desde entonces he sido excluido de oportunidades equitativas de empleo en la Universidad, y las instancias apelativas bajo rectoría y presidencia han ignorado sistemáticamente los

---

[222] Ver Partes III y IV en Apelación al Rector del Recinto de Río Piedras, 29 de junio de 2016 (Parte II de la Apelación ante la Junta de Gobierno de la UPR, 3 de mayo de 2017; pp.139-142; 143-152.

méritos y evidencias de mi caso. Es por ello que me he visto forzado a radicar apelación ante la Junta de Gobierno.

Sin embargo, según he expresado consistentemente, todavía prefiero que la determinación final sobre mi caso se base en criterios racionales, y que, a pesar del carácter atropellado del proceso apelativo, al final imperen los principios políticos y valores éticos que dan razón de ser a nuestra Universidad. Entre estos principios, destaca el encargo político y social de la Institución, de ser modelo ejemplar de administración pública en todas sus dimensiones. Principalmente en lo concerniente a las relaciones humanas entre la comunidad universitaria, que integran las condiciones laborales en general y, en particular, las relaciones entre el poder patronal y los trabajadores docentes más vulnerables del sistema, los profesores sin plaza.

Si se posiciona usted desde una perspectiva cónsona con los valores democráticos (derechos humanos) que deben regular las labores administrativas en nuestra Universidad, coincidirá conmigo en que no es correcto presumir que el patrono tiene un poder discrecional absoluto e irrestricto sobre las relaciones contractuales de los empleados docentes. Inclusive, aún cuando se trata de contratos "transitorios", que determinan un periodo de tiempo fijo de servicio, el patrono está obligado a ejercer sus funciones administrativas dentro del marco de prescripciones legales y regulaciones reglamentarias de la Institución. Del mismo modo, coincidirá conmigo en que, desde la óptica jurídica o legal imperante en nuestro actual Estado de Derecho, no existe justificación legítima para que el patrono pueda ejercer su autoridad administrativa al margen de la ley, es decir, de manera arbitraria o caprichosa. Tampoco desde una perspectiva ética existe fundamento que justifique la arbitrariedad y el capricho patronal; y, sin embargo, sí existe fundamento ético para repudiar, contrarrestar e impedir las actuaciones arbitrarias y caprichosas del poder patronal. Ambos puntos de vista, él ético y el legal, están ligados de manera indisoluble en el sentido moral de la Justicia, y sus preceptos son valederos tanto en el ámbito del derecho laboral como principio democrático general, como en la materialidad práctica de los derechos políticos constitucionales de los trabajadores del sistema de educación superior pública en Puerto Rico. En este sentido, la Universidad de Puerto Rico está compelida moral y jurídicamente a ceñir los procesos evaluativos del personal docente a las disposiciones reglamentadas en base al principio de mérito; y, al mismo tiempo, a proteger a sus trabajadores docentes sin plaza de actuaciones discriminatorias ilícitas, arbitrariedades y caprichos de funcionarios con poder patronal.

Si usted coincide conmigo en la justeza de los principios señalados, coincidirá también en reconocer la necesidad imperiosa de hacerlos valer.

Según demuestro en mi escrito apelativo, la decisión impugnada es producto de un craso incumplimiento con las leyes, reglamentos y principios universitarios que lesiona mis derechos. La misma no está apoyada por evidencia sustancial/documental y es producto de una actuación arbitraria, caprichosa, irrazonable, que constituye abuso de discreción y es contraria a derecho. Al expresar verbalmente sus opiniones personales y suplantar con ellas los criterios de evaluación reglamentados, la Dra. Muñiz Quiñones puso en riesgo a la Institución. Lo dicho por esta funcionaria afectó, en perjuicio del apelante y detrimento de la Universidad, el proceso evaluativo y mis oportunidades de empleo en la UPR. Su determinación se basó en acusaciones falsas, frívolas e infundadas; y, al negarse a rendir su informe por escrito, me impidió obtener una oportunidad efectiva y justa para defenderme.

En este sentido, no pueden utilizarse los argumentos de la "evaluación" verbal para fundamentar la determinación de cesantía y exclusión de oportunidad de empleo en la UPR, por lo que debe revocarse y proceder a mi recontratación. Es decir, que para ser legítima mi evaluación y consecuente renovación de contrato no se puede tomar en cuenta lo dicho por la Dra. Muñiz; sino basarse estrictamente en mi productividad académica-intelectual e historial profesional, docente e investigativo, a tenor con la evaluación y recomendación del Comité de Personal[223], basadas en las regulaciones institucionales para evaluar a los profesores, en el respeto al principio de mérito y la libertad de cátedra, y en las evaluaciones estudiantiles.

Además de la referencia al extenso y detallado documento apelativo, le insto a ponderar reflexivamente el curso actual del

---

[223] "El Comité de Personal del DCISO recomienda la contratación del Dr. Gazir Sued para realizar labores docentes en esta unidad académica bajo un contrato a Tiempo Completo en las mejores condiciones laborales que sea posible obtener."

juicio público sobre mi caso, contenido en centenares de expresiones en las redes sociales. La balanza se inclina inequívocamente a favor de quienes coinciden con mis denuncias y reclamos de justicia. Como podrá constatar, no se trata únicamente de expresiones de solidaridad sino, además, de una demanda general para que la gerencia institucional cese y desista de las prácticas discriminatorias ilícitas que vician y corrompen los procesos de reclutamiento, evaluación, retención y exclusión del personal docente sin plaza. Del mismo modo, podrá corroborar que gran parte de estas expresiones incluye a los diversos sectores de nuestra comunidad universitaria: al sector claustral con permanencia y a los profesores sin plaza; profesores jubilados; estudiantes y egresados que hoy ocupan posiciones profesionales aquí, en Puerto Rico, y fuera del país. Adjunto al final de esta carta los enlaces de referencia.[224]

Le insto, además, que reconozca la legitimidad de mis reclamos más allá de sus méritos particulares, y atienda mi demanda de justicia desde una perspectiva histórica más abarcadora y cónsona con el proyecto ético-político-social de la Universidad del Estado en conjunto. Desde principios del siglo XX, la jurisprudencia insular y el cuerpo legislativo han reconocido la gravedad del problema de la autoridad patronal irrestricta. A tenor con los principios de derecho laboral que moldean nuestro ordenamiento jurídico constitucional, y con el objetivo de proteger a la ciudadanía trabajadora –de la que los docentes universitarios somos parte- los poderes judiciales y legislativos han estado compelidos históricamente a imponer frenos certeros a las actuaciones discriminatorias ilícitas, padrinazgo político y amiguismo, arbitrariedades y caprichos patronales. Los mismos principios y objetivos pueden identificarse con claridad a escala global en las sociedades democráticas modernas. Incluso sobre los derechos que protegen a los trabajadores docentes en general, y a los docentes sin plaza en particular, existen convenios internacionales adoptados por la Organización de las Naciones Unidas.

Al respecto y contextualizando el asunto en torno al devenir histórico de la Universidad de Puerto Rico, he realizado una extensa y minuciosa investigación histórica que está en proceso de revisión editorial. No obstante, antes de publicarla,

---

[224] Ver enlaces y comentarios en https://www.facebook.com/gazir.

estoy en entera disposición de compartirle la versión del libro (*Paradoja Universitaria*) en su estado actual. Su contenido, además de servir de fundamento histórico-jurídico a mi caso particular, será una aportación a las reflexiones críticas pertinentes en nuestro escenario de época, con miras a orientar la ruta correcta de una reforma universitaria sensible ante las realidades laborales del creciente sector claustral sin plaza en la UPR.

Debe saber que, al mismo tiempo, las reivindicaciones de derecho que sostengo en mi apelación están insertadas dentro de la tendencia y clima general entre el claustro universitario. Las mismas han sido ratificadas unánimemente en la Asamblea Nacional de la Asociación de Profesores Universitarios (APPU) y en la Asamblea Nacional de Docentes de la UPR, ambas celebradas en días recientes.[225]

Quisiera traer a su atención, además, que hasta el día de hoy puede estimarse que, como efecto de las determinaciones irracionales y abusos de poder que han dado base a este proceso apelativo, así como por el carácter atropellado, parcializado e injusto del mismo, la imagen de la Universidad se ha visto seriamente afectada, quedando al descubierto ante la comunidad universitaria y la mirada pública determinadas dimensiones de corrupción y de violencia institucional. La toma de conciencia sobre este estado de situación se generaliza de manera acumulativa y progresiva. Como universitario, preferiría que la justicia que demando se impusiera como fruto del entendimiento entre universitarios y no por la fuerza de una determinación judicial. De usted resolver en justicia mi apelación, también frenaría el derroche de presupuesto institucional en abogados corporativos ineptos, y evitaría el riesgo inminente de una cuantiosa demanda legal contra la Institución.

Teniendo en mente lo anterior, quisiera dejarle saber que, a pesar de perseverar en la demanda de mis reclamos de transparencia e imparcialidad sobre el proceso evaluativo, y a pesar de mis denuncias sobre el encubrimiento sistemático de los méritos de mi caso por parte de las autoridades institucionales, no he hecho pública la transcripción de los argumentos verbales de la Dra. Muñiz Quiñones. La razón principal ha sido mi esperanza como universitario humanista en que, en aras de la verdad y la justicia, la funcionaria imputada reconozca sus faltas, se retracte y

---

[225] Las resoluciones de referencia están disponibles de serme solicitadas.

enmiende sus yerros. Además, me he abstenido de publicar la transcripción de sus alegatos a pesar de su carácter malicioso, de sus calumnias y falsedades, porque estoy consciente de las implicaciones negativas para la imagen institucional, así como de las posibles consecuencias psicológicas y profesionales para la persona imputada. No obstante, mis sostenidos esfuerzos por tratar de razonar objetivamente con las autoridades concernientes no han rendido el fruto deseado. La intransigencia institucional a reconocer los méritos de mi apelación y a atender imparcialmente mis denuncias y reclamos de justicia me fuerzan a reconsiderar mi posición y a hacer pública la evidencia. No obstante, he optado por darle oportunidad a usted para que interceda de inmediato y ordene mi restitución en mi empleo docente en los términos planteados en mi escrito de apelación.

Le insto a que considere con debida seriedad que las violaciones a mis derechos son reales y no aparentes. Su materialidad reside en el hecho de haber sido viciado el proceso evaluativo e impedida arbitrariamente la renovación de mi contrato. Es su deber ministerial estudiar los argumentos de mi apelación y evidencias. De hacerlo con debida imparcialidad y objetividad, verá que lo que procede en justicia es revocar la determinación de mi cesantía y renovar mi contrato.

Recuerde que su deber ministerial como rectora es velar por los mejores intereses del Recinto; y garantizar que se resuelvan en justicia las apelaciones contra los funcionarios que, por sus expresiones, actuaciones u omisiones, dañan la imagen de la Universidad y drenan sus recursos fiscales para encubrir y proteger sus propias faltas y corrupciones. Le insto, pues, a tomar en cuenta los posibles efectos de la publicación de los alegatos de la Dra. Muñiz Quiñones. Del análisis de lo acontecido en el curso de once meses de proceso apelativo, es predecible que desencadenaría un escándalo público que afectaría adversamente la imagen de nuestra Universidad y, del mismo modo, la haría sufrir su impacto económico. Conste, sin embargo, que no es esta mi intensión, pero lo considero como opción legítima para mi defensa contra las negligencias y violaciones institucionales a mis derechos civiles y laborales.

Además de las evidentes y evidenciadas violaciones a derechos constitucionales y a la libertad de cátedra, considero que la marcada irracionalidad de los argumentos de la Dra. Muñiz debe ser objeto de investigación institucional y consecuentes medidas disciplinarias.

En este sentido, le insto a que tome en seria consideración el hecho de que la Dra. Muñiz Quiñones —según se desprende de sus expresiones verbales- confesó entre líneas que, por sus directrices, fui objeto de espionaje institucional y carpeteo por motivaciones de índole política y prejuicios personales.

Igualmente, le insto a que considere con la misma seriedad el hecho de que la imputada manipuló premeditadamente el proceso evaluativo reglamentado por la institución para justificar sus imposturas y consecuente represalia por motivaciones políticas e ideológicas.

Le insto, a que tome en cuenta que los colegas profesores del Departamento de Ciencias Sociales solicitaron colectivamente a la decana Muñiz Quiñones que rindiera cuenta sobre su determinación de no renovarme el contrato por encima de la recomendación del Comité de Personal, y ésta se negó.

Dentro de este marco de circunstancias sospechosas y evidentes actos de abuso de poder discrecional, le insto a que reconozca que la negativa a rendir un informe escrito que justifique las razones de mi cesantía y exclusión revela el carácter irracional e ilícito de la determinación impugnada. Asimismo, le insto a reconocer que la evidente complicidad de las instancias superiores (decano, rectoría y presidencia) para negar mi derecho a obtener por escrito un informe de las razones de cesantía y exclusión discriminatoria de oportunidad de empleo constituye un acto de corrupción y de violencia institucional.

Reitero, pues, que lo que procede en justicia es revocar la determinación de la Dra. Muñiz Quiñones y renovar mi contrato.

De usted queda consentir o salirle al paso a las prácticas y actitudes denunciadas. Por lo pronto, le solicito audiencia inmediata para dialogar en persona y tratar de resolver definitivamente y en justicia mi caso.

Quedo a su disposición,

Gazir Sued, Ph.D.

***El 18 de mayo de 2017 la rectora Rivera-Vega renunció. Ese verano, Gazir Sued y la ex rectora coincidieron en una reunión de la APPU. El Dr. Sued le preguntó si había leído la carta y ella contestó que nunca se la hicieron llegar.

7 de junio de 2017

Junta de Gobierno
Universidad de Puerto Rico

Apelación Administrativa JG 17-08[226]

    Hoy se cumple un año desde que recibí la carta en la que se me notificó la determinación de no renovar mi contrato por la entonces directora del departamento, Vicky Muñiz Quiñones. Dicha determinación -según evidencias presentadas mediante recurso apelativo- constituye un acto ilícito de represalia; y los criterios que la sostienen —según expresados por la funcionaria imputada- constituyen una abierta violación a mis derechos humanos, constitucionales, académicos y laborales. Hasta el día de hoy, he sido discriminado y excluido de oportunidades de empleo en la Universidad, y los daños ocasionados a mi reputación, a mi quehacer intelectual y profesional son irreparables; y las implicaciones económicas cuantiosas.

    Dentro de nuestro ordenamiento jurídico y bajo el actual estado de derecho, la arbitrariedad y el capricho constituyen violaciones al principio de mérito que debe regir los procesos de evaluación y criterios de contratación en la Universidad de Puerto Rico. Los mismos están debidamente reglamentados por la institución y en acorde con los requerimientos de la Ley. No obstante, la Dra. Muñiz Quiñones, en abierta violación a los reglamentos institucionales y en evidente abuso de su relativo poder discrecional, optó por denegar arbitrariamente mi contratación y sin ofrecer justificaciones por escrito.

    Sin embargo, la funcionaria imputada sí me expresó verbalmente sus motivaciones, y éstas -como he demostrado- evidencian estar basadas en criterios discriminatorios de orden político e ideológico, y en sospechosas impresiones subjetivas. La negativa a rendir informe escrito sobre las razones de cesantía, así como el contenido de sus expresiones verbales (transcritas e integradas como evidencia en el documento apelativo) son pruebas fehacientes del carácter ilegítimo e ilegal de su determinación.

---

[226] -Dr. Gazir Sued Jiménez (apelante) vs. Universidad de Puerto Rico, Recinto de Rio Piedras (apelado)-

Las expresiones verbales de la Dra, Muñiz Quiñones constituyen un abuso de la prerrogativa gerencial sobre las contrataciones y evidencian, al mismo tiempo, que su determinación fue de carácter discriminatorio, arbitrario y caprichoso. De estas expresiones surge la sospecha de que, por sus directrices, fui objeto de espionaje institucional y carpeteo por motivaciones de índole política y prejuicios personales. También de las mismas expresiones se desprende que su negativa a renovar mi contrato no constituye una determinación administrativa legítima sino un acto ilícito de represalia.

La sistemática ocultación de los méritos y evidencias de este caso apelativo por parte de las instancias de rectoría y presidencia demuestran su carácter parcializado a favor de la funcionaria imputada, y constituye una práctica ilegal de encubrimiento, de complicidad y de violencia institucional contra mi persona. La dilación injustificada de la Junta de Gobierno agrava la situación. Y en lo inmediato, la ausencia de funcionarios directivos en los cuerpos rectores de la UPR (presidente de la Junta de Gobierno, presidente de la UPR y rector del Recinto de Río Piedras) y la incertidumbre sobre sus nombramientos, pone en entredicho el proceso apelativo en todas sus dimensiones.

Debo reiterar que, de no atenderse en un tiempo razonable y en sus méritos este caso, y de no resolverse en justicia a mi favor, me veré compelido a entablar una demanda judicial. La misma sería radicada contra la UPR como entidad corporativa del Estado, contra las personas imputadas por discrimen y represalia, y contra las personas involucradas en el esquema de encubrimiento, complicidad y corrupción institucional.

Gazir Sued, Ph.D.

7 de agosto de 2017

Junta de Gobierno
Universidad de Puerto Rico

Apelación Núm. JG 17-18

En vista de las imposturas y violaciones éticas recurrentes por parte de la representación legal de la parte apelada, impugno la moción de desestimación presentada el 3 de agosto de 2017[227] e insto a la Junta de Gobierno a que la desestime por falsedad y frivolidad. En términos generales, los argumentos de esa moción fueron calcados sin más y los fundamentos de mi impugnación los he reiterado en numerosas ocasiones, según consta en los expedientes de la apelación a rectoría, a presidencia y a la Junta de Gobierno. No obstante, considero oportuno acentuar que el representante legal de la parte apelada, el Lcdo. Marcos A. Díaz Galarza, insiste en engañar a la Junta de Gobierno e inducirla a error, falseando la realidad jurídica e institucional, tergiversando los fundamentos de derecho y ocultando los hechos concretos que constituyen los méritos inherentes a la apelación en ciernes.

Para fines prácticos y por consideración al valor del tiempo me abstendré de repetir mis argumentos y de citar referencias jurídicas, legales y reglamentarias para desmentir la moción de desestimación. Baste con reafirmar que del escrito apelativo original (90.1105) hasta su versión perfeccionada (JG 17-18) se desprende claramente que miente el representante legal de la parte apelada al alegar que:

> "...el apelante no ha levantado ningún argumento válido que sostenga o fundamente que se haya discri-minado en su contra. La apelación no establece discrimen por ninguna de las categorías protegidas, ya sea a nivel constitucional, a nivel de legislación, ni a nivel de la propia reglamentación universitaria." (...) "El apelante tampoco ha

---

[227] "Moción de Desestimación" firmada por el Lcdo. Marcos A. Díaz Galarza; 3 de agosto de 2017.

> levantado ningún fundamento válido ni fáctico, de que la decisión de no renovarle el contrato se tomó a base de prejuicio en su contra." (…) "La apelación no detalla hechos específicos que puedan dar margen a una alegación de discrimen."

El conjunto de estos falsos alegatos se sostiene sobre la omisión maliciosa de los argumentos presentados en el escrito apelativo y en la ocultación sistemática de las evidencias. Esto constituye una abierta violación al reglamento de apelación y revela una práctica de corrupción e inmoralidad institucional, toda vez que la UPR mantiene el financiamiento de este representante legal con el fin de encubrir la verdad, de tergiversar los hechos y de ocultar información sensible para favorecer incondicionalmente a *su* "cliente".

Debo subrayar –como he señalado en varias ocasiones- que el representante legal del Recinto de Río Piedras persiste en encubrir las prácticas ilícitas de los funcionarios administrativos denunciados, e insiste en imponer la "norma de deferencia" como subterfugio para evadir el cumplimiento de la ley y del reglamento universitario. Asimismo, la "doctrina" de que "las decisiones administrativas tienen a su favor la presunción de legalidad y corrección" ha sido impugnada, desmentida y derrotada con base en los hechos concretos demostrados sostenidamente en el expediente apelativo. Hechos que, sin embargo, el representante legal ha obviado y silenciado sospechosamente…

A pesar de las artimañas del representante legal, es de conocimiento de la Juta de Gobierno que la referencia a la reunión con la entonces directora del departamento, Vicky Muñiz Quiñones, es la fuente matriz de la apelación, que la misma ha sido citada desde la apelación original hace más de un año y que los alegatos de la directora han sido desmentidos con debida claridad, con base en los reglamentos institucionales y demás referencias jurídicas-legales. No obstante, el representante legal pretende engañar a la Junta de Gobierno alegando que:

> "La reunión con la entonces directora del Departamento, Dra. Vicky Muñiz Quiñones, que ahora trae a colación el apelante, mediante una supuesta y alegada transcripción…"

Pero no solo miente el representante legal sobre la referencia a esta reunión, sino que, excediéndose de manera arbitraria e ilegal en su encargo formal, manipula su contenido caprichosamente. Así las cosas, además de mentir incurre en injerencia indebida al imponer su opinión personal:

> "...de ser cierta la transcripción, lo que reflejaría es un proceso de supervisión en el cual la directora del Departamento le indicó razones legítimas para no considerar al apelante para una nueva contratación. De ser cierta la transcripción, la misma reflejaría y sostendría, precisamente, que el apelante era inadecuado para un nuevo contrato. Allí no hay visos de discrimen alguno."

La realidad de los hechos, según evidenciada en el escrito apelativo, es precisamente lo contrario a lo alegado por el representante legal. Las razones expresadas y citadas de la directora Muñiz Quiñones son ilegítimas, inmorales e ilegales, y constituyen violaciones al reglamento y a la ley universitaria, así como prácticas ilícitas e inconstitucionales de discrimen político y represalia. Al día de hoy nunca ha sido negado o refutado contenido alguno de la citada reunión, y el debido proceso supone que se acepte su contenido como cierto. Asimismo, al nunca haber sido retadas o contradichas mis alegaciones y acusaciones, a pesar de que la Junta de Gobierno ha ordenado a la parte apelada que lo haga, lo que procede es admitir la veracidad del escrito de apelación de manera íntegra. En este sentido, debe quedar claro que la citada reunión representa el contenido del informe de evaluación que la directora imputada usó para justificar mi cesantía y exclusión discriminatoria de oportunidades de empleo docente en la UPR. El contenido del informe, como he evidenciado claramente, carece de fundamentos institucionales legítimos y viola derechos fundamentales del apelante. El contenido de ese informe, según consta por la transcripción de lo dicho por la directora, es falso, y a sabiendas de su falsedad ha sido la base de un esquema institucional de discrimen y represalia contra mi persona, en abierta violación al reglamento institucional, a la ley de ética gubernamental, a la constitución de Puerto Rico y demás preceptos jurídicos y legales que protegen mis derechos como trabajador docente universitario, como ciudadano y como ser humano.

Quede claro a la Junta de Gobierno que, en su moción de desestimación, el representante legal del Recinto de Río Piedras confiesa entre líneas que en todo momento ha ignorado los méritos de la apelación. Fuese por pereza, por negligencia o por falta de integridad en el ejercicio de sus funciones, este representante legal ha violado sistemáticamente los cánones de ética de la profesión jurídica y corrompido el proceso apelativo en todas sus dimensiones.

Del mismo modo, sabe la Junta de Gobierno que en el escrito apelativo he demostrado claramente que he sido afectado adversa-mente por la decisión de los entes administrativos de rectoría y presidencia; y que he presentado evidencia sustancial de que la decisión apelada no está justificada por una evaluación justa del peso de la prueba ante su consideración. Del alegato del representante legal se desprende que durante todo el proceso apelativo ha ignorado las pruebas que he presentado, lo que abona a las denuncias previas sobre ocultación de información a la autoridad apelativa que representa. Este hecho pone en tela de juicio los criterios sobre los que se basa la moción de desestimación y evidencia el carácter fraudulento del proceso apelativo en conjunto.

Además de las imposturas y mentiras recurrentes del representante legal, éste se ha tomado la libertad de tergiversar los reglamentos institucionales sobre las evaluaciones del personal docente con el sospechoso y mezquino fin de desvirtuar los méritos de la apelación y mis querellas. Según el representante legal, el apelante tiene "deficiencias pedagógicas" que justifican la cesantía y la exclusión de oportunidades equitativas de empleo como docente: "Este hecho da al traste con la alegación de evaluaciones excelentes por parte del Comité de Personal levantada por el apelante." La desfachatez y falta de integridad del representante legal al abusar de sus funciones de "asesoría legal" es insostenible y considero imperativa su destitución inmediata para el bien de la institución. Además, el representante legal ha anunciado que estará de vacaciones hasta el 7 de septiembre, lo que entre líneas parece, si no una burla a la justicia procurada por el apelante, un pretexto para dilatar aun más el proceso apelativo.

Considero que la Junta de Gobierno debe tomar en cuenta la falta de integridad del representante legal y considerar con debida seriedad el craso desconocimiento y confusión que ha expresado recurrentemente sobre el marco jurídico constitucional y legislativo sobre el que se asienta la Universidad de Puerto Rico y a partir del cual deben ser comprendidas y reguladas sus prácticas administrativas. A los fines de subsanar las lagunas jurídicas y enmendar los yerros relativos a este proceso apelativo, adjunto a esta carta una investigación histórica de mi autoría sobre la Universidad de Puerto Rico y sus relaciones con el proyecto ético-político de los derechos humanos y los principios constitucionales, jurídicos y legales que la ordenan, que definen su misión social y que regulan sus prácticas académicas y administrativas.[228] Esta investigación debe ser integrada al expediente administrativo como perfeccionamiento oportuno y pertinente de los fundamentos de derecho que engloban el escrito apelativo JG 17-18. Si la razón, la verdad y la justicia son objeto común del trámite apelativo, cualquier oposición a que este escrito sea adicionado será considerada como ilegítima e improcedente.

Del mismo modo, solicito a la Junta de Gobierno que certifique la adición presentada como prueba el pasado 10 de julio de 2017.[229]

Confío en que la Junta de Gobierno tomará una decisión debidamente informada y que salvará el proceso apelativo de las faltas señaladas, atendiéndolo en sus méritos objetivos y con honradez.

Quedo a su disposición,

Gazir Sued, Ph.D.

---

[228] Sued, Gazir; "Devenir histórico de los derechos civiles y la (in)justicia laboral en la Universidad de Puerto Rico: Jurisprudencia y Legislación pertinentes al contexto universitario y su relación con los trabajadores docentes (1900-2017)"

[229] Ambos documentos están adjuntos al formato digital de esta carta. Copia impresa ha sido entregada personalmente a la Junta de Gobierno y por correo electrónico a todas las partes.

10 de julio de 2017

Junta de Gobierno
Universidad de Puerto Rico

Apelación Núm. JG 17-08

    Por la presente someto nueva evidencia concerniente al caso apelativo JG 17-08 (Dr. Gazir Sued vs. UPR-RRP) y solicito que sea integrada junto a esta carta y anejos al expediente. La nueva evidencia se trata de una carta oficial de la Comisión de Derechos Civiles de Puerto Rico (CDC), con fecha de 7 de julio de 2017, cuyo contenido desmiente las falsas acusaciones que hiciera la entonces directora de departamento y actual decana de facultad Vicky Muñiz Quiñones con relación a mis gestiones personales con el Departamento de Corrección y Rehabilitación (DCR) y que usara como pretexto para justificar mi cesantía y exclusión discriminatoria de oportunidad de empleo como docente.

    Según expresé en el escrito apelativo original ante rectoría y presidencia (Apelación Núm. 90.1105) y en su versión actual ante la Junta de Gobierno (Apelación Núm. JG 17-08)[230], la directora/decana Muñiz Quiñones alega que, en la carta remitida al Secretario del DCR[231] asumí representación "a nombre de nosotros", "y en un lenguaje muy fuerte, exiges al Secretario que cese y desista, y no sé cuantas otras cosas más." En base a este "incidente", la directora tergiversó los hechos y mintió con el fin de afectar adversamente mi reputación y privarme arbitrariamente de mis oportunidades de empleo en la UPR, a la vez que abusó de su autoridad para tratar de impedir el ejercicio de mis derechos constitucionales y derechos reconocidos con fuerza de Ley en el Reglamento General de la UPR.

---

[230] Transcripción de la reunión con la Dra. Muñiz, 16 de junio de 2016 / Impugnación de alegatos falsos, de acusaciones infundadas, de calumnias, de difamaciones y de violación a la libertad de cátedra del profesor Gazir Sued; pp.143-152 / Transcripción de reunión con Dra. Vicky Muñiz Quiñones; Anejo #4, pp. 283-289.

[231] Carta de Gazir Sued, Ph.D. al Lic. Einar Ramos López, Secretario del Departamento de Corrección y Rehabilitación (DCR); 29 de marzo de 2016; p.297.

Conste que -a pesar de que mi gestión como ciudadano y universitario fue objeto de censura ilícita que degeneró en un acto de represalia ilegal por parte de la funcionaria imputada, avalado por los cuerpos de rectoría y presidencia de la Universidad de Puerto Rico- la Comisión de Derechos Civiles reconoció la importancia de mi querella para el mejoramiento de los derechos humanos de la población confinada.

> "En su petición usted solicita al DCR que elimine los cristales que limitan el contacto físico entre los visitantes y prisioneros (…) En atención a su petición, la misma le fue remitida al Hon. Erik Rolón, Secretario del DCR, mediante entrega personal junto con una solicitud de la CDC. En la misma se le solicita que pondere la posibilidad de remover los cristales…"[232]

De ser acogida mi petición, se beneficiarían los prisioneros y prisioneras que actualmente son estudiantes de la UPR, mejorando sus condiciones de existencia dentro del mandato constitucional de rehabilitación.[233]

Quedo a su disposición,

Gazir Sued, Ph.D.

---

[232] Carta de la Comisión de Derechos Civiles al Dr. Gazir Sued; 7 de julio de 2017; pp.310-311.

[233] Reconocimiento público del Dr. Fernando Picó a labor académica del Dr. Gazir Sued; 15 de abril de 2017; p.309.

14 de agosto de 2017

Dr. Luis A. Ferrao Delgado
Rector Interino del Recinto de Río Piedras
Universidad de Puerto Rico

Estimado Dr. Ferrao, saludos cordiales. Como usted recordará, hace un año radiqué un recurso apelativo por cesantía injustificada, discrimen político, represalia y exclusión arbitraria de oportunidades equitativas de empleo como docente en el Departamento de Ciencias Sociales de la Facultad de Estudios Generales. Agotadas las gestiones pertinentes en las instancias de rectoría y presidencia, la apelación se encuentra actualmente ante la Junta de Gobierno de la UPR. No obstante, más allá del proceso administrativo formal y en armonía con el espíritu universitario que ha caracterizado mis reclamos de atención y de justicia, considero como imperativo ético dirigirme a usted directamente, no solo como autoridad rectora del Recinto de Río Piedras sino –al margen de artificios burocráticos y jerárquicos- como colega docente. Le escribo en buen ánimo y con la esperanza en que estas letras no serán despachadas sin más o desechadas en manos del cuerpo autómata de abogados institucionales que, viciosamente, ha pretendido deshumanizar y desvirtuar mis razonamientos, al mismo tiempo que ha degradado el proceso apelativo a uno de encubrimiento y sospechosa protección de los funcionarios imputados de violar la ley universitaria y los reglamentos institucionales así como de violar mis derechos laborales, constitucionales y humanos.

Será de su conocimiento que hace más de un año fui notificado de cesantía injusta e injustificada, motivada como represalia contra mis legítimas expresiones públicas sobre las condiciones laborales de los docentes sin plaza; contra mis gestiones de denuncia como ciudadano sobre las abusivas condiciones carcelarias en el país; contra mis posiciones políticas e intelectuales críticas en el ejercicio de la libertad de cátedra; y contra mis proyectos de reforma universitaria. Como usted sabrá, esta determinación fue impuesta en base a criterios discriminatorios ilícitos, arbitrariedades y caprichos de la entonces directora del Departamento de Ciencias Sociales y ahora Decana de la Facultad de Estudios Generales, la Dra. Vicky Muñiz Quiñones.[234] Desde entonces he sido excluido de oportunidades equitativas de empleo en la Universidad, y las instancias apelativas bajo rectoría y

---

[234] Ver Partes III y IV en Apelación al Rector del Recinto de Río Piedras, 29 de junio de 2016; pp.139-142; 143-152.

presidencia han ignorado sistemáticamente los méritos y evidencias de mi caso. Es por ello que me vi forzado a radicar apelación ante la Junta de Gobierno.

Sin embargo, según he expresado consistentemente, todavía prefiero que la determinación final sobre mi caso se base en criterios racionales y que, a pesar del carácter atropellado del proceso apelativo, al final imperen los principios políticos y valores éticos que dan razón de ser a nuestra Universidad. Entre estos principios destaca el encargo político y social de la Institución, de ser modelo ejemplar de administración pública en todas sus dimensiones. Principalmente en lo concerniente a las relaciones humanas entre la comunidad universitaria, que integran las condiciones laborales en general y, en particular, las relaciones entre el poder patronal y los trabajadores docentes más vulnerables del sistema, los profesores sin plaza.

Si se posiciona usted desde una perspectiva cónsona con los valores democráticos y los derechos humanos que deben regular las labores administrativas en nuestra Universidad, coincidirá conmigo en que no es correcto presumir que el patrono —en este caso la directora del departamento- tiene un poder discrecional absoluto e irrestricto sobre las relaciones contractuales de los empleados docentes. Inclusive, aún cuando se trata de contratos "transitorios", que determinan un periodo de tiempo fijo de servicio, el patrono está obligado a ejercer sus funciones administrativas dentro del marco de prescripciones legales y regulaciones reglamentarias de la Institución. Del mismo modo, coincidirá conmigo en que, desde la óptica jurídica o legal imperante en nuestro actual Estado de Derecho, no existe justificación legítima para que el patrono pueda ejercer su autoridad administrativa al margen de la ley, es decir, de manera arbitraria o caprichosa. Tampoco desde una perspectiva ética existe fundamento que justifique la arbitrariedad y el capricho patronal; y, sin embargo, sí existe fundamento ético para repudiar, contrarrestar e impedir las actuaciones arbitrarias y caprichosas del poder patronal. Ambos puntos de vista, él ético y el legal, están ligados de manera indisoluble en el sentido moral de la Justicia, y sus preceptos son valederos tanto en el ámbito del derecho laboral como principio democrático general, como en la materialidad práctica de los derechos políticos constitucionales de los trabajadores del sistema de educación superior pública en Puerto Rico. En este sentido, la Universidad de Puerto Rico está compelida moral y jurídicamente a ceñir los procesos evaluativos del personal docente a las disposiciones reglamentadas en base al principio de mérito; y, al mismo tiempo, a proteger a sus trabajadores docentes sin plaza de actuaciones discriminatorias ilícitas, arbitrariedades y caprichos de funcionarios con poder patronal.

Si usted coincide conmigo en la justeza de los principios señalados, coincidirá también en reconocer la necesidad imperiosa de hacerlos valer.

Según demuestro en mi escrito apelativo, la decisión impugnada es producto de un craso incumplimiento con las leyes, reglamentos y principios universitarios que lesiona mis derechos. La misma no está apoyada por evidencia sustancial/documental y es producto de una actuación arbitraria, caprichosa, irrazonable, que constituye abuso de discreción y es contraria a derecho. Al expresar verbalmente sus opiniones personales y suplantar con ellas los criterios de evaluación reglamentados, la Dra. Muñiz Quiñones puso en riesgo a la Institución. Lo dicho por esta funcionaria afectó, en perjuicio del apelante y detrimento de la Universidad, el proceso evaluativo y mis oportunidades de empleo en la UPR. Su determinación se basó en acusaciones falsas, frívolas e infundadas; y, al negarse a rendir su informe por escrito, me impidió obtener una oportunidad efectiva y justa para defenderme.

En este sentido, no pueden utilizarse los argumentos de la "evaluación" verbal para fundamentar la determinación de cesantía y exclusión de oportunidad de empleo en la UPR, por lo que debe revocarse y proceder a mi recontratación. Es decir, que para ser legítima mi evaluación y consecuente renovación de contrato no se puede tomar en cuenta lo dicho por la Dra. Muñiz; sino basarse estrictamente en mi productividad académica-intelectual e historial profesional, docente e investigativo, a tenor con la evaluación y recomendación del Comité de Personal[235], basadas en las regulaciones institucionales para evaluar a los profesores, en el respeto al principio de mérito y la libertad de cátedra, y en las evaluaciones estudiantiles.

Además de la referencia al extenso y detallado documento apelativo, le insto a ponderar reflexivamente el curso actual del juicio público sobre mi caso, contenido en centenares de expresiones en las redes sociales. La balanza se inclina inequívocamente a favor de quienes coinciden con mis denuncias y reclamos de justicia. Como podrá constatar, no se trata únicamente de expresiones de solidaridad sino, además, de una demanda general para que la gerencia institucional cese y desista de las prácticas discriminatorias ilícitas que vician y corrompen los procesos de reclutamiento, evaluación, retención y exclusión del personal docente sin plaza. Del mismo

---

[235] "El Comité de Personal del DCISO recomienda la contratación del Dr. Gazir Sued para realizar labores docentes en esta unidad académica bajo un contrato a Tiempo Completo en las mejores condiciones laborales que sea posible obtener."

modo, podrá corroborar que gran parte de estas expresiones incluye a los diversos sectores de nuestra comunidad universitaria: al sector claustral con permanencia y a los profesores sin plaza; profesores jubilados; estudiantes y egresados que hoy ocupan posiciones profesionales aquí, en Puerto Rico, y fuera del país. Adjunto al final de esta carta los enlaces de referencia.

Le insto, además, que reconozca la legitimidad de mis reclamos más allá de sus méritos particulares, y atienda mi demanda de justicia desde una perspectiva histórica más abarcadora y cónsona con el proyecto ético-político-social de la Universidad del Estado en conjunto. Desde principios del siglo XX, la jurisprudencia insular y el cuerpo legislativo han reconocido la gravedad del problema de la autoridad patronal irrestricta. A tenor con los principios de derecho laboral que moldean nuestro ordenamiento jurídico constitucional, y con el objetivo de proteger a la ciudadanía trabajadora –de la que los docentes universitarios somos parte- los poderes judiciales y legislativos han estado compelidos históricamente a frenar, contrarrestar y repudiar las actuaciones discriminatorias ilícitas, padrinazgo político y amiguismo, arbitrariedades y caprichos patronales. Los mismos principios y objetivos pueden identificarse con claridad a escala global en las sociedades democráticas modernas. Incluso sobre los derechos que protegen a los trabajadores docentes en general, y a los docentes sin plaza en particular, existen convenios internacionales adoptados por la Organización de las Naciones Unidas.

Al respecto y contextualizando el asunto, he realizado una extensa y minuciosa investigación histórica que está en proceso de revisión editorial. No obstante, antes de publicarla como libro, se la comparto adjunto a esta carta. Su contenido, además de servir de fundamento histórico-jurídico a mi caso particular, es una aportación a las reflexiones críticas pertinentes en nuestro escenario de época, con miras a orientar la ruta correcta de una reforma universitaria sensible ante las realidades laborales del creciente sector claustral sin plaza en la UPR. Debe saber que, al mismo tiempo, las reivindicaciones de derecho que sostengo en mi apelación están insertadas dentro de la tendencia y clima general entre el claustro universitario. Las mismas han sido ratificadas unánimemente este mismo año en la Asamblea Nacional de la Asociación de Profesores Universitarios (APPU), en la Asamblea Nacional de Docentes de la UPR, y en la asamblea constituyente de la Coordinadora Nacional de Docentes sin Plaza (CoNaD)[236]

---

[236] Las resoluciones de referencia están disponibles de serme solicitadas.

Quisiera traer a su atención, además, que hasta el día de hoy puede estimarse que, como efecto de las determinaciones irracionales y abusos de poder que han dado base a este proceso apelativo, así como por el carácter atropellado, parcializado e injusto del mismo, la imagen de la Universidad se ha visto seriamente afectada, quedando al descubierto ante la comunidad universitaria y la mirada pública determinadas dimensiones de corrupción y de violencia institucional. La toma de conciencia sobre este estado de situación se generaliza de manera acumulativa y progresiva.[237] Como universitario, preferiría que la justicia que demando se impusiera como fruto del entendimiento entre universitarios y no por la fuerza de una determinación judicial. De usted resolver en justicia mi apelación, también frenaría el derroche de presupuesto institucional en abogados corporativos ineptos, y evitaría el riesgo inminente de una cuantiosa demanda legal contra la Institución.

Teniendo en mente lo anterior, quisiera dejarle saber que, a pesar de perseverar en la demanda de mis reclamos de transparencia e imparcialidad sobre el proceso evaluativo, y a pesar de mis denuncias sobre el encubrimiento sistemático de los méritos de mi caso por parte de las autoridades institucionales, no he hecho pública la transcripción de los argumentos verbales de la Dra. Muñiz Quiñones. La razón principal ha sido mi esperanza como universitario humanista en que, en aras de la verdad y la justicia, la funcionaria imputada reconozca sus faltas, se retracte y enmiende sus yerros. Además, me he abstenido de publicar la transcripción de sus alegatos a pesar de su carácter malicioso, de sus calumnias y falsedades, porque estoy consciente de las implicaciones negativas para la imagen institucional, así como de las posibles consecuencias psicológicas y profesionales para la persona imputada. No obstante, mis sostenidos esfuerzos por tratar de razonar objetivamente con las autoridades concernientes no han rendido el fruto deseado. La intransigencia institucional a reconocer los méritos de mi apelación y a atender imparcialmente mis denuncias y reclamos de justicia me fuerzan a reconsiderar mi posición sobre la publicación mediática de la evidencia. No obstante, he optado por darle oportunidad a usted para que interceda de inmediato y ordene mi restitución como docente en los términos planteados en mi escrito de apelación.

---

[237] *La carta original incluye enlaces publicados en los medios informativos y redes sociales (artículos, comunicados de prensa, expresiones públicas, etc.) relacionados al caso apelativo. Se incluye el comunicado de prensa: Ultimátum a Junta de Gobierno UPR por discrimen y represalia contra profesor universitario; 7 de junio de 2017. (Anejo #21; pp.312-313)

Le insto a que considere con debida seriedad que las violaciones a mis derechos son reales y no aparentes. Su materialidad reside en el hecho de haber sido viciado el proceso evaluativo e impedida arbitrariamente la renovación de mi contrato. Es su deber ministerial estudiar los argumentos de mi apelación y evidencias. De hacerlo con debida imparcialidad y objetividad, verá que lo que procede en justicia es revocar la determinación de mi cesantía y renovar mi contrato.

Su deber ministerial como rector es velar por los mejores intereses del Recinto, y garantizar que se resuelvan en justicia las apelaciones contra los funcionarios que, por sus expresiones, actuaciones u omisiones, dañan la imagen de la Universidad y drenan sus recursos fiscales para encubrir y proteger sus propias faltas y corrupciones. Le insto, pues, a tomar en cuenta los posibles efectos de la publicación en los medios informativos del país de los alegatos de la Dra. Muñiz Quiñones. Del análisis de lo acontecido en el curso de un año de este proceso apelativo, es predecible que desencadenaría un escándalo público que afectaría adversamente la imagen de nuestra Universidad y, del mismo modo, la haría sufrir su impacto económico. Conste que no es esta mi intensión, pero lo considero como opción legítima para mi defensa contra las negligencias y violaciones institucionales a mis derechos civiles y laborales.

Además de las evidentes y evidenciadas violaciones a derechos constitucionales y a la libertad de cátedra, considero que la marcada irracionalidad de los argumentos de la Dra. Muñiz debe ser objeto de investigación institucional y consecuentes medidas disciplinarias. Le insto, pues, a que tome en seria consideración el hecho de que la Dra. Muñiz Quiñones –según se desprende de sus expresiones verbales– confesó entre líneas que, por sus directrices, fui objeto de espionaje institucional y carpeteo por motivaciones de índole política y prejuicios personales.

Igualmente, le insto a que considere con la misma seriedad el hecho de que la imputada manipuló premeditadamente el proceso evaluativo reglamentado por la institución para justificar sus imposturas y consecuente represalia por motivaciones políticas e ideológicas. Insto, además, que considere que, paralelo a la negativa a renovar mi contrato, fui suplantado por un profesor sin plaza que era candidato de un partido político a puesto electivo durante el pasado proceso electoral. Esta circunstancia es contraria al reglamento institucional y subyace las motivaciones de la cesantía por discrimen y/o padrinazgo político.

Le insto a que tome en cuenta que los colegas profesores del Departamento de Ciencias Sociales solicitaron colectivamente a la decana Muñiz Quiñones que rindiera cuenta sobre su determinación de no renovarme el contrato por encima de la recomendación del Comité de Personal, y ésta se negó.

Dentro de este marco de circunstancias sospechosas y evidentes actos de abuso de poder discrecional, le insto a que reconozca que la negativa a rendir un informe escrito que justifique las razones de mi cesantía y exclusión revela el carácter irracional e ilícito de la determinación impugnada. Asimismo, le insto a reconocer que la evidente complicidad de las instancias superiores (decano, rectoría y presidencia) para negar mi derecho a obtener por escrito un informe de las razones de cesantía y exclusión discriminatoria de oportunidad de empleo constituye un acto de corrupción y de violencia institucional.

Reitero, pues, que lo que procede en justicia es revocar la determinación de la Dra. Muñiz Quiñones y renovar mi contrato en armonía con la recomendación del Comité de Personal. De usted queda consentir o salirle al paso a las prácticas y actitudes denunciadas. Por lo pronto, le solicito audiencia inmediata para dialogar en persona y tratar de resolver definitivamente y en justicia mi caso.

Quedo a su disposición,

Gazir Sued, Ph.D.

***El rector Ferrao no respondió.

JUNTA DE GOBIERNO
UNIVERSIDAD DE PUERTO

DECISIÓN DE APELACIÓN DE LA JUNTA DE GOBIERNO
NÚMERO 1 DAJG (2018-2019)

Yo, Luis Berríos Amadeo, secretario de la Junta de Gobierno de la Universidad de Puerto Rico, CERTIFICO QUE:

La Junta de Gobierno, en su reunión ordinaria del lunes, 27 de agosto de 2018 tuvo ante su consideración la recomendación del Comité de Apelaciones y Ley y Reglamento que estudió la apelación en el caso **Dr. Gazir Sued Jiménez vs. Universidad de Puerto Rico, Recinto de Río Piedras (JG 17-08)**, sobre denegación renovación contrato de servicios y acordó:

> **Declarar No Ha Lugar la apelación de epígrafe y confirmar la decisión de la presidenta interina que sostuvo la determinación del Recinto de Río Piedras de no renovar contrato de servicios con el apelante.**
>
> **Los fundamentos para esta determinación están contenidos en el Informe de la Oficial Examinadora, el cual se adopta.**

21 de septiembre de 2018

Dr. Luis A. Ferrao Delgado
Rector Interino del Recinto de Río Piedras
Universidad de Puerto Rico

  Estimado Dr. Ferrao Delgado, saludos. El 14 de agosto de 2017, hace ya más de un año, le envié una carta informándole sobre el estado de situación del proceso apelativo-institucional al que me he visto forzado a sostener hasta la fecha de hoy; y le solicité su intercesión directa como rector del recinto y como colega profesor del mismo departamento que ha sido objeto de mis denuncias y demandas de justicia. También le pedí audiencia. La carta de referencia nunca fue contestada y aunque copia de la misma lleva el sello de recibo en su oficina todavía no he tenido noticias suyas. Me preocupa la posibilidad de que no le haya sido entregada o que se le haya relegado a otra persona o personal delegado como ha pasado antes de que ocupara su puesto. El contenido de la carta sigue teniendo vigencia y su carácter de urgencia es hoy más grave aún, pues la Junta de Gobierno ha emitido su resolución en base a los mismos argumentos engañosos e insidiosos que he venido desmintiendo y combatiendo sostenidamente en el curso de éstos últimos dos años. Así las cosas, ya han pasado más de dos años desde que se me ha impedido ejercer cátedra en la institución por motivos ilegítimos e ilegales, de los que he presentado evidencia sustancial y que es de su conocimiento. En la carta de referencia, sin embargo, incluí algunos aspectos que estimé meritorios de su atención para resolver en justicia el caso y evitarle mayores daños a nuestra Universidad. Esto, previniendo el desenlace actual del proceso apelativo, que ha sido malogrado desde un principio por conductas prejuiciadas y dolosas de funcionarios institucionales y "representantes legales" corruptos implicados en el caso.

  La resolución de la Junta de Gobierno lo implica a usted como rector del Recinto y entre líneas parte de la premisa de que avala la determinación de sus antecesores, como si la hiciera suya en el acto de guardar silencio sobre el caso. El proceso apelativo estaba abierto al momento en que usted fue nombrado rector y ha seguido vigente en el curso del pasado año hasta el presente, por lo que la responsabilidad de tomar cartas en el asunto le compete en propiedad. Este hecho abre la oportunidad para que usted pueda interceder como máxima autoridad en el recinto y enmendar al fin los yerros e injusticias en que han incurrido sus antecesores. El hecho de que usted y yo hayamos coincidido como profesores en el mismo departamento y en el mismo tiempo en que acontecieron los hechos que dan lugar a mi apelación lo obliga moralmente a asumir posición sobre el asunto...

Adjunto a continuación y de manera íntegra la misma carta que le dirigí a usted con fecha del 14 de agosto de 2017. Le solicito, además, acuse de recibo personal y audiencia inmediata para tratar el asunto como es debido y sin intermediarios "legales" no-universitarios.

Sigo a su disposición,

Dr. Gazir Sued

***El rector Ferrao nunca respondería...

21 de septiembre de 2018

Junta de Gobierno
Universidad de Puerto Rico

Apelación Núm. JG 17-18

Moción de Reconsideración e impugnación de Informe de Oficial Examinadora

Sirva la presente como moción de reconsideración sobre la decisión del caso apelativo Dr. Gazir Sued Jiménez vs. Universidad de Puerto Rico, Recinto de Río Piedras (Núm 1 DAJG 2018-2019)[238] Al mismo tiempo, solicito que se anule el informe de la "oficial examinadora" [239] -contratada por la Junta de Gobierno de la Universidad de Puerto Rico- adoptado como base de la decisión[240] sobre el caso apelativo citado.

El informe de referencia debe declararse inválido porque ha engañado e inducido a error a los miembros de la Junta de Gobierno, teniendo por efecto inmediato el encubrimiento, manipulación dolosa y tergiversación insidiosa de los hechos, pruebas de evidencia, argumentos y méritos objetivos que constituyen la apelación en ciernes.

Ya han pasado más de dos años desde que me ha sido vedada de manera ilegítima e ilegal la posibilidad de continuar ejerciendo la cátedra en esta institución, de la que soy egresado, por la que fui becado para estudios doctorales en el exterior y en la que llevo enseñando bajo cláusulas contractuales precarias casi dos décadas. El contenido del informe de la oficial examinadora omite de manera sospechosa los vínculos de toda una vida dedicada a esta Universidad; e invisibiliza, de modo igualmente sospechoso y éticamente deplorable, todos los argumentos y pruebas de

---

[238] Notificación y documentos recibidos por correo en la dirección residencial del apelante, 11 de septiembre de 2018.

[239] Informe de la Oficial Examinadora, Lcda. María Soledad Ramírez Becerra; 5 de julio de 2018.

[240] Junta de Gobierno. Universidad de Puerto Rico. Decisión de Apelación de la Junta de Gobierno, Núm. 1 DAJG (2018-2019); 28 de agosto de 2018.

evidencia que integran el expediente apelativo desde su versión original hasta su perfeccionamiento en el curso de los pasados dos años.

Del carácter fraudulento, antiético, insidioso y doloso de las intromisiones de "representantes legales" privados e institucionales implicados en este caso ya he presentado denuncias que constan en el expediente apelativo. Lamentablemente, igual que han sido engañados rectores y presidentes en el curso de este proceso, los miembros de la Junta de Gobierno también han sido engañados. Esto suponiendo que el proceso apelativo en sí mismo no constituye un esquema de fraude institucional, para el que las instancias superiores contratan defraudadores expertos, especializados en manipular tecnicismos "legales" para confeccionar informes falsos; para encubrir sistemáticamente las negligencias, abusos de poder y prácticas de corrupción denunciadas; y en el acto proteger mafiosa-mente a los funcionarios acusados. Tremendo escándalo público se armaría de salir a relucir el financiamiento institucional de estas prácticas de evidente corrupción, y más aún cuando se hace para impedir que un profesor enseñe y pueda tener la oportunidad de ejercer su cátedra sin atropellos, discrímenes, hostigamientos, acosos e intimidaciones por parte de otros profesores que abusan de sus potestades gerenciales bajo el protectorado y con la complicidad de las máximas autoridades institucionales.

La Junta de Gobierno no debe resolver el caso cediendo a un agente "legal" no-universitario una responsabilidad que no le compete. La apelación integra todo cuanto es necesario saber para tomar una decisión informada, racional y justa; y es evidente que los miembros de la Junta de Gobierno no se han tomado el tiempo siquiera para leerla. El texto de su decisión así lo demuestra, y la adopción del informe de la oficial examinadora lo evidencia. Esto constituye una irresponsabilidad crasa, negligencia e incumplimiento de funciones, así como se ha demostrado en el caso de las decisiones reiteradas por rectores y presidentes cómplices en el esquema de fraude, discrimen y corrupción denunciado por el apelante.

El carácter fraudulento del informe de la oficial examinadora es de tal magnitud que no solo omite que se ha denunciado el acto de privar al apelante de oportunidades de empleo en la Institución por motivos ilegítimos e ilegales. Omite, además, que esta determinación está fundada en posturas discriminatorias, prejuiciadas, arbitrarias, caprichosas y carentes de base racional de una profesora que abusó de su investidura gerencial para ejercer represalia contra el apelante por artículos publicados en la prensa y hasta por gestiones profesionales privadas. También omite que la directora-decana imputada abusó de su poder gerencial para impedir los trámites iniciados por el apelante durante el periodo contractual para defender la libertad de cátedra y, del mismo modo, para acallar sus denuncias sobre censuras por motivos políticos e ideológicos, entre otros atropellos cotidianos.

La oficial examinadora omite que el apelante ha demandado desde un principio que le sea entregado el informe de la evaluación que fundamenta la negativa a reconocerle oportunidad de empleo. La oficial examinadora incluso ha tenido el atrevimiento de "interpretar" el silencio de la parte apelada y la desfachatez de confeccionar conclusiones para justificar el discrimen institucional. Según el informe de la oficial examinadora, el apelante tiene "deficiencias pedagógicas" y éstas son el fundamento de la decisión de no renovar contrato. Esta descarada calumnia la repite en varias ocasiones a lo largo del informe y luego concluye y marca con letra ennegrecida que:

> "…entre las razones académicas que la directora le expuso al apelante, para su decisión, se encuentra el desempeño del apelante en clase; el estilo del apelante de falta de respeto a las normas y reglas de la Institución; su relación con los colegas, entre otros."[241]

La misma calumnia la repite alegando, sin fundamento objetivo alguno, que la decisión de la directora estuvo basada en la evaluación del Comité de Personal y que "…tras evaluar exhaustivamente la misma, ésta entendió dentro de su mejor juicio académico que no procedía la renovación del contrato."[242] Sin embargo, el informe del Comité de Personal recomienda la renovación de contrato de manera unánime y la directora se ha

---

[241] Informe de la Oficial Examinadora; op.cit; p.27.

[242] Op.cit., p. 28.

negado a someter por escrito los fundamentos de su decisión de ignorar la recomendación del Comité de Personal y, en al acto, de violar las disposiciones reglamentarias de la Institución, como se ha evidenciado extensamente en la apelación. El informe de la oficial examinadora no solo encubre la conducta discriminatoria, arbitraria y caprichosa que ha sido denunciada; sino que la refuerza con artificios retóricos sin fundamento y con la intensión evidente de tergiversar los hechos y socavar insidiosamente la imagen del apelante:

> "...la directora, tras analizar detenidamente el expediente del apelante (...) determinó que en el ejercicio de proteger los mejores intereses universitarios que al apelante no le fuese renovado el contrato."[243]

Según concluye el informe impugnado, la contratación de Gazir Sued representaría un riesgo a los mejores intereses universitarios. Al menos eso explica el clima de secretividad, espionaje, intimidación, discrimen político y carpeteo del que he sido víctima hasta ahora. ¿Cuánto habrá gastado la institución para confeccionar esta farsa? ¿Cuánto más derrochará para encubrir conductas discriminatorias y proteger a funcionarios corruptos?

En vista de lo expuesto, reitero la solicitud de anulación del informe de la oficial examinadora y solicito reconsideración sobre la decisión de la Junta de Gobierno, que deberá estar basada en el contenido íntegro de la apelación y no en un "informe" confeccionado con fines insidiosos. El apelante, como siempre, continúa en la mejor disposición para atender personalmente cualquier asunto relacionado al caso.

Dr. Gazir Sued

---

[243] Op.cit., p. 32.

VI. ANEJOS (DOCUMENTOS COMPLEMENTARIOS / EVIDENCIAS)

Anejo #1

Reseña biográfica del Dr. Gazir Sued: Sinopsis de relación de vida con la Universidad de Puerto Rico.[244]

Aunque las referencias específicas de mis méritos académicos y profesionales están detalladas cronológicamente en mi *Curriculum Vitae*[245] y han sido reconocidas en los informes consecutivos del Comité de Personal, estimo pertinente destacar algunos aspectos biográficos que guardan relación directa con la situación actual y permiten contextualizar los fundamentos de mis querellas, mi posición y los criterios de mi defensa.

Durante mis años de estudios en la maestría de trabajo social y sociología en la UPR, fui maestro de Historia de Puerto Rico y Estados Unidos en una escuela superior privada, y al mismo tiempo fui representante estudiantil del Recinto de Río Piedras en la Junta Universitaria y senador ex-oficio en el Senado Académico. Simultáneamente, fui miembro fundador de la Junta Estudiantil Nacional y coordinador de la región del Caribe en la Organización Continental y Latinoamericana de Estudiantes. Durante este periodo, también fui editor y escritor de un periódico estudiantil distribuido en todo el sistema universitario público. Todas las dimensiones de mi vida estudiantil graduada estuvieron estrecha-mente ligadas a los procesos académicos y político-administrativos e instancias deliberativas de la Institución. Durante mi incumbencia en la Junta Universitaria, por ejemplo, fui designado miembro del Comité de Planificación Estratégica, y, como senador, fui miembro del Comité de Asuntos Académicos y del Comité de Reglamento y Ley Universitaria. A tenor con mis responsabilidades como representante estudiantil y en armonía con los principios políticos de la UPR, participé en numerosos foros locales e internacionales, y presenté proyectos de reforma universitaria, muchos de ellos publicados y

---

[244] Esta sección estaba integrada como parte IV en la apelación original de 29 de junio de 2016. Fue reubicada como anejo en el formato de las apelaciones a Presidencia y Junta de Gobierno.

[245] El *Curriculum Vitae* del Dr. Gazir Sued forma parte de los documentos que constituyen el expediente apelativo. Por su extensión y consideraciones editoriales ha sido excluido de esta obra.

divulgados ampliamente en los medios de la época. Además de los numerosos artículos periodísticos publicados, vale destacar el Proyecto de Reforma Universitaria presentado en las vistas públicas del Comité Institucional para la Revisión de la Ley Universitaria (8 de noviembre de 1994) y en las vistas públicas de la Comisión de Educación y Cultura del Senado de Puerto Rico para la Revisión de la Ley Universitaria (4 de mayo de 1995). Una característica particular de los proyectos de reforma universitaria en los que participé de manera activa y consecuente, era que, además de promover los más elevados valores democráticos expresados en el texto de la Ley y defender la autonomía universitaria, también integraba las dimensiones de la vida académica cotidiana, promoviendo relaciones pedagógicas respetuosas de las diversidades intelectuales, la libertad de cátedra y las relaciones no autoritarias entre profesores y estudiantes.

En el curso de mis primeros años en la escuela graduada de Trabajo Social presenté un proyecto que tenía el objetivo de poner al servicio de las comunidades empobrecidas en la periferia de la Universidad los recursos institucionales bajo la coordinación del programa de práctica graduada. A pesar de no haberse aprobado en su momento, al día de hoy propuestas similares se valoran por ser vinculantes al sentido de responsabilidad social de la Universidad. Cerrado el programa de Trabajo Social Comunitario, hice la práctica en la Cooperativa de Confinados Guatibirí, en la Administración Central de Correcciones en Guaynabo. Aunque la experiencia general fue frustrante, me animé a continuar fortaleciendo mi formación intelectual y profesional en las áreas relativas predominantemente a la sociología jurídica, la filosofía del derecho, la criminología y el derecho penal.

El objeto central de mi tesis de maestría en sociología, *El imaginario democrático*, se desarrolló en torno a un análisis histórico socio-político de las prácticas de dominación y las relaciones de poder y resistencia que caracterizan la condición de época (pos)moderna; destacando las contradicciones, aporías y posibilidades de lo democrático en todas sus dimensiones fundamentales y sus relaciones con los derechos humanos y la justicia social. La tesis fue aprobada unánimemente con mención sobresaliente. En 2001 fue publicada bajo el título *Utopía Democrática*[246] y premiada en primer lugar bajo la categoría de ensayo crítico por el Pen Club.

Desde que obtuve mi grado de maestría en Sociología, en 1998, he sido profesor en las principales instituciones universitarias de Puerto Rico, preparando e impartiendo una diversidad de cursos en las disciplinas de las ciencias sociales y las humanidades.[247] Durante mis primeros años como profesor universitario participé activamente en diversas luchas y movimientos sociales, incluyendo la lucha por la desmilitarización de la isla de Vieques, que me costó unos cuarenta días en la prisión federal. Sobre esta experiencia publiqué el libro *Vieques: crónicas desde la desobediencia*[248] (2001) que integra un relato histórico hasta la salida de la marina de guerra y recopila numerosos documentos (artículos periodísticos, conferencias y casos legales). Una edición especial del libro sería encargada por el Departamento de Educación de Puerto Rico en 2006.

---

[246] Sued, Gazir; *Utopía Democrática: Reflexiones sobre el imaginario político (pos)moderno y el discurso democrático* (Editorial La Grieta; San Juan, 2001; Reimpresión 2016) (378 páginas)

[247] Entre los cursos preparados y enseñados en el Recinto de Río Piedras están: • Criminología (SOCI 3005) • Teoría Sociológica (SOCI 4005) • Sociología de la Variación de la Conducta (SOCI 3275) • Cambio Social y Cultural (SOCI4155) • Principios de Sociología (SOCI 3245) • Sociología Contemporánea (SOCI 4115) • Técnicas de Investigación Sociológica (SOCI 3267) • Estudio Independiente (SOCI 6205) • Introducción a las Ciencias Sociales I-II. En otras universidades (UPR-Carolina; Interamericana; Sagrado Corazón; Colegio Universitario del Este y Universidad Metropolitana en Cupey y Bayamón: • Fundamentos del Conocimiento en las Ciencias Humanas • Moral Social • Sociedad Global • Dimensiones Éticas de Asuntos Contemporáneos • Ciencia, Tecnología y Sociedad • Sociedad y Cultura Contemporánea • El Ser Humano y la Sociedad • Estructura y Cambio Social • Problemas Sociales de Puerto Rico • Historia del Pensamiento Social • El Individuo y sus Procesos Formativos • Introducción a la Demografía • Estudios Humanísticos • Historia de Puerto Rico • Humanidades • Desarrollo Económico y Urbano de Puerto Rico • Sociología de la Familia • Historia del Pensamiento Político • Sociología de la Desviación, entre otras.

[248] Sued, Gazir; *Vieques: Crónicas desde la Desobediencia* (Editorial La Grieta; San Juan, 1ra edición 2001; 2da edición 2006; 3ra edición 2015) (354 páginas)

Durante este periodo también publiqué el libro *Violencias de Ley*[249] (2001) que integra once capítulos de análisis filosófico, sociológico e histórico-político crítico sobre el poder penal del Estado, sus aparatos represivos e ideológicos, la violencia, la libertad, la pena de muerte, la guerra y los derechos humanos. Las investigaciones contenidas, igual que mi *Utopía Democrática*, serían base de continuidad de mis investigaciones y publicaciones posteriores.

Durante el semestre académico de enero a mayo de 2001 enseñe el curso de Ciencias Sociales en la Facultad de Estudios Generales del Recinto de Río Piedras. Ese mismo año recibí la distinción de la beca presidencial por mis méritos académicos e inicié estudios doctorales en la Universidad Complutense de Madrid, España, en el programa interdisciplinario de Filosofía del Derecho, Moral y Política (Ética y Sociología). Mi tesis doctoral, *Devenir de una (des)ilusión*, reforzó mi andamiaje teórico y añadió nuevas dimensiones de complejidad a mis análisis críticos sobre las relaciones de poder y las prácticas de dominación en nuestros tiempos. En base a uno de los capítulos en que trabajé la relación del psicoanálisis con los procesos judiciales y penales redacté un libro todavía inédito sobre criminología psicoanalítica y del que fue publicada recientemente (2015) una síntesis que presenté como conferencia[250] en 2006 en la UPR.

Aprobada con mención sobresaliente mi tesis doctoral y obtenido el grado doctoral a inicios de 2004, regresé a Puerto Rico y reinicié mis labores como docente en diversas universidades metropolitanas. Desde 2004 a 2011 fui profesor de Sociología en la Facultad de Ciencias Sociales del Recinto de Río Piedras; y de Filosofía, Ética y Sociología en la Universidad Interamericana, entre otras. A pesar de la precariedad laboral y de no contar con apoyo institucional para realizar mis investigaciones y viabilizar su divulgación, continué produciendo consistentemente de manera

---

[249] Sued, Gazir; *Violencias de Ley: Reflexiones sobre el imaginario jurídico-penal moderno y el derecho estatal a castigar.* (Editorial *La Grieta*; San Juan, 2001) (480 páginas)

[250] Capítulo en Libro – Sued, Gazir; "Entre el Deseo y la Ley: reflexiones sobre la imaginería psicoanalítica, el discurso criminológico y el derecho penal en el Estado de Ley"; en Ramos Baquero, Wanda E.; Gómez Escudero, María de los Ángeles (coord.): *El psicoanálisis, una experiencia por venir*; Editorial Fundamentos, Madrid, 2015.

independiente. En 2004 publiqué el libro *El espectro criminal*[251], sobre mis investigaciones en torno a la cuestión criminal, el fenómeno prohibicionista, la guerra contra las drogas y los derechos humanos. Desde entonces he continuado investigaciones sobre el tema, dictado conferencias y publicado numerosos artículos periodísticos, recopilados en la segunda edición de *El espectro criminal* (2016).

Además de los temas relacionados a mi principal interés investigativo, he trabajado numerosos temas vinculados a las ciencias sociales, presentados como ponencias y como artículos y ensayos investigativos en diversos medios, prensa y revistas, en gran parte recopilados como antología en mi libro *(Im)posturas*[252]. Numerosos artículos tratan sobre temas relacionados a la Universidad y guardan estrechos vínculos con los lineamientos ético-políticos que he sostenido públicamente durante mi trayectoria de vida como trabajador intelectual y docente universitario. En mi último artículo, *Relevos vitales*, por ejemplo, denuncio las condiciones de precariedad laboral a las que somos sometidos los profesores sin plaza. En 2009 y 2011 obtuve el reconocimiento del primer y segundo premio de periodismo otorgado por el Instituto de Literatura Puertorriqueña.

Otras investigaciones publicadas son: mi tesis doctoral *Devenir de una (des)ilusión*, realizada para el programa interdisciplinario de Filosofía del Derecho, Moral y Política (Ética y Sociología) de la Universidad Complutense de Madrid, -aprobada con distinción sobresaliente en 2003- y publicada en 2004[253]; y *Tiranía Antropocéntrica*, publicada en 2012.[254] Además, he colaborado con otras publicaciones

---

[251] Sued, Gazir; *El espectro criminal: reflexiones teóricas, éticas y políticas sobre la imaginería prohibicionista, las alternativas (des)penalizadoras y el Derecho en el Estado de Ley* (Editorial *La Grieta*; San Juan, 1ra edición 2004; 2da edición aumentada 2016) (562 páginas)

[252] Sued, Gazir; *(Im)posturas: antología de escritos periodísticos e investigativos, arte y fotografía documental* (2003-2015) (Editorial La Grieta; San Juan, 1ra edición 2014; 2da edición Aumentada 2016) (472 páginas)

[253] Sued, Gazir; *Devenir de una (des)ilusión: reflexiones sobre el imaginario psicoanalítico y el discurso teórico/político en Sigmund Freud* (Editorial *La Grieta*; San Juan, 1ra edición 2004; 2da edición 2016) (740 páginas)

[254] Sued, Gazir; *Tiranía Antropocéntrica: Historia de la crueldad contra primates no-humanos en Puerto Rico (1936-2012)* (Editorial *La Grieta*; San Juan, 1ra edición 2013; 2da edición 2016) (546 páginas)

académicas en Puerto Rico[255] y en Estados Unidos.[256] Mi obra creativa, incluye entre otros trabajos, la obra teatral y cinematográfica *La última (es)cena*, presentada en el Teatro de la Universidad de Puerto Rico en 2006, con auspicio del Instituto de Cultura Puertorriqueña, y publicada en 2016[257]; y el largometraje *El lenguaje de la guerra*, presentado en 2009 en el festival internacional de cine en la Habana, Cuba.

En mi obra investigativa de recién publicación, *Genealogía del Derecho Penal: antecedentes jurídico-políticos, filosóficos y teológicos, desde la Antigüedad hasta la Modernidad* (Tomo I y II)[258], abordo desde una perspectiva histórica y sociológica crítica los discursos, ideología y prácticas penales que inciden y condicionan el desenvolvimiento de las relaciones sociales e imaginarios culturales en Europa, las Américas y el Caribe, hasta finales del siglo XIX. Actualmente trabajo el tercer tomo de esta obra, que integraría los siglos XX y XXI. De manera simultánea, trabajo una obra investigativa dividida en cuatro tomos sobre la historia política-jurídica del derecho penal en Puerto Rico, desde el siglo XVI hasta el presente

Desde agosto de 2014 hasta mayo de 2016 trabajé bajo contrato a tiempo completo como profesor con rango de Catedrático Auxiliar, en el Departamento de Ciencias Sociales de la Facultad de

---

[255] Sued, Gazir; "*El estigma: un signo de la violencia política (reflexiones teóricas, éticas y filosóficas*" en N. Varas Díaz y F. Cintrón Bou (Editores), *Estigma y Salud en Puerto Rico: consecuencias detrimentales de lo alterno* (Editorial *Publicaciones Puertorriqueñas*, 2007)

[256] Sued, Gazir; "Anthropocentric Tyranny"; en Jorell A. Meléndez Badillo, Nathan J. Jun (Eds.); *Without Borders or Limits: An Interdisciplinary Approach to Anarchist Studies*; Editorial *Cambridge Scholars Publishing*; 2013.

[257] Sued, Gazir; *La última (es)cena* (obra teatral y cinematográfica) (Editorial *La Grieta*; San Juan, 2016) (160 páginas)

[258] Reseña publicada en Boletín del CEA, Centro para la Excelencia Académica, UPR-RP; edición enero-junio, 2016. Sobre el tema y como presentación del libro he dictado conferencias en 1. Seminario de Educación General del Departamento de Ciencias Sociales, Facultad de Estudios Generales de la Universidad de Puerto Rico, recinto de Río Piedras, 26 de febrero de 2016; 2. Asociación Puertorriqueña de Historiadores, el Centro de Estudios Avanzados de Puerto Rico y el Caribe y la Asociación de Estudiantes Graduados de Historia del CEAPRC; en el Aula Magna del Centro de Estudios Avanzados; 3 de marzo de 2016; 3. y el Programa de Justicia Criminal, Depto. de Profesionales de la Conducta, Colegio Universitario de San Juan, 19 de abril de 2016.

Estudios Generales, en el Recinto de Río Piedras. He sido miembro del Comité de Asuntos Académicos del Departamento y, además, participé *ad honorem* en la creación y ejecución del proyecto piloto de educación universitaria a los prisioneros de máxima seguridad en las cárceles insulares, bajo acuerdo colaborativo entre la Universidad de Puerto Rico y el Departamento de Corrección y Rehabilitación. Durante este periodo colaboré directamente como participante y conferenciante en los seminarios de Educación General[259], donde expuse mis posiciones críticas y alternativas pedagógicas en base a mi experiencia profesional e investigaciones afines; y elaboré propuestas de reforma en diversas instancias académicas, abarcando desde las relaciones entre profesores y estudiantes en el salón de clases hasta las revistas institucionales.

Las evaluaciones estudiantiles durante toda mi trayectoria como profesor universitario, el elevado registro de retención y aprovecha-miento académico, han sido fuentes consistentes de legitimidad, pertinencia y valor de mi práctica docente y metodología pedagógica.[260] Mi proyecto "El trabajo intelectual académico: proyecto para la reconfiguración de la política editorial de la UPR y sus revistas académicas", fue circulado en la Facultad de Estudios Generales por directriz del decano y presentado a la consideración del Senado Académico de la UPR-RP.

En 2016 publiqué mi obra investigativa *Genealogía del Derecho Penal* (Tomo I y II) y presenté varias conferencias sobre el tema en distintas universidades. Sobre la base de mis investigaciones históricas he continuado los proyectos pendientes, que incluyen la publicación de la Historia del Derecho Penal en Puerto Rico, tema del que ya he dictado algunas conferencias, entrevistas televisivas y publicado algunos estudios preliminares, particularmente críticos de las prácticas de crueldad y violencia carcelaria.[261] La obra ha sido reseñada en el

---

[259] • Ponencia: "Algunas consideraciones críticas sobre la condición actual de las 'Ciencias' Sociales"; Seminario de Educación General del Departamento de Ciencias Sociales; 23 de octubre de 2015. • Ponencia: "Educación General: paradojas irresolubles y (re)soluciones (in)deseables"; Seminario de Educación General del DCISO-FEG, UPR-RP; 27 de febrero de 2015.

[260] Evaluación estudiantil al profesor Gazir Sued, 2016.

[261] • "Las mujeres encarceladas en Puerto Rico y sus derechos humanos"; Revista *80 grados*, 25 de marzo de 2016 (http://www.80grados.net) • "Prisioneras"; *El Nuevo Día*, 20 de marzo de 2016 • "Venganza"; *El Nuevo Día*,

último Boletín del CEA (Centro para la Excelencia Académica, UPR-RP)[262]

Una porción de mi extensa producción intelectual, de mi obra creativa e investigativa, está digitalizada y forma parte de las referencias bibliográficas en mis cursos, ya como referente documental histórico o como ejemplo de análisis crítico sobre diversas temáticas de interés académico o de pertinencia coyuntural sociológica, ética y política. Ésta forma parte integral de mis contribuciones académicas y profesionales al ámbito docente e investigativo, a mis estudiantes, a la Universidad y a Puerto Rico.[263] Además, he donado los libros impresos a las principales bibliotecas del país y recientemente ha sido reconocido el valor de mis aportaciones intelectuales a la Colección Puertorriqueña[264] y la biblioteca de Derecho de la Universidad de Puerto Rico.[265]

---

24 de mayo de 2015 • "Del Derecho Penal y la (sin)razón carcelaria", Revista *80 grados*, 15 de noviembre de 2013. (http://www.80grados.net); entre otros.

[262] Reseña publicada en Boletín del CEA, Centro para la Excelencia Académica, UPR-RP; Edición enero-junio, 2016.

[263] Ver carta de agradecimiento y reconocimiento por labor creativa y contribución docente e investigativa en la actividad *Universidad, Obra Creativa y País*, UPR-RP: "El esfuerzo de docentes e investigadores como usted es el que hace posible realizar la labor creativa en el recinto de Río Piedras, que hoy reconocemos…"; Firmada por el rector Carlos Severino Valdez, 20 de abril de 2016.

[264] Ver, por ejemplo, carta de agradecimiento y reconocimiento de aportación intelectual y contribución a la Colección Puertorriqueña: "A nombre de La Colección Puertorriqueña de la Universidad de Puerto Rico, Recinto de Río Piedras, me dirijo a usted con el fin de expresarle nuestro más sincero y profundo agradecimiento por las donaciones de los ejemplares impresos de los libros de su autoría. Los recursos servirán de gran beneficio a nuestra comunidad universitaria y público investigador." Firma Juan R. Dávila, Bibliotecario y María E. Ordóñez, Bibliotecaria Jefa de la Colección Puertorriqueña; 4 de abril de 2016.

[265] "La Biblioteca de Derecho es el centro de investigación jurídica más importante del país y su aportación fortalece la colección y la investigación puertorriqueña a nivel nacional e internacional. Le felicitamos por su valiosa aportación académica y le agradecemos por la donación del recurso. Entendemos que será de mucha utilidad para la facultad, los estudiantes y la comunidad académica en general." Carta firmada por el director Samuel Serrano Medina, 27 de mayo de 2016.

Anejo #2

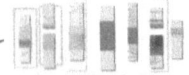
Universidad de Puerto Rico • Recinto de Río Piedras

Departamento de Ciencias Sociales

7 de junio de 2016

Dr. Jalil Gazir Sued Jiménez
Mansiones de Río Piedras
Calle Lirio 495
San Juan, PR 00926

Estimado doctor Sued Jiménez:

Como es de su conocimiento, es función de los comités de personal departamentales asesorar al director del departamento sobre asuntos de personal. Miembros del Comité de Personal del Departamento de Ciencias Sociales recomendaron que se le extendiera a usted un contrato a tiempo completo para el año académico 2016-2017.

En el descargue de mis responsabilidades como Directora, le informo que evalué exhaustivamente el informe de los miembros del Comité que le recomendaron. Sin embargo, lamento informarle que no le estaremos extendiendo un nuevo contrato para el próximo año académico.

A nombre del Departamento y en el mío propio, agradezco sus servicios como docente durante el periodo que disfrutó del contrato a tiempo completo. Le deseo mucho éxito en sus proyectos y otras gestiones profesionales.

Sinceramente,

Vicky Muñiz Quiñones, Ph.D.
Directora

PO Box 23323 San Juan PR 00931-3323 • Tel. (787) 764-0000, Ext. 88735, 88774
Correo electrónico: dciso.rrp@upr.edu

Patrono con Igualdad de Oportunidades en el Empleo

Anejo #3

10 de junio de 2016

Vicky Muñiz Quiñones, Ph.D.
Directora del Departamento de Ciencias Sociales
Facultad de Estudios Generales / UPR-RP

Saludos. Esta tarde recibí su carta informándome su determinación de no extenderme contrato para el próximo año académico (2016-2017) En la misma, sin embargo, no explica las razones. Considerando mis méritos en todas sus dimensiones, la recomendación del Comité de Personal, las evaluaciones estudiantiles y la matrícula estudiantil para el año académico entrante, estimo pertinente y justo que me informe de las razones específicas en las que basó su determinación.

Por mi parte, reitero mi disposición de continuar enseñando en el departamento y solicito su reconsideración.

Espero su pronta respuesta y, como siempre, quedo a su disposición.

Gazir Sued, Ph.D.

Anejo #4

Transcripción de reunión con Dra. Vicky Muñiz Quiñones,
Directora Depto. Ciencias Sociales, Facultad de Estudios Generales
(16 de junio de 2016)

Gazir, saludos.(…) Bueno, me escribiste pidiéndome reconsideración. Déjame decirte cual es la situación: tú estás con nosotros bajo contrato, año académico 2014-2015 y 2016-2016… (interrupción por llamada telefónica) …bueno, este, dos años, eh, bajo contrato, que tuviste programa completo, participaste en el comité de currículo, en CISO en la Cárcel, en seminarios de Educación General del Departamento y todas esas cosas. Eh, el Comité de Personal, en varias ocasiones evaluó tu ejecutoria. El primer año, bueno, yo soy miembro, debes de saber, yo soy miembro del Comité y por lo tanto participé en todo el proceso, excepto en el segundo Comité al final, que hubo una situación anómala, eh, que no debió ocurrir, según mi consulta con el asesor del… pero sucedió… eh, eh, y yo había participado, había estado durante todo el proceso.

Eh, como directora, pues yo tengo también la facultad para tomar decisiones distintas a las que tomen los demás miembros del Comité. Eh, y yo, pues, tenía mis reservas, en esta ocasión las consulté a nivel legal, entonces las sometí al decano y el decano avaló mi posición. Es decir, que aunque el Comité, que tú te reuniste con los otros miembros del Comité, aunque te reuniste con ellos y ellos estaban recomendando, y te envían una carta en la cual hacen unas recomendaciones puntuales, esto, pero cuando yo examino en los distintos casos pues, eh, tomé la decisión de no (¿/?)…

Como directora, yo tengo acceso a… un escenario mucho más amplio, ¿verdad?, de lo que tienen los otros miembros del Comité, tanto en términos de actividades, como en términos de, eh, preocupaciones que recibo de distintas, eh, eh, fuentes.

Desde bien temprano en, eh, eh, en el comienzo de tu término con nosotros, dos años, a mi me empezaron a surgir preocupaciones. Y por lo menos las más, las de mayor, eh, trascendencia, y consecuencias, eh, pues, llegué a tener, eh, eh, un intercambio contigo sobre esas preocupaciones.

Eh, para mí, la clase, que formó parte de las razones, ¿verdad?, yo les, les... cuando yo le notifico al decano, tengo que cumplir con el Reglamento, y el Reglamento tiene una parte que dice que yo soy miembro, y otra que dice que si yo discrepo del Comité, tengo que presentar ambas posiciones. Así que eso es, y yo le presenté la posición de los otros miembros del Comité y entonces le presenté las razones mías.

En términos de la clase, yo realmente, este, quedé muy defraudada. La clase que observé este año, porque, eh, a mi entender, no fue la clase que hubiese sido, eh, que no era una clase propia para una evaluación, eh, por los miembros del Comité de personal para determinar si se renovaba o no se renovaba el contrato.

Eh, se te había avisado con tiempo, eh, y a última hora, pues según tú expresaste, decidiste cambiar por la coyuntura que había con la, con la asamblea de estudiantes. Esto, uno de los miembros del Comité le llamó atípica, yo creo que en un momento como ese, en el que se te va a visitar por el miembro de mayor antigüedad en el Departamento y la directora del Departamento, para renovación, pues, debimos haber recibido, ¿verdad?, una clase que nos ilustrara mejor lo que tú, eh, acostumbras hacer, o lo que eres capaz de hacer.

Eh, esa clase, pues aparte de lo "atípico", este, pues, se abordó básicamente eh, tus, eh, tu opinión, tu interpretación, de unas, eh, unas luchas, eh, estudiantiles, del rol de los profesores, trabajaste el tema de la autonomía, esto... nosotros no tuvimos nunca conocimiento de cuáles eran las lecturas que tú estabas utilizando, no podíamos ir al prontuario, que no estaba en el prontuario...

Eh, se repitieron unas cosas que ya habíamos visto el año anterior, en términos... bueno, numero uno: la conferencia, ¿verdad?, eh, nuestra, nuestra metodología de Educación General, pues, eh, privilegia el método interactivo, socrático, este, freiriano, cada uno le llama de una manera distinta, y se le había pedido, específicamente el 19 de febrero, en una carta que se le dirigió a todos los profesores bajo contrato, y próximos a ser evaluados, se les dijo específicamente, que ese era el tipo de clase que, que queríamos ver.

En el caso de, del subcomité que te visitó primero pues aparentemente eso ocurrió. Pero en el caso del profesor Torres y yo, pues eso no ocurrió, ¿verdad? Tuvimos una clase en la cual te escuchamos a ti hablar, esto, pero las intervenciones de los estudiantes fueron muy pocas, y fueron muy pocas, a mi juicio, porque no había oportunidad para que ellos, este, realmente… en un momento tú les dices "!Coño, pero digan algo!", pero realmente no había, no había oportunidad para que ellos, y tu vas muy rapidito…

Ahora, cosas como esas no fueron las principales en la evaluación que yo, este, hice. Eh, porque el Comité, pues había puesto como una recomendación el que recibieras mentoría, ese tipo de cosas pues se podía trabajar en mentoría, y, y yo no veía que pudiese ser un factor determinante. Claro, eso lo tengo que ver junto a otras cosas.

Las otras me preocupan mucho más. Y son cosas que tienen que ver con unas, con un estilo, con una manera, una forma. Yo te lo he dicho en otro momento, ¿verdad?, que no es tanto lo sustantivo, yo puedo estar de acuerdo con lo que tú estás diciendo, pero la forma en que defiendes, eh, lo que sea, eh, ahí hay un problema.

¿Qué tipo de problema? Falta de respeto a los colegas; falta de respeto a las normas; a las reglas, eh, de la Institución, eh, y la creación de un clima, eh, de… un clima entre, entre pares, entre colegas, eh, de, de, ¿cuál es la palabra?, de, de intranquilidad, de desconfianza, de, de que no, no, porque es un clima que no propende a que, a pesar de las otras diferencias que pueden haber y que se pueden dilucidar, de una manera más universitaria, esto, eh, que causan problemas pero siempre que sean bajo con respeto etcétera, pues eso es lo que es ser Universidad, ¿verdad? Pero esto no es ser Universidad…

Y yo pues, eh, bueno, pues hubo tres momentos particulares, particulares, que son… un incidente a dos meses de haber empezado, eh, tú asumes la representación de un grupo que nadie te pidió que asumieras, y la asumes con una vehemencia que no había manera de que otros participaran, porque, igual que ocurre en el salón de clase, que estás tan entusiasmado con lo que estás diciendo, no hay espacio para más nadie.

Eh, aparte de eso, pues, eh, hubo un intercambio entre tú y la decana, que tú me planteaste en un correo electrónico, que tú no reconocías, este, las relaciones jerárquicas, eh, y pues, lamentablemente en la Universidad se funciona con relaciones jerárquicas, eh, y, y necesitamos establecer esas relaciones y ciertas reglas de deferencia y de, y de manejo de conflictos, ¿verdad? con nuestros superiores.

Esto, eh, (¿?) y todo el mundo estaba de acuerdo con lo que tú estabas diciendo, pero cuando llegó a la manera, y también el deseo de nosotros poder expresar... y allí estaba Aarón Ramos, que en ese momento no estaba Paco, pero estaba Aarón, que era el que le sigue en antigüedad; estaba Monchi, que eral el coordinador del proyecto, que debió haber tenido, en todo caso, la representación del grupo; estaba yo, como directora, y había un grupo de profesores, también de nuestro departamento como de otro departamento. Este, y tú te sentiste con el derecho de, de representarnos, eh, y de imponer, según dices en el coreo electrónico, de imponer tu planteamiento.

Eso de imponer es bien importante, que lo dijeras ahí, a dos meses de haber comenzado, porque un poco lo hemos visto, ¿verdad?, en otros momentos. Este, de que si tú entiendes que tienes la razón tienes el derecho también de imponer. Y en la Universidad, pues tú lo sabes, tú eres hijo de universitario, te criaste aquí... hay diferentes formas de mirar las cosas y, y pues, tú me puedes decir "ah, pero cuando se trata de justicia", aún cuando se trata de justicia...

Aparte de eso, estamos en una posición de mucha debilidad, mucha debilidad con el Departamento de Corrección, y nosotros, todas las luchas que tú das, eh, se pueden dar, no, no se trata de no, de ser pasivo, de ser sumiso, de ser dóciles, pero sí de reconocer que hay unos espacios... A mí me llamó mucho la atención, porque cuando le hablas a los estudiantes, en esta última clase, le dices eso mismo a los estudiantes, le dices que hay momentos para un tipo de lucha y hay momentos para otro, que hay que escoger una estrategia, y qué se yo, yo decía, pero eso no se lo aplica en su propia práctica. Eh, tú conoces bien lo que pasó en aquel momento, no voy a entrar en demasiado detalle.

Eh, otra, otro incidente serio pues fue el de Umbral, este, porque ahí pues, también, o sea, igual que lo que pasó con la decana. Tú estás en un proyecto que es voluntario, en calidad de voluntario, y quieres determinar, ¿verdad?, lo que la Universidad, que está representada en ese momento por una decana y por un abogado, que podríamos decir que hizo o no hizo su asignación, pero representan la Universidad en ese momento, y entonces, pues, estás dictando de verdad con esta manera muy fuerte, no negociando, es, tú sabes, "o se hace lo que yo digo o está mal", y no es "vamos a sentarnos, vamos a discutir esto, porque esto está mal", etcétera.

Eh, pues lo mismo pasó con Umbral. Hay un escrito que se circula a petición tuya, en el cual se hacen, se, te diriges, eh, o aludes a unos compañeros, a unos colegas, de una manera ofensiva, que yo, cuando tuvimos la reunión pequeña, allá en el 305, te lo mencioné, ¿verdad? y, y Monchi, al final, recogiendo las cosas, pero, ¿cuál es la conclusión? Mira, todo esto se puede decir, pero hay que decirlo de una manera más respetuosa.

Y eso, lo de Umbral, creó mucho coraje aquí en la Facultad, mucho coraje. Y sobre todo, la palabra que horita estaba buscando, la sigo buscando, pero, esa incertidumbre de por dónde vienes, qué podemos esperar, a quién va a atacar, bajo qué cosa... la, la, la amenaza de demanda, siempre hay una amenaza de que se va a demandar, ¿verdad? No es un... no es, este, eh, la manera en que debemos nosotros dilucidar, aspiramos a dilucidar nuestras diferencias, que las hay, que las tiene que haber, y que por lo que las (¿) este, eh, Umbral.

Y entonces, el último incidente, más recientemente, fue la carta directa al Secretario, eh, a nombre también de nosotros, cuando yo te pido, sentado tú mirando hacia allá, te digo, vamos a reunirnos con el grupo, Mari Quiñones había expresado en el desto pero esta es la manera de, ¿verdad?, porque tú no eras el único que estaba participando en ese proyecto, y las acciones tuyas... se acogían como parte del proyecto, y el acceso, aunque tú lo hubieses puesto ahí, que eras parte del grupo, el acceso que tú tenías, lo tenías porque se te estaba permitiendo, en unas condiciones muy especiales, que asistieras, eh, y en un lenguaje muy este, fuerte, exiges al Secretario que cese y desista, y no sé cuantas otras cosas más. Eh, y cuando se te pide que nos sentemos a dilucidar esto antes de que tú envíes la carta, me dices "no es necesario", y te negaste. Yo traté, tú dijiste que no, que lo más que estabas dispuesto era sacar, eh, la identificación con el grupo.

Esto, esos son tres ejemplos. Esto último, igual que el primero, los dos tuvieron que ver con, con el proyecto de la cárcel, y como te mencionaba, nosotros estamos en una posición bien frágil y lo tenemos que reconocer, ellos tienen la sartén cogida por el mango, ellos son los que deciden, y ellos puedes decir esto se acabó, este proyecto se acabó, y se lo damos a la Católica, como ya empezaron a hacer, o se lo damos a Ana G. Méndez cuando venga otra administración. Y nosotros podemos dar la pelea, pero tenemos que reconocer también nuestra fragilidad, nuestras limitaciones y dar la pelea de una manera que sea efectiva, que no pongamos en peligro la continuación del proyecto.

Y, a mí me crea mucha ansiedad, no saber por dónde tú vienes. Ante una situación injusta, como la que ellos viven a todo minuto, y como la que nosotros tenemos acceso al poder, este, eh, impartir clases allí.

Y bajo esas consideraciones, en términos generales, personas que se me acercan, eh, me parece que debemos como que bajar la cosa, y, esto, pues, que no era, no, no me sentía yo, eh, segura, tranquila, de renovar ese contrato.

Porque oportunidades hubo. Oportunidades hubo, algunas, el incidente con la decana, fue a dos meses después de empezar, en tu primer año.

La clase que evaluamos el semestre pasado hubo mucho que no se corrigió, eh, estudiantes entrando tarde, este año, esta vez, entró un estudiante a las doce y diez, a punto de terminar la clase. Y nosotros pues ya habíamos observado ese tipo de cosas el semestre anterior, que no, no había ningún tipo de reacción de parte del profesor para exigirle a los estudiantes, porque esto es una clase, que no es de, de, de yo hice las lecturas y, y, y me lo estudié y después hice un examen. Es una clase que exige diálogo en el salón, entonces un estudiante que viene en los últimos diez minutos de la clase, pues ¿verdad? eso no, no ocurre y ya nosotros lo veníamos observando, hubo otro que entró a las menos diez, uno a las menos diez y otro a las y diez, veinte minutos ahí entre uno y el otro. La cantidad de celulares, no recuerdo bien, es posible que eso esté en el informe, la cantidad de celulares y laptops que se están utilizando sin que el profesor tampoco llame la..., a dónde están esos estudiantes, ¿verdad?, no, no está claro.

Es decir, esas cosas, en el, en el primer año pues se dieron pa'lante, vamos a, es el primer año, vamos a, a ver, ¿verdad?, que... y fue la clase, claro, ya yo venía preocupada por el incidente, pero luego hay otros (¿?) porque cada vez que hay uno de estos incidentes también pues se te..., lo hablamos, tu y yo lo hablamos, en esas tres ocasiones nosotros lo hablamos, este, pero en ninguna ocasión yo vi de tu parte una disposición ni siquiera a tomar en cuenta si lo que yo estaba diciendo ameritaba. Este, no, porque tú estás seguro, tú estás seguro, "yo estoy bien", y "me tienen que aceptar con todo esto", y el que "y lo mío es irrefutable", este, y si yo, hay una causa justa, "nadie me quita la libertad de expresión" No se te está diciendo que no, que no reclames, sino se te está hablando de la forma, en todo momento siempre fue la forma.

Y entonces a mi me parece que, que después de todas esas oportunidades pues... yo por lo menos, mira te voy a hablar ahora como mamá. A mis hijas, desde chiquitas les decía "esto se hace y esto no se hace" y después las consecuencias venían. Pero yo no puedo estar, ¿verdad?, como que todos los días pues (¿) sino que en su momento, pues, las consecuencias se, se, o sea, o se asume responsabilidad para que eso, ¿verdad?...

Así que eso básicamente, ¿verdad?, podría entrar en más detalles y cosas, pero yo creo que eso recoge, con mucho gusto te contesto cualquier pregunta, pero básicamente eso.

Ahora, para añadir y que tú hables todo lo que tengas que decir, en conversación con el decano, lo que decidimos fue lo siguiente: al tú pedir reconsideración, ya el proceso se había iniciado para entrevistar a otros candidatos, para ocupar ese contrato, y o que acordamos entonces fue, entrevistar a esos tres candidatos, que tuviese esta sesión contigo y que se hiciera entonces una nueva prelación. Hay que ver dónde quedas en la prelación. Hay que terminar el proceso de entrevistas. Esta reunión, entonces esto es lo que hay, eso es lo que hay.

***Solicité que me entregara por escrito lo que me había dicho en la reunión y respondió:

Déjame decirte una cosa, yo no tengo obligación de hacerlo. (...) Cuando se trata de contratos, pues, es algo distinto.

Anejo #5

18 de junio de 2016

Carlos Rodríguez Fraticelli, Ph.D.
Decano de la Facultad de Estudios Generales

Ante la negativa arbitraria de la directora del Departamento de Ciencias Sociales, la Dra. Vicky Muñiz, de suscribir la recomendación del Comité de Personal para renovarme el contrato, y considerando que la directora alega que usted avaló su posición, implicándolo en un esquema de discrimen político contra mi persona, solicito con carácter de urgencia copia escrita del informe de evaluación que la directora debió haberle entregado y en base al cual usted debió haber tomado la decisión de avalar su postura personal.

En caso de tratarse de información falsa por parte de la directora y de no existir el documento solicitado o bien que las razones que le haya expresado carezcan de fundamentos y evidencia objetiva, le pido que tome las medidas pertinentes en conformidad con la reglamentación institucional, y que sancione a la directora por incurrir en acusaciones falsas y maliciosas con el fin de impedir la renovación de mi contrato.

Por mi parte, como docente he cumplido cabalmente todos los requisitos contractuales y reglamentarios y he cultivado la expectativa de ser contratado nuevamente y continuar enseñando en el Departamento. En este sentido, reitero mi solicitud de reconsideración inmediata y la renovación de mi contrato a tenor con las recomendaciones del Comité de Personal, basadas en las regulaciones institucionales para la evaluación del personal docente, en el respeto al principio de mérito y a la libertad de cátedra.

En vista de los daños emocionales ocasionados por las calumnias de la Dra. Muñiz, me urge su respuesta y acción afirmativa como decano de la Facultad. De existir el documento solicitado puede enviármelo a mi correo electrónico institucional o puedo recogerlo este lunes próximo en la Universidad.

Agradecido por su diligencia, quedo a su disposición.

Gazir Sued, Ph.D.

Anejo #6

facultad de estudios generales
Oficina del Decano

Universidad de Puerto Rico • Recinto de Río Piedras

20 de junio de 2016

Gazir Sued Jiménez, Ph.D.
Mansiones de Río Piedras
Calle Lirio 495
San Juan, PR 00926

Estimado doctor Sued:

Acuso recibo de su comunicación del 18 de junio de 2016, en la que solicita copia del informe de la Directora del Departamento de Ciencias Sociales respecto a la contratación de profesores a tiempo completo. Le informó que el informe es un documento de trabajo interno, por lo que no procede dar paso a su solicitud.

Cordialmente,

Carlos Rodríguez Fraticelli, Ph.D.
Decano

PO Box 23323 San Juan PR 00931-3323 • Tel. (787) 764-0000 Exts. 88601, 88602
Fax (787) 763-7305; UPR Ext. 80767 • Correo electrónico: decanofeg@gmail.com / estudios.generales@upr.edu

Patrono con Igualdad de Oportunidades en el Empleo

Anejo #7

Relevos vitales[266]

La Universidad envejece, y la tiranía de la naturaleza se impone sin revés ni miramientos sobre sus docentes. Inútil ya teñir sus canas y colorear sus pieles agrietadas. La fragilidad de la vida no consiente disimulos, y la fugacidad de la existencia no soporta máscara alguna. El tiempo no distingue entre profesores buenos y malos, y todos comparten el mismo destino. Igual que sus antecesores, el claustro envejecido se sumará a las estadísticas de acogidos al retiro, jubilados y fenecidos.

Alegres o entristecidos; satisfechos, inconformes o hastiados; realizados o frustrados; de buen ánimo, esperanzados o enloquecidos, a la realidad biológica le es indiferente las diferencias, y –como decía el poeta- la muerte a todos iguala. Quiénes serán recordados y quiénes olvidados lo serán por sus hechos en vida; algunos porque hicieron lo que no debían hacer, otros por lo que pudieron hacer y no hicieron. Rinda cada cual y para sí su propia cuenta…

La Universidad envejece, y su cuerpo claustral lo delata irremediablemente. Las nuevas generaciones de profesores que compartimos el mismo espacio laboral y que debíamos ser relevo consecuente somos marginadas y discriminadas brutalmente. Año tras año los profesores más jóvenes seguimos siendo sometidos a injustas condiciones laborales; las plazas permanentes siguen congeladas, y a la incertidumbre de las contrataciones le apareja una vida de sobrevivencia entre la precariedad laboral, el desempleo involuntario y la pobreza forzada. La Universidad envejece, y los profesores que ayer éramos jóvenes también avejentamos.

El porvenir sigue el rastro a las sombras perfumadas del pasado, repetido siempre, siempre imitado. Ojeras empolvadas, sonrisas pintadas, panzas abultadas y espaldas encorvadas; sueños rotos, logros y hazañas; todo reincide en el carnaval de vida universitaria, pero se agrava la situación de sus más jóvenes educadores. La Universidad envejece, pero su envejecimiento no es natural. La condición degenerativa del ser humano hace vital el relevo generacional, y nada excusa el menosprecio institucional a los profesores más jóvenes. Ayer lo decía con mi barba negra, hoy lo digo con ella emblanquecida…

---

[266] Sued, Gazir; "Relevos vitales"; *El Nuevo Día*, 31 de mayo de 2016.

Anejo #8

Asunto: IMPORTANTE!!! CLASE DEL 4 DE ABRIL DE 2016

De: Gazir Sued (gazirsued@yahoo.com)

Para: acosta7jose@gmail.com ivannmarie@hotmail.com juan.bernier1@upr.edu marina.casiano@upr.edu juan.cintron5@upr.edu ignacio.cotto@upr.edu daisy.diaz2@upr.edu ojovan.gonzalez1@upr.edu natalia.gonzalez11@upr.edu fabi.quasp@gmail.com frances.guzman3@upr.edu aidvi.hernandez1@upr.edu jorge.iravedra@upr.edu otoniel.mendez1@upr.edu fabiola.morales6@upr.edu coral.murphy@upr.edu claudia.odiot@upr.edu jovan.ortiz@upr.edu mariafernandeuniversity@gmail.com carri_ortiz2015@hotmail.com diego.pabon@upr.edu alberto.padilla@upr.edu camilo_soccer7@hotmail.com evilanne.roldan@upr.edu annalise.roque@upr.edu raquel.torrales@upr.edu barbieningyu@gmail.com veronica.velez10@upr.edu estefania.virella@upr.edu gabriel.zambrana@upr.edu yarimar.acevedo1@upr.edu alejandro.fabiola1@gmail.com adribadillo11@hotmail.com louann.blas@upr.edu erika.carrasquillo1@upr.edu noreimy.rubi@gmail.com yanlarys.colon@upr.edu natasha.cruz8@upr.edu jazmin.cruz2@upr.edu natalie.jesus@upr.edu nathaniadelda@yahoo.com ivan.fernandez1@upr.edu gabriel.ferrer2@upr.edu edma427@gmail.com emana.gonzalez28@upr.edu nias.hernandez@upr.edu john.hernandez4@upr.edu irving.lugo@upr.edu jesus.martinez12@upr.edu maite.morales.medina@gmail.com rolando.negron@upr.edu qreishdal17@gmail.com abdiel.pacheco@upr.edu christian.perez27@upr.edu gilsett.rivera@upr.edu steven.rivera27@upr.edu hemanuele.rojas1@upr.edu gabriel.solis3@upr.edu anangely.stanislas@upr.edu valeria.zabala@gmail.com

Fecha: Jueves, 31 de marzo, 2016 22:14:16

31 de marzo de 2016

Saludos a tod@s.

En vista del ritmo de los acontecimientos actuales y previniendo para el porvenir, la clase del lunes se concentrará en el análisis reflexivo y|crítico de la actual situación universitaria y el contexto de la crisis fiscal a nivel nacional. Discutiremos los escenarios posibles a partir de la próxima asamblea general de estudiantes y las alternativas existentes. Además, entre otros asuntos, miraremos los diversos modos de luchas universitarias desde una perspectiva histórica y en el marco de los derechos políticos regentes en las sociedades democráticas. A los efectos, les hice una selección de escritos del libro negro *(im)posturas*, para que sirvan de referencia histórica, teórica, ética y política a la discusión en clase. También adjunto la posición de la presidencia como documento adicional para discusión. Espero que traigan sus dudas, preguntas, comentarios y sugerencias y que, además, se tomen la iniciativa de constatar o complementar los textos con investigaciones propias.

Nos vemos el lunes. Abrazos.

Gazir

Anejo #9[267]

J16.X.14

Estimad@s colegas, saludos.

Quisiera compartirles algunas impresiones sobre la reunión de hoy, con el deseo de aclarar cualquier duda o juicio valorativo que pudiera haber surgido o surgir en torno a mis posturas y la firmeza con que traté de hacerlas valer. Primeramente, no quisiera que se trivializaran o tergiversaran como una mera cuestión de "actitud", de irreverencia o de insolencia. Considero que cuando se discuten temas entre profesores universitarios, en tanto que intelectuales académicos y colegas profesionales, no pueden imponerse relaciones jerárquicas de autoridad que vicien la horizontalidad que debe primarlas. En este sentido, ético y político, considero una falta de respeto por parte de Tania García decirme que si no quería estar ahí que me fuera. Mi respuesta inmediata fue que, si ella no quería que yo estuviera, que podía irse ella. Vi reacciones de espanto entre colegas, y lo lamento. Pienso que en su lugar debió haber un gesto mínimo de solidaridad, pero no lo hubo. También lo siento. Quienes me conocen saben que no juego el juego de la subordinación cuando se trata de una injusticia, y no renuncio al principio de la razón ante la intimidación de la autoridad que no la tiene.

No debe perderse de perspectiva que el abogado ni siquiera sabía del documento que preparamos con tanto esfuerzo, fruto de investigaciones, estudios y discusiones profundas, y eso es también una falta de respeto. La propuesta de Aaron ni siquiera sería considerada porque las instrucciones de rectoría, dadas la noche anterior a su abogado, eran tomar una determinación final ahí mismo. Insisto, y ni siquiera había leído el documento. Un documento que había sido preparado considerando precisamente las faltas y fallas del documento original, y sobre el que habíamos llegado a un consenso. Los argumentos para eliminar enmiendas no tenían fundamento alguno, y no podrían tenerlo porque el abogado no sabía del carácter estratégico de las enmiendas, aunque traté de explicárselo antes de la reunión y durante mis intervenciones. No lo entendió ni le interesaba hacerlo, aunque simpatizaba abstractamente con nuestros lineamientos. No obstante, mintió en todo momento al decir que no se citan textos de la ley porque, según alega, se presumen implícitos. Eso es falso. Recordarán que la

---

[267] Carta de Gazir Sued, 16 de octubre de 2014. Enviada a los correos electrónicos de los profesores convocados a la reunión: Tania García, Agnes Bosch, Vicky Muñiz, Ramón Rosario Luna, Aarón G. Ramos, Linda I. Colón, Carmen A. Pérez, Waldemiro Vélez, María I. Quiñones Arocho, Carlos J. Sánchez, Francisco Torres Rivera, Doris Quiñones, Marlene Duprey Colón, Edna Benítez y Marta Medina.

mayor parte de los textos originales eran copias directas al texto de la ley y reglamento universitarios, sólo que a manera de plagio, es decir, sin referencias... Yo asumí la responsabilidad política de suscribir y defender el texto que representaba el consenso del colectivo de profesores, y allí donde no estaba justificado alterarlo impuse mis razones con debida firmeza de carácter. Si el abogado estaba equivocado, había que corregirlo. Nuestros argumentos, contenidos en nuestra versión del acuerdo, tienen mayor peso jurídico que cualquier razón legalista para eliminarlos. La función de los abogados no es establecer la estrategia argumentativa ni mucho menos delinear el contenido político de nuestros razonamientos. Los abogados de la UPR deben atenerse a cuestiones técnicas, no de contenido. Y nada del contenido de nuestro documento es contrario a los principios, ley y reglamentos de la UPR. Lo que se haya eliminado debilita el potencial estratégico del acuerdo, y eso no lo comprendió el abogado.

Aparte de todo, creo que la imagen de fragmentación interna entre nosotr@s mism@s también tiene efectos debilitadores, que ya se verán en su momento. La administración de la UPR bien podrá aceptar la enmienda 16, que es el eje de la disputa, o no hacerlo y simplemente convenir en que, quien no quiera estar, que se vaya. En idénticos términos a como Tania me *sugirió*...

El efecto político general fue la impresión de la existencia de fuertes divisiones internas, se individualizaron las decisiones, se desmanteló el consenso. No se trata de antagonizar, sino de reconocer las mañas ideológicas que operan en los imaginarios y prácticas burocráticas institucionales. Nuestra fortaleza, la fortaleza de nuestros argumentos, reside más que en ellos mismos, en la imagen de solidez que proyectemos colectivamente. Sólo así nos tomarán alguna vez en serio, y respetarán el valor de nuestras ideas, posiciones y esfuerzos por hacerlos valer...

Y por último, quiero acentuar que no se trata de "diferencias de opiniones" y que cualquier "opinión" vale lo mismo. Nuestros argumentos no son meras opiniones, son posiciones concretas, bien pensadas, debidamente discutidas, evidenciadas y consensuadas. De eso se tratan las enmiendas, todas. Restarles crédito y nivelarlas con las opiniones de un abogado poco instruido y ajeno a la naturaleza intelectual académica de nuestros argumentos es, cuando poco, perder el tiempo...

Lamento si alguien entre l@s colegas se sintió incómod@ con mi "estilo" de confrontar arbitrariedades e ignorancias. Mi integridad y honestidad no tienen moldes, y no comulgo con ninguna modalidad de la hipocresía.

Saben que cuentan conmigo. Un fuerte abrazo a to@s.

Gazir

Anejo #10

Universidad de Puerto Rico • Recinto de Río Piedras

facultad de
estudios generales
Oficina del Decano

18 de febrero de 2016

PERSONAL DOCENTE DE LA FACULTAD DE ESTUDIOS GENERALES

Carlos Rodríguez Fraticelli, Ph.D.
Decano

ENSAYO: "EL TRABAJO INTELECTUAL ACADÉMICO (PROYECTO DE REFORMA DE REVISTAS UNIVERSITARIAS) DEL DR. GAZIR SUED

El Prof. Gazir Sued, quien enseña en el Departamento de Ciencias Sociales, ha solicitado que se distribuya al personal docente de la Facultad de Estudios Generales, un ensayo de su autoría titulado "El trabajo intelectual académico (Proyecto de reforma de revistas universitarias)".

Atendiendo a esta solicitud, les informo que el mismo se encuentra disponible en la página del Departamento de Ciencias Sociales desde la cuenta de twitter que aparece en su portada y también a través del enlace público https://t.co/zRibsTk4A1.

EA

PO Box 23323 San Juan PR 00931-3323 • Tel. (787) 764-0000 Exts. 88601, 88602
Fax (787) 763-7305; UPR Ext. 80767 • Correo electrónico: decanofeg@gmail.com / estudios.generales@upr.edu

Patrono con Igualdad de Oportunidades en el Empleo

Anejo #11

29 de marzo de 2016

Lic. Einar Ramos López
Secretario
Departamento de Corrección y Rehabilitación (DCR)

    En base a la autoridad y respectivo poder discrecional que con fuerza de ley le ha sido investido como Secretario del DCR para enmendar los reglamentos institucionales y adecuarlos en conformidad con los principios humanistas y objetivos rehabilitadores consagrados en la Constitución del Estado Libre Asociado de Puerto Rico, le solicito encarecidamente y con carácter de urgencia que de inmediato cese y desista de la práctica de imponer restricciones indebidas y crueles, injustas e irrazonables a los derechos de visitas a los prisioneros y prisioneras bajo su custodia. En particular, a la población más brutalmente afectada por los estigmas institucionales, la clasificada en máxima seguridad, que le es impuesta de manera abusiva, injustificada y cruel la restricción de visitas a través de cristales. Demás está acentuar el carácter contra-producente al espíritu rehabilitador del uso de esos cristales, que además de carecer de fundamentos racionales legítimos constituye una práctica sistemática de tormento psicológico antagónica e irreconciliable con los derechos humanos de la población penal.
    En lo inmediato me abstendré de argumentar a fondo mi petición formal y me limitaré a reiterar la urgencia de eliminar los cristales que obstruyen el contacto físico entre los prisioneros y sus visitantes. Confío en su capacidad intelectual y sensibilidad como ser humano para atender mi reclamo sin mayores dilaciones.

Quedo a su disposición,

Gazir Sued, Ph.D.

Anejo #12[268]

27 de marzo de 2016

Querid@s colegas, saludos.

Adjunto una carta que llevaré el martes al secretario del DCR para que elimine los cristales que impiden el contacto físico entre l@s prisioner@s y sus visitantes. He revisado los reglamentos y enmiendas de los últimos veinte años y no aparece nada al respecto, ni en los informes de clasificaciones ni en reglamentos de visitas ni disciplinarios. El argumento habitual para justificar las omisiones reglamentarias y arbitrariedades disciplinarias es que se trata de medidas de seguridad interior y el secretario tiene la potestad absoluta para disponer a rienda suelta sobre ello. La premisa institucional es que l@s prisioner@s no tienen derechos si no están explícitos en los textos carcelarios sino "privilegios" que concede discrecionalmente la administración...

La carta es un primer paso de tanteo, a ver cuál es la reacción oficial y sobre ella delinear una estrategia argumentativa más contundente, que incluye la posibilidad de radicar un recurso legal en los tribunales. Agradeceré sus comentarios y sugerencias...

Un fuerte abrazo,

Gazir Sued, Ph.D.

---

[268] Enviado al correos electrónicos de los profesores participantes del proyecto UPR en la cárcel: dciso.rrp@upr.edu; profesor.ramon.rosario@gmail.com; eriveratorr3@yahoo.com; waldemirov@hotmail.com; doris.quinones.hdez@gmail.com; marleneduprey@yahoo.com; miquinones2@gmail.com; aaron.ramos@upr.edu.

Anejo #13

11 de agosto de 2016

Carmen A Pérez Herranz, Ph.D.
Directora Interina
Departamento de Ciencias Sociales
Recinto de Río Piedras - Universidad de Puerto Rico

Estimada Dra. Pérez, un saludo cordial. Según quedé con usted previamente, esta tarde le envié los documentos relacionados a mi caso de apelación y querellas pendientes bajo actual consideración de presidencia. Como le expresé personalmente, intereso que la situación en todas sus dimensiones sea sabida por todos los colegas del Departamento, que como usted, han estado ajenos a las injustas prácticas discriminatorias y antiéticas cometidas por la ex directora Vicky Muñiz Quiñones contra mi persona. En aras de despejar cualquier duda y abrir espacio a la transparencia administrativa sobre los procesos de evaluación de docentes bajo contrato, así como en miras de erradicar cualquier modalidad de abuso de autoridad, arbitrariedad y capricho en los procesos de retención y renovación de contratos, le insto a que convoque a los miembros del Departamento a que estudien objetiva-mente y asuman postura sobre el asunto. La gravedad de la situación no admite condescendencias e ignorar su injusticia es hacerse cómplice de ella.

También, como le adelanté anteriormente, le solicito copia del informe del comité de evaluación que durante el verano realizó entrevistas y evaluó el acervo de candidatos para recontratación y nuevos reclutamientos.

Según usted me indicó, estuvo ajena a ese proceso y se limitó a firmar los contratos ya convenidos para este semestre académico. Le adelanto que yo debí estar incluido y que, como es natural, tenía la expectativa de ser contratado nuevamente. Como será de su conocimiento, haberme excluido de ser considerado por mis méritos y según criterios institucionales constituye negligencia administrativa y un acto de ilegalidad. Igualmente, si fui considerado, intereso el informe que justifica la negativa a renovar mi contrato o a reclutarme bajo nueva contratación.

Espero que usted contribuya a superar el secretismo injustificado que ha viciado el proceso de mi contratación y no se haga eco del silencio encubridor de las faltas éticas y reglamentarias en las que incurrió su antecesora. Lo mismo espero de los demás colegas del Departamento. Confío en que durante su incumbencia sea posible erradicar las tradiciones y prácticas gerenciales que violentan los principios y derechos más elementales de los docentes sin plaza.

Quedo a su disposición y a la de los miembros del Departamento.

Gazir Sued, Ph.D.

Anejo #14

Departamento de Ciencias Sociales <dciso.rrp@upr.edu>
Para jalil.sued@upr.edu
CC gazirsued@yahoo.com
ago 17 a las 4:28 P.M.

Estimado doctor Sued:

Acuso recibo de su carta del pasado 11 de agosto. A esos efectos deseo indicarle que en cuanto a su solicitud de que se convoque a los miembros del Departamento, usted está en pleno derecho de expresar a dicho personal su sentir sobre lo que entienda procedente, tal y como lo ha hecho circulándole comunicaciones. No obstante, no voy a convocar oficialmente al personal y encomendarle tareas de evaluar y asumir postura sobre su reclamación, sin menoscabo, reitero, de su derecho de expresarse al personal y de que dicho personal asuma y plantee la postura que crea pertinente.

En cuanto a su solicitud de información, como le indiqué en nuestra conversación de esta semana, estoy identificando la documentación disponible y a la cual tenga derecho, al amparo de la encomienda a ese efecto que he recibido de la Rectora Interina. Como sabe, nos encontramos en las gestiones de comienzo del semestre, por consiguiente estimo que pueda tener listos los documentos que usted solicita en una semana aproximadamente. Agradeceré me permita ese espacio de tiempo para identificar los documentos pertinentes para poder entregárselos oportunamente. Tan pronto tenga listo los mismos nos comunicaremos con usted para que pase a recogerlos.
Cordialmente,

Carmen A. Pérez Herranz, Ph.D.
Directora Interina
Departamento de Ciencias Sociales
Facultad de Estudios Generales
Universidad de Puerto Rico
Recinto de Río Piedras
787-764-0000, Extensiones: 88735, 88774

Anejo #15

Relación de cursos por "contrato de servicio" como Docente e ingresos semestrales (2001-2016)

Semestre Académico	Depto. / Facultad	Programa Académico	Jornada/ Créditos	Efectivo / Termina	Sueldo Total
Ene-May. 2001	CS-EG	CISO 3121	Parcial 3 Crs.	17/01/01 24/05/01	$1,713
Ago.-Dic. 2004	Soc.-CS	SOCI 3005 SOCI 3275	Parcial 6 Crs.	11/08/04 21/12/04	$3,936
Ene-May. 2005	Soc.-CS	SOCI 3245 SOCI 4155	Parcial 6 Crs.	19/01/05 26/05/05	$3,936
Ago.-Dic. 2005	Soc.-CS	SOCI 3245 SOCI 3245 SOCI 6205	Parcial 6 Crs. ?	11/08/05 21/12/05	$3,936
Ene-May. 2006	Soc.-CS	SOCI 3245	Parcial 6 Crs.	19/01/06 30/05/06	$3,936
Ago.-Dic. 2006	Soc.-CS	SOCI 3245	Parcial 6 Crs.	14/18/06 18/12/06	$3,936
Ene-May. 2007	Soc.-CS	SOCI 3245	Parcial 6 Crs.	18/01/07 29/05/07	$3,936
Ago.-Dic. 2007	Soc.-CS	SOCI 3245 SOCI 4155	Parcial 6 Crs.	13/08/07 19/12/07	$3,936
Ene-May. 2008	Soc.-CS	SOCI 3245	Parcial 6 Crs.	17/01/08 27/05/08	$3,936
Ago.-Dic. 2008	Soc.-CS	SOCI 3245 SOCI 4115	Parcial 6 Crs.	11/08/08 22/12/08	$4,302
Ene-May. 2009	Soc.-CS	SOCI 3245 SOCI 4005	Parcial 6 Crs.	20/01/09 26/05/09	$4,302
Ago.-Dic. 2009	Soc.-CS	SOCI 3245 SOCI 4005	Parcial 6 Crs.	10/08/09 21/12/09	$4,302
Ene-May. 2010	Soc.-CS	SOCI 3245 SOCI 3267 SOCI 4005	Parcial 9 Crs.	21/01/10 09/08/10	$6,453
Ago.-Dic. 2010	Soc.-CS	SOCI 3245	Parcial 6 Crs.	30/08/10 29/01/11	$4,087
Ene-May. 2011	Soc.-CS	SOCI 3267	Parcial 3 Crs.	02/02/11 03/06/11	$2,043
Ago.-Dic.	CS-EG	CISO 3121	Completa	18/08/14	$47,941

2014		CISO 3122	12 Crs.	31/05/15	
Ene-May. 2015	CS-EG	CISO 3121 CISO 3122	Completa 12 Crs.	Ídem	-
Ago.-Dic. 2015	CS-EG	CISO 3121 CISO 3122	Completa 12 Crs.	10/08/15 17/12/15	$21,357
Ene.-May. 2016	CS-EG	CISO 3122 CISO 3121	Completa 12 Crs.	19/01/16 26/05/16	$21,192

Anejo #16

COMUNICADO DE PRENSA

Profesor denuncia violación a derechos civiles y laborales en la UPR[269]

San Juan, PR. 19 de septiembre de 2016. El profesor universitario Gazir Sued fue cesanteado en represalia por sus expresiones públicas sobre las injustas condiciones laborales de los profesores bajo contrato en la Universidad de Puerto Rico. Tras la publicación de un artículo a inicios de verano, en donde denunció la precariedad económica, la incerti-dumbre laboral y la segregación discriminatoria de los docentes más jóvenes de la Universidad, la administración del Recinto de Río Piedras emitió una carta denegando la renovación de su contrato, sin justificaciones y a pesar de reconocer que el profesor Sued cumple cabalmente con todos los requerimientos institucionales y fue recomendado para recontratación por el Comité de Personal.

Desde entonces, el Dr. Gazir Sued ha denunciado a las autoridades institucionales el carácter arbitrario y caprichoso de la determinación citada, y ha exigido que le sea entregado informe escrito de las razones por las que fue cesanteado. Del mismo modo, ha exigido por derecho propio ser restituido en su empleo como docente. Hasta la fecha, la rectora del Recinto de Río Piedras, María de los Ángeles Castro, ha denegado la información solicitada y el remedio propuesto, alegando que la determinación es "prerrogativa gerencial" y que el Dr. Gazir Sued no tiene derecho laboral ni protección legal que cobije sus reclamos.

El profesor Sued, quien fue becado por la presidencia para estudios doctorales en España y lleva doce años enseñando en la UPR, ha denunciado públicamente el secretismo institucional como práctica de encubrimiento de negligencias administrativas, de abusos de poder "discrecional", arbitrariedad y capricho patronal.

---

[269] Ver los siguientes enlaces:
- http://dialogoupr.com/denuncia-violacion-derechos-civiles-y-laborales-en-la-upr/
- http://noticiasprtv.com/profesor-denuncia-violacion-a-derechos-civiles-y-laborales-en-la-upr/
- https://josekarloo.wordpress.com/2016/09/19/denuncia-presunta-violacion-a-derechos-civiles-y-laborales-en-la-upr/
- https://www.metro.pr/pr/noticias/2016/09/18/profesor-denuncia-violacion-de-derechos-civiles-y-laborales-en-uprrp.html
- https://newstral.com/es/article/es/1040181441/denuncia-presunta-violaci%C3%B3n-a-derechos-civiles-y-laborales-en-la-upr
- https://www.facebook.com/gazir/posts/10208850731878307

Igualmente, Sued ha denunciado que los asesores legales de la rectora han violado los cánones de ética profesional, ocultando información y pruebas de evidencia sensible para distorsionar los méritos de su caso y encubrir maliciosamente las faltas y violaciones de los administradores imputados.

Contacto: Gazir Sued, Ph.D.
jalil.sued@upr.edu / gazirsued@yahoo.com / gazirsued@gmail.com /
https://www.facebook.com/gazir

Anejo #17

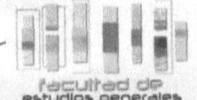

Universidad de Puerto Rico • Recinto de Río Piedras

Facultad de Estudios Generales
Departamento de Ciencias Sociales

7 de diciembre de 2016

A quienes corresponda:

Estimados Colegas:

Conozco al Dr. Gazir Sued desde hace aproximadamente 25 años. Durante ese periodo he compartido con él en múltiples actividades académicas en y fuera de la Universidad de Puerto Rico (UPR). Entre ellas cabe destacar: comités de trabajo, ofrecimiento colectivo de cursos, paneles en foros y seminarios, reuniones de Departamento y Facultad, entre muchos otros. En todo momento he sido testigo de la agudeza y profundidad intelectual del doctor Sued, así como de su extraordinario compromiso con el fortalecimiento de la Universidad de Puerto Rico y el desarrollo de los saberes. Con relación a esto último he tenido la oportunidad de leer y discutir en actividades académicas algunos de sus escritos, por lo que puedo asegurar que es un académico de primer orden, de esos que nuestra Institución necesita urgentemente.

Si bien lo conozco desde hace muchos años ha sido en los pasados tres o cuatro años cuando más intensamente hemos compartido ideas e inquietudes académicas. Entre el 2007 y el 2015 fui el Coordinador del Seminario de Educación General de la Facultad de Estudios Generales. Además, asistí regularmente al Seminario de Educación General del Departamento de Ciencias Sociales, ya fuera como ponente, así como mero participante. Con éste último continúo asistiendo y colaborando. En ambos escenarios pude compartir con el doctor Sued de manera muy intensa y profunda, ya que se trata de actividades de tres horas de duración y que tienen continuidad, lo que permite adentrarnos en los temas y preguntas que surgen de la discusión. Cada uno sesiona entre dos y cuatro veces por semestre. El doctor Sued asistió a estos seminarios como ponente, comentarista y participante. En todas esas dimensiones fue capaz de aportar la pregunta más aguda y profunda, la reflexión bien pensada y fundamentada, así como los comentarios que nos convocan al pensamiento prolongado y profundo.

PO Box 23323 San Juan PR 00931-3323 • Tel. (787) 764-0000, Ext. 88735, 88774
Correo electrónico: dciso.rrp@upr.edu

Patrono con Igualdad de Oportunidades en el Empleo

Carta de Recomendación - Dr. Gazir Sued
Página 2
7 de diciembre de 2016

También durante los últimos años compartí con él la experiencia de ofrecer el Curso de Ciencias Sociales de Estudios Generales en los complejos correccionales de Vega Baja (mujeres) y Bayamón (hombres y mujeres). El doctor Sued fue de los primeros que se ofreció para colaborar, Ad Honorem, tanto con el desarrollo y evaluación permanente, como con el ofrecimiento colectivo del curso. En todas esas instancias pude atestiguar su responsabilidad, capacidad intelectual y flexibilidad ante diversos escenarios de trabajo. A mi juicio, su aportación en todo este proceso fue crucial para el éxito del mismo.

Por todas estas razones lo recomiendo sin reserva de clase alguna para ocupar una plaza docente en el Recinto de Río Piedras. Estoy totalmente seguro de que sus aportaciones serán de extraordinario beneficio para el desarrollo de los saberes, así como para la educación de los jóvenes universitarios.

Quedo a su disposición para cualquier asunto relacionado,

Fraternalmente,

Waldemiro Vélez Cardona, Ph.D.
Catedrático

Anejo #18

Universidad de Puerto Rico • Recinto de Río Piedras

facultad de estudios generales
Departamento de Ciencias Sociales

12 de diciembre de 2016

Director
Departamento de Sociología y Antropología
Facultad de Ciencias Sociales
Recinto de Río Piedras
Universidad de Puerto Rico

Estimado Director:

Le dirijo esta carta en apoyo a la solicitud que hace el profesor Gazir Sued al Departamento de Sociología y Antropología de la Facultad de Ciencias Sociales, a fin de ser considerado para ocupar una plaza en el Programa de Sociología de ese departamento.

El profesor Sued fue mi colega en el Departamento de Ciencias Sociales de la Facultad de Estudios Generales durante los pasados años, período en el cual llevó a cabo un trabajo valioso en el campo de la enseñanza, la investigación y la divulgación del conocimiento al interior del mundo universitario y hacia públicos amplios. Percibí en él un auténtico interés en trabajar en el campo del desarrollo curricular desde una perspectiva interdisciplinaria, conectando los temas de su amplia agenda de investigación académica.

Sobre ello, destaco su contribución al programa titulado «UPR en la Cárcel», que fue organizado con el objetivo de ofrecer cursos universitarios en las cárceles de Puerto Rico. El profesor Sued estuvo involucrado en el mismo desde sus comienzos, contribuyendo decisivamente a definir su orientación y la tarea de preparar el currículo para una población estudiantil de naturaleza especial. Siendo yo también parte de ese proyecto, valoré los aportes críticos de este profesor en los debates sobre el currículo, y su desinteresada labor de ofrecer el curso en el difícil escenario de la Cárcel de Mujeres en Vega Alta.

Me parece de interés al Programa de Sociología la agenda de investigación del profesor Sued, en la cual conecta temas de acercamiento interdisciplinario que se desplazan en una progresión que comprende temas vitales a nuestra sociedad, como la religión, las políticas de gobierno, la sexualidad, el eje crueldad-violencia, los derechos humanos el análisis de la cuestión criminal, y la cuestión de la violencia penal y carcelaria, sobre la cual cuenta con excelentes escritos.

PO Box 23323 San Juan PR 00931-3323 • Tel. (787) 764-0000 Exts. 2170, 7646
Patrono con Igualdad de Oportunidades en el Empleo

El profesor Sued tiene a su haber publicaciones fundamentales en las ciencias sociales, sobre todo en el estudio de la criminalidad que es una de las áreas esbozadas en la convocatoria. En su obra más reciente, *Genealogía del Derecho Penal: antecedentes jurídico-políticos, filosóficos y teológicos desde la Antigüedad hasta la Modernidad*, se muestra su profundo acercamiento teórico al problema y un robusto manejo de las fuentes sobre el tema. Tuve la oportunidad de asistir a la presentación que hizo el profesor Sued ante un grupo de científicos sociales, durante la cual se evidenció su hondo calado teórico en este campo y su habilidad para comunicar.

Finalmente, subrayo su interés y experiencia en la difusión de ideas a públicos amplios, pues es columnista de uno de los principales diarios de Puerto Rico y su labor periodística investigativa ha sido premiada varias veces por el Instituto de Literatura Puertorriqueña.

Tengo la más elevada consideración por el trabajo académico del profesor Gazir Sued y por su persona; y valoro mucho la labor educativa que ha llevado a cabo durante sus años en nuestra institución. Por todo lo anterior, apoyo con entusiasmo la gestión que lleva a cabo para integrarse como docente en el Departamento de Sociología y Antropología de la Facultad de Ciencias Sociales.

Va un saludo cordial,

Aarón Gamaliel Ramos, PhD
Catedrático

Anejo #19[270]

Fernando Picô
1 hr

Tengo constancia de lo mucho que los estudiantes del Anexo 292 de Bayamón apreciaron sus sesiones con el profesor Gazir Sued, a quien recuerdan con estima y admiración

👍 Like   💬 Comment   ➤ Share

---

[270] Publicado en la página de Facebook del Dr. Fernando Picó, 15 de abril de 2017.

Anejo #20

Estado Libre Asociado de Puerto Rico
COMISION DE DERECHOS CIVILES

Apartado 192338
San Juan, Puerto Rico 00919-2338
Tel: (787)764-8686

7 de julio de 2017

Dr. Gazir Sued
Calle Lirio #495
Mansiones de Río Piedras
San Juan, P.R. 00926

Estimado doctor Sued:

Reciba un cordial saludo de nuestra parte. La Comisión de Derechos Civiles del Estado Libre Asociado de Puerto Rico (en adelante CDC) es un organismo público creado en virtud de la Ley Núm. 102 de 28 de junio de 1965 (1 L.P.R.A. 151), según enmendada. Nuestra función primordial es educar al pueblo en cuanto a la significación de los derechos fundamentales de las personas y los medios de respetarlos, protegerlos y enaltecerlos. Tenemos la obligación de gestionar ante los individuos y ante las autoridades gubernamentales la protección de los derechos humanos y el estricto cumplimiento de las leyes que amparan tales derechos. De igual forma, evalúa las leyes, normas y actuaciones del gobierno, tanto estatal como municipal, velando que las mismas no laceren los derechos fundamentales de nuestro Pueblo.

A tales fines, la CDC está facultada para iniciar los procedimientos investigativos mediante: (i) la presentación de una querella; (ii) por iniciativa propia, tomando conocimiento de que una persona natural, una entidad privada, una persona jurídica o una autoridad gubernamental, potencialmente ha incurrido en un acto u omisión violatorio de derechos humanos, o que amenace la vigencia de estos,(iii) a petición, o referido de persona natural, una entidad, una persona jurídica o una autoridad gubernamental, (iv) en su cumplimiento con su ley orgánica y/o (v) en cualquier otra instancia en que la investigación adelante los propósitos de la CDC.

La Sección V de la mencionada Ley Orgánica, *supra*, dispone que la CDC no tiene facultad para adjudicar casos individuales ni remedios, tampoco puede intervenir en casos de materia penal, pero si puede investigar planteamientos de controversias

AVE. PONCE DE LEÓN #416 EDIFICIO UNIÓN PLAZA SUITE 901 HATO REY, PR 00918

concretas en cuanto arrojen luz sobre problemas de importancia general para el mejoramiento de los derechos humanos. Cabe señalar que la CDC no tiene facultad para brindar representación legal.

El 23 de junio de 2017 recibimos mediante correo electrónico un escrito y unas publicaciones de su autoría. En su petición usted solicita al Departamento de Corrección y Rehabilitación (en adelante DCR) que eliminen los cristales que limitan el contacto entre los(las) visitantes y prisioneros (as) de la población de máxima seguridad en las instituciones correccionales del país. En atención a su petición, la misma le fue remitida al Hon. Erik Rolón, Secretario del DCR, mediante entrega personal junto con una solicitud de la CDC. En la misma se le solicita que pondere la posibilidad de remover los cristales de seguridad en el área de visitas u otras medidas menos restrictivas, particularmente hacia la población de máxima seguridad.

Ahora bien, dicha solicitud queda a la atención y la discreción que le es conferida al Secretario del DCR al establecer las medidas de seguridad que entienda pertinentes para administrar las instituciones correccionales en el país. No obstante, se le indicó al DCR que permanecemos a su disposición para cualquier colaboración que pudiéramos brindar para atender la petición de remoción de cristales que restringen el contacto entre los confinados y confinadas y sus visitantes o cualquier otra medida de seguridad que sea menos restrictiva. Por otra parte, le informamos que procederemos con el cierre y archivo de la querella número 2016-5-16038.

Quedamos a su disposición.

Cordialmente,

Lcda. Xiomarie Nieves,
Asesora Legal
Comisión de Derechos Civiles de PR
xnieves@cdc.pr.gov
Tel. 787-764-8686

Anejo #21

COMUNICADO DE PRENSA

Ultimátum a Junta de Gobierno UPR
por discrimen y represalia contra profesor universitario

San Juan, PR. 7 de junio de 2017. Tras cumplirse un año de haber sido cesanteado sin justa causa y de ser excluido de oportunidades para continuar ejerciendo la docencia en la Universidad de Puerto Rico, el profesor universitario Gazir Sued reclamó a la Junta de Gobierno de la UPR que atienda de inmediato su situación para evitar tener que enfrentar una cuantiosa demanda judicial por violaciones a derechos civiles, académicos y laborales.

En la carta entregada personalmente por el Dr. Sued, instó al máximo cuerpo rector de la institución a que atienda el caso en un tiempo razonable y en sus méritos. "De no resolverse en justicia a mi favor, me veré compelido a entablar una demanda judicial. La misma sería radicada contra la UPR como entidad corporativa del Estado, contra las personas imputadas por discrimen y represalia, y contra las personas involucradas en el esquema de encubrimiento, complicidad y corrupción institucional."

El profesor denunció la sistemática ocultación de los méritos y evidencias de su apelación por parte de las instancias de rectoría y presidencia. Según Sued, "esto demuestra el carácter parcializado a favor de la funcionaria imputada." Asimismo, denunció que la dilación injustificada de la Junta de Gobierno agrava la situación, y que la ausencia de funcionarios directivos en los cuerpos rectores de la UPR (presidente de la Junta de Gobierno, presidente de la UPR y rector del Recinto de Río Piedras) y la incertidumbre sobre sus nombramientos, "pone en entredicho el proceso apelativo en todas sus dimensiones."

Según ha hecho público el profesor, éste ha presentado pruebas irrefutables de que ha sido víctima de abuso de la prerrogativa gerencial sobre contrataciones, y que ha evidenciado que la determinación de cesantía no constituye una de índole administrativa sino de carácter discriminatorio, arbitrario y caprichoso. Además, de la prueba presentada surge la sospecha de que "fui objeto de espionaje institucional y carpeteo por motivaciones políticas y prejuicios personales" –indicó Sued-

"Para combatir en lo posible el sospechoso régimen de secretismo institucional, tras el cual se cuajan a diario todo tipo de corrupciones y violaciones de derechos, pondré mi granito de arena haciendo pública toda la evidencia que sostiene mi caso. Espero contribuir así a la lucha por lograr la transparencia deseada en la administración del sistema de educación superior pública, particularmente sobre el régimen de contrataciones de profesores universitarios sin plaza, que ha estado viciado históricamente por amiguismos y padrinazgo político por encima del principio de mérito."

CONTACTO: Dr. Gazir Sued (787)226-0212
gazirsued@yahoo.com

Apéndice #2

**Profesores desechables e inequidad laboral
en la Universidad de Puerto Rico**

Profesores desechables e inequidad laboral en la Universidad de Puerto Rico[1]

> "Y digo que el que se presta para peón del veneno
> es doble tonto y no quiero ser bailarín de su fiesta."
> *Silvio Rodríguez*

La posibilidad de erradicar las injustas condiciones laborales de los profesores universitarios contratados a tiempo definido es de naturaleza política. Para comprender este estado de situación y poder transformarlo es preciso asumir posición firme ante lo que es y lo que debería ser la Universidad del Estado, sus principios, su misión y sus objetivos; y, asimismo, identificar las fuerzas que oponen resistencia a cambiar radicalmente las condiciones laborales de estos trabajadores docentes en el principal centro de educación superior del País.

La mentalidad dominante en las altas esferas del poder administrativo de la Universidad de Puerto Rico está profundamente arraigada en la ideología neoliberal. Dentro de la lógica empresarial que la sostiene, el régimen de contratación de profesores temporales está ligado a un proyecto político de control y dominación general que viabiliza la violación sistemática de sus derechos civiles y laborales. Para funcionar efectivamente, el poder patronal distorsiona la realidad laboral y, bajo un sospechoso régimen de secretividad, falsea la imagen institucional ocultando a conveniencia sus injusticias. De este modo, hace aparecer las precarias e injustas condiciones de trabajo como normales e inherentes al orden institucional y, al mismo tiempo, celebra la firma contractual como acto de legitimación legal y consentimiento de sumisión "voluntaria" a las condiciones laborales existentes.

Más allá de este artificio ideológico, al margen de las prescripciones reglamentarias y aún por encima de los requerimientos contractuales, impera un orden interior que determina las relaciones laborales de este sector docente de manera autocrática e ilícita. En base a criterios subjetivos arbitrarios y a veces caprichosos, el sistema de contratación imperante reproduce un

---

[1] Esta parte es una versión actualizada del ensayo publicado originalmente en Revista *80grados*, 2 y 9 de septiembre de 2016 (http://www.80grados.net)

orden de segregación formal que sostiene y perpetua las condiciones de vulnerabilidad, inequidad e iniquidades que sufren los docentes bajo sus dominios. La gravedad de la situación no admite condescendencias e ignorar sus injusticias es hacerse cómplice de ellas.

Sin embargo, esta realidad no es efecto exclusivo de imposiciones unilaterales del poder patronal, ni siquiera el saldo de las intromisiones político-partidistas que vician el orden institucional en todas sus dimensiones. Tampoco es el resultado de las influencias que ejerce el sector privado sobre la política gerencial de la Universidad, y aunque su poderío está supeditado a la ideología neoliberal, sus implicaciones y consecuencias no pueden reducirse ni siquiera a las lógicas de defensa de privilegios de clase e intereses capitalistas. Se trata de una cultura de control y dominación que caracteriza el orden interior de la Universidad; moldeada por sospechosas "tradiciones" que legitiman y propician las condiciones de desigualdad, discrimen y marginación de los profesores sin permanencia.

Sus principales soportes lo constituyen las mentalidades elitistas y actitudes aristócratas que imperan entre docentes con permanencia, principalmente entre quienes se alternan puestos administrativos de autoridad patronal. La permanencia no solo garantiza estabilidad económica y justa remuneración a lo largo de la vida laboral en la Academia y aún tras la jubilación. También crea determinadas condiciones que marcan las relaciones personales entre profesores y, al margen de sus diferencias o antagonismos, viabiliza la alternancia en posiciones de poder gerencial (directores, comités de personal, decanos y rectores). Con el paso de los años, han sido los profesores con permanencia y que ocupan puestos administrativos quienes han legitimado y reproducido el injusto régimen de contrataciones, gozando de inmensa libertad discrecional y sin mayores fiscalizaciones.

Más allá de las retóricas y ambigüedades que moldean una imagen idealizada e irreal de la Universidad, su orden interior está saturado de conflictos de intereses personales y pugnas de poder entre el propio cuerpo claustral que goza de permanencia. Esta realidad es compleja y trasciende las disputas por diferencias ideológicas y partidistas, los antagonismos entre perspectivas pedagógicas y los debates intelectuales académicos. A pesar de la dificultad de hacerla inteligible en términos absolutos, existe un denominador común entre gran parte del sector claustral con permanencia, principalmente entre quienes se alternan puestos gerenciales y de "confianza": la complicidad incondicional con la autoridad patronal, aún a sabiendas de las adversidades que ocasiona a los docentes sin plaza. Esta práctica puede identificarse con nitidez en los procesos de contratación (evaluación, reclutamiento, retención, exclusión y cesantía) y en las condiciones cotidianas de segregación discriminatoria y de precariedad laboral.

Una realidad oculta tras la imagen idealizada de la Universidad es que la permanencia les está garantizada independientemente de sus méritos o falta de ellos, de su productividad o improductividad intelectual, de su calidad académica o mediocridad. De este modo, también está garantizada la alternancia en puestos gerenciales de "confianza", e independientemente del saldo de sus ejecutorias, siempre tienen el espacio de la cátedra reservado hasta el retiro.[2] La ausencia de mecanismos de fiscalización efectivos y la complicidad compartida de manera tácita entre este sector claustral se presta para recrear sistemáticamente toda suerte de abusos de autoridad y arbitrariedades administrativas.

Nuevamente, nadie los fiscaliza y todos se protegen entre sí aunque en lo personal no se soporten. Así las cosas, la defensa ingenua de la "autonomía" universitaria se ha convertido en una navaja de doble filo. De un lado, busca protegerse de fuerzas externas ilegítimas y, de otro, perpetúa tradiciones internas injustas e inmorales. Las consecuencias las sufren los profesores más vulnerables, empleados solo como transitorios y siempre sujetos al arbitrio de profesores con permanencia y puestos de autoridad patronal.

---

[2] Este sospechoso privilegio de protectorado institucional a funcionarios claustrales destituidos de puestos administrativos por cargos de negligencia y corrupción puede evidenciarse a lo largo de la historia de la Universidad. El caso más reciente remite a la destitución del presidente Uroyoán Walker, del rector del Recinto de Río Piedras, Carlos Severino y del decano de la Facultad de Estudios Generales, Carlos Rodríguez Fraticelli, entre otros. Al margen de las imputaciones y de la severidad de sus faltas administrativas y morales, el espacio de la cátedra les está garantizado sin restricciones y así todos los beneficios reservados a los docentes con permanencia... Los profesores sin plaza son desplazados y suplantados automáticamente por profesores que poseen la permanencia, aunque éstos fuesen acusados de violaciones reglamentarias, juzgados culpables y destituidos de sus puestos gerenciales...

No obstante, el rasgo distintivo en la actualidad es la indiferencia. La apatía generalizada a profundizar sobre estas cuestiones tiene raíces en la ignorancia, pero esta no es la causa principal del estancamiento intelectual y político en lo que concierne a las condiciones laborales de los docentes sin plaza. Al carácter autómata del poder patronal le aparejan actitudes aristócratas que celen con vehemencia las investiduras de autoridad jerárquica, resienten las críticas y resisten los cambios que pongan en jaque sus creencias, hábitos y costumbres de casta privilegiada. Así levantan la defensa de la "autonomía" como subterfugio de tradiciones pedagógicas obsoletas y de prácticas gerenciales antagónicas e irreconciliables con el ideario emancipador y principios democráticos que dan razón de existencia a la Universidad. Entre ellas, el secretismo y la falta de transparencia administrativa, que son características notorias y de consecuencias nefastas para los profesores sin plaza.

El sistema de gerencia neoliberal no es nuevo y sus ajustes constantes lo hacen funcionar efectivamente. Su principal sostén lo proveen *profesores* a quienes se les "honra" con encomiendas administrativas, desde presidentes, rectores y decanos, hasta directores de departamentos, nombramientos a puestos de "confianza" y miembros de comités de personal. Estos últimos tienen el encargo de "evaluar" y "recomendar" o no la contratación o renovación de contratos. Los informes de los comités de personal recorren la cadena de mando hasta la aprobación o denegación final con la firma del Rector. Si su recomendación es favorable y no enfrenta oposiciones, es posible que el profesor "evaluado" sea contratado. Pero en el mayor de los casos lo será como empleado a tarea parcial y de manera transitoria, sin garantía de continuidad y en condiciones desiguales que nada tiene que ver con cuestiones justificables para fines académicos.

Recomiendan contratación a tarea parcial, pero no porque el candidato carezca de credenciales, experiencia, interés, disposición y méritos para ocupar plazas de enseñanza a tiempo completo. Eso le es irrelevante. Desde los profesores "evaluadores" hasta los rectores y presidentes se hacen eco del proyecto de segregación neoliberal, y legitiman el régimen de contratación existente aún sabiendo su carácter discriminatorio e injusto. La complicidad con este sistema tiene múltiples máscaras, como la de la indolencia, la de la resignación y la del cinismo patronal: "Así es la

Universidad"; "Solo hago *mi* trabajo"; "No puedo hacer más, aunque quisiera"; y, "Si no estás conforme con lo que te ofrecemos, tienes la libertad de buscar trabajo en otra parte."

Aunque existen consideraciones de gran peso en la toma de decisiones, lo cierto es que nada hacen para cambiar el estado de las cosas, y obedecen a ciegas la "autoridad" aunque la saben absurda, abusiva e injusta. El mismo libreto lo repiten todos los semestres, todos los años; y así se turnan las posiciones de poder discrecional en torno a las contrataciones y retenciones, exclusiones y cesantías; favorecen allegados y partidarios, saldan deudas y bloquean adversarios e indeseados...

Escenario de época: crisis fiscal y libreto neoliberal

Esta realidad quizás no es desconocida para la mayor parte del cuerpo claustral con permanencia. Pero la ignorancia generalizada entre el sector docente bajo contrato constituye un problema político de gran envergadura, sobre todo porque consolida su vulnerabilidad y viabiliza las condiciones de segregación y precariedad laboral. Muchos creen que su situación es consecuencia de la crisis fiscal en el contexto insular, y que su posición de inferioridad forma parte del orden *natural* de la Institución y su *apretado* presupuesto; y así creen ilusamente en la objetividad de sus evaluadores y en la buena fe del patrono, que al menos da oportunidad de trabajar. Algunos hasta se sienten afortunados y agradecidos, y ni guardan mayores expectativas, ni cuestionan, ni exigen derecho a más. Lo cierto es que la razón patronal dominante es esencialmente mezquina y el discurso que la legitima es una gran mentira.

La crítica al modelo "neoliberal" que rige las gestiones administrativas en la Universidad no es teórica sino política, y aplica de manera equivalente en todas las sociedades capitalistas modernas.[3] Este modelo administrativo pervierte el ideario

---

[3] Como referencia de análisis históricos críticos de las condiciones e implicaciones de la política neoliberal o corporativista sobre el sistema educativo público en el contexto estadounidense puede referirse a: • Aronowitz, Stanley; Giroux, Henry A.; *Postmodern Education: Politics, Culture, & Social Criticism*; University of Minnesota Press; Minneapolis, 1991. • Giroux, Henry A.; *Neoliberalism's War on Higher Education*; Haymarket Books, 2014. • Giroux, Henry A.; *On Critical Pedagogy*; Bloomsbury, NY; 2013. • Chatterjee, Piya & Maira,

emancipador de la educación pública en general, y ocasiona serios daños a la Universidad del Estado y, consecuentemente, a sus trabajadores docentes, principalmente a los más vulnerables. Los daños pueden identificarse objetivamente si se abordan con honestidad intelectual, integridad ética y voluntad política para hacerlo sin tapujos.

La ideología neoliberal encuadra el proyecto político-social de educación pública dentro de un esquema burocrático-empresarial similar al de los grandes negocios privados. Este modelo de gerencia neoliberal constriñe todas las dimensiones constitutivas de lo universitario al cálculo "económico". Pero el problema de fondo no es la estructura organizativa y operacional de la Universidad como corporación estatal, sino la ideología empresarial que moldea y orienta sus funciones administrativas según las prácticas y competencias del mercado de saberes, diplomas e ilusiones laborales...

Entre las ramificaciones más dañinas de este modelo se destacan las relativas a las condiciones laborales de los profesores bajo contrato temporal.[4] La alta jerarquía gerencial de la

---

Sunaina (Editors); *The Imperial University: Academic Repression and Scholarly Dissent*; University of Minnesota Press, 2014. • Chomsky, Noam; "El trabajo académico, el asalto neoliberal a las universidades y cómo debería ser la educación superior"; (2014) (http://www.sinpermiso.info) • Donoghue, Frank; *The Last Professors: The Corporate University and the Fate of the Humanities*; Fordham University Press, N.Y., 2008. • Gerber, Larry G.; *The Rise and Decline of Faculty Governance: Professionalization and the Modern American University*; Johns Hopkins University Press, 2014. • Ginsberg, Benjamin; *The Fall of the Faculty: The Rise of the All-Administrative University and Why It Matters*; Oxford University Press, 2011. • Mettler, Suzanne; *Degrees of Inequality: How the Politics of Higher Education Sabotaged the American Dream*; Basic Books, N.Y., 2014. • Newfield, Christopher; *Unmaking the Public University: The Forty-Year Assault on the Middle Class*; USA; 2008. • Washburn, Jennifer; *University, Inc.: The Corporate Corruption of Higher Education*; Basic Books, 2006.

[4] Al finalizar la primera década del siglo XXI, más del 75% de la fuerza laboral docente en el sistema de educación superior en los Estados Unidos estaba empleada bajo contratos a tiempo definido (temporeros), no conducentes a permanencia, predominantemente a tiempo parcial y sin beneficios marginales. (Coalition on the Academic Workforce; A Portrait of Part-Time Faculty Members; June 2012) El estado de situación de los docentes sin plaza en el contexto universitario estadounidense es similar al de Puerto Rico y desde la década de los 90 ha sido estudiado y denunciado enfáticamente por la American Association of University Professors (AAUP): Report: Background Facts on

Universidad opera como si fuera un gran patrono privado, y sus asesores financieros han convenido que la contratación temporal de profesores garantiza la productividad de la empresa y reduce los costos de nóminas. De este modo, el capital *ahorrado* es invertido en otras áreas de alegado interés institucional, aunque no guarden relación alguna con la educación. Así las cosas, resaltan las inversiones en la ampliación del aparato burocrático, el aumento de salarios de funcionarios administrativos y el incremento progresivo de personal de "confianza", entre otros.[5]

La retórica de austeridad del discurso patronal y sus políticas cautelares no son nuevas, y la crisis fiscal del País no justifica el estado de situación de los docentes sin plaza. Hasta el año fiscal 2016-2017 la fórmula de presupuesto nacional asignado a la Universidad (9.6%) seguía siendo la misma, y la entrada de fondos externos y federales era constante.[6] Aún la congelación de esta fórmula o la disminución presupuestaria por cálculos

---

Contingent Faculty (1993-2017) • AAUP; Report; Contingent Appointments and the Academic Profession (1993; 2003-2014); • AAUP; The Inclusion in Governance of Faculty Members Holding Contingent Appointments: Recommendations. • AAUP; Report: The Status of Non-Tenure-Track Faculty; 1993. Digitalizados en https://www.aaup.org.

[5] Son recurrentes también los gastos en infraestructura, remodelaciones y construcciones inútiles o de dudosa relación con fines académicos legítimos. Esta práctica desmiente el mito de la crisis fiscal y evidencia que no es por falta de recursos económicos que se mantiene la precariedad laboral de los docentes sin plaza sino por el mezquino orden de prioridades establecidas por la gerencia neoliberal. Para ésta, tanto en el contexto local como estadounidense, a la apariencia estética de la institución le es adjudicada mayor valía que la justicia laboral de sus trabajadores docentes. Según información reciente publicada en los medios, para el año fiscal 2016-2017, la UPR estima gastos en "mejoras permanentes" y "otros gastos" que ascienden a $66,000,000.

[6] La UPR se sostiene mayormente con fondos gubernamentales. Actualmente recibe el 9.6% del monto total de las rentas anuales del Estado. La asignación derivada de esta fórmula para el año fiscal 2016-2017 es de $833,929,000 y el presupuesto consolidado, que incluye fondos federales, asciende a $1,469,531,000. En el Recinto de Río Piedras la matrícula estudiantil incrementó progresivamente, de 15,402 en 2011 a 16,300 en 2016, y el presupuesto asignado para 2016-17 era de $241,505,251.

"cautelares" no justifican la sistemática degradación laboral de los docentes sin plaza. El problema central es político, no económico.[7]

En última instancia, si la calidad de la enseñanza es el objetivo primordial de la Universidad y si las condiciones laborales de los profesores son su condición de posibilidad, ¿cómo justificar un régimen de contrataciones que propicia la desigualdad laboral, la incertidumbre y la inestabilidad económica de los docentes sin plaza? ¿Con qué fuerza moral devalúan la vida de estos trabajadores docentes, bajo el pretexto de *ahorrar,* como gastos "innecesarios"?

Más allá de la demagogia economicista, la condición de vulnerabilidad que caracteriza a este sector del claustro universitario responde a objetivos de control y dominación al interior de la Universidad en función del proyecto político neoliberal: suplantar progresivamente a los profesores con permanencia por profesores transitorios, mucho más baratos, sin beneficios "marginales" y sin protección legal ante los abusos patronales. Los docentes con permanencia y que se alternan puestos gerenciales son el principal vehículo del proyecto neoliberal y, consecuentemente, de las condiciones de segregación, discrimen, marginación y precariedad laboral de los docentes bajo contrato...

Estado de situación y perfil estadístico

La información y análisis estadísticos en torno a las contrataciones y perfil del personal docente confirman las observaciones señaladas sobre las precarias e injustas condiciones laborales de los profesores bajo contrato temporal y sin opción de permanencia.[8] Del mismo modo, proyectos y resoluciones

---

[7] El presupuesto asignado al inmenso aparato burocrático del sistema UPR también pone en entredicho el orden de prioridades fiscales de la gerencia institucional. Para el año fiscal 2016-2017, el presupuesto destinado a la Administración Central y a la Junta de Gobierno ascendía a $16,626,539.

[8] Para este ensayo investigativo he revisado los enlaces digitales del Gobierno de Puerto Rico y de las diversas oficinas y cuerpos administrativos de la UPR (Junta de Gobierno, Presidencia, Junta Administrativa, Oficina de Presupuesto de Administración Central, y de Rectoría, Decanato de Asuntos Académicos, Oficina de Planificación Estratégica y Presupuesto, del Recinto de Río Piedras); y, aunque la data estadística accesible aparece de manera fragmentada, dispersa, inexacta e incompleta, sirve de refuerzo cuantitativo para nuestro análisis. Para completar el cuadro general y enmendar las lagunas estadísticas, he recopilado y

legislativas confirman las condiciones de desigualdad en derechos, marginación y precariedad económica que sufren los claustrales universitarios contratados temporalmente, sin opción de permanencia y excluidos de beneficios "marginales".[9]

Al menos desde 2002 pueden rastrearse informes institucionales que destacan la tendencia progresiva a reducir los contratos regulares de docentes a tiempo completo y de sustituirlos por contratos de "servicios personales" temporeros, predominantemente a tiempo parcial y bajo condiciones desiguales en contraste con los profesores permanentes. Según constatan los informes de los comités de asuntos claustrales del Senado Académico del Recinto de Río Piedras y de la Asociación Puertorriqueña de Profesores Universitarios (APPU), para el año académico 1999-2000, la proporción de profesores sin plaza era 29%. Para el año 2002 la cantidad de "contratos de servicios" ascendió a 32%, es decir, más de uno de cada tres profesores. Para el año académico 2005-2006 aumentaría a 37%.[10]

En el transcurso de los años fiscales 2012 al 2016, la cantidad de docentes en el Recinto de Río Piedras aumentó de 1,056 a 1,235. Los informes oficiales de este periodo evidencian una progresiva disminución de profesores con permanencia (de 793 en

---

estudiado la numerosa documentación (certificaciones y cartas circulares, directrices, reglamentos y estatutos legales) concerniente al régimen de contrataciones de personal docente y a las condiciones laborales del claustro universitario.

[9] De conformidad con la R. de la C. 5939, se presentó el P. de la C. 4540 (19 de junio de 2008); Cámara de Representantes. 15ta. Asamblea Legislativa. 7ma. Sesión Ordinaria. Presentado por los representantes García San Inocencio y Ferrer Ríos. • P. de la C. 264 (2 de enero de 2009); 16ta. Asamblea Legislativa. 1ra. Sesión Ordinaria. Presentado por la representante Rivera Ramírez. • P. del S. 726 (6 de septiembre de 2013). Senado de Puerto Rico. 17ma. Asamblea Legislativa. 2da. Sesión Ordinaria. Presentado por la senadora González López. • Informe Recomendando la Aprobación del Proyecto del Senado 726 (4 de noviembre de 2014); Comisión de Educación, Formación y Desarrollo del Individuo (CEFDI). Senado de Puerto Rico. 17maAsamblea Legislativa. 4ta Sesión Ordinaria.

[10] Durante el periodo de 2005-2006 el porciento estimado de docentes bajo contrato en los demás recintos era: • Aguadilla 11% • Arecibo 10% • Bayamón 11% • Carolina 17% • Cayey 10% • Humacao 8% • Ponce 10% • Utuado 19%. (APPU; Datos en torno a la situación de los docentes en contrato de servicio en la UPR; noviembre 2007)

2012 a 744 en 2016) y, al mismo tiempo, un incremento continuo de profesores contratados como suplentes temporales.[11] En 2012 se registró un total de 157 docentes por contrato (35 a tiempo completo y 152 a tiempo parcial), y en 2016 el total ya excedía el doble (340). Para el año fiscal 2015-2016, por cada 100 docentes a cargo de la enseñanza se registran cerca de 48 por contrato[12], mayormente a tiempo parcial y bajo marcadas condiciones de marginación, desigualdad e incertidumbre laboral...

Los salarios mensuales de profesores con doctorado y permanencia varían según los rangos y años de servicio, y oscilan entre $5,188 hasta $6,950. Aunque todos realizan las mismas tareas inherentes a la docencia, la diferencia salarial por rango y años acumulados es dramática y asciende hasta $21,144 anuales. Desde 2013, el salario de un catedrático auxiliar con permanencia empieza en $63,256 y puede aumentar hasta $65,592; el de un catedrático asociado es de $69,336 hasta $72,636; y el salario de un catedrático, que es el rango superior, va de $80,124 hasta $83,400. Estos son los salarios de la mayor parte de los profesores que hoy reúnen las condiciones para jubilarse.[13]

El sueldo de los docentes que ocupan puestos gerenciales es superior al de los que se dedican exclusivamente a la enseñanza, pero el monto exacto está guardado secretamente y las autoridades institucionales se resisten a hacerlos públicos. No obstante, puede apreciarse que la remuneración fija a los profesores con plaza les provee garantías de estabilidad económica y otros beneficios que no tienen los profesores sin permanencia, aunque realicen las mismas tareas y tengan credenciales equivalentes o superiores.

La diferencia salarial entre profesores permanentes y temporales es dramática, y afecta directa e indirectamente las relaciones entre claustrales. Mientras los docentes que gozan de permanencia y ostentan rango de catedráticos pueden ganar más de

---

[11] Informe Final del Comité Conjunto para estudiar las contrataciones del personal docente y la congelación de plazas en el Recinto de Río Piedras; Senado Académico, UPR-RP; 21 de abril de 2016.

[12] Op.cit., pp.80-10.

[13] En las escuelas de ingeniería y de arquitectura la escala asciende hasta $94,500; en la UPR de Carolina asciende hasta $97,668; y en Ciencias Médicas – dependiendo la especialidad- el salario de un docente con rango de catedrático puede ascender entre $99,108 y $107,472.

$80,000 dólares anuales, un docente con doctorado y contrato a tiempo completo, independientemente de los años de servicio, genera un ingreso anual de poco más de $40,000 dólares; el salario de un docente con doctorado que ofrece nueve créditos por semestre es apenas poco más de $6,000; si ofrece seis créditos, $4.087; y tres créditos, $2,043. La política institucional vigente restringe las contrataciones a un máximo de nueve créditos por semestre, forzando a la mayor parte de los profesores con doctorado y bajo contrato parcial a subsistir -si tienen la suerte de que les sea renovado el contrato- a ganar entre poco más de $4,000 a $12,000 al año.

Aunque la ideología neoliberal ha imperado sobre las gestiones administrativas durante al menos los últimos veinticinco años, desde 2009 se impusieron nuevas medidas "cautelares" para *salvaguardar* la "salud fiscal" de la Universidad. El gobierno institucional impuso mayores restricciones al régimen de contratación existente, disponiendo que los contratos de servicio docente debían ser predominantemente a tarea parcial y semestral, limitándolos a la enseñanza de tres cursos (nueve créditos) por semestre académico (de cuatro a cuatro meses y medio).

Este sector creciente en la Universidad está condenado a padecer semestre tras semestre, año tras año e indefinidamente, la misma situación. Además de esta brutal desproporción salarial entre docentes con permanencia y docentes bajo contrato, los primeros tienen garantizado salario durante los periodos de recesos académicos (vacaciones), navidades y verano, mientras los segundos son lanzados al desempleo. Así, por ejemplo, las compensaciones de verano a los permanentes, aunque no ejerzan la docencia o investiguen, fluctúan entre poco más de $5,000 a poco menos de $7,000, y conservan la vigencia de sus planes médicos, que son extensivos a los demás sólo hasta el término del contrato. Mientras los docentes con permanencia gozan del derecho a vacaciones, durante este periodo los docentes sin plaza son lanzados al desempleo estacionario, y si reclaman el seguro por desempleo apenas cuentan con un ingreso máximo de $133 semanales.[14]

El patrón de injusticias se agrava con el paso de los años, pues los contratos "temporales", si acaso se renuevan son

---

[14] Departamento del Trabajo y Recursos Humanos. Gobierno de Puerto Rico (www.trabajo.pr.gov)

semestrales y los años no se acreditan a su favor. Cada semestre son forzados a competir nuevamente, sin reconocérseles valor acumulativo a los años de experiencia y servicio, sin opción para ascender de rango o siquiera seguridad de continuidad en el empleo...

La inestabilidad laboral forma parte integral del sistema y es calculada mezquinamente. Cada semestre, los profesores bajo contrato son forzados a sufrir la inseguridad laboral y a someterse indefinidamente a las mismas competencias y "evaluaciones" secretas de sus "pares" o al capricho discrecional del director de departamento. Los cursos asignados, días y horarios son adjudicados sin consideraciones sobre la calidad de vida del docente, como la asignación de una clase a las siete de la mañana y otra a las cinco de la tarde. En ocasiones, los nombres de profesores contratados sin derecho a permanencia y que se han destacado por la demanda de estudiantes, son puestos en las listas de pre-matrícula para garantizar que se llenen sus secciones, pero al inicio de semestre son suplantados por profesores con permanencia que, por las razones que sean, los estudiantes han optado por evadirlos. Si no se abre una sección alterna, la opción general es desecharlos como peones sin derecho laboral y sin protección legal ante la arbitrariedad patronal...

Para la gerencia institucional esta práctica administrativa del personal docente sin plaza es legítima y se ajusta a su estrategia de "ahorro" a costa de la calidad de vida de los trabajadores docentes. La congelación de plazas y la férrea restricción a otorgar contratos a tarea completa es parte de sus artimañas. La complicidad de los docentes gerenciales las normaliza y las hace aparecer falsamente como legítimas e inevitables...

La Universidad envejece

Para el futuro inmediato es previsible que una partida significativa del claustro con permanencia se sume a las estadísticas de acogidos al retiro, jubilados y fenecidos. Más del 70% de los docentes con permanencia en el recinto de Río Piedras tienen más de 50 años de edad, y 133 llevan trabajando 30 años o más. Según los informes y análisis estadísticos institucionales, el ritmo de retiros y jubilaciones es constante, y se prevé que en el curso de los próximos cinco años la proporción de profesores suplentes bajo contrato aumente vertiginosamente. En un plazo de cinco años, por cada 100 docentes permanentes habrá 77 docentes por contrato; y en diez años, probablemente, podrían superar el total de docentes con permanencia.

Como en el presente, en el futuro previsible los profesores por contrato continuarán realizando las mismas funciones y labores académicas que los docentes con permanencia o sustituyendo a los retirados y jubilados, pero con nombramientos temporales y bajo condiciones laborales desiguales. En la actualidad y según los pronósticos estadísticos, la mayor parte de los docentes por contrato enseñan y seguirán enseñando a tarea parcial, a pesar de estar cualificados y dispuestos a ocupar plazas a tiempo completo. Además de sufrir los embates de la marcada desigualdad económica, y a pesar de realizar el mismo trabajo que sus "pares", no reciben seguro médico ni cotizan para retiro, aunque hayan enseñado durante el mismo tiempo que los docentes que cualifican en pleno derecho y con garantías económicas para su jubilación.

El cuadro general del presente y porvenir de los profesores sin plaza es desesperanzador. Víctimas de la necesidad y los costos de vida, se ven obligados a someterse "voluntariamente" e indefinidamente a deplorables condiciones de trabajo, a subsistir con salarios de pobreza y a soportar las iniquidades cotidianas que sus rangos de inferioridad laboral acarrean...

Perfil del docente sin plaza

Para contrarrestar y transformar radicalmente las injustas relaciones de poder imperantes no basta comprender el estado de situación laboral de los profesores bajo contrato temporal. Es preciso asumir postura firme a su favor, y mirar las cosas de manera empática y solidaria, asumiendo posición desde la perspectiva de los trabajadores docentes que sufren bajo ese régimen de injusticias. La actitud patronal es indiferente ante los embates de sus políticas de segregación y marginación, y el cinismo que la caracteriza es, cuando poco, inmoral. El discurso patronal no reconoce como derecho la calidad de las condiciones laborales, y por lo general justifica sus injusticias con "razones" de *economía*, si no bajo el subterfugio de la eterna crisis fiscal del País, a nombre de la "salud" presupuestaria de la Institución, de la *necesidad* de "ahorrar" y recortar gastos "innecesarios". Desde la óptica patronal dominante, la posibilidad de redistribuir los recursos fiscales de manera más justa y de integrar al orden de prioridades las reivindicaciones de los trabajadores docentes bajo contrato es impensable. Quien no esté conforme con lo que se le paga, que busque trabajo en otra parte – repite y repite el patrono y sus secuaces-.

Cerca de un 70% de los docentes desechables aspira a obtener nombramiento regular, y más de la mitad posee grado doctoral y cualifica hace años para ocupar plazas o al menos obtener contratos a tarea completa y con garantía de continuidad. Más allá de las retóricas alarmistas que todo lo justifican en base la "crisis fiscal" del País, la Universidad goza de un presupuesto relativamente estable y más que suficiente para sostener a su fuerza laboral docente en las mejores condiciones posibles. Sin embargo, permanece vigente una política "cautelar" que no solo mantiene congeladas las plazas desocupadas por los profesores jubilados, sino que los suplanta por profesores bajo contratos a tarea parcial y con términos semestrales (de cuatro a cuatro meses y medio).

Más allá de los entrampamientos ideológicos del discurso neoliberal y la insensibilidad deshumanizante de su poderío gerencial, es imperativo considerar que estos profesores, a pesar de cualificar para puestos regulares y necesitar garantías de continuidad en el empleo, viven en la incertidumbre de quedar desempleados cada semestre. La mayoría ni siquiera obtiene contrato a tarea completa, y todos están forzados al desempleo durante los periodos de recesos académicos (verano y navidades). Sólo una minoría ínfima obtiene contratos a tarea completa y se les concede los beneficios de plan médico hasta el término de sus contratos.

Según las estadísticas oficiales, los docentes sin permanencia pero a tiempo completo, cobran 25% menos por realizar el mismo trabajo que los profesores con permanencia. Los docentes contratados a tarea parcial cobran 70% menos por el mismo trabajo. Aunque la Constitución de Puerto Rico (Secc.16) dispone que todos los trabajadores tienen derecho "a recibir igual paga por igual trabajo", el poder patronal de la Universidad veda arbitrariamente este derecho a los trabajadores docentes bajo contrato.

A pesar de sus altas preparaciones académicas, experiencia profesional y méritos de excelencia, el salario de los profesores a tarea parcial -que constituye su principal o única fuente de ingresos- los sitúa dentro de los índices de pobreza establecidos por el Gobierno Federal. Según la escala salarial vigente, un profesor con doctorado y contratado para enseñar 3 secciones, que equivale a tres cuartas partes de la tarea completa, gana $6,453 al semestre; $4,087 si enseña dos secciones y $2,043 si enseña solo una.

El cálculo económico en el marco de prioridades estratégicas del proyecto neoliberal garantiza el estado de incertidumbre e inestabilidad laboral de estos profesores. Más de 32% de la fuerza laboral docente (uno de cada tres profesores) en la UPR subsiste bajo estas condiciones. En el recinto de Río Piedras, representan un 48% y la tendencia, marcada por el ritmo acelerado de jubilaciones, apunta a un progresivo incremento de este sector. Cada vez menos profesores son empleados permanentemente y, de entre los pocos contratados éstos lo son a tarea parcial, a pesar de su disposición, preparación y experiencia para ocupar plazas a tiempo completo. Estos profesores son tratados como fichas desechables en el tablero del juego empresarial, como ciudadanos de segunda o tercera categoría en los dominios institucionales.

Estas condiciones laborales no solo desestabilizan adrede la vida económica de estos trabajadores docentes. También coartan su libertad de cátedra y vedan oportunidades de realizar investigaciones con padrinazgo institucional. El menosprecio por la labor investigativa de estos profesores, así como el bloqueo institucional al desarrollo efectivo de su trabajo intelectual, son consecuencias de esta política administrativa. Ni garantía de continuidad en el empleo, ni igual paga por igual trabajo, ni respeto a la libertad de cátedra, ni aportación patronal al plan médico, ni beneficios marginales, entre otras negaciones de derechos, son signos del desprecio institucional a estos profesores, tratados como de inferior valía y maltratados como desechables.

Al mismo tiempo, el temor generalizado a las represalias de parte de las autoridades gerenciales coarta dramáticamente las libertades docentes y derechos civiles de expresión y divulgación de ideas divergentes. La amenaza implícita de perder el empleo es una práctica de hostigamiento psicológico que se extiende por todas las esferas del poder de contratación, desde los profesores miembros de comités de personal a las autoridades patronales (directores, decanos y rectores). El temor a la represalia degenera en mordazas psicológicas que afectan de manera generalizada a los docentes más vulnerables, y el sistema institucional los priva de garantías de protección legal para denunciar sus críticas condiciones de empleo o reclamar justicia laboral.

El cuadro general se oscurece aún más cuando, además de sufrir los abusos gerenciales, se hacen víctimas de rencores personales y discrímenes políticos; de celos profesionales, envidias infantiles y chismes; de "bullying" en sus múltiples acepciones, particularmente contra los profesores más jóvenes. La falta de transparencia y de poderes fiscalizadores honrados permite que profesores que ocupan puestos administrativos y posiciones influyentes den rienda suelta a sus impresiones subjetivas, prejuicios y caprichos personales, decidiendo al margen de los criterios institucionales a quién *admitir*, marginar o excluir como profesor.

Por encima de criterios legítimos y méritos objetivos, en la Universidad de Puerto Rico todavía predominan el amiguismo y el favoritismo en las evaluaciones, en las contrataciones, en las cesantías y en las exclusiones de oportunidades de empleo...

Régimen de segregación y marginación

¿Qué hace posible que los profesores con puestos gerenciales, a sabiendas del brutal atropello que cometen contra sus "colegas" bajo contrato, lo hagan sin reparos? ¿Cómo justifican ignorar sistemáticamente sus reclamos de justicia? ¿Por qué oponen resistencia a someter informes que expliquen las razones de sus determinaciones, sobre todo cuando deniegan la continuidad en el empleo a otros profesores? ¿Con qué fuerza moral los ignoran, y si acaso les conceden audiencia, los miran a los ojos y les dicen cuánto lo sienten, pero así son las cosas en la Universidad y sólo siguen órdenes de "arriba"? En cualquier caso, ¿qué los induce a acatar sin miramientos una alegada "autoridad" que saben injusta y de crueles consecuencias para otros profesores?

Los puestos gerenciales son transitorios y la permanencia les está garantizada independientemente de cómo ejerzan sus funciones administrativas. Entonces, ¿por qué se prestan para legitimar y reproducir el régimen de segregación existente? Hoy, como ayer, mientras unos se ven forzados a mendigar trabajo aquí y allá, en varias instituciones a la vez y dando diversas preparaciones un mismo semestre todos los semestres para lograr un salario mínimo de subsistencia; otros, que gozan de permanencia, con horarios de preferencia en un mismo recinto, y muchos imparten un mismo curso toda la vida, y nada investigan, nada publican, y gozan de un sueldo del que sobra para comodidades de lujo.

La presumida igualdad entre profesores es un mito, y pertenece al registro publicitario de la Institución, no a la realidad. Los docentes gerenciales que se prestan para legitimar, reproducir y consolidar el régimen de segregación existente lo hacen conscientemente y cobran por hacerlo. Pero no es el factor económico lo que anima en última instancia sus complicidades, sino las actitudes aristócratas que moldean los juegos de poder en la vida cotidiana en la Universidad.[15] Para algunos incluso resulta ofensiva la categoría de "trabajador docente", porque prefieren presumir de ser parte de la jerarquía patronal y no *degradarse* a la posición de meros subordinados, aunque la realidad dé al traste irremediablemente.

La administración de los recursos humanos bajo el modelo empresarial imperante contradice los principios que deben regir en las instituciones públicas, principalmente en las que existen con el fin de educar en base a los valores democráticos humanistas y principios de justicia social, como la Universidad de Puerto Rico. En ella, los funcionarios gerenciales asumen un poder "discrecional" que excede prerrogativas y funciones reglamentarias, e imponen criterios subjetivos que afectan adversamente las oportunidades de empleo como las condiciones laborales de los docentes bajo contrato temporal. Esta modalidad del poder gerencial produce efectos intimidatorios que laceran la libertad de cátedra y los derechos civiles de los docentes en todas sus dimensiones.

El temor a ser víctimas de represalias coarta las libertades de expresión dentro y fuera del salón de clases, sobre todo de ideas políticas divergentes a las de los docentes a cargo de "evaluar" y de recomendar o no la renovación de contratos. Al mismo tiempo, la vigilancia sobre sus actividades extracurriculares desanima la participación activa en los procesos y foros deliberativos institucionales, sobre todo a asumir posiciones contrarias a las de las autoridades nominadoras. Dentro de este régimen de segregación laboral, los profesores sin permanencia se ven obligados a cohibirse

---

[15] En 2008 la organización claustral Universitarios por la Excelencia Académica (UPED), coordinada por el prof. distinguido Samuel Silva Gotay, realizó investigaciones independientes de manera simultánea a las de la APPU, el Senado Académico y la Legislatura de Puerto Rico. Entre sus hallazgos, señaló que la práctica de contrataciones temporeras en la UPR, además de imponer condiciones de empleo inhumanas, "profundiza las divisiones al interior del claustro creando un sistema de castas."

y a asumir actitudes de conformismo y resignación aún ante situaciones incómodas e injustificables. Del mismo modo, se ven coartados de cuestionar las "tradiciones" institucionales y de proponer cambios estructurales en las relaciones del poder administrativo e incluso sobre los estilos pedagógicos dominantes.

La eficacia del modelo corporativo neoliberal está sujeta a que los docentes sin plaza se sometan al régimen de autoridad de manera acrítica y servil, y que los profesores con permanencia lo legitimen y sostengan a sabiendas de los daños y perjuicios que ocasionan a sus "colegas".

El primer paso en este sospechoso esquema de control abusivo y de violencia institucional es tergiversar la firma contractual como consentimiento tácito a la segregación laboral y a las condiciones de dominación impuestas por la ideología y gerencia neoliberal. Si el profesor desea cualificar para preservar el empleo debe renunciar al pensamiento crítico y someterse *voluntariamente* al poder patronal y a sus ramificaciones institucionales encargadas a los docentes gerenciales. Bajo estas circunstancias, la expresión del pensamiento contestatario suele ser juzgada como insubordinación e insolencia...

El éxito del modelo de gerencia neoliberal requiere garantizar la inseguridad laboral e intimidar por miedo a represalias las libertades de expresión de los profesores sin plaza. La complicidad de los "docentes" gerenciales se hace más dañina cuando hacen suyas imposiciones de requerimientos virtualmente imposibles de cumplir bajo las condiciones de inferioridad y desventajas de los trabajadores docentes sin permanencia. Los textos contractuales garantizan la inseguridad de continuar en el empleo, pero son los "docentes" que hacen suya la ideología neoliberal quienes asumen el encargo político de apaciguar, domesticar y colonizar a los profesores marginados; y de deshacerse de quienes cuestionen e impugnen las injusticias del sistema...

La apuesta política de los ideólogos y estrategas del modelo neoliberal es que la precariedad laboral garantiza la inestabilidad económica de los docentes sin plaza, y que esta condición los fuerza a conformarse pasivamente y a soportar en silencio las míseras condiciones salariales y demás injusticias laborales. Ante esta situación, la mayor parte del sector docente con permanencia se hace de la vista larga, y muchos de entre ellos se alternan las posiciones de poder gerencial en complicidad con la ideología patronal y sin remordimiento al recrear las condiciones de marginación y discrimen de sus "colegas" bajo contrato.

En los últimos años también se ha registrado crecimiento en los estratos administrativos y burocráticos a la par con un aumento progresivo de puestos de "confianza". Las escalas salariales son mayores que las de los docentes dedicados a la enseñanza, y el incentivo económico está ligado a juramentos de lealtad y pactos de secretismo que nada tienen que ver con la educación. Esta realidad responde a expectativas de control y dominación propias del modelo de gerencia neoliberal, y se viabilizan mediante la complicidad de docentes autócratas y aristócratas. Nuevamente, no es la crisis fiscal la que determina la precariedad laboral de los profesores sin plaza sino la mezquindad neoliberal que la ordena y administra. El problema, otra vez, no es económico sino político.

Asesoría Jurídica Corporativa vs. Justicia Laboral

Sea por pereza intelectual, comodidad personal o indiferencia, la ignorancia generalizada entre el claustro universitario sobre las leyes, reglamentos y certificaciones que regulan la vida institucional es un hecho irrefutable. La ignorancia acarrea graves consecuencias éticas y políticas. Conocer el régimen existente de regulaciones y derechos laborales es responsabilidad indelegable de todos los trabajadores docentes, y su desconocimiento constituye la base más solida de los abusos y negligencias patronales.

El problema se agrava cuando los profesores que ocupan puestos gerenciales (directores, decanos, rectores, etc.) no solo desconocen las cuestiones reglamentarias, sino que, además, ignoran su historicidad y se desentienden de los principios universitarios y objetivos ético-políticos que los sostienen. Los efectos más nocivos los sufren los profesores "temporales", pues las lagunas de la ignorancia suelen rellenarse con arbitrariedades y caprichos; aunque favorables en raras ocasiones, son siempre perniciosas a la salud administrativa de la institución y a la justicia laboral de los profesores sin plaza.

Esta condición se torna más dañina aún cuando el docente que ocupa un cargo administrativo *delega* su responsabilidad a los abogados o "asesores legales". La experiencia histórica demuestra que los asesores legales tienden a reducir mecánicamente la "interpretación" de las prerrogativas y derechos laborales de los profesores a cuestiones "técnicas", y por lo general favorecen de manera parcializada al patrono e independientemente de la racionalidad o méritos de los casos particulares.

Lo más grave de esta práctica es que anula la posibilidad de un diálogo honesto entre las partes, pues convierte automáticamente cualquier disputa o divergencia en un problema "legal". El *profesor* que ocupa un puesto en la jerarquía patronal delega a un abogado corporativo (institucional o privado) lo que en principio es su deber ministerial. En este sentido, el docente-gerencial abdica su responsabilidad de atender personalmente y considerar objetivamente los asuntos que conciernen a sus "pares".[16]

El problema para los profesores en condiciones de precariedad laboral es más grave aún, pues los abogados patronales son insensibles ante sus realidades y no vacilan en asumir posiciones antagónicas e irreconciliables con los intereses de los trabajadores docentes. Aunque los pleitos y resoluciones legales suelen ser objeto de encubrimiento sistemático bajo el eufemismo de "confidencialidad", la experiencia histórica de las imposturas "legales" está bien documentada.

---

[16] Más allá de este ideal de coexistencia universitaria, la realidad es más compleja. La estructura apelativa a nivel administrativo es en sí misma sospechosa. La jerarquía de autoridades patronales en la UPR opera a un mismo tiempo como juez y parte del proceso de apelación en todas sus dimensiones. Su legitimidad reside exclusivamente en un acto de confianza en la integridad moral de estos funcionarios, pero la experiencia histórica ha demostrado niveles extraordinarios de complicidad, parcialidad y corrupción en todas las fases del proceso apelativo. Es el Presidente quien nombra a puesto de confianza al Rector, que a su vez nombra en puesto de confianza a decanos, directores departamentales, etc. Una apelación contra un Decano o Director de departamento debe ser juzgada y resuelta por el mismo Rector que los designó, por ser de su confianza. De tratarse de una apelación contra el Rector, es el Presidente que lo designó quien debe juzgar y resolver. La objetividad e imparcialidad requerida como condición de un trámite de justicia legítimo quedan puestas en entredicho por la propia estructura apelativa, que permite que funcionarios demandados gocen del protectorado de quienes los nombraron. El mismo esquema se reproduce de llegar el caso apelativo contra un Presidente a la Junta de Gobierno, que debe juzgar y resolver sobre su designado de confianza. Quizás para evitar reproches y denuncias por los evidentes conflictos de intereses que vician el proceso apelativo institucional, contratan firmas legales privadas que, además de elevar los gastos del proceso, son contratadas para favorecerlos incondicionalmente como clientes, no para garantizar justicia…

Dentro de este sospechoso esquema, los asesores jurídicos "representan" como *cliente* al profesor gerencial que ocupa el puesto administrativo en nombre de la Universidad, por lo general en terca oposición a los reclamos de justicia e intereses de los docentes en precario. Estos cuerpos de *asesores* legales actúan como mercenarios corporativos y no escatiman en violar los cánones de ética profesional de la abogacía para "ganar" cada caso para su "cliente". A estos efectos, los abogados corporativos suprimen hechos; ocultan información y desparecen evidencias documentales; alegan pruebas a sabiendas de su falsedad y engañan maliciosamente; tergiversan y manipulan las citas jurídicas, o suprimen parte de ellas para favorecer ideas contrarias a la verdad; dilatan los procesos injustificadamente, y por todo ello cobran jugosos sueldos.

Esta paradoja institucional se recrudece en el contexto de los procesos apelativos, cuando la Universidad gasta más dinero en abogados corporativos que lo que invierte en la contratación de los docentes apelantes que reclaman sus derechos laborales o que denuncian injusticias institucionales.

Aunque el gobierno de la Universidad ha ratificado las prohibiciones de discrímenes contra derechos civiles[17], y a pesar de las obligaciones éticas de los abogados y de las posibles consecuencias disciplinarias por sus faltas[18], los cuerpos de "asesoría legal" de la UPR violan sistemáticamente los derechos civiles de los profesores sin plaza. De una parte, deniegan de manera automática el derecho de apelación en casos de cesantías injustificadas y, del mismo modo, niegan que éstos tengan derecho al debido proceso de ley. En consecuencia, los méritos de las denuncias y reclamos legítimos de profesores por violaciones a derechos civiles mediante apelaciones administrativas son ignorados también de manera automática e ilícita.[19]

---

[17] Certificación Núm. 58 de la Junta de Síndicos de la UPR (2004-2005) (Política contra la discriminación en la Universidad de Puerto Rico; 28 de febrero de 2005)

[18] P. de la C. 1363 (26 de mayo de 2015) (Procedimiento Disciplinario Uniforme de la Profesión Legal en Puerto Rico); 17ma. Asamblea Legislativa. 5ta. Sesión Ordinaria)

[19] Evidencia ejemplar de esta situación puede remitirse al caso apelativo Núm. 90.1105 -Dr. Gazir Sued Jiménez vs. Universidad de Puerto Rico, Recinto de Río Piedras; 2016. En la carta de solicitud de "reconsideración" a la Rectora

Ligado a la falta de integridad ética, de sinceridad y honradez de los *asesores* legales, éstos inducen a error al profesor-gerencial "asesorado", usando artificios y falsas relaciones de hecho y de derecho. Lo más terrible es que sus "informes", a pesar de ser inconsistentes con la realidad y faltar a la verdad de los hechos, suelen ser acogidos, avalados y reproducidos de manera acrítica e irreflexiva por los profesores-gerenciales con poder patronal.

La administración de la justicia institucional está viciada por esta práctica "legalista", propia del modelo de gerencia corporativa neoliberal. De este modo la Institución protege "legalmente" a sus funcionarios gerenciales, aunque sean negligentes y corruptos. Así las cosas, los profesores que ocupan puestos gerenciales se hacen cómplices y aliados de las injusticias "patronales", y las consecuencias para los profesores más vulnerables son devastadoras…

Interina, María de los Ángeles Castro Arroyo (15 de agosto de 2016), el Prof. Sued le planteó: "…en vista del contenido de la carta en que deniega mi apelación, usted ha sido inducida a error por la Oficina de Asesoría Jurídica (OAJ), que no ha vacilado en violentar cánones de ética con el fin de anular los méritos de mi apelación, tergiversando las disposiciones legales y reglamentarias que protegen mis derechos como trabajador docente, ignorando la relación de hechos y fundamentos de derecho que la constituyen y suprimiendo la evidencia documental que la sostiene. En este sentido, impugno las falsas alegaciones jurídicas en las que se ha basado la denegación de mi apelación e insto a que, siendo usted la máxima autoridad apelativa en el Recinto y a quien dirijo mi apelación, la atienda en sus méritos." La Rectora ignoró la denuncia y el reclamo de que asumiera su deber ministerial de atender en justicia los méritos del caso. Consecuentemente, ésta avaló el "informe" de sus "asesores jurídicos" y se hizo eco de sus imposturas. Esta situación fue denunciada por el profesor Sued en carta a la Presidenta Interina de la UPR, Dra. Celeste Freytes González (26 de agosto de 2016) En la misma indicó que "La actitud hostil y antagonista de los asesores jurídicos vicia el proceso apelativo, que hasta ahora se ha tratado de una controversia administrativa dentro de la jurisdicción de la Universidad y no de una demanda legal bajo jurisdicción del Tribunal. La expresa y reiterada incapacidad de reconocer esta diferencia hace virtualmente imposible el trámite de justicia confiado al orden institucional, y predispone determinaciones que tornan infructuosos, costosos e injustos, los procedimientos administrativos." La reacción de la OAJ, firmada por el Lic. Marcos A. Díaz Galarza (RUA Núm. 14,118) el 7 de septiembre de 2016, fue una moción ante el Oficial Examinador para desestimar el caso, incluyendo una solicitud de "orden protectora" para silenciar las acusaciones del profesor.

La "expectativa laboral" es un derecho inalienable

De los artificios contractuales más nocivos para los trabajadores docentes bajo contrato temporal destacan los que, tras una apariencia de racionalidad jurídica legítima, vedan arbitrariamente las expectativas de continuidad laboral, retención y renovación de contratos. Según los textos contractuales de la UPR, ningún contrato de servicio *temporal* "implica ni crea ninguna expectativa de que será renovado o extendido más allá de la fecha de vencimiento" y "tampoco crea expectativa de nombramiento a un puesto regular…" Esta cláusula es producto de la mezquindad de ideólogos y estrategas jurídicos corporativos contratados para legitimar el régimen imperante de segregación y discriminación laboral. Sin embargo, se trata de una impostura patronal que dista de la realidad, es injusta y carece de sentido racional.

En primer lugar, el significado del concepto "expectativa" no debe determinarlo unilateralmente ni el patrono ni sus asesores legales, sino el trabajador docente en el contexto más amplio de sus relaciones e historial laboral en la Institución. La noción de "expectativa" está ligada a condiciones legítimas y razonables de posibilidad de continuidad en el empleo, y no puede *interpretarse* como mero capricho ilusorio. La expectativa laboral es la forma de la esperanza que anima cotidianamente al trabajador docente, y constituye un refuerzo emocional para soportar las injusticias y condiciones de incertidumbre y precariedad laboral.

Aunque los abogados corporativos y la gerencia patronal persistan en sus engaños, desde una perspectiva jurídica las expectativas de continuidad de empleo y de nombramiento regular son legítimas y razonables porque están arraigadas en los principios políticos y derechos civiles constitucionales, así como en los derechos adquiridos de los trabajadores públicos, que incluyen a los docentes universitarios. El derecho a tener un empleo y a cada cual ganar el sustento para sí y sus dependientes es un derecho humano inalienable en las sociedades democráticas, y la Universidad no es la excepción.

La expectativa laboral de los docentes sin plaza es razonable porque se sostiene sobre la realidad concreta de su trabajo; sobre los méritos alcanzados y la experiencia acumulada; sobre su productividad intelectual y sobre su obra creativa; sobre su probada capacidad y su consistente compromiso con su labor pedagógica y la Universidad. A pesar de que el texto contractual acentúa su carácter transitorio, la realidad concreta del trabajador docente trasciende sus artificios y aparentes restricciones.

Se trata de una impostura judicial cuando un juez alega que los "nombramientos transitorios" no generan expectativa de retención en el empleo; y mienten los "asesores legales" cuando lo repiten… Desde una perspectiva ética, ningún modelo contractual *puede* discriminar de manera previa y arbitraria contra los derechos constitucionales de los trabajadores, y sin embargo la Universidad de Puerto Rico lo hace sin miramientos. A pesar de las contradicciones jurídicas, el régimen de contratación vigente está basado en el "principio de mérito", y sobre su base se asientan las expectativas laborales de los trabajadores docentes sin plaza.[20]

Confiar a ciegas en los abogados corporativos la interpretación de las leyes y reglamentos universitarios y cederles la potestad de resolver los conflictos internos es una de las prácticas más perniciosas al proyecto universitario en conjunto. Además de constituir un despilfarro de presupuesto institucional, los "asesores jurídicos" no comprenden las dimensiones más sensitivas del proyecto político-social universitario, y se caracterizan por la tendencia a imponer "interpretaciones" que socavan los derechos laborales y civiles del personal docente más vulnerable. Pero lo más terrible no es la malicia o perversidad de los abogados o "asesores jurídicos". Son contratistas corporativos y su encargo político lo determina el patrono. Lo más reprochable es que sus informes y "recomendaciones" son acogidos automáticamente por los funcionarios *docentes* con autoridad gerencial-patronal, y de este modo creen "legales" los abusos de poder, las inmoralidades, arbitrariedades y demás injusticias y corrupciones institucionales…

---

[20] La negativa al reconocimiento de la expectativa laboral del trabajador docente clasificado como *temporal* forma parte del modelo de iniquidad laboral de base ideológica neoliberal. La función de esta sospechosa clasificación es impedir que el profesor pueda cumplir con los propios requerimientos institucionales para cualificar para retención de empleo, ascenso de rango, permanencia, obtener derechos fundamentales y beneficios marginales reservados a los docentes permanentes. Esta situación es paradójica e injusta, pues la experiencia profesional es un requerimiento institucional bajo el principio de mérito y, sin embargo, el texto contractual veda arbitrariamente su reconocimiento.

El régimen *autocrático* de contratación

He analizado rigurosamente la información disponible sobre la política institucional y prácticas de contratación del personal docente en la Universidad, y a no ser que operen directrices secretas que prohíban su divulgación y restrinjan su acceso con fuerza de Ley, resulta concluyente que no existe fundamento racional legítimo que autorice la arbitrariedad y el capricho de los funcionarios administrativos por encima de las disposiciones legales y reglamentarias que regulan sus funciones y prerrogativas. Sin embargo, el poder que ejerce la ignorancia generalizada sobre estas cuestiones, y el refuerzo que le proveen los pactos de secretismo entre los profesores que ocupan puestos administrativos y quienes se benefician de sus protectorados, hacen posible la reproducción invariable del injusto sistema de contrataciones, que va desde la fase evaluativa inicial, pasando por la selección de candidatos para contratación temporera, hasta los procesos de evaluación semestral o anual sobre los que se determina la renovación del contrato o su denegación.

Dentro de este régimen de poder impera la negativa a rendir informes escritos o expedientes de evaluaciones que afectan las oportunidades de empleo y los derechos laborales de los profesores en precario. La negativa sistemática a dar razones de exclusión o a justificar las cesantías son signos inequívocos de corrupción y violencia institucional. La falta de transparencia se cultiva como "tradición" del orden corporativo de la Universidad de Puerto Rico, y en ella se materializan agendas escondidas y se encubren todo tipo de faltas administrativas, desde favoritismos e intereses personales hasta discrímenes por ideas políticas; censuras y bloqueos a la obra intelectual; violaciones a la libertad de pensamiento y al derecho de expresión, etc.

Sin embargo, en el ordenamiento jurídico puertorriqueño la potestad *discrecional* del patrono no es absoluta ni se da en un vacío. La extensión de la autoridad patronal y de sus funcionarios administrativos está claramente reglamentada, y su relativo poder discrecional no hace ni legal ni legítima la arbitrariedad y el capricho. Por el contrario, de la extensa documentación legal estudiada y en vigor se desprende el interés apremiante de la Institución en que las ejecutorias de sus funcionarios se ciñan al marco de los reglamentos y que éstos, a la vez, sean interpretados en función de los principios, misión y objetivos prescritos en la ley de la Universidad, su Reglamento General y disposiciones afines. La misma lógica aplica al régimen de contratación en todas sus dimensiones. En este sentido, ningún funcionario universitario está autorizado a ignorar, omitir, manipular o violar arbitrariamente las disposiciones legales y directrices reglamentarias de la Institución; y su autoridad está arraigada en el compromiso de protección de los derechos civiles y laborales del personal docente, sin exclusiones por rangos o clasificaciones institucionales.

Pero la realidad cotidiana da al traste con estos entendidos. En la Universidad de Puerto Rico imperan prácticas de favoritismo y amiguismo en oposición al principio de mérito e imparcialidad en las condiciones de competencia. La misma lógica preferencial opera en perjuicio de los más elementales derechos y condiciones laborales de los profesores sin plaza. Esta "tradición" institucional constituye una práctica de corrupción consentida y reproducida por *docentes* que gozan de permanencia y que ocupan y se alternan puestos gerenciales "académicos".[21]

A pesar de las mezquindades del texto contractual y del papel determinante que juegan las inclinaciones personales de los funcionarios "académicos" a cargo del reclutamiento, evaluación y retención de profesores, los derechos laborales del personal docente tienen fuerza constitucional, y la arbitrariedad y el capricho no son prerrogativas legítimas del poder patronal, aunque algunos lo ignoren y otros crean que lo son.

Los profesores que integran comités de personal están compelidos a *identificar* los candidatos "idóneos" para desempeñarse como profesores, y sus criterios están debidamente reglamentados y no son admisibles interpretaciones subjetivas infundadas o al azar. Según el Reglamento General de la UPR, la función "evaluadora" debe centrarse en los méritos, haberes y potencial del candidato. Su

---

[21] Dentro de este sospechoso régimen de contratación y consecuentes clasificaciones de segregación laboral, el calificativo "académico" opera como eufemismo para encubrir caprichos y arbitrariedades del poder patronal. La sospecha deriva principalmente de la negativa a dar razones que justifiquen los criterios de selección, exclusión o cesantía; y la experiencia histórica demuestra que las *evaluaciones* degeneran en juicios políticos o morales incompatibles con los requerimientos objetivos institucionales de valor y mérito académico. La misma lógica es extensiva al atributo de "peritaje" al poder patronal, que sirve de subterfugio para ocultar los abusos de criterios subjetivos incongruentes con los requerimientos reglamentarios y el principio de mérito.

idoneidad deber establecerse en base a "...su expediente académico, la calidad de la universidad donde obtuvo su grado, logros profesionales, dominio de la materia que enseñará e investigará, sus planes profesionales, experiencias previas en la docencia, publicaciones y conferencias, capacidad para la investigación científica o labor creativa y compromiso con la filosofía y los objetivos de la Universidad de Puerto Rico." El proceso de evaluación inicial en sí mismo es fuente de expectativa laboral, y más aún el hecho de ser seleccionado consecuentemente entre los "mejores candidatos". Asimismo, las evaluaciones realizadas durante la vigencia del contrato también refuerzan las expectativas laborales, aunque el texto contractual lo niegue de manera ilícita y la gerencia "académica" lo repita aún a sabiendas de su falsedad.

Es el cumplimiento de los requerimientos contractuales la condición de renovación de contrato del personal docente sin plaza, y ninguna autoridad evaluadora o nominadora puede arrogarse el poder de suplantar los criterios reglamentados por la misma Institución por juicios o prejuicios personales. Pero lo hacen con tanta naturalidad y soltura que pareciera que en realidad constituye una tradición legítima de la cultura universitaria, pero no lo es o no debería serlo.

Según disponen los reglamentos vigentes, toda renovación de contrato debe fundamentarse en la "evaluación rigurosa de la gestión académica del docente", y si evidencian el cumplimiento cabal de sus requerimientos y el compromiso con la Universidad, "se recomendará la incorporación permanente del docente a la Institución."[22] Las expectativas laborales, pues, las determinan las relaciones del trabajador docente con la Institución, aunque el texto contractual, los asesores legales y los "profesores" gerenciales no lo admitan o no lo entiendan.

Lo que está en cuestionamiento no es lo que dice el texto del contrato, ni siquiera las oscuras motivaciones de sus redactores o la ignorancia de los asesores legales del patrono sobre el estado de derecho de los trabajadores docentes en una sociedad que se presume democrática. La expectativa de continuidad laboral no la determina el contrato de manera mecánica ni su negación absoluta

---

[22] Normas generales para la implantación de los procesos de reclutamiento, nombramiento y evaluación del personal docente del Recinto de Río Piedras de la Universidad de Puerto Rico (Certificación Núm. 35 del Senado Académico del Recinto de Río Piedras; 27 de octubre de 2016)

es de potestad exclusiva del poder patronal. Debe interpretarse dentro del contexto de condiciones y circunstancias reales, que integran los méritos objetivos, la disponibilidad de presupuesto y las necesidades de satisfacer los ofrecimientos académicos.

La interrogante clave es, ¿cómo justificar la negativa a contratar o a renovar contrato cuando el profesor ostenta todas las cualificaciones y méritos requeridos, existe la necesidad institucional de continuar ocupada la misma posición docente, y el presupuesto ha sido aprobado? Asimismo, ¿cómo justificar su exclusión cuando el profesor se ha desempeñado ejemplarmente en el cumplimiento de las estipulaciones contractuales, y ha expresado formal y consistentemente a la autoridad patronal el interés de continuar trabajando...? Sólo bajo un régimen de corrupción generalizada puede ignorarse sistemáticamente la excelencia de las cualificaciones de un profesional docente y, no obstante, recomendarse contrataciones arbitrarias o denegarse sin fundamentos la renovación de contratos.

Repensar la planificación estratégica

La planificación de oferta académica es prospectiva, es decir, que para cada semestre se realiza de manera anticipada y responde a proyecciones inmediatas de la Institución. Consideradas las necesidades reales y condiciones objetivas relativas a la matrícula estudiantil, a la fuerza laboral docente y al presupuesto asignado, la gerencia institucional está compelida a garantizar la continuidad deseada en los programas académicos existentes. Bajo este orden la administración universitaria justifica los nuevos reclutamientos, la retención del personal docente y consecuente renovación de contratos.

El proceso de planificación académica acontece durante el periodo de vigencia de los contratos de servicio docente, mientras los profesores sin plaza ejercen sus funciones como empleados de la Universidad. En este sentido, la administración efectiva de los recursos humanos que laboran en la enseñanza no debe ser arbitraria, improvisada o especulativa. Para cumplir la encomienda institucional de garantizar los ofrecimientos académicos a los estudiantes es preciso garantizar el personal docente, y la retención de los profesores bajo contrato sin permanencia es consustancial a la planificación académica en conjunto.

Dentro de este cuadro general, la renovación de contratos de enseñanza es parte integral de la planificación prospectiva o estratégica de la Universidad. A la misma le antecede el análisis de las necesidades reales de la Institución y de las condiciones objetivas para satisfacerlas de manera efectiva. A tales fines es natural prever para la retención del personal docente que ya ha sido reclutado, que cumple con los requerimientos contractuales y que reafirma su disponibilidad y deseo para continuar enseñando. De este modo, la renovación de contratos garantiza la retención del personal docente necesario e idóneo, y agiliza la administración de los recursos humanos existentes en función del plan estratégico de ofrecimientos académicos. En todo caso, si el personal docente bajo contrato expresa su deseo de continuidad laboral y cumple con los criterios de evaluación institucional para renovación de contrato, la autoridad administrativa debe propiciar su retención y proceder en conformidad.

A fin de cuentas, dentro del marco de la planificación estratégica no puede argumentarse que existe una necesidad real que justifique la búsqueda para reclutamiento de nuevo personal docente si los profesores ya contratados satisfacen las necesidades de la institución y cumplen con los requerimientos formales para preservar sus empleos. En este sentido, las convocatorias de competencia son innecesarias, costosas y caprichosas. Esto es, toda vez que el personal docente ya reclutado bajo contrato ha sido empleado en base a competencias previas y el hecho de su contratación refrenda precisamente sus méritos y cualidades de excelencia e idoneidad.

La Universidad no debe declarar vacante de manera automática las posiciones que ocupan los docentes bajo contrato por el solo hecho de vencimiento del contrato. En primer lugar, porque los criterios de evaluación, retención y renovación de contratos ya existentes son consustanciales a la planificación estratégica de la Institución, y, toda vez que el empleado cumple con los requerimientos contractuales y reglamentarios, no existe necesidad real o justificación legítima para suplantarlo.

Esta práctica es contraproducente a las expectativas de planificación estratégica porque genera vacíos laborales de manera arbitraria y fabrica necesidades irreales por una falsa falta de personal. Pero, sobre todo, porque somete al profesor que ya ha competido, que ha sido cualificado con éxito y contratado por sus méritos, a condiciones abusivas de incertidumbre y precariedad laboral. Nuevamente, ¿en base a qué criterios legítimos puede justificarse la negativa a renovar contrato a un profesor que ha cumplido cabalmente sus requerimientos contractuales y existen las necesidades institucionales de retenerlo? No existe fundamento racional académico o reglamentario que lo justifique[23], y sin embargo acontece comúnmente por recurso de la fuerza arbitraria de una autoridad nominadora moralmente corrupta e insensible ante las consecuencias de su injusticia.[24]

El cuadro general se torna más tétrico aún cuando los profesores mejor cualificados son suplantados caprichosamente por otros profesores con méritos inferiores, ya por amiguismo o padrinazgo político, ya por desprecio o represalia contra la persona suplantada. En todo caso, impera un sistema de autoridad patronal en la UPR que afecta adversamente las condiciones laborales de los profesores sin plaza. Más allá de las imposiciones de la alta jerarquía patronal, son profesores-gerenciales los principales sostenedores y ejecutores de estas injusticias...

Prerrogativa gerencial / mezquindad patronal

La inmensa brecha existente entre las disposiciones reglamentarias y las prácticas administrativas relativas al régimen de personal docente no son de naturaleza legal o académica sino política. Los textos que regulan la vida universitaria compelen a sus funcionarios a interpretar las normas institucionales en función de los valores democráticos y "principios de excelencia" que rigen la Universidad con fuerza de Ley. Las autoridades administrativas, ejercidas por profesores que gozan de permanencia y descarga de las responsabilidades de enseñanza, están obligadas a seleccionar, reclutar y retener a los profesores destacados por sus méritos y

---

[23] La práctica de contrataciones "temporeras" está regulada con fuerza de ley y en el Reglamento General de la UPR, que dispone que el nombramiento de un docente "temporero" debe responder a "necesidades especiales del servicio, como las alzas imprevistas y ocasionales en el volumen del trabajo." (Reglamento General de la UPR. Secc. 30.1.5)

[24] Nuevamente, dentro del modelo de gerencia corporativa neoliberal, la contratación indefinida de personal docente a tiempo definido ("temporal") y sin garantías de continuidad laboral responde a sospechosos e injustos criterios "económicos", no a razones legítimas de orden académico.

compromiso con la Universidad, con el fin expreso de viabilizar una carrera de vida al servicio de la Institución y del País al que se debe.[25] Con base legal en el principio de mérito, todos los procesos de selección, reclutamiento, retención y separación del personal universitario deben estar fundamentados en las capacidades y potencialidades de los profesores, y basados en demostraciones objetivas, libres de prejuicios y discriminaciones inconstitucionales. Además, los resultados de las evaluaciones deben ser presentados mediante informes escritos, y la persona evaluada debe tener acceso irrestricto y oportunidad de discutir su contenido con la autoridad pertinente.

No obstante, la sospechosa *cultura* de secretismo que impera en la Institución infringe las regulaciones existentes en menoscabo de las oportunidades de empleo de los docentes sin permanencia. Asimismo, cláusulas ilícitas del texto contractual contradicen las disposiciones reglamentarias de la UPR al negar que estos trabajadores docentes tienen expectativas legítimas de contratación o renovación de contratos. Sobre esta falsedad, los profesores investidos de autoridad patronal niegan el acceso a los informes de las evaluaciones que justifican la contratación de unos y la exclusión de otros, en abierta violación a sus derechos como trabajadores docentes.

La situación suele ser más dramáticamente injusta cuando el contrato ha *vencido* y el profesor reclama derecho a saber por qué no le será renovado su contrato. La perversidad moral de los docentes que gozan de posiciones privilegiadas de permanencia y ocupan puestos directivos-patronales se hace evidente en el acto de negar derecho de acceso a los informes de evaluación, e incluso a dar razones que justifiquen sus determinaciones. El fundamento de sus posturas lo remiten al mezquino texto contractual, alegando que, una vez finalizado el contrato, el profesor no tiene derechos laborales que lo cobijen ni protección legal contra las arbitrariedades gerenciales. Los "profesores" que no enseñan y ejercen funciones administrativas como directores, decanos, rectores y presidentes, no vacilan en reproducir mecánicamente el mismo discurso incoado por *sus* "asesores legales", quienes no son universitarios, pero moldean las resoluciones apelativas y hasta deciden el contenido de

---

[25] Reglamento General de la UPR; Capt. V. Régimen de Personal: Disposiciones aplicables a todo el personal; op.cit.

las decisiones relativas a los derechos laborales de los profesores universitarios, y aún en menoscabo de las prescripciones reglamentarias de la Institución.[26]

La veda del derecho de información sobre las causas de exclusión o razones de cesantía acentúa el carácter ilícito del régimen de contrataciones en la UPR. La forma autocrática de este esquema de corrupción moral[27] y administrativa se hace patente en la respuesta fija y automática del poder patronal: "...la contratación y retención de personal docente por contrato de servicio es una prerrogativa gerencial..."

También copian sin remordimiento otro supuesto igualmente frívolo y perverso, aduciendo que la cantidad de años de servicio le es irrelevante para efectos de renovación de contratos. De este modo, la jerarquía institucional participa de los mismos credos y, a pesar de su carácter injusto y cruel, defienden sus imposturas con uñas y dientes. Estos "profesores", que tras el término de sus funciones gerenciales regresan a sus cátedras, celan el régimen de segregación, discrimen y marginación laboral de los docentes sin plaza. Igual que sus antecesores, los profesores que los reemplazan reproducen el mismo modelo *ad infinitum*. Resulta concluyente que la política administrativa de la UPR no reconoce derechos de equidad a los profesores sin plaza; y que existe un sospechoso pacto de complicidad entre *docentes* gerenciales que se resisten a dar razones que justifiquen sus negativas a contratar o a renovar contratos.

---

[26] Reglamento de Procedimientos Apelativos para el Sistema Universitario (Certificación Núm. 138 de 1981-82; Consejo de Educación Superior) Certificaciones Núm. 79 (1982-83); Núm. 138 (1983-84); Núm. 59 (1984-85); Núm. 83 (1988-89); Núm. 93 (1989-90) del Consejo de Educación Superior; Certificaciones Núm. 21 (1993) y Núm. 91 (1999-2000) de la Junta de Síndicos. Del mismo modo, las Reglas de Procedimiento Civil deben ser interpretadas de modo tal que garanticen una solución justa, rápida y económica de todo el proceso. (Clemente v. Depto. de la Vivienda (1983); op.cit.)

[27] La negativa a rendir cuentas sobre determinaciones de exclusión y cesantía es inmoral pero no ilegal. Los docentes-gerenciales investidos de poder patronal se desentienden de sus obligaciones cívicas fundamentales y de las implicaciones de sus actos sobre la vida de los trabajadores docentes más vulnerables. Éstos justifican sus silencios alegando que no están "obligados" a dar razón de sus decisiones porque la ley no los obliga a hacerlo...

La alternancia en posiciones de poder gerencial y consecuente repartimiento de privilegios posibilita la réplica perpetua de estas prácticas, y más allá de las *diferencias* internas entre los docentes con permanencia, comparten en complicidad su asentimiento al régimen que garantiza la precariedad laboral, injusticias e incertidumbre de los docentes bajo contratos temporales. La pregunta más importante sigue siendo: ¿Por qué aún a sabiendas de la falsedad de sus premisas, de la mezquindad de sus razones y de las consecuencias de sus actos para con los colegas profesores más jóvenes, persisten en recrear y defender el mismo estado de situación?

Del autoritarismo patronal al paternalismo "académico"

Una parte significativa de las relaciones entre los profesores con permanencia y los contratados a tiempo definido está determinada por las marcadas diferencias en las condiciones laborales y los artificios de rango de autoridad que las caracterizan. Aunque el reclutamiento de por sí los equipara con relación a la preparación académica y el contrato sólo reconoce las cualificaciones para ejercer la docencia, los profesores "temporales" son objeto de tratos diferenciales injustos e injustificables. Dentro del régimen de contrataciones reinante, las evaluaciones y selección inicial de candidatos no se limitan a los criterios institucionales basados en el principio de mérito y cualidades en la preparación académica y experiencia profesional como docente, etc. Del mismo modo que prevalece en la determinación de cesantear a un profesor, la tradición imperante en el reclutamiento no sigue criterios objetivos y uniformes. La última palabra está reservada para el juicio subjetivo de la autoridad nominadora, en ocasiones con aval de los comités de personal, en otras de manera divergente y autocrática. Esta práctica marca el inicio de las inequidades e iniquidades que caracterizan las condiciones laborales de los profesores sin permanencia hasta el término de sus contratos, y se repite invariablemente semestre tras semestre, año tras años e indefinidamente.

Durante la vigencia del contrato los profesores deben ser evaluados por sus "pares" a fin de ser considerados para la renovación contractual, sujeta además a las necesidades de "servicio" y la disponibilidad de fondos. No obstante, a pesar de las cualificaciones y méritos, de las necesidades institucionales y de las condiciones económicas, el contrato no garantiza continuidad de empleo y el régimen de contratación imperante lo priva de las oportunidades de competir para ascenso de rango y obtención de plaza permanente, de derechos de equidad académica y de obtención de beneficios *marginales* esenciales, como el plan médico.

Dentro de este estado de segregación impuesta con arreglo contractual, la política de las evaluaciones presupone de manera tácita un estigma degradante o clasificación de inferioridad de los docentes sin permanencia. Los años de experiencia, la calidad de los méritos académicos y logros profesionales, son obviados automáticamente en base a la sospechosa clasificación laboral de "empleado contractual" o "temporal". Los contratados a tarea parcial deben someterse a la misma competencia cada semestre sin que se valoren y acrediten sus años de servicio, independientemente de la calidad de sus méritos, de su experiencia profesional y su productividad intelectual. En estos casos, que proliferan aceleradamente, las evaluaciones son superfluas porque los profesores son devaluados como desechables. La fila de competidores cualificados con grados doctorales crece con el paso del tiempo, y a la gerencia neoliberal le es indiferente sus condiciones de existencia. Sabe que hay candidatos de sobra y siempre están repletas las reservas...

En lo fundamental, los términos contractuales de los profesores sin plaza son equivalentes a los de los profesores con permanencia. No existen diferencias sustanciales en su relación contractual con la Universidad, y todos los profesores están compelidos a "realizar las tareas inherentes a la docencia". La principal diferencia es de naturaleza económica, predeterminada por la escala salarial de la Institución y no por consideraciones académicas. La diferencia contractual entre profesores universitarios permanentes y temporales estriba exclusivamente en el monto de sus ingresos salariales. La adjudicación o negación de beneficios marginales y derechos laborales está enmarcada dentro de esta misma fórmula contractual, basada en la escala salarial e independientemente de las cualidades intelectuales, de los méritos profesionales, de los años acumulados de experiencia docente y de los servicios prestados a la Institución.

La diferencia más significativa radica en torno a la duración del contrato, que a unos garantiza estabilidad y seguridad de empleo permanente, y a otros no. Los criterios diferenciales no responden a consideraciones y necesidades académicas reales sino a la economía política institucional, enmarcada en el modelo de gerencia neoliberal. En este contexto, la realidad que engloba las relaciones entre docentes temporales y permanentes está marcada por las desigualdades económicas impuestas por la gerencia institucional. Los docentes a quienes les ha sido vedada la posibilidad de permanencia son víctimas de inequidades e iniquidades basadas en la creencia en la supremacía de quienes, indiferentemente de sus cualidades académicas y profesionales, gozan de estabilidad laboral, sueldos mayores y beneficios marginales.

La situación se agrava cuando los *colegas* que cobran un salario mayor porque gozan de permanencia reproducen la ideología patronal sin reservas y la legitiman de manera acrítica e irreflexiva. Así sucede con la práctica de "visitar" salones de clase para "evaluar" a sus "pares", aunque éstos lleven años haciendo el mismo trabajo que ellos, pero forzados a ocupar la posición laboral con rango de inferioridad. Inferioridad impuesta por la racionalidad patronal, que nada tiene que ver con los méritos académicos reales y que ignora la experiencia docente de manera automática; pero sostenida por los profesores con permanencia que creen que su estabilidad laboral representa una suerte de superioridad jerárquica en la Academia, y creen que tienen el poder legítimo para juzgar a sus colegas o pares de inferior rango laboral. En base a este credo, falso e ilusorio por demás, se materializa cotidianamente la voluntad corporativa del poder central de corte neoliberal. Y aún teniendo las mejores intensiones, estos profesores vigilan, juzgan y valoran desde la perspectiva del patrono, es decir, del poder corporativo que margina a los profesores sin plaza como empleados desechables, menosprecia sus obras de vida en la Academia y los degradan como profesores de segunda categoría, estigmatizándolos como "novatos", "aprendices" e "inexpertos" y otras hibridaciones adjetivas de inferioridad que legitiman y perpetúan el régimen de segregación imperante…

Las libertades académicas que gozan sin trabas los docentes con permanencia son violadas por decreto patronal a los docentes sin plaza, pero la materialidad cotidiana de estas violaciones la garantizan los docentes-gerenciales que actúan en complicidad. En este escenario, el ejercicio de la docencia de profesores sin permanencia se zarandea entre el autoritarismo patronal y el paternalismo "académico".

El trato paternalista es una práctica autoritaria e ilícita de control patronal, incompatible con los principios de libertad académica y derechos humanos y civiles que cobijan a todos los docentes universitarios -indiferentemente de sus rangos o clasificaciones laborales-. Sin embargo, ésta práctica se ejerce formalmente bajo el requerimiento institucional de "evaluar" a los docentes sin plaza. La experiencia histórica advierte que -más allá de las idealizaciones institucionales- en los procesos evaluativos reinan las faltas de objetividad e imparcialidad en todas sus dimensiones. Es el poder patronal el que justifica la supuesta capacidad evaluadora de los docentes que él mismo selecciona, generalmente en base a cuestionables criterios subjetivos y sospechosos vínculos de lealtad política u otras formas de nombramientos de *confianza*. Asimismo, atribuye al personal evaluador cualidades de "experiencia" y "peritaje" que, no obstante, suelen servir como eufemismos "académicos" para encubrir actitudes prejuiciadas, discrímenes, arbitrariedades, caprichos y negligencias. El carácter de secretividad del proceso evaluativo y la política de negar derecho a informes de evaluación fundamenta la sospecha.

Las actitudes y tratos paternalistas son vicios aristocráticos que deben superarse. Pero, tal y como todavía hoy se cultiva en la relación autoritaria entre profesores y estudiantes, se reproduce en la relación de profesores con permanencia y profesores sin ella. Los profesores que sufren estas injusticias también son sometidos a presiones psicológicas abusivas por parte de sus *colegas* evaluadores. Aunque lo hagan con las mejores intenciones del mundo o simplemente porque "es su deber", las *visitas* evaluadoras en los salones de clase pueden degenerar en censuras ilegítimas o injerencias indebidas sobre la estrategia académica o las tácticas pedagógicas del profesor de menor rango laboral. Esto no solo constituye una abierta violación al derecho de libertad de cátedra, sino que, además, propicia condiciones laborales que afectan negativamente el estado de situación general del profesor "visitado" en su salón de clases. De una parte, el profesor visitante legitima la degradación institucional del profesor "visitado", ignorando en el acto que el fundamento de la *vista* no es exclusivamente de orden académico. En la práctica, las visitas evaluadoras también pueden responder a una sospechosa y cuestionable modalidad institucional o patronal de vigilancia y control político sobre los profesores sin plaza. Es el rango de inferioridad laboral impuesto por el poder gerencial y no la carencia de méritos académicos y experiencia profesional lo que fundamenta la práctica de *visitar* al docente sin plaza en su salón de clases.

Tras el velo del deber y las buenas intenciones de los colegas visitantes se perfila el fantasma del paternalismo y su correlato: la infantilización del profesor visitado. De éste se presume que está siempre falto de la experiencia pedagógica que el visitador puede y desea subsanar. Más allá de ignorar los estrechos vínculos con la ideología patronal y legitimarla de manera tácita, esta realidad tiene raíces psicológicas que degeneran en prácticas institucionales violatorias del derecho legal a la libertad de cátedra y potencian situaciones humillantes. Si bien habrá quienes estimen útiles las visitas de comités evaluadores a los salones de clase, y del mismo modo habrá quienes consideren sus recomendaciones críticas de manera favorable, la "tradición" de visitar es cuestionable y problemática en dimensiones extremadamente sensitivas.

En primer lugar, la dependencia psicológica en una figura de autoridad y superioridad intelectual real o imaginaria no debe presumirse consentida o avalada de manera generalizada y sin reservas. La premisa matriz es falsa. En parte, porque no existe relación de causalidad o reciprocidad entre el rango de permanencia laboral y la calidad real de los méritos académicos o pedagógicos del profesor designado como *evaluador* de sus colegas. En parte, porque la singularidad de cada profesor es irreducible a los atributos que lo objetivan como poder evaluador, a saber, los años de "experiencia", su designación a un comité de personal o su mera posición de permanencia laboral.

En segundo lugar, porque sería una hipocresía insostenible ignorar que existen no solo diferencias pedagógicas, políticas e ideológicas, radicales entre profesores, sino incluso conflictos personales que imposibilitan invocar el ilusorio principio de objetividad, neutralidad e imparcialidad. El derecho a la libertad de cátedra garantiza que la existencia de estas diferencias no afecte las condiciones laborales y expectativas de empleo de los profesores evaluados. Esta paradójica realidad constituye una de las principales riquezas de la Universidad, que se nutre precisamente de las diferencias entre sus trabajadores intelectuales. Del choque de ideas divergentes se consolida el imaginario democrático en nuestros tiempos. Entonces, ¿por qué y para qué sojuzgar a los profesores sin plaza a criterios uniformadores que no solo son ilusorios, sino que, además, contradicen los principios de respeto a las diferencias en el quehacer intelectual pedagógico del claustro y al mismo tiempo violan el derecho legal que las protege bajo el signo de libertad de cátedra?

En tercer lugar, porque la realidad laboral de los profesores "visitados" dista radicalmente de las presunciones que justifican las visitas evaluadoras a *sus* salones de clase. Se presume equívocamente que son novatos en las artes de la educación universitaria, ignorando que muchos llevan hasta más de veinte años ejerciéndolas de manera consecuente e ininterrumpidamente, ya en el mismo departamento o facultad, o en otras universidades. La desigualdad laboral no tiene relación alguna con la falta de experiencia docente. Tampoco es razonable o justo ignorar la realidad que les precede y devaluarlos como carentes de méritos académicos o faltos de experiencia pedagógica sólo para justificar la intromisión de "pares" en *sus* salones de clase.

El problema de esta práctica es político. Está arraigado en la estrategia u obsesión de control y dominación patronal, pero funciona por encargo de profesores intermediarios, que ejercen ese poder "evaluador" más allá de los criterios objetivos prescritos formalmente e imponen en su lugar juicios valorativos personales e incongruentes con criterios académicos legítimos. La realidad que impera dentro de este sospechoso sistema de evaluación es que si a un profesor evaluador le desagrada el estilo pedagógico del evaluado; si no comulga con sus credos o difiere de sus posiciones políticas; si se siente amenazado por sus orientaciones e intereses investigativos; si le incomodan sus publicaciones o expresiones públicas; si siente celos o envidia por su productividad intelectual y creativa; o si simplemente da rienda suelta a sus prejuicios e intolerancias personales; tras el sospechoso velo de "peritaje" conferido por el poder patronal, éste profesor *evaluador* recomienda secretamente no renovar contrato. Al profesor discriminado y desempleado le es negado sistemáticamente el derecho a saber por qué, y el orden de apelaciones administrativas en la UPR está estructurado para imposibilitar la oportunidad de un trámite objetivo e imparcial de justicia...

No obstante, a pesar del carácter arbitrario y los visos uniformadores que vician los procesos evaluativos, el discurso de la Ley reconoce positivamente las singularidades pedagógicas del personal docente, ampara su autonomía intelectual y protege la soberanía discrecional sobre sus particulares estrategias y tácticas educativas bajo el derecho legal de libertad de cátedra. Si esta es una realidad institucional deseable, ¿por qué ignorarla y pretender sujetarlos a los juicios valorativos de un comité que, en esencia, solo puede representar, para bien o mal, opiniones personales?

Entre colegas docentes, la noción de "par" alude al reconocimiento y respeto de la dignidad de cada profesor más allá de todo cuanto lo diferencia, incluyendo su posición de rango laboral. Más allá de reducirlos a la categoría de empleados temporales, la noción de "pares" remite a un artificio identitario entre colegas como trabajadores intelectuales, educadores e investigadores universitarios. Pero es preciso reconocer que, en la práctica cotidiana, particularmente en los salones de clase, ninguno es igual a otro, la equiparación es ficticia y cualquier pretensión de igualarlos es absurda e indeseable. Lo justo no reside en la imposición de una igualdad inexistente sino precisamente en el reconocimiento de todo cuanto los hace diferentes. Este es un principio fundamental para la construcción de una Universidad genuinamente democrática y justa con sus profesores.

Hacia una ética de equidad entre docentes

Las relaciones entre universitarios son relaciones sociales, y cómo nos tratamos unos a otros al interior de la Universidad afecta, para bien o para mal, la vida social en conjunto. Es preciso comprender que las relaciones humanas dentro de la institución no pueden abstraerse de la existencia social, pues le son inherentes y constitutivas por la naturaleza social de la Universidad y de los universitarios. Si en las relaciones cotidianas cultivamos prácticas desconsideradas y abusivas entre colegas claustrales, ¿qué estamos aportando realmente a la Universidad y a la sociedad de la que somos parte y a la que nos debemos? Si al interior de la Academia consentimos, asentimos o reproducimos arrogancias aristócratas, actitudes sectarias, mentalidades autómatas, vicios paternalistas y conductas autoritarias, ¿qué modelo de ser humano y de sociedad estamos construyendo realmente? ¿Qué ejemplo damos a nuestros estudiantes?

Si acaso aspiramos genuinamente a ser una fuerza transformadora en función de una sociedad más justa y democrática, debemos empezar cuestionando radicalmente cómo nos representamos a nosotros mismos, desde los credos a los que nos hemos conformado hasta los valores que hemos heredado irreflexivamente como costumbres o tradiciones. Si convenimos en la necesidad de ensayar cambios estructurales, que no se queden en la superficie de las palabras y que se conviertan en hechos concretos. Sería preciso, pues, repensar lo posible y poner en práctica otros modos de convivencia institucional que trasciendan las reformas estructurales, las enmiendas a las leyes y los ajustes retóricos a los reglamentos. Para hacerlo, es preciso superar prejuicios atávicos e indisposiciones anímicas, sobreponerse a los temores al cambio; superar celos irracionales y envidias enfermizas.

Argumentar que la Universidad es una entidad que es como es porque así siempre ha sido, o alegar que las cosas deben conservarse tal y como existen porque es costumbre o tradición universitaria, constituyen argumentos falsos e irreales; representan mecanismos psicológicos de resistencia irracional a los cambios o expresan complicidades con el poder corporativo neoliberal. Del mismo modo, renunciar a la posibilidad de lograr cambios sustanciales en el orden estructural de la Universidad y rendir las esperanzas de construir mejores relaciones de coexistencia entre los universitarios porque se cree impenetrable el poder de gobierno institucional existente, son reacciones que denotan ignorancia, egoísmo y cobardía.

La Universidad no es un objeto estático en el tiempo, de cualidades estériles, de dogmas sacralizados y leyes petrificadas. La Universidad es el efecto de conjunto de las relaciones humanas que le dan forma, reforman o deforman su poderío real. ¿Por qué entre los claustrales con permanencia impera la indiferencia ante las desigualdades económicas que sufren los profesores sin plaza? ¿Para qué se hacen eco del sistema opresor reinante y cultivan la falsa impresión de que son los mismos trabajadores que sufren condiciones de precariedad los responsables de ellas? ¿Por qué no se solidarizan con sus colegas más vulnerables? ¿Por qué resisten las esperanzas de un provenir de equidad? ¿Por qué no patean el tablero de juego patronal y construyen al fin una Universidad con base inquebrantable en la justicia laboral de sus docentes, de todos sus docentes?

Apéndice #3

El trabajo intelectual académico
-Proyecto para la reconfiguración de la política editorial
de la UPR y sus revistas académicas

El trabajo intelectual académico
-Proyecto para la reconfiguración de la política editorial de la UPR y sus revistas académicas[1]-

Por su naturaleza política y su constitución jurídica, la Universidad de Puerto Rico tiene el encargo intrínseco e ineludible de ser modelo ejemplar de los principios políticos y valores éticos que deben imperar en una sociedad democrática. Este imperativo es extensivo a todos los aspectos gerenciales como a las prácticas pedagógicas y demás quehaceres académicos e investigativos, que incluyen las producciones intelectuales y las funciones administrativas editoriales. Sin embargo, aunque todos sus funcionarios están compelidos moral y legalmente a respetar y a hacer valer este mandamiento, la realidad cotidiana en la Institución es otra. Aunque no es posible analizar aquí sus causas más complejas, profundas y oscuras, sí es posible identificar las formas precisas en que se materializan las prácticas institucionales que contrarían los valores éticos y los principios democráticos-constitucionales de la Universidad en el marco de sus prácticas editoriales.

Para hacer inteligible esta realidad, comprenderla y transformarla a tenor con los ideales democratizantes-humanistas de nuestros tiempos, es preciso reconocer que el espacio que abarca lo universitario está constituido por las relaciones entre los seres humanos que lo ocupan; y, al mismo tiempo, advertir que las condiciones de coexistencia están estrechamente ligadas a los modos como nos pensamos a nosotros mismos como universitarios. Desde una perspectiva ética democrática y humanista, los estatutos reglamentarios y la estructura del ordenamiento burocrático de la Institución no representan el límite de las relaciones entre los universitarios, sino que operan como claves o guías comunes con el fin de viabilizar las mejores condiciones de coexistencia en este gran centro laboral, que es la Universidad. Dentro de estas coordenadas, el reconocimiento y el respeto a la diversidad son consustanciales al espíritu democratizador-humanista de la época y moldean el encargo ético-político progresista de la

---

[1] Este proyecto fue presentado por el autor a la consideración del Senado Académico del Recinto de Río Piedras (15 de abril de 2016) y programado para la sesión del 25 de agosto de 2016. Para esta fecha el autor ya había sido cesanteado y el proyecto fue ignorado y eliminado de la agenda...

Universidad en todas sus dimensiones. No obstante, algunas tradiciones heredadas y reproducidas en la actualidad todavía asisten a un torpe proyecto político de negación e invisibilización de esa diversidad, que es invariablemente una cualidad constitutiva de lo universitario. Más allá de las férreas identidades disciplinarias que equívocamente han pretendido encuadrar la potencia intelectual de los docentes universitarios y restringir en el marco ideológico de su estrechez de miras sus manifestaciones alternativas, el proyecto democratizador-humanista persigue trascenderlas, protegiendo y fortaleciendo la singularidad existencial de cada docente, manifiesta en las expresiones concretas de sus obras intelectuales.

Al margen de las retóricas oficiales, la política editorial reinante en el sistema de la Universidad de Puerto Rico silencia selectivamente voces de la gran diversidad que lo integra, y ciega discriminadamente visiones de mundo que cohabitan en este espacio laboral que compartimos como comunidad docente. El estado de situación se agrava en la medida en que la política editorial existente se reproduce como ideología compartida entre un amplio e influyente sector del claustro, que comulga con los antiguos credos que promueven el control y la censura de ideas radicalmente diferentes y consideran indeseables las manifestaciones del pensamiento innovador, contestatario o divergente. Esta realidad entorpece el proyecto democratizador-humanista de la Universidad en conjunto, y propicia un clima laboral injusto para las miradas diferentes y, sobre todo, para las voces disidentes. En contraste, este proyecto de reconfiguración democrática-humanista de la política editorial en el sistema universitario promueve una política de inclusión como punto de partida, entendiendo la Universidad como espacio laboral común donde el principio de equidad entre claustrales debe imperar sobre los juicios y prejuicios que lo laceran.

Conforme a la responsabilidad social y al encargo político de la Universidad de Puerto Rico, sus profesores están compelidos a fortalecer y promover los principios humanistas y los valores democráticos dentro y fuera del salón de clases. Asimismo, todas las formas de organización institucional deben garantizar que la comunidad claustral pueda cumplir sus deberes y responsabilidades políticas y sociales, así en lo que respecta a las condiciones laborales como lo que concierne al ejercicio de sus derechos como trabajadores intelectuales. A tenor con estos objetivos fundamentales, la institución debe administrar sus recursos técnicos para facilitar las labores de sus recursos humanos, no obstaculizarlos. De manera simultánea, debe suprimir las prácticas de control y censura que entorpecen, contradicen o violan las libertades, deberes y responsabilidades del claustro.

Más allá de las diferencias de criterios que caracterizan a los sujetos en su singularidad existencial, la Universidad es un centro laboral común; y su estructura organizativa debe ajustarse al principio de equidad y respeto a la diversidad intelectual de todos sus miembros. Las desemejanzas teóricas, políticas e ideológicas son características de toda comunidad universitaria, y deben reconocerse como potencial enriquecedor de la vida académica en conjunto, y no despreciarse como un problema institucional o un mal que erradicar. El respeto a la diversidad en todas sus manifestaciones es el valor ético que debe imperar a la hora de procurar cambios en las estructuras, reglamentos y políticas institucionales.

El reconocimiento y respeto a la diversidad como principio de la política editorial de las revistas institucionales no tiene como propósito erradicar los conflictos teóricos o ideológicos entre colegas universitarios sino reconocerles derecho de existencia y abrirle espacio al diálogo libre, a la reflexión y a la crítica. En este sentido, los cambios propuestos a los reglamentos de las revistas universitarias y a sus políticas editoriales deben basarse en criterios de inclusión, abrirse a la multiplicidad de puntos de vista entre colegas claustrales, y viabilizar la expresión de la pluralidad de posicionamientos en torno al saber y la verdad, que caracterizan la vida intelectual académica, la creatividad y las dinámicas de producción de conocimientos.

Las revistas académicas y demás medios de información institucional deben regirse por estos principios de equidad, entendiéndose que las diferencias intelectuales entre colegas claustrales no pueden usarse en modo alguno para justificar privilegios, estereotipos, exclusión o cualquier otra modalidad de discrimen entre "pares". El respeto a la diversidad y la tolerancia son valores consustanciales al principio ético de equidad, y su integración en el imaginario político editorial y reglamentos propiciaría un ambiente laboral más productivo en la Academia, toda vez que estimularía el trabajo intelectual de la comunidad de docentes y reforzaría sus potencias creativas y creadoras.

Estado de situación

Los tiempos en devenir demandan cambios sustanciales en dimensiones sensibles de la vida social, de la que la comunidad universitaria es parte integral y potencialmente protagónica. Poderosísimas fuerzas anti-intelectuales acaparan los principales medios informativos a escala global y en las instituciones universitarias predominan los arcaicos modelos editoriales de control y censura del trabajo intelectual de la comunidad docente. Dentro y fuera del escenario universitario es preciso resistir, contrarrestar y erradicar las mentalidades atávicas y autómatas que degeneran en prácticas autoritarias y entorpecen las posibilidades de radicalizar el imaginario democrático y de fortalecer los principios políticos de los derechos humanos, libertades y responsabilidades civiles, principalmente las relativas a los derechos de expresión e información, de investigación, de saber y difusión del conocimiento.[2] La producción intelectual universitaria es fundamental para esta empresa democratizadora, y resulta imperativo transformar radicalmente los viejos sistemas que pretenden regularla, purgar sus contenidos y restringir su libre difusión.

A pesar de su materialidad paradójica, el discurso de la Ley universitaria estimula el espíritu emancipador y libertario de estos ideales democráticos, y traza el horizonte ético y político que deben perseguir las creaciones universitarias en todos sus quehaceres. El texto de la Ley contempla entre sus objetivos preservar la fidelidad a los ideales de una sociedad integralmente democrática y reconoce consustancial a su misión "la más amplia libertad de cátedra y de investigación científica"; así como la tarea de "cultivar el amor al conocimiento como vía de libertad a través de la búsqueda y discusión de la verdad, en actitud de respeto al diálogo creador."[3] A tono con estos principios y objetivos, cualquier perspectiva de hermenéutica jurídica reconocería que el espíritu de la Ley es

---

[2] Artículo 19 -Todo individuo tiene derecho a la libertad de opinión y de expresión; este derecho incluye el no ser molestado a causa de sus opiniones, el de investigar y recibir informaciones y opiniones, y el de difundirlas, sin limitación de fronteras, por cualquier medio de expresión.- Declaración Universal de los Derechos Humanos.

[3] Ley Número 1 de 20 de enero de 1966, según enmendada, conocida como Ley de la Universidad de Puerto Rico. Art. 2. Objetivos de la Universidad de Puerto Rico. (18 L.P.R.A. § 601)

valedero más allá de la experiencia en los salones de clases, y que la divulgación de estos valores es un encargo inherente a las esferas editoriales, periódicos y revistas impresas y digitales de la Institución. Entre estas coordenadas, toda práctica editorial en la Universidad, desde los contenidos de la producción intelectual hasta los criterios administrativos y técnicos, deben estar "esencialmente vinculados a los valores e intereses de toda comunidad democrática". La divulgación de la producción intelectual universitaria es, pues, consustancial a la misión política y social de la Universidad; y los avances y recursos tecnológicos existentes hacen de la actual condición de época un escenario ideal para hacerla viable efectivamente y sin trabas artificiales, por encima de vicios ortodoxos, prejuicios sectarios y caprichos personales.

  Sin embargo, a pesar de que contamos con las condiciones materiales óptimas para alcanzar los objetivos planteados, todavía prevalecen creencias, actitudes y comportamientos que antagonizan e impiden la democratización de los espacios de producción intelectual, publicación y divulgación en la Universidad. En torno a estas poderosas fuerzas se genera un clima de violencia anti-intelectual institucionalizada, una cultura de mordazas y censuras sectarias. En este escenario, el poder administrativo de los recursos editoriales sigue asentado en una visión paternalista y autoritaria. Más allá de las retóricas publicitarias de las autoridades editoriales existentes, los requerimientos y condiciones de publicación ejercen controles políticos absolutos sobre la producción intelectual del claustro universitario. De una parte, la autoridad editorial infantiliza al intelectual académico presumiendo que su creación debe estar sujeta invariablemente a su poder discrecional. El control paternalista se materializa en prácticas de menosprecio de la autonomía intelectual del autor-infantilizado. Pero los profesores universitarios no son infantes, y la negación del derecho a publicar libremente sus creaciones es una afrenta a su autonomía intelectual y un desprecio abusivo de su derecho de soberanía sobre sus propios actos, expresiones y obras. Este derecho está implícito en el principio constitucional de inviolabilidad de la dignidad del ser humano. Cualquier impedimento institucional a publicar las aportaciones intelectuales de sus profesores es violatorio del principio y derecho de libertad de cátedra, al que le es consustancial la divulgación de su obra sin prejuicios ni discrímenes por (sin)razones políticas e ideológicas (que en el escenario académico incluyen un universo de diferencias teóricas y filosóficas, metodológicas y epistemológicas, así como de estilos discursivos)

La crisis de las editoriales académicas-universitarias no es administrativa sino política. La censura intelectual, enmascarada en el eufemismo de práctica editorial, es matriz de esta condición crítica. No obstante, al parecer, la mayor parte de escritores académicos, profesores e investigadores, se ha habituado a ella. Resignada, ha renunciado a esa parte sensible de la responsabilidad social, académica y política de la clase intelectual universitaria, que es publicar sus trabajos.

La Universidad del Estado se ha desentendido de este problema, y como institución no estimula ni provee recursos efectivos para publicaciones académicas. La comunidad universitaria es marginada de su propia producción intelectual, mientras las autoridades se empecinan en montar una imagen publicitaria que no corresponde a la realidad institucional sino a una táctica simulacional de mercadeo local e internacional. La obsesión por aparentar ser más de lo que realmente se es en el escenario global se traduce en un brutal menosprecio de una parte cualitativa de la producción intelectual a escala nacional. Pero la evidencia más tajante de la crisis es el abandono de la tarea editorial a la suerte de administradores intelectualmente mediocres y políticamente intolerantes. No obstante, el sistema hace insignificantes sus identidades como sujetos particulares y su orden estructural garantiza suplantarlos como piezas de su maquinaria de preservación y (re)producción.

La experiencia histórica del carácter arbitrario y despótico del poder editorial confirma las sospechas, y la evidencia es abundante en el contexto de la industria editorial científica[4] y

---

[4] Existe registro documental histórico sobre numerosos trabajos investigativos científicos que fueron rechazados por "prestigiosas" revistas y de muchos que, sin embargo, serían galardonados con premios nobel: Ems (1912); Willstatter (1915); Smith (1933); Tiselius (1948); Yukawa (1949); Tauber (1952); Gell-Mann (1953); Krebs (1953); Cherenkov (1958); Ochoa (1959); Kornberg (1959); Wigner (1963); Blumberg (1976); Fowler (1976); Lipscomb (1976); McClintok (1983); von Klitzing (1985); Milstein (1984); Brown (1985); Polanyi (1986); Cohen (1986); Binning (1986); Yallow (1987); Michel (1988); Cech (1989); Robdell (1991); Mullis (1993); Lee, Osheroff y Richardson (1996); Boyer (1997); Furchgott (1998); Ingarro (1998); Kroemer (2000), entre otros. (Otros datos pertinentes aparecen citados por el profesor de la UPR de Mayagüez, Juan A. Rivero en su artículo "Los *peer reviewing*"; Revista *Ladrillos II*, pp.59-64 (fc)

literaria[5] a nivel internacional. A pesar de que el carácter imaginario y fraudulento de los exagerados atributos de superioridad intelectual del poder editorial ha sido desmentido y denunciado en base a la evidencia existente, todavía se conserva como si se tratara de un poder sagrado e infalible en el escenario local e internacional.[6] La arrogada legitimidad del poder de selectividad, censura y prohibición del que goza la autoridad editorial no se basa en razones sostenibles con evidencia empírica sino en presunciones de validez construidas artificialmente desde el propio discurso-poder editorial.

Así lo advertí y denuncié públicamente[7] hace algunos años con relación a dos "prestigiosas" revistas, la *Revista de Ciencias Sociales* y la *Caribbean Studies*. Ambas se presentan como revistas interdisciplinarias, abiertas a la diversidad de estilos y perspectivas. La *Revista de Ciencias Sociales* –cito de su descripción- "…debe publicar artículos representativos de todas las disciplinas y tendencias de las ciencias sociales, con una variedad de temas, teorías, ideologías y métodos de análisis." Por el contrario, como si se tratase de un negocio privado y de intereses comerciales, sus administradores discriminan por motivaciones personales y, asimismo, convidan del derecho a publicar solo a simpatizantes ideológicos y amigos. Refugiada la censura en la ilusión de prestigio por antigüedad, justifican prácticas editoriales obsoletas y autoritarias. La depreciación de la calidad intelectual de los contenidos de las publicaciones y la exclusión caprichosa de posturas intelectuales que no gozan de las simpatías personales de los editores son secuelas previsibles. No obstante, cabe la sospecha de que el juicio editorial no revele un conocimiento profundo del

---

[5] Numerosas obras literarias de escritores que en el devenir de los tiempos alcanzarían renombre internacional fueron rechazadas por absurdas "razones" editoriales. Entre éstas destacan las obras clásicas de George Orwell; Marcel Proust; Scott Fitzgerald; C. S. Lewis; Rudyard Kipling; Agatha Christie y Stephen King, entre otros.

[6] El caso de los catedráticos Alan Sokal y Jean Bricmont es ejemplar. Pero no por haber sido rechazados sino precisamente por haber sido publicados. Su publicación en la "prestigiosa" revista estadounidense *Social Text* ridiculizó abiertamente el carácter fraudulento, presuntuoso y arbitrario del poder editorial. El artículo (1996) cumplía con todos los requerimientos formales y, sin embargo, su contenido era premeditadamente absurdo.

[7] Sued, Gazir; "Editorial y censura", *El Nuevo Día*, 7 de septiembre de 2010.

material *evaluado,* sino que confiese, más bien, un craso desconocimiento sobre materias que no son afines a los estrechos dominios intelectuales del editor o de los "pares" investidos con poder judicial de "evaluadores". Nada ha cambiado al presente y todavía la autoridad de la censura editorial está hecha de ignorancia y arrogancia, de vanidad elitista y de prejuicios ortodoxos. Las revistas que se presumen "científicas" desechan automáticamente cualquier contribución intelectual que juzguen "no científica" o desvirtúen como "literaria" o "posmoderna"; las revistas disciplinarias son clubes privados y cultivan atávicos prejuicios tribales bloqueando cualquier publicación que no comulgue con sus credos o choque con sus "identidades".[8]

Lo mismo sucede con revistas institucionales como la revista *Umbral* -adscrita a la Facultad de Estudios Generales.- *Umbral* es una revista académica que se publicita a sí misma como interdisciplinaria y transdisciplinaria, lo que debería entenderse como que su política editorial se debe a la apertura para publicación de modos alternos de escritura y estilo, propios a la práctica teórica o particularidad discursiva de los autores, académicos e investigadores. La revista *Umbral*, para ser una revista académica inter y transdisciplinaria –cito de su descripción-: "Promueve la reflexión y el diálogo interdisciplinario sobre temas de gran trascendencia, abordando los objetos de estudio desde diversas perspectivas disciplinarias o con enfoques que trasciendan las disciplinas. Por esta razón, es foro y lugar de encuentro de las Ciencias Naturales, las Ciencias Sociales y las Humanidades." Su "misión" es: "Divulgar las actividades académicas de la Facultad de Estudios Generales del Recinto de Río Piedras de la Universidad de Puerto Rico"; y su "visión": "La creación de redes de conocimiento y colaboración intelectual en un espacio dinámico y flexible donde

---

[8] En 2008, por ejemplo, me fue censurado un ensayo investigativo por el director de la *Revista de Ciencias Sociales*, titulado "Más acá de la pena de muerte: entre la crueldad democrática y el derecho legal a castigar". El argumento "editorial" del director de la Revista, el profesor Juan Manuel Carrión: "...parece más apropiado a una revista literaria." Ese mismo año cuestioné abiertamente la falta de objetividad en la evaluación e impugné los criterios de rechazo a la publicación, que consideré carentes de fundamentos académicos y un acto de censura incompatible con la política editorial de la Revista. El profesor Jorge L. Giovannetti, editor de la Revista *Caribbean Studies* respondió a mi denuncia: "Si usted como académico no puede funcionar con esa parte tan fundamental del mundo académico contemporáneo, me parece que ha escogido la profesión equivocada."

se integren diversas disciplinas." Pero fuera de su propaganda formal la realidad es otra. Ni promueve la reflexión y el diálogo, ni admite derecho de existencia a la diversidad de perspectivas disciplinarias o enfoques que trasciendan las disciplinas existentes. Tampoco es, como promete ser, un espacio dinámico y flexible, y sus administradores se reservan para sí la autoridad absoluta de aceptar o rechazar las aportaciones y colaboraciones intelectuales de los universitarios.[9]

La práctica del poder editorial vigente reproduce modalidades de discrimen irracional, de menosprecio a la autonomía intelectual de los autores, y de desprecio a sus creaciones académicas y aportaciones afines, dando lugar a una constante marginación e invisibilización de obras rechazadas por criterios de dudosa valía académica y de sospechosos sesgos anti-intelectuales, sectarios, elitistas y arbitrarios.

Para comprender con mayor profundidad las condiciones ideológicas y estructurales que constituyen, sostienen y reproducen los arcaicos modelos de práctica editorial, y, a la vez, para fundamentar alternativas democratizantes afines con los principios universitarios, es preciso considerar críticamente las cuestiones jurídico-políticas, éticas y epistemológicas que subyacen el problema y que, al mismo tiempo, condicionan las posibilidades de transformación estructural y cualitativa de las revistas académicas institucionales.

Consideraciones jurídico-políticas

Todos los profesores somos empleados de una corporación pública, la Universidad. Como trabajadores asalariados del Estado compartimos condiciones y requerimientos laborales estrictamente

---

[9] En 2015 me fue censurado un ensayo investigativo titulado "La práctica penal carcelaria y el discurso rehabilitador en el Estado de Ley de Puerto Rico", sometido a la Revista *Umbral*. Entre los argumentos "editoriales" destaca el *desagrado* de uno de los "revisores" con las conclusiones del autor. Aunque impugné la falta de objetividad e irracionalidad de los criterios *editoriales*, la directora de la revista, prof. Lorna G. Jaramillo Nieves, sostuvo su intransigencia, y se quejó ante la directora del Departamento de Ciencias Sociales, prof. Vicky Muñiz Quiñones, quien se alineó en su favor por relaciones personales y al margen de los meritos de la querella del autor. La directora Muñiz remitiría a esta situación como parte de sus acusaciones de insubordinación para negar la renovación de contrato al profesor.

reglamentados con fuerza de Ley, y ninguna actividad académica legítima puede contravenir arbitrariamente las pautas normativas establecidas en el marco jurídico institucional. Cónsono con esta premisa, el *Reglamento General de la Universidad* determina las disposiciones relativas al ejercicio de las funciones, atribuciones y prerrogativas, deberes y derechos del personal docente o claustro.[10] A tenor con la responsabilidad contractual, el personal docente está compelido a laborar por "el mejoramiento académico y el progreso cultural de la Universidad", y "cada miembro de la comunidad académica universitaria, desde la perspectiva de sus particulares funciones y responsabilidades, deberá velar por el fiel cumplimiento de la misión, objetivos y deberes fundamentales de la Universidad, según aparecen expresados en el Artículo 2 de la Ley de la Universidad de Puerto Rico."[11] Dentro de estas coordenadas jurídicas los principios que regulan el derecho a la libertad de cátedra son extensivos fuera del salón de clases, y cualquier creación intelectual que se produzca como aportación académica a la Universidad debe guardar armonía con los mismos. Es en este sentido que las obras sometidas a las revistas académicas deben valorarse, y al que deben adecuarse los criterios y prácticas editoriales.

Las revistas académicas adscritas a la Universidad deben ser congruentes con los principios institucionales, viabilizar la consecución de sus objetivos democráticos y consecuentemente garantizar la divulgación efectiva de las aportaciones intelectuales de la comunidad claustral. Dentro de este marco jurídico, ninguna autoridad institucional puede obstaculizar o bloquear arbitrariamente la libertad creadora de los intelectuales académicos, y toda política editorial debe allanarse a este entendido. Así como la libertad de cátedra, la libertad de investigación es un derecho reconocido con fuerza de Ley. Ninguna forma de autoridad institucional puede restringir arbitrariamente la libertad investigativa del personal docente, condicionar su honradez intelectual o entorpecer su trabajo en "búsqueda de la verdad". En el marco jurídico institucional, la Universidad no tiene autoridad legal para obstaculizar de modo alguno la divulgación de la producción

---

[10] Ley de la Universidad de Puerto Rico; Art. 9. Claustro. (18 L.P.R.A. sec. 608)

[11] Reglamento General de la Universidad de Puerto Rico; Artículo 9 - Cumplimiento de Objetivos y Deberes Fundamentales de la Universidad

intelectual y de la obra creativa de su personal docente, y sin embargo sí tiene la responsabilidad ética de protegerla, promoverla y divulgarla en todas sus dimensiones. Los avances tecnológicos integrados como recursos académicos viabilizan estas gestiones y las plataformas editoriales digitales las refuerzan, amplificando inmensamente el potencial divulgativo de las revistas y medios análogos institucionales.

Las posibilidades de publicación en el actual escenario de época están ligadas a la potencia de los recursos disponibles y no existe justificación académica alguna para restringirlas arbitrariamente. Desde la perspectiva jurídica que regula los quehaceres intelectuales de la comunidad universitaria no es legal impedir la publicación de las aportaciones intelectuales del personal docente y, sin embargo, las políticas editoriales existentes operan al margen de la Ley, restringen la libertad creadora de los profesores e impiden la divulgación de ideas nuevas, divergentes o incomprendidas por las autoridades editoriales.

El poder editorial de rechazar o condicionar las publicaciones a cambios de contenido o estilo carece de fundamentos jurídicos y, a la vez, antagoniza con los principios institucionales de libertad de cátedra, investigación y divulgación, protegidos con fuerza de Ley y al amparo de la reglamentación general de la Universidad como derechos del personal docente.

La estructura del poder editorial de las revistas "arbitradas", aunque integra en sus textos descriptivos los requerimientos de la Ley, en la práctica los contradicen. De una parte, las revistas "especializadas" han funcionado históricamente como clubes privados, sujetas al poder discrecional del cuerpo editorial de manera virtualmente irrestricta y arbitraria, sectaria, elitista y abusiva. La noción de "autonomía" editorial -protegida legalmente- ha servido de subterfugio para bloquear sistemáticamente las ideas y aportaciones intelectuales que difieren, contradicen o le resultan extrañas al poder editorial, y, al mismo tiempo, para favorecer las posturas ideológicas, posicionamientos políticos u ortodoxias disciplinarias favorecidas por la autoridad editorial.[12]

---

[12] En 2016 el autor sometió a la *Revista Jurídica* de la UPR su ensayo investigativo "La práctica penal carcelaria y el discurso rehabilitador en el Estado de Ley de Puerto Rico", previamente censurado por la Revista *Umbral*. Aunque fue aprobada su publicación, en el ínterin del proceso editorial cambió la administración del cuerpo editorial y en 2017 su nuevo director decidió rechazar el escrito. Los criterios expresados para justificar el rechazo fueron de

De otra parte, la aparición histórica de revistas interdisciplinarias y transdiciplinarias acontece como resistencia y alternativa a los modelos sectarios dominantes entre las disciplinas académicas institucionales. El carácter exclusivista y elitista de las revistas "especializadas" ha tenido por saldo general la marginación, discrimen y exclusión de los sectores académicos divergentes y el favoritismo de los amigos políticos de sus cuerpos editoriales. Ante esta realidad histórica, las revistas inter y transdiciplinarias suben al escenario académico como alternativas democráticas, y presuponen la apertura sensible a las diferencias de criterios y estilos que trascienden los límites impuestos por las tradiciones disciplinarias dominantes. Sin embargo, en la práctica, el poder editorial de estas *nuevas* revistas sigue reproduciendo los mismos vicios editoriales del pasado, incurriendo en las mismas prácticas elitistas, sectarias, discriminatorias y abusivas que prometían superar.

La conservación férrea del atávico requerimiento de "arbitraje" por "expertos", por ejemplo, carece de fundamentos jurídicos y produce efectos adversos al ideario democrático de la Universidad. El poder editorial de las revistas *arbitradas* actúa ilegítimamente como poder censor al margen de la Ley y carente de razonamientos de valía académica. Las tradiciones editoriales imperantes "interpretan" las categorías ideológicas de "editor", "árbitro", "experto", "especialista" y "evaluador" como sinónimos de jueces censores; y sus "opiniones", críticas y "sugerencias" las significan como veredictos sagrados e irrefutables. El carácter autoritario de esta relación de poder "editorial" es abiertamente antagónico con los principios jurídicos institucionales, y en su materialidad cotidiana se traduce en la restricción de la libertad creadora e investigativa, en el bloqueo de ideas innovadoras o divergentes, y en la prohibición arbitraria de publicaciones académicas que no se ajustan a los moldes prefabricados por la autoridad editorial o a los juicios subjetivos de sus "expertos" designados.

Dentro del marco jurídico institucional y en acorde a la reglamentación general de la corporación universitaria del Estado no existen fundamentos para crear divisiones jerárquicas entre el

---

sesgo político y arbitrarios. De modo similar a las censuras anteriores, los comentarios de los editores demostraron incompetencia intelectual y se alinearon para favorecer enfoques tradicionales y autores de su agrado personal para justificar la censura del trabajo.

personal docente con poder absoluto para coartar sus derechos políticos como intelectuales académicos y restringir la difusión de sus creaciones. La función administrativa de posiciones editoriales no puede confundirse con la atribución de títulos de nobleza o de elites aristocráticas entre colegas universitarios. La labor encargada al "editor" y sus asistentes, aún bajo los signos erráticos de "árbitro", "experto", "especialista" o "evaluador", debe ceñirse a los principios y objetivos académicos consagrados en el texto de la Ley; y sus funciones precisas acoplarse a éstos, fungiendo como facilitadores y colaboradores en la compleja empresa de la producción intelectual universitaria y la administración de sus recursos divulgativos, incluyendo las revistas "especializadas" y, sobre todo, las enmarcadas dentro de lo transdisciplinario y la educación general.

Los medios divulgativos sostenidos por plataformas tecnológicas digitales hacen insostenibles las restricciones tradicionales a la libertad intelectual y la obra creadora de los universitarios. Solo los celos ortodoxos, los vicios tecnócratas y las parcialidades políticas justifican las prácticas de censura que moldean los espacios editoriales existentes. Si acaso su preservación se basa en errores de interpretación, pues enmiéndense de una vez y por siempre. Asumir una postura conservadora a sabiendas de sus efectos nocivos al clima intelectual en la Universidad y consciente de que se violan los principios de libertad de cátedra, investigación y divulgación es injustificable jurídicamente; racionalmente incoherente; inválida desde una óptica académica; éticamente reprochable y políticamente despreciable.

A pesar de todo y aun dentro del discurso de la Ley las mentalidades tribales, las rigideces ortodoxas, la defensa de privilegios elitistas y los prejuicios sectarios también tienen cabida en de la Universidad, y es un principio democrático irrenunciable garantizarles espacio de libre expresión en las revistas académicas. Lo que no es admisible es cederles el poder editorial para imponer sus credos como modelos únicos en menosprecio y desprecio de la pluralidad de ideas, pensamientos divergentes e infinidad de creaciones intelectuales realmente existentes.

Los derechos laborales reconocidos con fuerza de Ley son letra muerta si no se hacen valer. El trabajo intelectual del personal docente de la Universidad de Puerto Rico está protegido jurídicamente, y todo el claustro, sin distinciones de ningún tipo, goza -o debería gozar- de igualdad de derechos, deberes y responsabilidades. La divulgación de producciones intelectuales y demás obras creativas de valor académico es consustancial a los derechos de libertad de cátedra e investigación, y las revistas institucionales están compelidas legalmente a respetar y honrar indiscriminadamente el trabajo intelectual del personal docente en todas sus dimensiones.

A tenor con estos principios democráticos y estatutos legales, toda posición directiva en materia editorial está obligada a "respetar la honradez intelectual, la búsqueda de la verdad y las opiniones discrepantes"[13] entre colegas claustrales. En este sentido, debe entenderse que las aportaciones o contribuciones a las revistas académicas no pueden ser objeto de discrimen institucional, y cualquier interpretación relativa a los requerimientos editoriales debe basarse primordialmente en el reconocimiento de la autonomía intelectual del autor y de la soberanía sobre su obra. Asimismo, debe entenderse que la publicación en revistas universitarias no es un privilegio que concede discrecionalmente el poder editorial sino un derecho laboral inherente al personal docente de la Universidad. El trabajo intelectual constituye parte integral del cuerpo claustral por su naturaleza jurídica, y sus contribuciones a las revistas académicas no responden o no deberían responder a otra finalidad que el fiel cumplimiento de los objetivos, libertades, deberes y responsabilidades políticas con la Academia, el pueblo puertorriqueño y la comunidad internacional.

A la par con las consideraciones jurídico-políticas esbozadas, es preciso repensar críticamente y rectificar los credos, supuestos y entendidos tradicionales que moldean el imaginario editorial imperante y el conjunto de sus prácticas concretas, sus principios y objetivos, fundamentos y metodologías…

Consideraciones epistemológicas

La posibilidad de democratizar los espacios de divulgación de la producción intelectual universitaria está condicionada a identificar y superar los antiguos entendidos, creencias, prejuicios y equívocos que contradicen e impiden su consecución lógica. Las actitudes elitistas, sectarias y presuntuosas que caracterizan los modelos editoriales vigentes están enraizadas en un lenguaje

---

[13] Art. 63 –Deberes y Atribuciones del personal Docente; Secc. 63.1.4; Reglamento General de la Universidad de Puerto Rico.

incongruente con los fines deseados, y es preciso abordarlo críticamente y depurarlo radicalmente. Es preciso repensar y deconstruir los fundamentos de legitimidad del poderío editorial, la estructura inquisidora en la que se materializan sus prácticas y los conceptos sobre los que asienta sus ilusiones de superioridad intelectual, así como su imaginaria autoridad judicial o moral.

Desde una perspectiva democrática ningún concepto, idea o categoría que regule el imaginario editorial en el contexto universitario debe interpretarse de modo tal que lacere o entorpezca los principios y objetivos planteados. Sin embargo, la marcada ambigüedad del discurso editorial dominante ha hecho posible la manipulación sistemática de conceptos, ideas y categorías claves, dando paso a la tergiversación arbitraria, manipulación y falsificación de los significados y sentidos promovidos por el proyecto democratizador. El saldo general ha sido el entrampamiento del poder editorial entre prácticas carentes de fundamento racional, estimuladas por actitudes tecnocráticas y vanidades injustificables, compartidas ingenua e ilusoriamente por un sector de la comunidad universitaria vinculado a los juegos ancestrales del poder editorial.

Los conceptos míticos de "arbitraje" y de "pares" son ejemplares. De una parte, se presupone la existencia de una autoridad externa investida de la potestad para "evaluar" y emitir un veredicto sobre el escrito "evaluado". Le anteceden, sin embargo, premisas falsas e incongruentes con el espíritu democrático. Al "editor" se le atribuye la cualidad mística de "saber" quién posee los atributos pertinentes para realizar el encargo judicial y se le inviste de una autoridad despótica para hacerlo. La persona *seleccionada* como "evaluadora" se convierte en el acto en "experta" y se le conceden atributos imaginarios de superioridad intelectual, dominio absoluto sobre el material a juzgar y potencial crítico superior al autor mismo para dilucidar sobre los méritos de su obra y, consecuentemente, para determinar si cumple con los "requerimientos" preestablecidos para ser publicado o no. A la figura del "par" también se le atribuyen las cualidades imaginarias de objetividad e imparcialidad, pero su "evaluación" y "sugerencias" son significadas mecánicamente como de mayor valía que los criterios del propio autor y su creación intelectual.

El carácter ilusorio de este entendido es fácil de evidenciar. A pesar de que se presupone que el "árbitro" o "evaluador" es un "par" o un "igual" al autor juzgado, la política editorial reinante dispone que éste debe ejercer su juicio de manera "anónima". El requerimiento de anonimato también carece de fundamento racional académico y su justificación es siempre especulativa. Se alega, sin embargo, que se oculta la identidad del evaluador para que sus críticas y veredictos puedan ser imparciales y objetivos. En realidad, esta política de encubrimiento está basada en un temor paranoide, irracional y prejuiciado. Tras el anonimato se imagina *proteger* al evaluador de posibles represalias por parte del autor juzgado. A todas luces, el anonimato representa valores antagónicos al proyecto democrático-universitario toda vez que anula la posibilidad de diálogo y reflexión libre y honesta entre el evaluador y el evaluado, haciendo aparecer en el acto al autor juzgado absurdamente como potencialmente peligroso.

Lo cierto es que no existen modelos de evaluación fiables y valederos de manera absoluta y generalizada. Los criterios preestablecidos son siempre suficientemente abstractos y ambiguos como para confiar ciegamente en ellos, y las ilusiones de objetividad, de neutralidad e imparcialidad son irreales e irrealizables. Los exagerados atributos a la labor del "evaluador" son imaginarios y arbitrarios, y su "evaluación" no debe ser considerada sino como una opinión personal sin otras repercusiones. Las opiniones críticas, a lo sumo, deben ser consideradas como "sugerencias" y no como juicios valorativos o condiciones autoritarias. En la práctica, sin embargo, acontece lo contrario y debe superarse.

Las consecuencias de sostener estos credos atávicos e irracionales desmerecen el clima intelectual en la Universidad porque fomenta divisiones artificiales entre los profesores. A la vez que se cultivan actitudes elitistas que se materializan en privilegios de publicación para unos pocos, se desanima sistemáticamente la producción intelectual entre la comunidad universitaria. Del mismo modo se fomenta un ambiente de competencia hostil entre sectas intelectuales en lugar de propiciar un espíritu de fraternidad democrática, que valore las creaciones del pensamiento entre universitarios en todas sus dimensiones y sin la injerencia indebida de intermediarios censores.

El valor académico de las publicaciones, su pertinencia y relevancia, no dependen de los criterios subjetivos de los evaluadores o del editor. No existe un método de medición infalible para discernir sobre el valor académico de una obra, y el sometimiento de la misma al "arbitraje" anónimo de "pares" "expertos" no garantiza su calidad como tampoco su rechazo desacredita su valor académico real.

No obstante, el modelo editorial regente fomenta la falsa creencia en que las publicaciones arbitradas son superiores a las no arbitradas, y esta creencia tiene implicaciones políticas serias. Por su lógica oposicional, la publicación no arbitrada se desvirtúa automáticamente y es juzgada como de inferior valía académica. Pero la realidad es que el sistema editorial de revistas arbitradas construye artificialmente su prestigio sobre la base de credos absurdos y actitudes elitistas que están rígidamente reglamentadas mas no por ello justificadas académicamente o fundamentadas en principios democráticos.

Además, parte sustancial del cúmulo de trabajos arbitrados que han sido publicados también son insustanciales, incoherentes y disparatados. Esta realidad ni puede erradicarse ni existe un poder intelectual supremo que pueda evitarla en definitiva. Tampoco es deseable ignorar esta realidad y aparentar lo contrario. Este es un principio medular del proyecto democrático y su espíritu de tolerancia a la diversidad intelectual en todas sus dimensiones. Lo que debe promoverse entre la comunidad universitaria es la honestidad intelectual y el carácter reflexivo y crítico de autores y lectores. De este modo las publicaciones no pretenderían contener la verdad última de las cosas o dar por cerrados o concluidos los temas publicados, sino que procurarían abrirse al debate, a la confrontación de ideas, de críticas constructivas y reflexiones deconstructivas permanentes. Pero lo que sucede bajo el modelo editorial vigente es, sin embargo, lo contrario.

El sistema de *evaluación* imperante opera para purgar las contribuciones intelectuales de lo que el poder editorial o sus élites de expertos designados consideran malo, irrelevante, insostenible, o lo que sea que no concuerde con sus criterios particulares. El modelo editorial existente hace que el proceso de revisión o evaluación se convierta en un juicio a merced de la arrogancia y engreimiento de quienes se creen a sí mismos superiores intelectualmente entre sus pares. Como efecto de esta práctica hay quienes pretenden suprimir las ideas que le son extrañas o difieren de sus credos filosóficos, teóricos o políticos. También hay quienes pretenden suprimir cualquier perspectiva que contradiga sus credos personales o ponga en cuestionamiento los paradigmas de su disciplina o profesión. De este modo, tras la investidura de "expertos", los "árbitros ciegos" se engríen creyendo poseer un dominio superior al de los autores juzgados, y no vacilan en rechazar o condicionar a cambios de contenido las obras juzgadas, a veces de manera viciosa, ignorante, incompetente, prejuiciada y parcializada.

El saldo general del arbitraje no garantiza la calidad del manuscrito. Sea aprobado o rechazado, la noción de calidad y sus ramificaciones son siempre relativas al punto de vista o posición política del árbitro, y nada asegura que haya comprendido realmente el material evaluado. Lo mismo sucede con relación al editor, que por pereza o comodidad se suele desentender de la razonabilidad o falta de ella sobre el contenido de la evaluación. El editor delega la responsabilidad en sus expertos designados y se desentiende de los méritos propios de la obra evaluada, que muy probablemente ni siquiera ha leído. El proceso de arbitraje pasa a convertirse de inmediato en una relación de poder autoritaria, donde la última palabra la tiene el "experto", indiferentemente de sus méritos reales. Esta relación de autoridad es evidentemente despótica. El autor está obligado a aceptar sumisamente las "críticas" y a ajustar el contenido de su obra a las "sugerencias" del "evaluador", aunque sean absurdas o incongruentes con su obra. De lo contrario, el trabajo se da por rechazado y se prohíbe su publicación.

Pero la práctica editorial dominante no es solamente despótica por su naturaleza autoritaria. También es una práctica que mecánicamente anula las dinámicas del diálogo reflexivo entre colegas intelectuales y las suplanta por el sometimiento del autor a una autoridad censora carente de fundamentos académicos racionales. La situación se agrava y a la vez se torna ridícula cuando se trata de dos evaluadores que arriban a conclusiones dispares o someten sugerencias incompatibles entre sí. Por cuestión de sensatez y pura lógica debiera reconocerse que ambas evaluaciones se anulan mutuamente. Sin embargo, el editor condiciona la publicación a que el autor satisfaga las demandas de ambos y cambie el contenido de su obra para complacer a los "expertos" anónimos. Esta práctica devela el carácter autómata del modelo editorial existente en las revistas arbitradas y a la vez descubre la ignorancia e indiferencia del poder editorial con respecto a los méritos de las obras. La falta de respeto al autor y a su trabajo intelectual son consecuencias propias de esta arcaica relación de poder...

El problema de fondo sigue siendo el mismo. No existen fundamentos académicos que justifiquen la existencia de árbitros anónimos entre colegas universitarios; y es ilegítima la creencia en que existe una razón suprema que pueda materializarse en la posición intelectual privilegiada y de superioridad jerárquica atribuida a la categoría ideológica de "experto". Estas posiciones de poder para favorecer, bloquear o rechazar publicaciones son antagónicas e irreconciliables con un proyecto editorial democrático cónsono con el espíritu universitario.

Desde una posición ética, la alternativa es reconocer que cada colega universitario, como intelectual académico y autor, es responsable de los contenidos de su propia obra en todas sus dimensiones. La posibilidad de juzgar o evaluar su trabajo debe ser enmarcada dentro de un juramento de honestidad intelectual y cualquier plataforma de divulgación debe garantizar la integridad de los escritos y abrir espacio para la confrontación de ideas entre sus lectores. Las plataformas tecnológicas digitales erradican cualquier impedimento técnico a los fines propuestos, y posibilitan la consecución efectiva de los objetivos divulgativos de las revistas universitarias locales e internacionales...

Consideraciones ético-políticas

Según cualquier profesor universitario puede dictar una conferencia sin censura previa, la misma libertad de expresión y confianza institucional debe aplicarse a sus publicaciones académicas. La posición laboral en la corporación universitaria del Estado protege con fuerza de Ley su autonomía intelectual y la soberanía sobre sus quehaceres académicos bajo los derechos de libertad de cátedra, investigación y divulgación. No obstante, los requerimientos de arbitraje o evaluación de las revistas académicas institucionales operan como mecanismos de censura, y la racionalidad que los fundamenta contradice y lacera radicalmente los principios de libertad intelectual que deben regir sobre las prácticas editoriales en la Universidad. La experiencia histórica desmiente las pretensiones de objetividad, neutralidad e imparcialidad de las prácticas de arbitraje anónimo y, al mismo tiempo, devela el carácter fraudulento de los atributos de superioridad intelectual de los "especialistas" o "expertos" designados por la autoridad editorial.

Honrando el principio ético-político de honestidad intelectual, es preciso reconocer que es poco probable que el director o editor conozca a profundidad la extensión de la obra publicada de cada autor o que siquiera domine los términos teóricos y epistemológicos sustanciales de su particular especialidad. Tampoco de sus designados árbitros o evaluadores puede presumirse que poseen capacidades intelectuales superiores o siquiera apropiadas para realizar sus encargos. La evidencia histórica a nivel local e internacional es contundente, y el registro de trabajos rechazados por criterios arbitrarios e injustos, por ignorancia y prejuicios, por mediocridad y pereza es, o debería ser, vergonzoso y alarmante.

Además, la creencia en que los títulos académicos formales representan la máxima expresión de la capacidad intelectual de los autores universitarios es falsa. Tampoco de los rangos de "especialidad" pueden inferirse mecánicamente atributos de calidad intelectual o dominio profundo sobre la misma. La realidad es que no disponemos de métodos fiables e infalibles para discernir con certeza inequívoca sobre lo que debe publicarse o rechazarse entre las obras intelectuales de nuestros colegas universitarios. Con lo que sí contamos es con las aportaciones reales que someten a las revistas, y su valor académico en el contexto universitario –local e internacional- debe juzgarse a partir de la publicación y no antes. A todas cuentas, el riesgo mayor lo enfrenta el propio autor y nadie más, toda vez que somete su obra al juicio crítico de quien se interese en leerla…

La comunidad intelectual académica no es "cualquiera". El personal docente de la corporación estatal universitaria posee las credenciales que acreditan su trabajo intelectual en base a sus méritos académicos y profesionales. Esa es la base formal de su contratación y está resguardada con fuerza de Ley. Ninguna instancia de inferior jerarquía en el contexto universitario puede arrogarse la potestad de desvalorar sus méritos académicos ya reconocidos y validados en el acto de reclutamiento como personal docente. Sin embargo, el sometimiento al juicio valorativo de otros colegas designados como "expertos" o "especialistas" por arbitrio de la autoridad "editorial" implica la degradación automática de los méritos académicos del personal docente juzgado o evaluado.

El bloqueo, el condicionamiento a cambios de estilo o contenido y el rechazo de sus aportaciones a revistas académicas institucionales son los efectos tangibles que evidencian el carácter abusivo y despótico del poder editorial. Aunque ningún título académico como ninguna posición administrativa garantizan la calidad real del trabajo intelectual, tampoco existe justificación académica o legal para suponer de manera previa que deba pasar por el cedazo policial de otros colegas con rangos de superioridad intelectual imaginaria, pero con poder real para restringir o prohibir las publicaciones de otros colegas. En este sentido, la democratización de las revistas institucionales conlleva la eliminación de intermediarios artificiales entre la obra sometida y su publicación.

La vana ilusión de "prestigio" agrava el estado de situación. El mismo problema se repite entre competencias estériles entre colegas académicos que cultivan ideales aristocráticos y pretensiones vanidosas de "reconocimiento" por el solo hecho de ser publicados. Desde una perspectiva democrática el prestigio académico está sujeto a la calidad, relevancia o pertinencia del trabajo intelectual y ésta no puede inferirse de manera mecánica por el solo hecho de estar publicado. Tampoco puede determinarse la validez académica de un trabajo de manera previa por "pares" anónimos. En el marco de valores democráticos, es en la comunidad de lectores donde recae el poder de juzgar, evaluar, valorar o desvalorar las aportaciones intelectuales publicadas. Cualquier mecanismo de control y censura previa carece de fundamentos académicos, es ilegal y contradice los preceptos del ideario democrático de la Universidad. Para contrarrestar los efectos discriminatorios, marginadores y excluyentes de estos vicios y prejuicios elitistas deben derogarse los requerimientos de publicaciones *arbitradas* como condiciones para ascenso de rango, contratación o permanencia.

Las aspiraciones de "prestigio" por ser publicado son vanidades carentes de valor académico. Pero como no es posible cambiar la mentalidad elitista dominante de un solo golpe, es preciso inhabilitar el sistema que la promueve y transformar las estructuras que la sostienen. Para hacerlo deben eliminarse los preceptos y estatutos reglamentarios antidemocráticos, como los ya expuestos y denunciados. La contraparte de la ilusión de prestigio tiene efectos nocivos al clima intelectual en la Academia porque desprestigia la obra intelectual de otros colegas. Y es que la realidad política que moldea la práctica editorial como poder legitimador absoluto produce efectos psicológicos lacerantes de la dignidad humana y, más allá de sus posibles críticas constructivas, el poder editorial se materializa en actos sistemáticos de humillación. Más allá de la pereza intelectual que predomina en estos tiempos, es probable que la relativa escases de aportaciones a revistas académicas esté ligada a los efectos intimidatorios del poder editorial tal y como existe en la actualidad. Los sentimientos de inferioridad intelectual se materializan en la ausencia de participación en las esferas públicas, y la desconfianza generalizada en la presumida objetividad, neutralidad o imparcialidad del poderío editorial es un factor agravante. No es posible propiciar un ambiente de reflexividad crítica e intercambio de ideas en la Universidad si gran parte de la comunidad intelectual es marginada por entidades que ejercen funciones hostigadoras, humillantes e intimidantes…

Para superar las expectativas elitistas dominantes debe reconocerse valor académico intrínseco a cualquier aportación intelectual del personal docente universitario y publicarse sin restricciones, condiciones o arbitrajes irrazonables. En este sentido, deben eliminarse los requisitos uniformadores de los estilos discursivos y reconocerse que no existe un modelo único de "ciencia"; que la práctica intelectual teórica, el ensayo crítico y la narrativa reflexiva se manifiestan de formas diversas y nunca homogéneas. La diversidad de estilos y metodologías no pueden desvalorarse como meras "opiniones" personales o carentes de valor "científico" o "académico" por no ajustarse a las pretensiones del poder editorial o a los vicios absolutistas de las disciplinas reinantes. Las revistas "transdiciplinarias" deben servir de modelo a los fines democratizantes y las plataformas de publicación digital le proveen las condiciones materiales para realizarlos efectivamente.

El personal docente debe reconocerse a sí mismo en los derechos jurídicos, éticos y políticos existentes con fuerza de Ley y demandar respeto como cuerpo institucional legítimo a sus libertades de cátedra, de investigación y divulgación de sus creaciones y contribuciones intelectuales. Las revistas académicas de la Universidad deben acoplarse a las demandas democratizantes del presente, nuestro presente.

Consideraciones económicas

En el actual escenario de época, donde la crisis fiscal a nivel nacional amenaza con reducir dramáticamente el presupuesto institucional, los cambios en las estructuras universitarias deben atemperar sus gestiones administrativas sin menoscabo de las funciones académicas, que son la razón de ser de la Universidad. El proyecto de reestructuración de las revistas académicas, además de reivindicar los derechos jurídico-políticos y valores éticos de los trabajadores docentes, procura armonizar la realidad económica de la Institución con sus recursos materiales y humanos. De una parte, las publicaciones impresas deben ser objeto de una rigurosa fiscalización, donde lo académico impere sobre los intereses económicos de los negocios de imprenta e industrias editoriales.[14] Garantizar la divulgación efectiva y libre del trabajo intelectual docente debe ser el horizonte a perseguir y no la creación de imágenes de prestigio artificial y propaganda institucional.[15]

A la actual política de austeridad y consecuente reducción de publicaciones impresas no debe seguirle una reducción en la producción intelectual y publicaciones académicas. En este contexto, las tecnologías electrónicas existentes y las plataformas digitales de las revistas académicas juegan un papel de suma importancia para garantizar la preservación y circulación permanente de las revistas existentes sin incurrir en gastos innecesarios en costosas reproducciones impresas. Éstas deberían limitarse a fines divulgativos, como donaciones a bibliotecas. La impresión en imprentas digitales por demanda individual sería beneficiosa a estos fines, y las revistas integrarían los enlaces pertinentes. La misma lógica podría considerarse para publicar y promover libros de autores docentes...

Pero, más allá de los ajustes en la economía editorial universitaria, la integración de una política editorial inclusiva y libre

---

[14] La tesis doctoral del profesor Gazir Sued (*Devenir de una (des)ilusión: reflexiones sobre el imaginario psicoanalítico y el discurso teórico/político en Sigmund Freud*) no fue considerada por el director de la editorial de la UPR porque era demasiado extensa y no tendría salida comercial.

[15] A pesar de las obstrucciones *editoriales* y de la falta sistemática de apoyo institucional, la Universidad se aprovecha oportunistamente de las producciones literarias independientes para enaltecer su imagen y sacarle partida a la apariencia de reconocimiento de las obras de autores universitarios. Ver, por ejemplo, carta de agradecimiento y reconocimiento por labor creativa y contribución docente e investigativa en la actividad *Universidad, Obra Creativa y País,* UPR-RP: "El esfuerzo de docentes e investigadores como usted es el que hace posible realizar la labor creativa en el recinto de Río Piedras, que hoy reconocemos..."; Firmada por el rector Severino Valdez, 20 de abril de 2016. Ejemplares de las obras "reconocidas" fueron exhibidos públicamente en una instalación en el vestíbulo de la principal biblioteca del recinto, promocionada en los medios informativos del país. Además, reseñas de publicaciones independientes aparecen en el Boletín del Centro para la Excelencia Académica (CEA), UPR-RP.

de controles y censuras antiacadémicas aumentaría la productividad intelectual de los trabajadores docentes, que es en última instancia lo que más importa. Fortalecer las plataformas digitales, diversificar las tecnologías de comunicación y medios electrónicos de información, fomentaría un mayor intercambio de ideas y ampliaría el caudal de aportaciones intelectuales de la comunidad académica, desde y más allá de las especialidades formales e identidades disciplinarias.

***

A tenor con las reflexiones críticas, principios y objetivos, consideraciones y denuncias expuestas, someto a la consideración del Senado Académico del Recinto de Río Piedras el siguiente proyecto de reconfiguración democrática de la política editorial y las revistas académicas universitarias. El proyecto es extensivo y valedero en todas sus dimensiones para todas las revistas académicas de la Universidad de Puerto Rico y, en lo posible, los cambios propuestos deben servir de modelo ejemplar a todas las universidades nacionales e internacionales...

Proyecto para la reconfiguración de la política editorial de la UPR y las revistas académicas universitarias

1. Rectificar los equívocos epistemológicos y entendidos falseados históricamente sobre la función académica y política del poder editorial en la Universidad de Puerto Rico; y subsanar cualquier interpretación que impida el cumplimiento de los fines (misión y visión) de las revistas institucionales, a saber: la divulgación libre e irrestricta de las aportaciones intelectuales de académicos universitarios.

2. Atemperar la reglamentación de las revistas académicas en conformidad con los principios jurídicos, éticos y políticos democráticos de la Universidad y, asimismo, los requerimientos de publicación del trabajo intelectual del personal docente.

3. El anonimato es antagónico al principio de equidad, en parte porque contradice radicalmente el principio de transparencia que le es consustancial, y en parte porque sirve de subterfugio a la intolerancia y de refugio para la corrupción del poder editorial. Toda obra académica está obligada a circunscribirse dentro de la demanda ética de honestidad intelectual, y ningún docente puede estar exento de asumir responsabilidad sobre sus actos. La imposición de jueces anónimos (pares ciegos) enturbia el clima laboral porque su existencia misma representa valores antagónicos e irreconciliables con los principios democráticos, carece de fundamento académico y somete al autor juzgado a condiciones de incertidumbre y presiones injustas e injustificables.

4. Suprimir el requerimiento arbitrario de evaluaciones de "pares" como condición para la publicación. La noción de "par" carece de fundamento racional admisible desde una perspectiva radicalmente democrática y existe sólo como ilusión de equivalencia o "igualdad" que, en realidad, invisibiliza las diferencias sustanciales que son constitutivas de las personas reales y que se materializan en la singularidad de sus creaciones intelectuales más allá de los artificios identitarios de las disciplinas, escuelas o corrientes de pensamiento dominantes.

5. Reconocer que la idea de lo "transdisciplinario" emerge y se adopta en base al reconocimiento de la imposibilidad de amoldar la diversidad intelectual y la singularidad discursiva del autor dentro de categorías prefabricadas de igualdad, paridad o equivalencia.

6. Cónsono a la crítica de la noción ideológica del "par" debe reconocerse de manera explícita la autonomía intelectual del autor, la singularidad de su estilo y su derecho de soberanía sobre su creación. El autor es responsable de su obra, y nadie debe imponer dominio alguno sobre la misma. El enriquecimiento de los principios políticos universitarios depende del reconocimiento de la libertad creadora y del respeto a la diversidad de posiciones, perspectivas y estilos

que caracterizan a la comunidad universitaria y a sus intelectuales académicos.

7. La Universidad y la política editorial de sus revistas deben limitarse a proveer medios efectivos de publicación y divulgación de la producción intelectual e investigativa de los universitarios sin intermediarios que arbitren, juzguen o censuren sus contenidos.

8. La transparencia es una condición fundamental para la democratización de las revistas universitarias, y la existencia de un "evaluador" anónimo es antagónica e irreconciliable con la misma. ¿Cómo hablar de honestidad intelectual, de diálogo y de reflexión si la publicación de una obra está sujeta al juicio de personas de las que ni siquiera se sabe el nombre? No es posible el diálogo académico si se condiciona al juicio de alguien que "evalúa" impersonalmente, a escondidas y aparentemente temeroso e indispuesto a "dialogar" con el sujeto "evaluado". No existe fundamento racional alguno que justifique que la obra de un profesor-autor que contribuye con su aportación intelectual a una revista académica deba someterse al juicio valorativo de otra persona, y menos aún cuando esa persona no tiene relación alguna con el autor o con su obra. Esta es una práctica absurda e inmoral, y más allá de los artificios retóricos que la justifican e incluso de las buenas intensiones de los evaluadores, nadie debería arrogarse la autoridad de juzgar un trabajo que le es ajeno en todos sus aspectos esenciales.

9. El encargo editorial y la labor de "evaluación" debe limitarse a correcciones ortográficas y a revisiones razonables (datos y fuentes de referencias, etc.). Asimismo, debe abstenerse de cualquier injerencia sobre cuestiones de estilo. Ambos poderes pueden dar sugerencias y hacer críticas constructivas, pero nunca condicionar la publicación a que se operen cambios de contenido. Lo contrario, que es la práctica actual, es arbitrario e incompatible con el espíritu democrático de la Universidad, y se presta para discriminar por razones ideológicas y políticas, así como para

amordazar, marginar, excluir y ocluir las ideas y pensamientos que no comulgan con la autoridad editorial.

10. El principio de libertad de cátedra es consustancial a la producción intelectual del autor y la política editorial debe ceñirse inexcusablemente al mismo. La administración de cualquier revista académica debe garantizar la transparencia en todas sus dimensiones y el respeto absoluto a la libertad intelectual, creadora e investigativa del intelectual académico.

11. Debe suprimirse la ilusión de *prestigio* arraigada en modalidades de elitismo y sectarismo. El prestigio de una revista académica reside en la calidad de sus contenidos, y más allá de la obsesiva voluntad de control no existe una autoridad central que pueda juzgarlos a nombre de toda la comunidad universitaria. La diversidad de contenidos y estilos es enriquecedora, y no existen moldes ideales para representarla de manera uniforme. La pretensión de uniformidad es, de hecho, indeseable desde una perspectiva radicalmente democrática.

12. Los únicos jueces de lo publicado deben ser los lectores, y cualquier oposición, diferencia, crítica, comentario u opinión favorable o disidente debe contar con espacio garantizado en una revista académica verdaderamente democrática. Esta es la condición indispensable para la posibilidad de diálogo y reflexión entre universitarios. El choque de ideas es consustancial al espíritu democrático, y la confrontación y las críticas más incisivas le son constituyentes por su propia naturaleza.

13. Los avances tecnológicos y la plataforma digital de las revistas amplían inmensamente las posibilidades participativas y colaboraciones intelectuales. La política editorial no debe limitar o restringir los trabajos aportados por condiciones técnicas arbitrarias o carentes de sentido académico. Por el contrario, debe alentar la participación y, si acaso, celebrar las aportaciones vengan de quien vengan. Nuevamente, es el autor el responsable de su obra y son los lectores sus evaluadores, jueces, cómplices o verdugos.

14. Es una vergüenza que el principal centro de educación superior del país tenga que mendigar entre sus profesores para que saquen tiempo para leer y "evaluar" las aportaciones de sus colegas. La realidad es que nadie puede imponer que a otro le interese la escritura de otro o dedique tiempo voluntario a "evaluar" un trabajo ajeno, y las razones son numerosas y muchas de ellas comprensibles. Pero restringir el espacio del contenido por razones de comodidad para el evaluador es absurdo y anti-intelectual. El espacio en una revista de plataforma digital permite libertades mayores que las revistas impresas y nada justifica restringir en base a criterios de espacio. Quien no tenga tiempo para leer, que no lea. Pero no por ello puede menospreciar o depreciar el contenido del trabajo de un colega, requiriéndole por pereza intelectual que reduzca la extensión de su obra para su comodidad personal. En cuanto a los lectores, que sean ellos mismos los que decidan si leen o no, y nadie puede prever sus gustos e intereses, disposiciones o reacciones.

15. Conjurar al fantasma de la vagancia o invocar al espíritu de la pereza intelectual mediante eufemismos de conveniencia editorial debe resultar bochornoso e insostenible para cualquier comunidad intelectual. Imponer límites de páginas para comodidad del "evaluador" debe suprimirse y la extensión de las obras quedar a discreción exclusiva del autor, sin menoscabo de las sugerencias pertinentes del editor. Asimismo, la escasez o falta de lectores para cumplir encargos de revisión o evaluación no debe ser excusa para retardar una publicación. El autor es responsable de su obra, nadie más.

16. La apertura democrática de las revistas institucionales eliminaría las malas prácticas de juicios y censuras entre colegas, y al mismo tiempo superaría los abusos de "evaluadores" o "revisores" mediocres, prejuiciados, parcializados o ignorantes. Erradicar el mito del "par" y superar la creencia en la justeza de la supuesta ceguera del "evaluador" permitiría amplificar las posibilidades de participación y colaboración intelectual con las revistas a la par con el fortalecimiento del principio de libertad de

cátedra, de autonomía intelectual del autor y del derecho de soberanía sobre su obra.

17. La creencia en la superioridad intelectual del poder editorial debe superarse definitivamente. La misma parte de la falsa premisa de que el autor no puede prescindir de una autoridad externa que valide su obra y legitime su publicación. El efecto de esta creencia y política paternalista -dominante en la Universidad del Estado- es la sistemática infantilización del intelectual académico, y se materializa en prácticas editoriales incompatibles con la realidad y antagónicas con el principio de honestidad intelectual. De hecho, se trata de una concepción hipócrita del poder editorial, como cuando "sugiere" cambios de estilo y contenido como condición innegociable para publicar, aunque sean absurdas sus "sugerencias" o "recomendaciones". El autor indispuesto a someterse al absolutismo editorial es estigmatizado como "intransigente", ridiculizado por su "soberbia" e inculpado como único responsable de no ser publicado. Ese es el lenguaje repugnante y cínico de los déspotas, y ha sido heredado, cultivado y sacralizado por el discurso-poder editorial.

18. Ninguna forma de dependencia psicológica en figuras de autoridad con dotes imaginarios puede ser positiva para el desarrollo del pensamiento crítico y la imaginación creativa de la comunidad intelectual académica. La creencia en la superioridad intelectual del poder editorial y en sus exageradas virtudes purgativas produce efectos negativos que deben ser superados, de una parte, porque reproducen actitudes paternalistas y de otra, de manera simultánea, infantiliza al autor. La reconfiguración de las relaciones de poder que estructuran las prácticas editoriales, por el contrario, posibilitan interacciones dinámicas que muy probablemente redunden en acrecentar la calidad de los trabajos a publicarse. El poder editorial fungiría como colaborador solidario en la empresa de producción intelectual, contribuyendo a mejorarla mediante un diálogo crítico y reflexivo con el autor, pero nunca censor e impositivo. Al mismo tiempo, el autor se reconocería a sí

mismo como su principal crítico y editor en todos los aspectos de su obra.

19. El requerimiento "institucional" de publicar en una revista "arbitrada" debe eliminarse de raíz. Primeramente, porque se trata de una imposición externa, ajena y contradictoria a la realidad del trabajo intelectual en la Universidad. El carácter inter y transdisciplinario de la formación profesional y de las producciones académicas del claustro es incompatible con este requerimiento, que presupone identidades fijas y condiciones estandarizadas como las que se creen propias de las disciplinas dominantes en la Academia. Además, produce efectos coercitivos, humillantes e intimidatorios carentes de fundamentos académicos y contrarios al ideal democrático de la Universidad. Ningún trabajador intelectual de la UPR debe someterse a criterios abstractos de personas invisibles. Se trata, en la práctica, de un requisito impuesto de manera irreflexiva y mecánica, copiada de modelos arcaicos o importados para fines ilusorios y sin consideración sobre sus implicaciones reales, como las relativas a los prejuicios anti-intelectuales y anti-académicos que caracterizan una parte sustancial de la autoridad editorial *tradicional* de las revistas universitarias.

20. Las revistas deben abrirse para aceptar las publicaciones del personal docente sin restricciones irrazonables. Sus editores o autoridades administrativas pueden emitir críticas y sugerencias técnicas, ortográficas, de estilo y contenido, con entera libertad; pero no proscribir los trabajos sometidos para publicación ni condicionarla a cuenta de ajustarse a sus criterios personales cuando el autor no se siente representado en los mismos o difiere de ellos.

21. A tenor con la responsabilidad social de la Universidad y, por ende, con la de sus docentes, la convocatoria temática de las revistas debe acoplarse a las complejas dinámicas de lo social en todas sus dimensiones, procurando espacios permanentes para dar continuidad a los temas ya publicados, integrar temas omitidos o excluidos pero de relevancia y pertinencia, y, a la vez, abrirse a temáticas

coyunturales y a cuestiones imprevisibles que pudieran demandar la atención crítica de los universitarios más allá de la temática "convocada" para un número particular o de las reducidas categorías temáticas ya programadas en la plataforma digital de la revista.

22. Esta propuesta de reforma democrática de las revistas académicas tiene repercusiones políticas en la Universidad en general, pues implica confiar en la honestidad intelectual de nuestros colegas académicos y abrir espacio de publicación a la inmensa diversidad de estilos discursivos que caracterizan las producciones intelectuales, creaciones artísticas, temas investigativos, perspectivas teóricas y metodologías.

23. Atemperarse a esta realidad y desprenderse de falsas creencias e ilusiones implica a la vez reconocer que el trabajo intelectual también es experimental y tentativo; que las investigaciones son procesos inacabados y que incluso las conclusiones son siempre objeto de revisión crítica y de rectificaciones. En este sentido, cónsono al principio de reconocimiento y respeto a la diversidad de enfoques pedagógicos y a la multiplicidad de manifestaciones intelectuales transdisciplinarias, debe reconocerse que las publicaciones están -o podrían estar- saturadas de contradicciones teóricas e incoherencias epistemológicas según la escuela de pensamiento o la singularidad del autor; representar discordias irresolubles entre puntos de vista, disciplinas y campos del saber; parcializarse a favor de tendencias ideológicas y políticas irreconciliables; y hasta expresar tonos hirientes a sensibilidades conservadoras o a moralidades dispares. Incluso sus lenguajes pueden resultar incomprensibles y sus metodologías o estilos discursivos resultar insostenibles para las tradiciones más ortodoxas. Aunque la honestidad intelectual no es garante de calidad intelectual, enriquece la vida universitaria asentada en los principios democráticos de libertad de expresión e información, de pensamiento, de creación e investigación, y sobre todo en el choque de ideas y en las discusiones críticas y reflexivas. Las revistas académicas deben dar

visibilidad a estas realidades, no encubrirlas ni invisibilizarlas…

24. Las revistas académicas en formato digital deben ser flexibles y ajustarse a la diversidad de estilos y metodologías que caracterizan el trabajo intelectual contemporáneo. Ni la atávica obsesión uniformadora ni el vicio por controlar la información deben subsistir tras la reconfiguración de la política editorial en la UPR. No existe razón académica para privilegiar determinados modelos de formato y tampoco existe un modelo único al que deban ajustarse todos los estilos discursivos y metodológicos, incluyendo las formas de citación y las referencias bibliográficas. Cada autor debe tener la potestad de publicar de manera íntegra el contenido y formato de su trabajo, sin restricciones absurdas y en conformidad con los objetivos de su obra.

25. Las revistas "especializadas" deben proveer espacio abierto a publicaciones libres de las restricciones editoriales sectarias y tribales de las disciplinas tradicionales. Si bien deben conservar las temáticas relativas a sus particularidades objetivas, deben reconocer que ninguna disciplina académica existe de manera fija y monolítica; que en torno a las identidades disciplinarias gravitan numerosos conflictos teóricos, epistemológicos, políticos, etc.; que no existe consenso sobre lo que constituye el reino del saber que celan bajo la categoría formal de una "disciplina"; y que deben abrir espacios que integren las críticas más radicales a las propias nociones disciplinarias, incluso las que ponen en tela de juicio los fundamentos y categorías centrales de la propia disciplina en cuestión. A tenor con esta realidad y en el marco de los objetivos de esta propuesta, el poder editorial de las revistas *especializadas* debe abstenerse de excluir mecánicamente las aportaciones intelectuales de los docentes que pongan en cuestionamiento los límites tradicionales de las disciplinas formales, vengan de donde vengan. Es decir, que el título académico formal no opere como obstáculo y que, por ejemplo, un profesor de física pueda publicar en una revista de historia, y uno de literatura pueda publicar en una revista de psicología, y así sucesivamente.

26. Debe eliminarse el requisito-condición de ajustar las citas y referencias bibliográficas al modelo único de la *American Psychological Association* (APA), porque carece de sentido académico, es arbitrario e incongruente con la singularidad estilística del autor y violatorio de los principios elementales de autonomía intelectual y soberanía sobre su propia obra. Las justificaciones existentes para imponer el formato de la APA son irrazonables y falsean la realidad para fines ilusorios e inútiles de uniformidad, muchas veces incompatibles con el estilo y objetivos académicos del autor.

27. El puesto de dirección administrativa de las revistas o nombramiento de autoridad editorial debe ser determinado colectivamente en Asamblea de Facultad. Desde una perspectiva democrática-participativa el poder editorial de las revistas académicas universitarias no puede constituir un puesto de confianza política del sistema y su burocracia sino responder directamente al máximo cuerpo de representación claustral que es la Asamblea.

28. A tenor con los objetivos de transparencia, flujo de información e intercambio de ideas, todas las revistas académicas deben propiciar que sean publicados al menos los resúmenes de los proyectos investigativos y trámites de seguimiento que cuentan con fondos y auspicios institucionales.

29. Este proyecto, sometido a la consideración del Senado Académico, debe circular entre las diversas facultades del recinto. De contar con el respaldo del Senado, debe presentarse a la Junta Universitaria para que lo circule en los demás recintos y unidades institucionales de la UPR.

30. Este proyecto debe publicarse en las revistas institucionales digitales de manera íntegra e independientemente de su suerte en el Senado Académico. Cualquier crítica, corrección, comentario, enmienda o sugerencia debe contar con espacio de expresión irrestricto en la plataforma digital de cada revista.

Este proyecto es una reivindicación de derechos democráticos del personal docente con base legal en la Ley de la Universidad de Puerto Rico y su Reglamento General. En este sentido, cualquier dilación injustificable para su atención inmediata es insostenible jurídicamente, éticamente cuestionable y políticamente improcedente. Como autor de este proyecto, quedo a disposición del Senado Académico y de cualquier docente en su carácter individual para responder a interrogantes, críticas constructivas o lo que se estime pertinente y relevante a los fines presentados.

Apéndice #4

Investigación histórica sobre las condiciones
laborales de los docentes sin plaza
en la Universidad de Puerto Rico
(Preámbulo de la Carta de Derechos de Docentes sin Plaza)

**Proyecto de Ley: Carta de Derechos del Personal
Docente sin Plaza en Instituciones Públicas de
Educación Superior de Puerto Rico**

Investigación histórica sobre las condiciones laborales de los docentes sin plaza en la Universidad de Puerto Rico[1]
(Preámbulo de la Carta de Derechos de Docentes sin Plaza)

Desde la ley que fundó la Universidad en 1903 hasta la reforma universitaria de 1966, cuya ley sigue vigente todavía, el texto de la ley ha guardado silencio sobre derechos fundamentales de los profesores sin permanencia, cuyas condiciones de precariedad, inseguridad laboral y vulnerabilidad ante los abusos discrecionales del patrono se han agravado con el paso del tiempo. No obstante, estas condiciones no deben atribuirse a la intensión legislativa y tampoco inferirse de los silencios de la ley que los cuerpos legislativos del pasado, en su objetivo de fortalecer la autonomía universitaria, consentían los excesos discrecionales de sus funcionarios o les concedían inmunidad para menoscabar a voluntad los derechos civiles constitucionales del claustro universitario. Tampoco de las clasificaciones administrativas del personal docente se deriva algún fundamento legítimo para discriminar contra los profesores sin permanencia. Sin embargo, sí se abren interrogantes legítimas sobre los criterios reales de elegibilidad y exclusión. La facultad de reclutar y privar de empleo a voluntad del patrono ha seguido prestándose para ejercer control político y discriminar ilegalmente sobre el sector claustral más vulnerable, en menoscabo de sus méritos profesionales y cualificaciones objetivas como de sus derechos constitucionales...

---

[1] Esta investigación histórica y el proyecto de ley fueron presentados a la Comisión de Educación y Reforma Universitaria del Senado de Puerto Rico, el 13 de julio de 2017. Copia impresa se entregó a los senadores Abel Nazario Quiñones (PNP), José R. Nadal Power (PPD), Juan Dalmau Ramírez (PIP) y José A. Vargas Vidot (independiente). Asimismo, fueron presentadas a la Junta de Gobierno y Presidencia de la UPR; a la Comisión de Derechos Civiles (CDC); a la Asociación Puertorriqueña de Profesores Universitarios (APPU); al Colegio de Abogados de Puerto Rico; y al Departamento del Trabajo y Recursos Humanos, entre otros. El comunicado de prensa incluyó el proyecto de ley y la investigación original sometida a la comisión senatorial, "como contribución del autor a la educación general sobre los derechos humanos y como fuente de referencia documental para la labor de periodismo investigativo en los medios informativos del país." (Sued, Gazir; Comunicado de Prensa: "Iniciativa en defensa de los derechos de los profesores universitarios"; 18 de julio de 2017)

Previo a la adopción del *nuevo* reglamento institucional requerido por la ley de 1966, la Comisión de Derechos Civiles (CDC) preparó un informe investigativo sobre las relaciones existentes entre los derechos civiles y la Universidad de Puerto Rico. En el mismo, advirtió que, a diferencia de la ley precedente (1942), la nueva ley universitaria "no contiene ninguna cláusula de protección de los derechos de profesores y estudiantes; y deja a las autoridades internas de la institución la tarea de establecer, dentro del marco de la Constitución, las reglamentaciones pertinentes a la libertad académica."[2] Con el fin expreso de contrarrestar en lo posible los abusos discrecionales de las autoridades universitarias, y de manera coincidente con el informe de 1959[3], la CDC reiteró que el principio de la "libertad académica" se deriva de las libertades de pensamiento y expresión consagradas en las constituciones puertorriqueña[4] y estadounidense[5]; y -según están garantizadas constitucionalmente a todos los ciudadanos- "no pueden ni deben ser restringidas en el ámbito universitario, dentro o fuera de los salones de clases..."[6]

---

[2] Informe de la Comisión de Derechos Civiles de 15 de marzo de 1967; "La Libertad Académica en la Universidad de Puerto Rico"; publicado en Revista del Colegio de Abogados; Vol. XXVII, Núm. 4; agosto de 1967; pp.289-353.

[3] Informe del Comité del Gobernador para el estudio de los Derechos Civiles en Puerto Rico; Editorial Colegio de Abogados de Puerto Rico, San Juan, 1959.

[4] El carácter constitucional de la libertad académica ya había sido reconocido en el Informe del Comité del Gobernador para el Estudio de los Derechos Civiles en Puerto Rico, en 1959. (Op.cit., p.294; 309)

[5] Aunque el texto de la Constitución Federal no lo dispone de manera explícita, el Tribunal Supremo de los Estados Unidos ha reconocido el rango constitucional del derecho a la libertad académica en base a las garantías de libertad de pensamiento y expresión. (• Sweezy v. New Hampshire, 354 U.S. 234 (1957) • Shelton v. Tucker, 364 U.S., 479 (1960) • Keyishian v. Board of Education of the City of New York, 342 U.S., 485 (1952) • Wieman v. Updegraff, 344 U.S., 183 (1952) • Barenblatt v. U.S., 360 U.S. 109 (1959) • Griswold v. Connecticut, 381 U.S., 479 (1965). El 23 de enero de 1967, el Tribunal Supremo de Estados Unidos reconoció el rango constitucional de la libertad académica y declaró inconstitucional privar de empleo a profesores considerados "subversivos". (Op.cit., pp.294-295)

[6] "...a menos que sea por reglamentación razonable para impedir la violencia, la alteración a la paz o la interrupción de las labores académicas." (Informe de la Comisión de Derechos Civiles (1967); op.cit., p. 309.

El informe también advirtió sobre las condiciones de los profesores más vulnerables ante las actuaciones administrativas de "discrecionalidad arbitraria". Esta situación se agravó a partir de 1948 y, desde entonces persiste una "actitud muy generalizada en la administración pública de que un contrato no permanente puede terminarse sin explicaciones" aún por razones de desconfianza política y otras formas de discrímenes inconstitucionales.[7]

> "Se recomienda que el Reglamento de la Universidad de Puerto Rico provea normas para impedir discrímenes inconstitucionales en el trato del personal con contratos no permanentes y que establezca procedimientos para plantear y ventilar querellas contra la violación de dichas normas."[8]

La suspensión sumaria o cesantía injustificada de un profesor son prácticas inconstitucionales. Si bien la ley disponía que los profesores permanentes solo podían ser destituidos mediante formulación de cargos y el debido proceso de ley, la misma regla debía ser aplicable sin reservas a los profesores sin permanencia. No existía razón alguna que justificara la exclusión selectiva de este derecho en el ámbito universitario, y "las autoridades universitarias no pueden violar las normas de la Constitución." La autonomía administrativa no debía servir de

---

[7] Esta "actitud" se manifestó después de la huelga universitaria de 1947-1948 en la terminación de varios contratos probatorios en la Universidad. Del mismo modo, en el Departamento de Instrucción, a raíz de la revuelta nacionalista de 1950, fueron destituidos dos profesionales "con largo historial de servicios excelentes", sin explicaciones o "por sospechas de que simpatizaban con el Partido Nacionalista." (Informe de la Comisión de Derechos Civiles (1967); op.cit., p.320)

[8] Op.cit., pp.320; 335. Sostuvo, además, que -en base a los derechos constitucionales- en la Universidad no debe existir ningún tipo de censura en cuanto a los temas a discutirse, las posiciones ideológicas a expresarse y el estilo de la expresión, sea oral, escrita o mediante manifestaciones de las artes. Del mismo modo, debe permitirse libremente en el ámbito universitario la publicación y distribución de cualquier tipo de publicación, sin tener que pedir permiso especial a la autoridad administrativa y "sin ninguna censura institucional". (Op.cit., p.317)

pretexto para evadir los mandamientos constitucionales o para violar derechos civiles. Sin embargo, el poder patronal de la Universidad tergiversaba arbitrariamente el sentido de la autonomía para despojar de estos derechos a los profesores sin permanencia.

Para evitar abusos de autoridad, la Comisión de Derechos Civiles de 1967 ratificó las recomendaciones del informe de 1959, coincidiendo en que "es necesario establecer un sistema de mérito en todos los aspectos del trato del personal para que las decisiones se basen en criterios de idoneidad y excluyan elementos ajenos al mérito.[9] El nuevo reglamento debía garantizar la igualdad de oportunidad de empleo y la objetividad en la selección de los nuevos miembros de la facultad. El profesor debía poder sentir la seguridad de que no sería excluido por sus ideas o expresiones políticas; que su labor docente sería juzgada (evaluada) con justicia; y que por el fruto de su trabajo podría satisfacer sus expectativas laborales y obtener la permanencia.[10] De acuerdo al informe del CDC, estos son "elementos esenciales de la libertad académica" y "el principio de mérito es salvaguarda de los derechos civiles universitarios."[11]

---

[9] Según el informe de la comisión de 1956: "En la selección, las promociones, las destituciones y todos los demás aspectos del trato de maestros y alumnos no debe entrar en juego ningún factor ajeno al criterio de idoneidad. (…) "El principio de considerar individualmente a cada persona por sus méritos profesionales para la labor requerida, nos parece el único aceptable. (…) La cuestión tiene que plantearse en términos de la capacidad particular para una determinada tarea." (Op.cit., p.309) El Informe de la CDC de 1967 lo endosó (op.cit., pp.319; 328; 339)

[10] Deben mejorarse considerablemente las normas y prácticas sobre la permanencia de la facultad en la UPR. No se deben utilizar contratos temporeros para extender el periodo probatorio… y a los profesores con contratos de tiempo completo se les debe evaluar igual que a los de contrato probatorio. (Op.cit., p.320) "Es debatible el requisito actual de cinco años de servicios satisfactorios para adquirir el status de permanente…" (Op.cit., p.329)

[11] Ídem. El informe de la CDC urgió la intervención de la legislatura para subsanar los efectos adversos de sus omisiones: "No nos parece que debe dejarse a la discreción de las autoridades universitarias el reglamentar, sin normas legislativas, los derechos civiles de los profesores y estudiantes…" (Op.cit., p311) También insistió en que las normas reglamentarias deben cumplirse y aplicarse mediante "procedimientos y principios equitativos, completamente libre de favoritismos o discrecionalidades arbitrarias." Asimismo, planteó la necesidad de crear un ambiente de "justicia con derecho"

Los derechos de los trabajadores docentes en convenios internacionales

En todas las constituciones de los estados de Derecho, la educación es reconocida como un principio cardinal entre los derechos humanos protegidos con fuerza de Ley.[12] A tenor con ello, diversos estudios y tratados internacionales reconocen que el derecho humano a la educación está ligado de manera íntima a los derechos fundamentales de los trabajadores docentes, y que ninguna interpretación jurídica, legislativa o patronal, puede disolver los lazos vinculantes que los funden. Aún cuando los textos constitucionales no lo enuncien de manera explícita[13], esta relación es consustancial al proyecto político democrático que engloba los principios regentes de los sistemas de educación pública y privada en los estados de Derecho. La misma norma aplica invariablemente a los contextos universitarios, y con mayor fuerza vinculante a las universidades del Estado.

Desde 1966, la Organización de las Naciones Unidas para la Educación, la Ciencia y la Cultura (UNESCO) ratificó los principios de la Organización Internacional del Trabajo. A partir de 1997 los hizo extensivos a los profesores universitarios[14]; e hizo

---

y de eliminar "los gestos de autoritarismo paternalista y otros abusos personales de la autoridad." (Op.cit., p.307) Al concluir su informe, la CDC expresó su esperanza en que el nuevo reglamento de la UPR redujera "las posibilidades de arbitrariedad por parte de los administradores" (Op.cit., p.328)

[12] -Toda persona tiene derecho a la educación. La educación tendrá por objeto el pleno desarrollo de la personalidad humana y el fortalecimiento del respeto a los derechos humanos y a las libertades fundamentales.- (Declaración Universal de los Derecho Humanos, Art.26)

[13] -La enumeración de derechos que antecede no se entenderá en forma restrictiva ni supone la exclusión de otros derechos pertenecientes al pueblo en una democracia, y no mencionados específicamente.- (Art. II. Secc.19. Constitución de Puerto Rico)

[14] Recomendación de la UNESCO relativa a la condición del personal docente de enseñanza superior (1997); digitalizada en http://unesdoc.unesco.org/. Este documento complementa el de 1966 (Recomendación conjunta de la OIT y la UNESCO relativa a la situación del personal docente) y aplica a todo el personal docente e investigador de la enseñanza superior. El personal docente de enseñanza superior comprende "todas las personas que en instituciones o programas de enseñanza superior se dedican a enseñar y/o realizar estudios

explícitas las condiciones que debían prevalecer en todas las instituciones públicas de educación superior. De este modo, atendió las lagunas y ambigüedades que todavía caracterizaban las leyes regentes en los dominios administrativos de las universidades, y precisó la normativa ética que debía prevalecer en conformidad con el proyecto político internacional de los derechos humanos y los preceptos cardinales de justicia social-laboral en las constituciones modernas. En acorde, los convenios internacionales de finales del siglo XX reivindicaron la autonomía universitaria en su relación intrínseca con las libertades académicas y los derechos de los trabajadores docentes:

> -Las instituciones de enseñanza superior no deben utilizar la autonomía como pretexto para limitar los derechos del personal docente...-[15]

La participación del claustro en las instancias deliberativas de la Universidad, incluyendo su aparato administrativo, es parte inherente de la profesión docente en todas las sociedades

---

académicos o investigaciones, y/o a prestar servicios educativos a los estudiantes o la comunidad en general". Ambos documentos integran las disposiciones de los convenios internacionales en vigor que son aplicables al personal docente y, especialmente, de los instrumentos relativos a los derechos humanos fundamentales: Convenio sobre derechos laborales (1948 y 1949); Convenio sobre Igualdad de Remuneración (1951); Convenio relativo a la Discriminación (empleo y ocupación) (1958); adoptados por la Conferencia General de la Organización Internacional del Trabajo, así como la Convención relativa a la Lucha contra las Discriminaciones en la Esfera de la Enseñanza (1960); entre otros.

[15] ● -La autonomía consiste en el grado de autogobierno necesario para que las instituciones de enseñanza superior adopten decisiones eficaces con respecto a sus actividades académicas, normas, actividades administrativas y afines, en la medida en que éstas se ciñan a los sistemas de control público, en especial por lo que se refiere a la financiación estatal, y respeten las libertades académicas y los derechos humanos.- ● -La autonomía es la forma institucional de la libertad académica y un requisito necesario para garantizar el adecuado desempeño de las funciones encomendadas al personal docente y las instituciones de enseñanza superior.- ● -Los Estados Miembros tienen la obligación de proteger a las instituciones de enseñanza superior de las amenazas que se presenten contra su autonomía, sea cual fuera su origen.- (V. Derechos, obligaciones y responsabilidades de las instituciones. A. Autonomía de las instituciones. UNESCO (1997); op.cit.)

democráticas, y de modo alguno implica la renuncia de derechos fundamentales. Así lo reconocen los tratados internacionales.[16] En el marco de la ética internacional, la docencia es una profesión y los profesores universitarios son trabajadores profesionales del servicio público[17], no "empleados gerenciales". En este sentido, los docentes universitarios están protegidos por las garantías constitucionales y les son extensivos los derechos civiles, políticos y laborales reconocidos internacionalmente.[18] Del mismo modo, en los convenios internacionales de la época se ratificaron los principios fundamentales de la libertad académica del personal docente[19]; y los principios rectores de las condiciones de empleo[20];

---

[16] -El personal docente de la enseñanza superior debería tener el derecho y la posibilidad de participar, sin discriminación alguna y de acuerdo con sus capacidades, en los órganos rectores, así como de criticar el funcionamiento de las instituciones de enseñanza superior...- (VI.B.31)

[17] -La docencia en la enseñanza superior constituye una profesión que se adquiere y se mantiene gracias a un esfuerzo riguroso de estudio y de investigación durante toda la vida: es una forma de servicio público que requiere del personal docente de la enseñanza superior profundos conocimientos y un saber especializado; exige además un sentido de responsabilidad personal e institucional en la tarea de brindar educación y bienestar a los estudiantes y a la comunidad en general así como para alcanzar altos niveles profesionales en las actividades de estudio y la investigación.

[18] -El personal docente de la enseñanza superior debe gozar de los derechos civiles, políticos, sociales y culturales reconocidos internacionalmente y aplicables a todos los ciudadanos. En consecuencia, todo el personal docente de la enseñanza superior debe disfrutar de la libertad de pensamiento, conciencia, religión, expresión, reunión y asociación, así como del derecho a la libertad y seguridad de la persona y la libertad de movimiento. No se les obstaculizará o impedirá en forma alguna el ejercicio de sus derechos civiles como ciudadanos, entre ellos el de contribuir al cambio social expresando libremente su opinión acerca de las políticas públicas y de las que afectan a la enseñanza superior. No deberían ser sancionados por el mero hecho de ejercer tales derechos.- (VI.A.26)

[19] Se debe respetar rigurosamente el principio de la libertad académica... es decir, la libertad de enseñar y debatir sin verse limitado por doctrinas instituidas, la libertad de llevar a cabo investigaciones y difundir y publicar los resultados de las mismas, la libertad de expresar libremente su opinión sobre la institución o el sistema en que trabaja, la libertad ante la censura institucional y la libertad de participar en órganos profesionales u organizaciones académicas representativas. Todo el personal docente de la enseñanza superior debe poder ejercer

seguridad de empleo[21]; criterios de evaluación[22]; condiciones de trabajo[23]; etc.) En acorde al principio de libertad académica, las universidades debían garantizar las libertades de cátedra[24] e investigativas de los docentes[25] y los derechos a publicarlas sin

sus funciones sin sufrir discriminación alguna y sin temor a represión por parte del Estado o de cualquier otra instancia…- (VI.A.27)

[20] -El acceso a la profesión académica en la enseñanza superior debe basarse exclusivamente en las calificaciones, la competencia y la experiencia académica, y ningún miembro de la sociedad debería ser discriminado.- (VI.A.25) -El personal docente de la enseñanza superior debería gozar de un sistema abierto y equitativo de desarrollo profesional, con procedimientos justos en materia de nombramientos, titularización, cuando este procedimiento exista, ascensos, despidos y otras cuestiones conexas.- (IX.A.43.a)

[21] -La titularidad (…) deberá concederse tras un período razonable de prueba a quienes reúnan una serie de condiciones objetivas previamente determinadas en materia de docencia, labor intelectual o investigación, a juicio de un órgano académico, o realicen un trabajo de extensión a la comunidad satisfactorio a juicio de la institución de enseñanza superior.- (IX.B.46)

[22] -Las instituciones de enseñanza superior deberían garantizar que: a) la evaluación y estimación de la labor de su personal docente forme parte integrante de los procesos de enseñanza, aprendizaje e investigación y que su principal función sea el desarrollo de las personas de acuerdo con sus intereses y capacidades; b) la evaluación de la labor de investigación, de enseñanza y otras tareas académicas o profesionales que lleven a cabo colegas universitarios del evaluado, se base únicamente en criterios académicos (…) f) …el personal de la enseñanza superior tenga derecho a recurrir ante un organismo imparcial contra las evaluaciones que considere injustificadas". (IX.47)

[23] -Las condiciones de trabajo del profesorado de la enseñanza superior deben ser tales que fomenten en el mayor grado posible una enseñanza, una labor intelectual, una investigación y un trabajo de extensión a la comunidad eficaces y permitan al personal docente de la enseñanza superior desempeñar sus tareas profesionales.-

[24] -El personal docente tiene derecho a enseñar sin interferencias, con sujeción a los principios profesionales aceptados, entre los que se cuentan la responsabilidad profesional y el rigor intelectual inherentes a las normas y los métodos de enseñanza.- (VI.A.28)

[25] -El personal docente de la enseñanza superior tiene derecho a llevar a cabo sin interferencias ni restricción alguna su labor de investigación, de acuerdo con su responsabilidad profesional y con sujeción a los principios profesionales nacional e internacionalmente reconocidos de rigor científico, de indagación intelectual y de ética de la investigación. Asimismo debe disfrutar del derecho a

restricciones arbitrarias o censuras.²⁶ En este contexto histórico, los tratados internacionales reconocieron la problemática del trato diferencial y discriminatorio de los profesores sin permanencia, y dispusieron entre sus normativas éticas un trato justo y equitativo equivalente al de los docentes con permanencia:

> "...el personal contratado regularmente a tiempo parcial deberá gozar de condiciones de empleo básicas equivalentes a las del personal docente empleado a tiempo completo".²⁷

La Universidad de Puerto Rico, como institución pública de educación superior, estaba compelida moralmente a funcionar en todas sus dimensiones en conformidad con estas prescripciones internacionales, y sus reglamentos internos y prácticas gerenciales no debían contradecirlas o violentarlas arbitrariamente. Sin embargo, aunque el texto de la ley universitaria y los reglamentos institucionales ya integraban gran parte de estos principios normativos, todavía a finales del siglo XX y en el curso del siglo XXI prevalecen actitudes y prácticas patronales antagónicas e irreconciliables con los cánones de ética internacional que debían regir en todas las universidades públicas...

---

publicar y comunicar las conclusiones de las investigaciones de las que es autor o coautor...- (VI.A.29) -En el contexto de la enseñanza superior, se entiende una investigación original en los ámbitos de la ciencia, la tecnología y la ingeniería, la medicina, la cultura, las ciencias sociales y humanas o la educación que requiera una indagación cuidadosa, crítica y disciplinada, variando sus técnicas y métodos según el carácter y las condiciones de los problemas identificados y orientada hacia el esclarecimiento y/o la solución de los problemas...-

²⁶ -Se debe promover y facilitar la publicación y la difusión de los resultados obtenidos por el personal docente de la enseñanza superior en sus investigaciones, a fin de contribuir a que adquieran la reputación que merecen y promover el adelanto de la ciencia, la tecnología, la educación y, en términos generales, la cultura. A tal efecto, los docentes de la enseñanza superior deberían tener la libertad de publicar los resultados de sus investigaciones y su labor intelectual en libros, revistas y bases de datos de su propia elección y con su firma, siempre que sean autores o coautores de la producción intelectual mencionada.-

²⁷ UNESCO (1997) IX.J.72.

Carta de derechos de profesores sin plaza: trámites legislativos (2006-2014)

Desde inicios de la primera década del siglo XXI, diversos sectores del claustro universitario ya habían reconocido las condiciones y repercusiones de la incertidumbre y la desigualdad laboral a la que eran sometidos los profesores sin permanencia.[28] En 2006 la Cámara de Representantes reconoció el problema de la desigualdad laboral de este creciente sector docente y aprobó resolución para estudiar las condiciones de trabajo de los profesores bajo contratos temporeros.[29] En su exposición de motivos describe el estado de situación:

"Un segmento importante del profesorado a nivel universitario en universidades públicas trabaja bajo contrato. Se trata de cientos de profesores univer-

---

[28] En 2002, el Comité de Asuntos Claustrales para Evaluar la Proliferación de Contratos de Servicios entre los Docentes del Recinto de Río Piedras de la U.P.R. estudió el problema y presentó un informe donde se destacaba el aumento vertiginoso de contratos de servicios, tanto a jornada parcial como completa, que entonces alcanzaba un 32% de la fuerza laboral docente. De éstos, 63% manifestó interés en un nombramiento regular. En 2006, la Asociación Puertorriqueña de Profesores Universitarios (APPU) organizó el Comité de Docentes Sin Plaza para atender situación de desigualdad laboral de estos profesores. Para el año 2007, entre las investigaciones divulgadas sobre las condiciones laborales de los profesores sin permanencia destacaba que éstos "viven con la incertidumbre de quedar desempleados en cualquier momento"; "que los docentes sin plaza que trabajan a tiempo completo cobran hasta 25% por ciento menos por la misma tarea que los que tienen plaza, y los profesores sin plaza que trabajan a tiempo parcial cobran 70% menos por la misma tarea". También se destaca que el salario de los docentes sin plaza que trabajan a tiempo parcial es tan abajo, que están dentro de los índices de pobreza que establece el Negociado del Censo de los Estados Unidos. Entre sus conclusiones, acentuó que "mantener al profesorado en un estado de incertidumbre laboral atenta contra la calidad de educación que reciben nuestros estudiantes y la libertad de cátedra se ve coartada ante la posibilidad de enfrentarse a represalias de parte de las instituciones educativas al no renovar sus contratos o rendir evaluaciones poco favorables."

[29] R. del C. 5939 (13 de noviembre de 2006) Cámara de Representantes. 15ta Asamblea Legislativa. 4ta Sesión Ordinaria. Presentada por representante García San Inocencio. La resolución incluye a los profesores de la Universidad de Puerto Rico, la Escuela de Artes Plásticas y el Conservatorio de Música.

sitarios que han advenido "permanentes" en su estatus de empleado por contrato y que a pesar de realizar iguales tareas que el resto del profesorado, no tiene derecho a la misma remuneración, ni a los mismos beneficios y licencias."

La intención legislativa era examinar, a la luz de los preceptos constitucionales, las desigualdades laborales entre profesores con permanencia y profesores bajo contrato, con miras a garantizar "condiciones más justas de empleo" e "igualdad de derechos". Al mismo tiempo, el sector docente organizado en la APPU gestionó para enmendar internamente el Reglamento General[30] y recogió más de 500 endosos entre el claustro[31], pero los esfuerzos fueron infructuosos.[32]

---

[30] "…antes de que la Legislatura se encamine a resolver el problema que presentan las precarias condiciones de trabajo de los docentes sin plaza, consideramos que la Universidad debe tomar la iniciativa y asumir la responsabilidad por la solución del mismo." (APPU; Proyecto de enmiendas al Reglamento General de la Universidad de Puerto Rico para concederle nombramientos permanentes al personal docente bajo contrato; sometido al presidente de la UPR, 7 de diciembre de 2007) El proyecto impulsó enmiendas al Reglamento General cónsonas a las de la R. de la C. 5939: • Artículos 30. - Clases de nombramientos. Secc. 30.1 -Autoridades nominadoras • Artículo 46 - Permanencia del personal docente. Secc. 46.4.2 -Servicios bajo nombramiento temporero, sustituto o especial o bajo contrato de servicios • Artículo 120 - Definiciones. Secc. 120.6 -Persona bajo contrato.

[31] APPU; "APPU entrega al Presidente de la UPR firmas de apoyo a campaña en defensa de docentes sin plaza" (Comunicado de Prensa, 2 de febrero de 2007) La campaña de recolección de firmas se efectuó entre agosto de 2006 y enero de 2007, y fueron entregadas como endoso al proyecto del CDSP al presidente García Padilla en febrero de 2007.

[32] Durante este periodo algunos catedráticos publicaron columnas independientes en denuncia y solidaridad con los docentes sin plaza. "Ser profesor de la Universidad de Puerto Rico ha sido siempre una misión. Pero su larga lista de causas y luchas hoy se encuentran ante una particularmente inquietante: la laguna de la desigualdad entre el profesorado con seguridad de empleo y el de sus compañeros a contrato o tiempo parcial. Desigualdad que ya no es un asunto de títulos y que se expande a una tercera parte de los profesores…" (Sued Badillo, Jalil; "El injusto primer centro docente"; *El Nuevo Día*, 28 de febrero de 2007)

En 2008, las comisiones designadas[33] rindieron el informe final[34] confirmando las investigaciones y denuncias de las organizaciones claustrales[35] sobre el estado de situación laboral de los docentes sin plaza y ratificando la necesidad de intervención legislativa para atender la situación a tenor con los objetivos resueltos.

Ante este estado de situación, en 2008 la Asamblea Legislativa de Puerto Rico "consideró imperativo ejercer su jurisdicción" para crear, con fuerza de ley, una "Carta de Derechos del Personal Docente sin Plaza en Instituciones Públicas de Educación Superior de Puerto Rico".[36] La intención del proyecto –similar a la de los tratados internacionales de la UNESCO- era "garantizar la igualdad de derechos entre los claustrales universitarios". La carta de derechos cubriría a todo profesor de la Universidad de Puerto Rico "que no tenga una plaza permanente (...) independientemente de que preste sus servicios por contrato a tiempo completo o parcial, o como empleado probatorio, sustituto especial, temporero, de tarea parcial o bajo cualquier

---

[33] La encomienda investigativa fue asignada a las comisiones de Educación y Cultura, presidida por la representante Alba Rivera Ramírez y a la del Trabajo y Relaciones Laborales, presidida por el representante Carlos Méndez Núñez.

[34] Informe Final sobre la R. de la C. 5939 (Comisión de Educación y Cultura y de la Comisión del Trabajo y Relaciones Laborales) (23 de junio de 2008) 15ta Asamblea Legislativa. 7ma Sesión Ordinaria. Cámara de Representantes de Puerto Rico.

[35] Coincidente con los hallazgos revelados por las investigaciones de la APPU y la CONAPU, en 2007 el Senado Académico del Recinto de Río Piedras presentó su informe acentuando su pertinencia dadas las "condiciones tremendamente injustas de trabajo" de los docentes sin plazas. Entre sus conclusiones el informe destacó que "...este tipo de contratación precaria de los docentes, afecta directa y profundamente la libertad de cátedra, la libertad de expresión y de disentir abiertamente..." y sus recomendaciones fueron englobadas bajo el principio de que "la UPR debe ser un modelo de justicia laboral para el país." (Informe sobre la proliferación de contratos de servicio en el Recinto de Río Piedras; Comité de Asuntos Claustrales; Senado Académico UPR-RP; 27 de enero de 2007)

[36] De conformidad con la R. de la C. 5939, se presentó el P. de la C. 4540 (19 de junio de 2008); Cámara de Representantes. 15ta. Asamblea Legislativa. 7ma. Sesión Ordinaria. Presentado por los representantes García San Inocencio y Ferrer Ríos. / P. de la C. 264 (2 de enero de 2009); 16ta. Asamblea Legislativa. 1ra. Sesión Ordinaria. Presentado por la representante Rivera Ramírez.

categoría de nombramiento o contrato que no equivalga a una plaza permanente a tiempo completo en la institución." (Art.3) El Art. 4 dispuso que "a los fines de garantizar la libertad de cátedra y los derechos del personal docente sin plaza (…) se declaran como derechos y prerrogativas protegidas y revestidas de gran interés público lo siguiente: 1. Igual paga por igual trabajo[37]; 2. Cubierta de plan médico[38]; 3. Equidad y uniformidad de oportunidades de empleo[39]; 4 y 5. Garantías contractuales para lograr la "excelencia académica"[40]; 6. Garantías de seguridad en el empleo[41], con base

---

[37] "1. Garantizar que el pago por hora (…) sea igual al salario básico devengado por hora del profesor que posee plaza para enseñar la respectiva materia, curso o sección, mediante la aplicación del principio básico laboral de igual paga por igual trabajo."

[38] "2. La obligación de otorgar cubierta de plan médico a los(as) docentes sin plaza sin tomar en consideración el tipo de contratación o nombramiento ni la carga académica, entiéndase las secciones que enseñe." En 2008, la presidenta de la APPU, la profesora María Gisela Rosado, anunció que el presidente de la U.P.R., Antonio García Padilla, incluiría el plan médico como parte del contrato de profesores sin plaza a tarea completa. No obstante, la tarea completa es de 12 créditos y la gerencia institucional, para evitar esos gastos, ha optado por asignar contratos que no exceden de 11.5 créditos o menos.

[39] "3. Las instituciones mantendrán abiertas y disponibles las plazas que van surgiendo a base de las necesidades de servicios y la demanda por cursos y secciones de cada departamento y facultad, y las divulgarán mediante convocatorias abiertas y públicas."

[40] "5. A los fines de garantizar la excelencia académica (…) Solamente, y por vía de excepción, se permitirá la contratación de personal docente a tarea parcial en aquellos casos en que la fuente principal de ingresos del contratista no sea la docencia."

[41] "6. Al personal docente que al presente se encuentre bajo contrato de servicios se le otorgará un nombramiento probatorio sujeto a que haya prestado servicios satisfactorios por un período de tres (3) años o más. En aquellos casos en que el (la) docente no cumpla con el requisito de servicios por tres (3) años o más le será extendido un nombramiento temporero. (…) Se exceptúan de esta disposición al personal docente a tarea parcial cuya fuente principal de ingresos no sea la docencia. No se añadirá requisito alguno más allá de haber brindado un servicio satisfactorio por un período de tres años o más."

legal en el principio de mérito[42]; 7. Garantías de equidad y protección de derechos laborales y libertades académicas"[43].

Durante este periodo las diversas organizaciones claustrales de la UPR realizaron estudios independientes y coincidieron entre sus hallazgos en que los abusos patronales contra los docentes sin plaza estaban ligados a los impedimentos institucionales de acceso a recursos de querella y apelaciones.[44]

A pesar de esfuerzos y los méritos de las investigaciones que evidenciaban la gravedad del problema de la desigualdad

---

[42] Esta cláusula está fundamentada en los principios de derecho que moldean las legislaciones relativas al personal del servicio público en el Estado de Derecho puertorriqueño, que incluye a los docentes universitarios. De una parte, éstos promueven el empleo de carrera y, de otra, restringen las contrataciones temporeras a circunstancias imprevistas o a situaciones de emergencia. Esta cláusula está atemperada al principio de autonomía universitaria y enmarcada dentro de los requerimientos legales del principio de mérito. En este sentido, reconoce de manera tácita que ni la legislatura ni el tribunal pueden imponer "permanencias" docentes por decreto, pero sí obligar a la UPR a cumplir con sus propios reglamentos y a garantizar que éstos sean interpretados en armonía con los preceptos constitucionales, derechos y principios de justicia laboral en nuestro Estado de Derecho. La pertinencia de esta cláusula se acentúa dado que el sistema de contratación de la UPR opera al margen de la ley e incurre en prácticas ilícitas e incompatibles con la política pública y las leyes protectoras de los trabajadores en general, y de los docentes en particular.

[43] "7. El derecho a tener acceso a foros y procedimientos definidos para que profesores contratados eleven querellas ante cese de contratación, reducción de cursos, problemas de reclutamiento y otros. En ese sentido, para fines de velar por el cumplimiento de esta Ley, el personal docente sin plaza tendrá igual acceso a los mecanismos de presentación de querellas que tienen los profesores que ocupan plazas permanentes."

[44] En 2008, por ejemplo, la organización Universitarios por la Excelencia en la Docencia (UPED), coordinada por el profesor distinguido Samuel Silva Gotay, urgió al presidente a establecer un recurso administrativo especial "para que los profesores sin plaza tuvieran acceso a reclamar sus derechos en forma protegida, sin ser objeto de persecución y penalización por el hecho de haberse quejado." El cuadro general fue descrito: "Hemos verificado que existe una situación generalizada de miedo a la penalización en todo el sistema, que impide a los profesores sin plaza reclamar un trato digno (…) o cuando inclusive, se les violan derechos que ya tienen. Estos compañeros (…) están temerosos de reclamar ante abusos por la falta de una instancia administrativa que los cobije legalmente para hacerlo." (Carta del comité de Universitarios por la Excelencia en la Docencia al presidente de la UPR, Lic. Antonio García Padilla, 10 de noviembre de 2008)

laboral de los decentes sin plaza, el proceso legislativo para crear una carta de derechos fue interrumpido sin explicaciones e ignorado durante el cuatrienio siguiente.

A finales de 2013, el mismo proyecto sería refrendado y presentado en el Senado de Puerto Rico.[45] A fines de 2014, la comisión senatorial a cargo de evaluar el proyecto de ley rindió su informe de aprobación.[46] A pesar de la oposición del presidente de la Universidad[47], el cuerpo senatorial desmintió los alegatos de insuficiencia presupuestaria de la institución[48] y ratificó los principios de justicia y derecho que sustentaban el proyecto:

---

[45] P. del S. 726 (6 de septiembre de 2013). Senado de Puerto Rico. 17ma. Asamblea Legislativa. 2da. Sesión Ordinaria. Presentado por la senadora González López.

[46] Informe Recomendando la Aprobación del Proyecto del Senado 726 (4 de noviembre de 2014); Comisión de Educación, Formación y Desarrollo del Individuo (CEFDI). Senado de Puerto Rico. 17ma Asamblea Legislativa. 4ta Sesión Ordinaria.

[47] El presidente de la Universidad, Uroyoán Walker (2013–2016), se opuso y se limitó a señalar que el Reglamento de la Universidad dispone los mecanismos de reclutamiento de personal para atender las "situaciones y necesidades particulares de los programas académicos y servicios" y que, en el caso de los nombramientos temporeros, "se atienden necesidades de servicios cuya recurrencia no está establecida" por lo que no se justifica "gravar el presupuesto institucional con plazas o puestos permanentes." Además, reiteró que los nombramientos o contratos a término fijo "no son antesala a una plaza permanente" y que "reconocen que los mismos vencen una vez transcurrido el término, por lo mismo no existe una expectativa legítima de ser nombrados ni siquiera a otro nombramiento transitorio y mucho menos a una plaza." También alegó que la Universidad está excluida de las disposiciones de la Ley de Personal de Servicio Público, y que los criterios de evaluación para reclutamiento "aseguran, conforme al principio de mérito, la identificación y selección de los candidatos que mejor puedan desempeñarse como profesores, dentro de la filosofía institucional para poder alcanzar sus metas y los objetivos que justifican su misión social." (Memorial Explicativo de Uroyoán R. Walker Ramos, presidente de la UPR a la senadora Mari Tere González López, presidenta de la CEFDI del Senado de Puerto Rico; 16 de junio de 2014)

[48] "En el mes de enero de 2013 se aprobó la Ley Núm. 7-2013, que le devuelve a la Universidad de Puerto Rico los ingresos dejados de devengar por la Ley Núm. 7-2009. Esto significa que la misma no está en la situación precaria que se encontró hasta el año 2012 por la Ley antes mencionada. Por tanto, entendemos que se debe considerar la medida a favor de este grupo de empleados de la Universidad…"

"Entendemos que hacer justicia laboral a favor de los docentes a tiempo parcial y completo que trabajan por contrato en la Universidad de Puerto Rico es una iniciativa justa para el personal que se encuentra bajo esta situación..."

La ley tendría vigencia inmediata a partir de su aprobación y los derechos concedidos cobrarían vigencia a partir del inicio del año académico 2015-2016 (Art.7); cualquier norma, regla, carta circular, reglamento o ley que sea contraria a las disposiciones de esta Ley quedarían por la presente derogadas (Art.6); y la Universidad debía modificar, enmendar o adoptar las normas, reglas o reglamentos que sean necesarios para cumplir con la Ley (Art.5).

El P. del S. 726 quedó pendiente en calendario de la Asamblea Legislativa pero no subió a tiempo para consideración del pleno. Tras el cambio en la administración de Gobierno, el proyecto volvería a quedar en suspenso...

Más allá de las reivindicaciones de derechos laborales explícitas en el proyecto de ley 726, su ratificación puso en entredicho la imagen idealizada de la Universidad, y corroboró la negativa pertinaz de las autoridades institucionales a reconocer derechos de equidad y justicia laboral a los docentes sin permanencia. Al mismo tiempo, quedó evidenciado que la intensión legislativa que orienta las leyes protectoras de la ciudadanía trabajadora no puede interpretarse en menoscabo de los derechos de los trabajadores más vulnerables. Del mismo modo, quedó implícito que los silencios y ambigüedades de la ley no pueden servir de pretexto para justificar abusos discrecionales del poder patronal; que la autonomía universitaria no puede servir de subterfugio para distorsionar los principios de equidad y justicia laboral; y que la deferencia por el peritaje atribuido a las autoridades administrativas no les concede privilegios de inmunidad para actuar de manera discriminatoria, arbitraria y caprichosa...

Estado de situación y perfil estadístico del docente sin plaza (2016-2017)

La información y análisis estadísticos institucionales en torno a las contrataciones y perfil del personal docente confirman las observaciones señaladas sobre las precarias e injustas condiciones laborales de los profesores bajo contrato temporal y sin opción de permanencia.[49] Del mismo modo, proyectos y resoluciones legislativas[50] confirman las condiciones de desigualdad en derechos, marginación y precariedad económica que sufren los claustrales universitarios contratados temporalmente, sin opción de permanencia, excluidos de beneficios "marginales" y despojados del derecho humano a tener expectativa laboral.

Al menos desde 2002 pueden rastrearse informes institucionales que destacan la tendencia progresiva a reducir los contratos regulares de docentes a tiempo completo y de sustituirlos por contratos de "servicios personales" temporeros, predominante-mente a tiempo parcial y bajo condiciones desiguales en contraste con los profesores permanentes. Según constatan los informes de los comités de asuntos claustrales del Senado Académico del Recinto de Río Piedras y de la Asociación Puertorriqueña de Profesores Universitarios (APPU), para el año de 2002 no sólo habían aumentado el número de plazas docentes congeladas sino, además, la cantidad de "contratos de servicios" a

---

[49] Para este trabajo investigativo he revisado los enlaces digitales del Gobierno de Puerto Rico y de las diversas oficinas y cuerpos administrativos de la UPR (Junta de Gobierno, Presidencia, Junta Administrativa, Oficina de Presupuesto de Administración Central, y de Rectoría, Decanato de Asuntos Académicos, Oficina de Planificación Estratégica y Presupuesto, del Recinto de Río Piedras); y, aunque la data estadística accesible aparece de manera fragmentada, dispersa, inexacta e incompleta, sirve de refuerzo cuantitativo para nuestro análisis. Para completar el cuadro general y enmendar las lagunas estadísticas, he recopilado y estudiado la numerosa documentación (certificaciones y cartas circulares, directrices, reglamentos y estatutos legales) concerniente al régimen de contrataciones de personal docente y a las condiciones laborales del claustro universitario.

[50] De conformidad con la R. de la C. 5939, se presentó el P. de la C. 4540 (19 de junio de 2008); Cámara de Representantes. 15ta. Asamblea Legislativa. 7ma. Sesión Ordinaria. Presentado por los representantes García San Inocencio y Ferrer Ríos. • P. de la C. 264 (2 de enero de 2009); 16ta. Asamblea Legislativa. 1ra. Sesión Ordinaria. Presentado por la representante Rivera Ramírez. • P. del S. 726 (6 de septiembre de 2013). Senado de Puerto Rico. 17ma. Asamblea Legislativa. 2da. Sesión Ordinaria. Presentado por la senadora González López. • Informe Recomendando la Aprobación del Proyecto del Senado 726 (4 de noviembre de 2014); Comisión de Educación, Formación y Desarrollo del Individuo (CEFDI). Senado de Puerto Rico. 17ma Asamblea Legislativa. 4ta Sesión Ordinaria.

tarea parcial y completa, ascendiendo esta fuerza laboral a un 32%, es decir casi uno de cada tres profesores.

En el transcurso de los años fiscales 2012 al 2016, la cantidad de docentes en el Recinto de Río Piedras aumentó de 1,056 a 1,235. Los informes oficiales de este periodo evidencian una progresiva disminución de profesores con permanencia (de 793 en 2012 a 744 en 2016) y, al mismo tiempo, un incremento continuo de profesores contratados como suplentes temporales.[51] En 2012 se registró un total de 157 docentes por contrato (35 a tiempo completo y 152 a tiempo parcial), y en 2016 el total ya excedía el doble (340). Para el año fiscal 2015-2016, por cada 100 docentes a cargo de la enseñanza se registran cerca de 48 por contrato (48%), mayormente a tiempo parcial y bajo marcadas condiciones de marginación, desigualdad e incertidumbre laboral...

Los salarios mensuales de profesores con doctorado y permanencia varían según los rangos y años de servicio, y oscilan entre $5,188 hasta $6,950. Aunque todos realizan las mismas tareas inherentes a la docencia, la diferencia salarial por rango y años acumulados es dramática y asciende hasta $21,144 anuales.[52]

El sueldo de los docentes que ocupan puestos gerenciales es superior al de los que se dedican exclusivamente a la enseñanza, pero el monto exacto está guardado secretamente y las autoridades institucionales se resisten a hacerlos públicos.[53] No obstante, puede apreciarse que la remuneración fija a los profesores con

---

[51] Informe Final del Comité Conjunto para estudiar las contrataciones del personal docente y la congelación de plazas en el Recinto de Río Piedras; Senado Académico, UPR-RP; 21 de abril de 2016.

[52] Desde 2013, el salario de un catedrático auxiliar con permanencia empieza en $63,256 y puede aumentar hasta $65,592; el de un catedrático asociado es de $69,336 hasta $72,636; y el salario de un catedrático, que es el rango superior, va de $80,124 hasta $83,400. Estos son los salarios de la mayor parte de los profesores que hoy reúnen las condiciones para jubilarse. En las escuelas de ingeniería y de arquitectura la escala asciende hasta $94,500; en la UPR de Carolina asciende hasta $97,668; y en Ciencias Médicas –dependiendo la especialidad- el salario de un docente con rango de catedrático puede ascender entre $99,108 y $107,472.

[53] Durante el proceso investigativo solicité personalmente esta información en la Oficina de Planificación Estratégica y Presupuesto del Recinto de Río Piedras, pero me fue denegada, alegando que se trata de información "confidencial".

plaza les provee garantías de estabilidad económica y otros beneficios que no tienen los profesores sin permanencia, aunque realicen las mismas tareas y tengan credenciales equivalentes o superiores. No debe ignorarse que el hecho de que un número indeterminado de docentes sin plaza cuentan con un nivel de producción intelectual (académica e investigativa, obras creativas, publicaciones, etc.) muy superior al de muchos docentes que gozan de permanencia.

La diferencia salarial entre profesores permanentes y temporales es dramática, y afecta directa e indirectamente las relaciones entre claustrales. Mientras los docentes que gozan de permanencia y ostentan rango de catedráticos pueden ganar más de $80,000 dólares anuales, un docente con doctorado y contrato a tiempo completo, independientemente de los años de servicio, genera un ingreso anual de poco más de $40,000 dólares; el salario de un docente con doctorado que ofrece nueve créditos por semestre es apenas poco más de $6,000; si ofrece seis créditos, $4.087; y tres créditos, $2,043. La política institucional vigente restringe las contrataciones a un máximo de nueve créditos por semestre, forzando a la mayor parte de los profesores con doctorado y bajo contrato parcial a subsistir -si tienen la suerte de que les sea renovado el contrato- a ganar entre poco más de $4,000 a $12,000 al año.

Haciendo caso omiso a las repercusiones sobre la calidad de la enseñanza e ignorando las graves consecuencias personales y profesionales de este sector claustral, la gerencia institucional ha impuesto mayores restricciones al régimen de contratación, disponiendo que los contratos de servicio docente deben ser predominantemente a tarea parcial y semestral, limitándolos a la enseñanza de un máximo tres cursos (nueve créditos) por semestre académico (de cuatro a cuatro meses y medio).

Este sector creciente en la Universidad está condenado a padecer semestre tras semestre, año tras año e indefinidamente, la misma situación. Además de esta brutal desproporción salarial entre docentes con permanencia y docentes bajo contrato, los primeros tienen garantizado salario durante los periodos de recesos académicos (vacaciones), navidades y verano, mientras los segundos son lanzados automáticamente al desempleo. Así, por ejemplo, las compensaciones de las vacaciones de verano a los permanentes, fluctúan entre poco más de $5,000 a poco menos de

$7,000, y, conservan la vigencia de sus planes médicos, que son extensivos a los demás sólo hasta el término del contrato.[54]

El patrón de injusticias se agrava con el paso de los años, pues los contratos "temporales", si acaso se renuevan son semestrales y los años no se acreditan a su favor, en abierta violación al principio de mérito. Cada semestre son forzados a competir nuevamente, sin reconocérseles valor acumulativo a los años de experiencia y servicio, sin opción para ascender de rango o siquiera a tener seguridad de continuidad en el empleo...

La inestabilidad laboral forma parte integral del sistema y es calculada mezquinamente. Cada semestre, los profesores bajo contrato son forzados a sufrir la inseguridad laboral y a someterse indefinidamente a las mismas competencias y "evaluaciones" secretas de sus "pares" o al capricho discrecional del director de departamento. Los cursos asignados, días y horarios son adjudicados sin elementales consideraciones humanas, como la asignación de una clase a las siete de la mañana, otra a las cinco de la tarde y otra en días diferentes; la asignación de cursos a última hora, incluso ya iniciado el semestre académico; y la sobrecarga imprevista de diferentes cursos que requieren preparaciones especializadas.[55] En sus horas "libres" estos profesores se ven obligados a mendigar cursos en instituciones privadas. Para la gerencia institucional, estas prácticas administrativas responden a su *estrategia* de "ahorro", pero a costa de la calidad de vida de los trabajadores docentes y de la calidad de la educación que reciben los estudiantes. La congelación de plazas y la férrea restricción a otorgar contratos a tarea completa agrava la situación.

---

[54] A los docentes sin plaza, pero con carga académica completa (12 créditos), la extensión del plan médico no cubre el periodo de verano. A los docentes sin plaza y bajo contratos de menos de 12 créditos no tienen derecho a la cobertura institucional de plan médico.

[55] En ocasiones, los nombres de profesores contratados sin derecho a permanencia y que se han destacado por la demanda de estudiantes, son puestos en las listas de pre-matrícula para garantizar que se llenen sus secciones, pero al inicio de semestre son suplantados por profesores con permanencia que, por las razones que sean, los estudiantes han optado por evadirlos. Si no se abre una sección alterna, la opción general es desecharlos como peones sin derecho laboral y sin protección legal ante la arbitrariedad patronal...

-La Universidad envejece

Para el futuro inmediato es previsible que una partida significativa del claustro con permanencia se sume a las estadísticas de acogidos al retiro, jubilados y fenecidos. Más del 70% de los docentes con permanencia en el recinto de Río Piedras tienen más de 50 años de edad, y 133 llevan trabajando 30 años o más. Según los informes y análisis estadísticos institucionales, el ritmo de retiros y jubilaciones es constante, y se prevé que en el curso de los próximos cinco años la proporción de profesores suplentes bajo contrato aumente vertiginosamente. En un plazo de cuatro o cinco años, por cada 100 docentes permanentes habrá 77 docentes por contrato; y en menos de diez años, probablemente, podrían superar el total de docentes con permanencia.

Como en el presente, en el futuro previsible los profesores por contrato continuarán realizando las mismas funciones y labores académicas que los docentes con permanencia o sustituyendo a los retirados y jubilados, pero con nombramientos temporales y bajo condiciones laborales desiguales. En la actualidad y según los pronósticos estadísticos, la mayor parte de los docentes por contrato enseñan y seguirán enseñando a tarea parcial, a pesar de estar cualificados y dispuestos a ocupar plazas a tiempo completo. Además de sufrir los embates de la marcada desigualdad económica, y a pesar de realizar el mismo trabajo que sus "pares", no reciben seguro médico ni cotizan para retiro, aunque hayan enseñado durante el mismo tiempo que los docentes que cualifican en pleno derecho y con garantías económicas para su jubilación.

El cuadro general del presente y porvenir de los profesores sin plaza es desesperanzador. Víctimas de la necesidad y los costos de vida, se ven obligados a someterse "voluntariamente" e indefinidamente a deplorables condiciones de trabajo, a subsistir con salarios de pobreza y a soportar las iniquidades cotidianas que sus rangos de inferioridad laboral acarrean...

-Perfil general del docente sin plaza

Para contrarrestar y transformar radicalmente estas injustas condiciones laborales es preciso asumir una postura firme y mirar las cosas de manera empática y solidaria, asumiendo posición desde la perspectiva de los trabajadores docentes que sufren bajo este régimen de injusticias. La actitud patronal ha sido indiferente ante los embates de sus políticas de segregación y marginación, y el cinismo que la caracteriza es, cuando poco, inmoral. El discurso patronal no reconoce como derecho la calidad de las condiciones laborales, y por lo general justifica sus injusticias con "razones" económicas, si no bajo el subterfugio de la eterna crisis fiscal del País, a nombre de la "salud" presupuestaria de la Institución, de la *necesidad* de "ahorrar" y recortar gastos "innecesarios". Desde la óptica patronal dominante, la posibilidad de redistribuir los recursos fiscales de manera más justa y de integrar al orden de prioridades las reivindicaciones de los trabajadores docentes bajo contrato es impensable.

Cerca de un 70% de los docentes sin plaza aspira a obtener nombramiento regular, y más de la mitad posee grado doctoral y cualifica hace años para ocupar plazas o al menos obtener contratos a tarea completa y con garantía de continuidad. Más allá de las retóricas alarmistas que todo lo justifican en base la "crisis fiscal" del País, la Universidad goza de un presupuesto relativamente estable y más que suficiente para sostener a su fuerza laboral docente en las mejores condiciones posibles. Sin embargo, permanece vigente una política "cautelar" que no solo mantiene congeladas las plazas desocupadas por los profesores jubilados, sino que los suplanta por profesores bajo contratos a tarea parcial y con términos semestrales (de cuatro a cuatro meses y medio).

Más allá de los entrampamientos ideológicos del discurso neoliberal y la insensibilidad deshumanizante de su poderío gerencial, es imperativo considerar que estos profesores, a pesar de cualificar para puestos regulares y necesitar garantías de continuidad en el empleo, viven en la incertidumbre de quedar desempleados cada semestre. La mayoría ni siquiera obtiene contrato a tarea completa, y todos están forzados al desempleo durante los periodos de recesos académicos (verano y navidades). Sólo una minoría ínfima obtiene contratos a tarea completa y se les concede los beneficios de plan médico hasta el término de sus contratos.

Según las estadísticas oficiales, los docentes sin permanencia pero a tiempo completo cobran 25% menos por realizar el mismo trabajo que los profesores con permanencia. Los docentes contratados a tarea parcial cobran 70% menos por el mismo trabajo. Aunque la Constitución de Puerto Rico (Secc.16) dispone que todos los trabajadores tienen derecho "a recibir igual paga por igual trabajo", el poder patronal de la Universidad veda arbitrariamente este derecho a los trabajadores docentes bajo contrato "temporero".

A pesar de sus altas preparaciones académicas, experiencia profesional y méritos de excelencia, el salario de los profesores a tarea parcial -que constituye su principal o única fuente de ingresos- los sitúa dentro de los índices de pobreza establecidos por el Gobierno Federal. Según la escala salarial vigente, un profesor con doctorado y contratado para enseñar 3 secciones, que equivale a tres cuartas partes de la tarea completa, gana $6,453 al semestre; $4,087 si enseña dos secciones y $2,043 si enseña una.

Abstraer los aspectos económicos de la realidad laboral y existencial de los docentes sin plaza agrava y perpetúa indefinidamente su situación de precariedad, incertidumbre laboral y inestabilidad económica. Más de un 32% de la fuerza laboral docente (uno de cada tres profesores) en la UPR subsiste bajo estas condiciones. En el recinto de Río Piedras, representa un 48%; y la tendencia, marcada por el ritmo acelerado de jubilaciones apunta a un progresivo incremento de este sector.

Cada vez menos profesores son empleados con permanencia. El grueso de contratados sin plaza lo son a tarea parcial, a pesar de su disposición, preparación y experiencia para ocupar plazas regulares y a tiempo completo. Estos profesores son tratados como fichas desechables en el tablero del juego empresarial, como ciudadanos de segunda o tercera categoría en los dominios institucionales.

Estas condiciones laborales no solo desestabilizan adrede la vida económica de estos trabajadores docentes. También coartan su libertad de cátedra y vedan oportunidades de realizar investigaciones con merecido padrinazgo institucional. El menosprecio por la labor investigativa de estos profesores, así como el bloqueo institucional al desarrollo efectivo de su trabajo intelectual, son consecuencias de esta política administrativa. Ni garantía de continuidad en el empleo, ni igual paga por igual trabajo, ni respeto a la libertad de cátedra, ni aportación patronal al plan médico, ni beneficios marginales, entre otras negaciones de derechos, son signos del desprecio institucional a estos profesores, tratados como de inferior valía y maltratados como desechables.

Al mismo tiempo, el temor generalizado a las represalias de parte de las autoridades gerenciales coarta dramáticamente las libertades docentes y derechos civiles de expresión y divulgación de ideas divergentes. La amenaza implícita de perder el empleo es una práctica de hostigamiento psicológico que se extiende por todas las esferas del poder de contratación, desde los profesores miembros de comités de personal a las autoridades patronales (directores, decanos y rectores). El temor a la represalia degenera en mordazas psicológicas que afectan de manera generalizada a los docentes más vulnerables, y el sistema institucional los priva de garantías de protección legal para denunciar sus críticas condiciones de empleo o reclamar justicia laboral.

El cuadro general se oscurece aún más cuando, además de sufrir los abusos gerenciales, se hacen víctimas de rencores personales y discrímenes políticos; de celos profesionales, envidias y chismes; de "bullying" en sus múltiples acepciones, particularmente contra los profesores más jóvenes.[56] La falta de transparencia y de poderes fiscalizadores honestos permite que profesores que ocupan puestos administrativos y posiciones influyentes den rienda suelta a sus impresiones subjetivas, prejuicios y caprichos personales, decidiendo al margen de los criterios institucionales a quién *admitir*, marginar o excluir como profesor. Por encima de criterios académicos legítimos y de los méritos objetivos reglamentados, en la Universidad de Puerto Rico todavía predomina la arbitrariedad discrecional en sus modalidades de amiguismo, favoritismo, discrimen por desconfianza política y padrinazgo político en las evaluaciones, en las contrataciones, en las exclusiones de oportunidades de empleo y en las cesantías…

Avanzada en la lucha por la justicia y la equidad (2017)

A pesar de todo, ante este cuadro de incertidumbre laboral indefinida, de violencia institucional y cinismo patronal, docentes sin plaza del sistema de la UPR gestarían diversas iniciativas organizativas para visibilizar sus condiciones de trabajo y demandar reivindicaciones de derechos, de justicia y equidad…

---

[56] Ver Sued, Gazir; "Profesores desechables e inequidad laboral en la Universidad de Puerto Rico" (Parte I y II); Revista *80 grados*, 2 y 9 de septiembre de 2016. (http://www.80grados.net)

De entre los logros más significativos hasta ahora destaca el respaldo de las organizaciones y asambleas claustrales a nivel nacional.[57] En estos foros se ha reconocido que históricamente el régimen de contratación y los procesos de evaluación, criterios de retención y cesantía del personal docente en la Universidad de Puerto Rico, han estado viciados por prácticas patronales ilícitas, como el discrimen por razones ideológicas, el padrinazgo político y el amiguismo, la arbitrariedad y el capricho; y que siguen siendo recurrentes las cesantías injustificadas, la privación y la exclusión de oportunidades equitativas de empleo, como prácticas de represalia patronal contra los docentes más vulnerables. Además, aprobaron por unanimidad las resoluciones que denuncian como acto violatorio de la dignidad humana y de los derechos académicos, civiles y laborales de los trabajadores docentes, cualquier práctica patronal que niegue un trato ético, equitativo y justo, a los profesores bajo contratos sin plaza. Asimismo, resolvieron unánimemente denunciar la cultura de secretividad institucional y exigir transparencia absoluta en todos los procesos de reclutamiento, evaluación, retención, cesantía y exclusión de profesores bajo contrato. Además, reconocieron que es un principio de convivencia democrática y de justicia laboral que el patrono garantice un trato equitativo y justo a los profesores sin plaza, reconociéndoles pleno derecho a ser informados por escrito de las razones de cesantía y exclusión de oportunidad de empleo; que se les garantice remedios administrativos imparciales, rápidos y justos para trámites de querellas y apelaciones; y ratificaron el principio de solidaridad y equidad entre los docentes universitarios, en repudio de las actitudes discriminatorias, malos tratos y prácticas institucionalizadas de segregación contra profesores sin plaza…

Además, se reconoció el principio constitucional de justicia laboral de "igual paga por igual trabajo" (otorgando a docentes a tiempo parcial una remuneración proporcional a la escala salarial que se utiliza para docentes a tiempo completo); a conceder a los docentes sin plaza las mismas condiciones laborales y beneficios marginales equivalentes a docentes con plaza; y a honrar la política

---

[57] Asamblea Extraordinaria de la Asociación Puertorriqueña de Profesores Universitarios (APPU); 5 de abril de 2017 / Asamblea Nacional de Profesores de la UPR, 5 de mayo de 2017 / Primer Pleno Nacional de Docentes sin Plaza; 26 de mayo de 2017.

institucional del principio de mérito, reconociendo la experiencia docente acumulada para la otorgación de rangos académicos.[58] Todos estos acuerdos colectivos del sector claustral universitario fueron ratificados en el primer pleno de la Coordinadora Nacional de Docentes sin Plaza (CoNaD).

Ante este cuadro, considerando que por décadas la gerencia institucional del sistema de la UPR ha ignorado la grave situación de la desigualdad laboral de los docentes sin plaza, y que nunca ha atendido las recomendaciones y reclamos concretos de este amplio sector de docentes universitarios; y tomando en seria consideración que éstos profesores viven indefinidamente en la incertidumbre de quedar desempleados en cualquier momento; resulta imperativa la intervención de la Legislatura de Puerto Rico y la creación de una Carta de Derechos, a los fines de garantizar la igualdad laboral y protección de los derechos de los docentes sin plaza del sistema de educación superior pública de Puerto Rico…

---

[58] Carta Abierta a colegas en puestos administrativos y a colegas con plazas regulares en la UPR; 19 de mayo de 2017. *Esta carta fue redactada colaborativamente con material producido por el Comité de Acción de Docentes Sin Plaza (CADSP, UPR-Río Piedras), la mesa de trabajo Lxs sin plaza del colectivo Profesorxs Transformándonos en Solidaridad Tornada en Acción (PROTESTAmos, UPR-Mayagüez) y lxs Profesorxs Autoconvocadxs en Resistencia Solidaria (PAReS, UPR-RP). Además, suscriben esta carta: DeMoS (UPR-Cayey), APRUM (Asociación de Profesores del Recinto Universitario de Mayagüez) y APPU (Asociación Puertorriqueña de Profesores Universitarios). Digitalizada en http://profesautoconvocados.blogspot.com; https://protestamos.net.

PROYECTO DE LEY

Para crear la Carta de Derechos del Personal Docente sin Plaza en Instituciones Públicas de Educación Superior de Puerto Rico y para otros fines relacionados.

EXPOSICION DE MOTIVOS

En aras de hacer justicia a los trabajadores docentes más vulnerables del sistema de educación superior pública de Puerto Rico; en acorde con los principios políticos constitucionales de nuestro Estado de Derecho; en armonía con la Declaración Universal de los Derechos Humanos y los derechos claustrales reconocidos en los convenios internacionales de la UNESCO, en los informes de la Comisión de Derechos Civiles y en los proyectos legislativos concernientes a los derechos de los docentes sin plaza; a tenor con los objetivos cardinales de la Universidad de Puerto Rico; y atendiendo las demandas históricas de equidad y justicia laboral del claustro universitario, la Asamblea Legislativa de Puerto Rico considera imperativo ejercer su jurisdicción a los fines de garantizar la igualdad de derechos entre los docentes universitarios mediante la creación de la presente Carta de Derechos del Personal Docente sin Plaza en Instituciones Públicas de Educación de Puerto Rico.

DECRETESE POR LA ASAMBLEA LEGISLATIVA DE PUERTO RICO:

Artículo 1.-Esta Ley se conocerá como Carta de Derechos del Personal Docente sin Plaza en Instituciones Públicas de Educación Superior de Puerto Rico.

Artículo 2.-Esta Ley aplicará a la Universidad de Puerto Rico y sus recintos y unidades, la Escuela de Artes Plásticas y el Conservatorio de Música de Puerto Rico.

Artículo 3.-Los derechos garantizados por esta Ley cubrirán a todo profesor que no tenga una plaza permanente en la Institución Pública de Educación Superior (en adelante, institución), independientemente de que preste sus servicios por contrato a tiempo completo o parcial, o como empleado probatorio, sustituto especial, temporero, de tarea parcial o bajo cualquier categoría de nombramiento o contrato que no equivalga a una plaza permanente a tiempo completo en la institución.

Artículo 4.-Carta de Derechos del Personal Docente Sin Plaza de Instituciones Públicas de Educación Superior en Puerto Rico:

A los fines de garantizar la libertad de cátedra y los derechos del personal docente sin plaza de las instituciones públicas de educación superior en Puerto Rico, se declaran como derechos y prerrogativas protegidas y revestidas de gran interés público lo siguiente:

> 1. El personal docente sin plaza gozará de los derechos civiles, políticos, sociales y culturales reconocidos constitucional e internacionalmente y aplicables en equidad a toda la ciudadanía. En consecuencia, los docentes sin plaza deben disfrutar de las libertades de pensamiento, conciencia, expresión, reunión y asociación. No se les obstaculizará o impedirá en forma alguna el ejercicio de sus derechos civiles como ciudadanos, entre ellos el de contribuir al cambio social e institucional expresando libremente su opinión acerca de las políticas públicas y de las que afectan a la enseñanza superior. No serán sancionados por el mero hecho de ejercer tales derechos.
>
> 2. Como política institucional y en el marco de las garantías constitucionales y de los derechos humanos reconocidos internacionalmente, los docentes sin plaza gozarán de libertad académica y libertad de cátedra, es decir, la libertad de enseñar y debatir sin verse limitado por doctrinas instituidas; la libertad de llevar a cabo investigaciones y difundir y publicar los resultados de las mismas; la libertad de expresar libremente su opinión sobre la institución o el sistema en que trabaja; la libertad ante la censura institucional y la libertad de participar en órganos profesionales u organizaciones académicas representativas. Todo el personal docente sin plaza en el sistema de educación superior debe poder ejercer sus funciones sin sufrir discriminación alguna y sin temor a

represión o represalias por parte del Estado, de la administración universitaria o de cualquier otra instancia.

3. Las instituciones del sistema de educación pública superior garantizarán que: a) la evaluación y estimación de la labor del docente sin plaza forme parte integrante de los procesos de enseñanza, aprendizaje e investigación y que su principal función sea el desarrollo profesional del docente de acuerdo con sus intereses y capacidades; b) la evaluación de la labor de investigación, de enseñanza y otras tareas académicas o profesionales que lleven a cabo colegas universitarios del evaluado, se base únicamente en criterios académicos objetivos y debidamente reglamentados, fundamentados en el principio de mérito y no en criterios subjetivos; c) el sistema de nombramientos, evaluaciones, ascensos de rango, despidos y otras cuestiones conexas, será abierto, justo, transparente y equitativo; d) el docente sin plaza tenga derecho a recurrir ante un organismo imparcial (administrativo y/o judicial) contra las evaluaciones y/o determinaciones que considere injustificadas.

4. Las condiciones de trabajo del profesorado sin plaza deben garantizar, en el mayor grado posible, el desempeño eficaz de las tareas inherentes a la profesión de la docencia.

5. El docente sin plaza tiene derecho a enseñar sin interferencias institucionales injustificadas, con sujeción exclusiva a los principios éticos, deberes y responsabilidades profesionales, que incluyen el rigor intelectual inherente a los métodos de enseñanza.

6. El personal docente sin plaza tiene derecho a llevar a cabo sin interferencias ni restricciones injustificadas su labor de investigación, de acuerdo con su responsabilidad profesional y con sujeción a los principios profesionales de rigor científico, de indagación intelectual y de ética de la investigación. Asimismo, debe disfrutar del derecho a publicar y comunicar las

conclusiones de las investigaciones de las que es autor o coautor.[59]

7. Las instituciones de educación superior deben promover y facilitar la publicación y la difusión de los resultados obtenidos por el personal docente sin plaza en sus investigaciones, a fin de contribuir a que adquieran la reputación que merecen y promover el adelanto de la ciencia, la tecnología, la educación y, en términos generales, la cultura. A tal efecto, los docentes sin plaza tendrán la libertad de publicar los resultados de sus investigaciones y su labor intelectual en libros, revistas y bases de datos de su propia elección y con su firma, siempre que sean autores o coautores de la producción intelectual mencionada.

8. Será política institucional garantizar que las diferencias por rangos y clasificaciones de orden laboral no degeneren en prácticas y actitudes de discrimen y segregación contra los docentes sin plaza. A tales fines, y a tenor con los tratados internacionales y los derechos humanos constitucionales, las instituciones de educación pública superior dispondrán entre sus normativas éticas y reglamentarias un trato justo y equitativo equivalente al de los docentes con permanencia. Asimismo, los docentes contratados a tiempo parcial deberán gozar de condiciones de empleo equivalentes a las del personal docente empleado a tiempo completo.

9. El personal docente sin plaza tendrá derecho a participar, sin discriminación alguna en los órganos rectores y deliberativos de la institución (reuniones departamentales y de facultad, asambleas claustrales, etc.) así como de criticar y proponer cambios y reformas administrativas y académicas sin menoscabo de sus

---

[59] En el contexto de la enseñanza superior, se entiende una investigación original en los ámbitos de la ciencia, la tecnología y la ingeniería, la medicina, la cultura, las ciencias sociales y humanas o la educación que requiera una indagación cuidadosa, crítica y disciplinada, variando sus técnicas y métodos según el carácter y las condiciones de los problemas identificados y orientada hacia el esclarecimiento y/o la solución de los problemas…-

derechos y libertades, deberes y responsabilidades académicas, civiles y laborales. En este sentido, será reconocido con fuerza de ley el derecho a voz y voto de los docentes sin plaza, sin distinción discriminatoria o excluyente por razón de tipo de nombramiento o carga académica.

10. Garantizar que el pago por hora ya sea mediante nombramiento o contratación de los profesores cobijados bajo esta Ley sea igual al devengado al salario básico por hora del profesor que posee plaza para enseñar la respectiva materia, curso o sección, mediante la aplicación del principio básico laboral de igual paga por igual trabajo.

11. La obligación de otorgar cubierta de plan médico a los docentes sin plaza sin tomar en consideración el tipo de contratación o nombramiento ni la carga académica, entiéndase las secciones que enseñe.

12. Las instituciones mantendrán abiertas y disponibles las plazas que van surgiendo a base de las necesidades de servicios y la demanda por cursos y secciones de cada departamento y facultad, y las divulgarán mediante convocatorias abiertas y públicas.

13. A los fines de garantizar la excelencia académica, las funciones inherentes a la docencia se atenderán mediante la creación de puestos regulares permanentes. Solamente, y por vía de excepción, se permitirá la contratación de personal docente a tarea parcial en aquellos casos en que la fuente principal de ingresos no sea la docencia.

14. Al personal docente que al presente se encuentre bajo contrato de servicios se le otorgará un nombramiento probatorio sujeto a que haya prestado servicios satisfactorios por un período de tres (3) años o más. En aquellos casos en que la Autoridad Nominadora certifique que los servicios prestados no fueron satisfactorios, el docente podrá apelar dicha determinación ante la Junta Administrativa o la entidad

equivalente en la institución. Se exceptúan de esta disposición al personal docente a tarea parcial cuya fuente principal de ingresos no sea la docencia. No se añadirá requisito alguno más allá de haber brindado un servicio satisfactorio por un período de tres años o más.

15. Reconociendo como principio de convivencia democrática y de justicia laboral el trato equitativo y justo a los profesores sin plaza; y en armonía con la política pública que promueve la transparencia administrativa en todas las instancias gubernamentales y corporaciones públicas del Estado como garante contra la corrupción y las prácticas ilícitas del poder patronal (discrimen, favoritismo, amiguismo, padrinazgo político, etc.), esta Ley reconoce el derecho de todo docente sin plaza a ser informados por escrito de las razones de cesantía y exclusión de oportunidad de empleo; y a gozar de la oportunidad de impugnación y defensa en las mismas condiciones reglamentadas para los docentes con permanencia, en acorde al derecho constitucional de igualdad ante la ley y el derecho al debido proceso de ley.

16. El derecho a tener acceso a foros y procedimientos definidos para que profesores sin plaza eleven querellas ante cese de contratación, reducción de cursos, problemas de reclutamiento, y otros. En ese sentido, para fines de velar por el cumplimiento de esta Ley, el personal docente sin plaza tendrá igual acceso a los mecanismos de presentación de querellas que tienen los profesores que ocupan plazas permanentes.

17. En consonancia con la política pública del derecho humano al acceso a la información, y siguiendo el objetivo gubernamental de lograr la transparencia en las gestiones administrativas de las corporaciones públicas del Estado, los docentes sin plaza tendrán pleno derecho a obtener irrestrictamente toda información concerniente a los procesos de reclutamiento, criterios de elegibilidad y evaluación, selección y retención de personal, cesantía o no renovación de contrato, y de exclusión de

oportunidad de empelo en las instituciones públicas de educación superior.

18. Esta Ley reconoce el derecho a la expectativa laboral de los docentes sin plaza como un derecho fundamental e inherente a la profesión de la docencia en las sociedades democráticas y sus sistemas de educación superior pública. A tenor con este reconocimiento, esta Ley prohíbe cualquier acto violatorio a la dignidad humana y a los derechos académicos, civiles y laborales de los trabajadores docentes sin plaza. Del mismo modo, prohíbe cualquier modalidad contractual que niegue el derecho de expectativa laboral, así como cualquier otra manifestación que contravenga los principios y derechos establecidos en esta Ley.

Artículo 5.-Cualquier norma, regla, carta circular, reglamento o ley que sea contraria a las disposiciones de esta Ley queda por la presente derogada.

Artículo 6.-Las instituciones modificarán, enmendarán o adoptarán las normas, reglas o reglamentos que sean necesarios para cumplir esta Ley no más tarde de noventa (90) días siguientes a la aprobación de la misma.

Artículo 7.-Esta Ley tendrá vigencia inmediata a partir de su aprobación y los derechos concedidos cobrarán vigencia a partir del inicio del año académico 2017-2018 de cada institución.

Referencias

Referencias bibliográficas...431

Documentos de organizaciones docentes....................................440

Documentos Institucionales de la UPR......................................445

Códigos y Leyes...454

Documentos y enlaces gubernamentales....................................460

Informes de la Comisión de Derechos Civiles............................462

Convenios Internacionales...463

Decisiones del Tribunal Supremo de Puerto Rico.........................464

Apelaciones...469

Artículos de periódicos..471

Referencias Bibliográficas

Ansaldi, Waldo (compilador); *La ética de la democracia: los derechos humanos como límite frente a la arbitrariedad*; Consejo Latinoamericano de Ciencias Sociales (CLACSO); Buenos Aires, 1986.

Aronowitz, Stanley; Giroux, Henry A.; *Postmodern Education: Politics, Culture, & Social Criticism*; University of Minnesota Press; Minneapolis, 1991.

Benítez, Jaime; "Actualidad de la educación en Puerto Rico"; *La Torre: Revista General de la Universidad de Puerto Rico*; Año XIV. Núm.53; mayo-agosto 1966.

Benítez Nazario, Jorge; "Visión universitaria y plan de trabajo académico y administrativo para la rectoría del Recinto de Río Piedras de la Universidad de Puerto Rico"; 8 de julio de 2010.

Bosque Pérez, Ramón; Colón Morera, José Javier; *Las carpetas: persecución política y derechos civiles en Puerto Rico*; Centro para la Investigación y Promoción de los Derechos Civiles (CIPDC); Río Piedras, 1997.

Callinicos, Alex; *Universities in a Neoliberal World*; Bookmarks Publications, London, 2006.

_____; *From the Ashes of the Old: American Labor and America's Future*; Houghton Mifflin Company, Boston, 1998.

Carpeta Núm. 31105 del Prof. Jalil Sued Badillo. División de Inteligencia de la Policía de Puerto Rico (1963-1987)

Chatterjee, Piya & Maira, Sunaina (Editors); *The Imperial University: Academic Repression and Scholarly Dissent*; University of Minnesota Press, 2014.

Chomsky, Noam; "El trabajo académico, el asalto neoliberal a las universidades y cómo debería ser la educación superior"; (2014) http://www.sinpermiso.info/

Colegio de Abogados de Puerto Rico; Resolución Núm.10; Reunión Ordinaria Núm.7; firmada por el Director Ejecutivo, Fco. Santiago Rodríguez; 11 de marzo de 2017.

Colón González, José Luis; "El discrimen político en el empleo público mediante la manipulación de los sistemas de mérito: el caso de Puerto Rico"; XVII Congreso Internacional del CLAD sobre la Reforma del Estado y de la Administración Pública, Cartagena, Colombia, 30 oct. - 2 Nov. 2012.

Cordero Nieves, Yolanda; Caballero Fuentes, Alba; Vázquez Irizarry, William; Segarra Alméstica, Eileen; *El discrimen político en el empleo público*; Centro de Estudios Multidisciplinarios sobre Gobierno y Asuntos Públicos (CEMGAP); Recinto de Río Piedras, Universidad de Puerto Rico, 2016.

Córdova Iturregui, Javier; "Negociación colectiva y sindicación para el personal docente de la UPR"; ponencia publicada en *Congreso de Investigación sobre la Universidad* (2001); Asociación Puertorriqueña de Profesores Universitarios, UPR-RP, 2003.

Cumpiano Alfonso, Flavio; "La persecución por razones políticas en Puerto Rico y la génesis y el desarrollo de la Comisión de Derechos Civiles"; *Revista de la Academia Puertorriqueña de Jurisprudencia y Legislación*; Vol. V. 1998.

Delgado Cintrón, Carmelo; *Imperialismo Jurídico Norteamericano en Puerto Rico (1898-2015)*; Publicaciones Gaviota; San Juan, 2015.

_____; "Derecho y colonialismo: la trayectoria histórica del Derecho Puertorriqueño"; *Revista Jurídica de la Universidad de Puerto Rico*; Vol. XLIX, Núm. 2-3, 1980.

Donoghue, Frank; *The Last Professors: The Corporate University and the Fate of the Humanities*; Fordham University Press, N.Y., 2008.

Duprey, Marlene; "Las condiciones laborales de los profesores sin plaza" (Carta a la Asamblea Legislativa sobre la R. de la C. 5939); 13 de junio de 2007.

Echevarría, José; "Una universidad para nuestro tiempo"; Revista *Puerto*, Facultad de Estudios Generales, Núm. 4-6, junio 1968-diciembre 1969.

Fontánez Torres, Érika; "El peligro del absolutismo judicial"; Revista *derechoalderecho: comentarios sobre Derecho, Justicia y Democracia en Puerto Rico*; 30 de diciembre de 2011; http://derechoalderecho.org/

_____; "Manifiesto de Docentes UPR: a siete años"; *80grados*, 26 de marzo de 2017.

Fuster, Jaime B., *Los derechos civiles reconocidos en el sistema de vida puertorriqueño*; Comisión de Derechos Civiles, San Juan, 1968.

_____; "Deberes y obligaciones del ciudadano responsable"; Comisión de Derechos Civiles, San Juan, 1973.

_____; *Derechos fundamentales y deberes cívicos de las personas*; Comisión de Derechos Civiles, San Juan, 2007.

Gerber, Larry G.; *The Rise and Decline of Faculty Governance: Professionalization and the Modern American University*; Johns Hopkins University Press, 2014.

Germic, Stephen; "Introduction: The Neoliberal University"; Revista *Apuesta*, Núm. 1, 2006.

Ginsberg, Benjamin; *The Fall of the Faculty: The Rise of the All-Administrative University and Why It Matters*; Oxford University Press, 2011.

González Ortiz, Beauregard; *Poder y participación en la UPR*; Ediciones de Política y Administración; 1994.

Giroux, Henry A.; *Neoliberalism's War on Higher Education*; Haymarket Books, 2014.

_____; *On Critical Pedagogy*; Editorial Bloomsbury, New York; 2013.

HEEND; Ponencia de la Hermandad de Empleados Exentos No Docentes de la UPR ante el Senado Académico del Recinto de Río Piedras en las vistas públicas sobre ante-proyecto de reforma a la ley universitaria, 1994.

Hedges, Chris; *Empire of Illusion: The End of Literacy and the Triumph of Spectacle*; Nation Books, NY, 2009.

Helfeld, David M.; "La política laboral constitucional del 1952: sus principios esenciales y los factores que la influenciaron"; Revista Jurídica Universidad de Puerto Rico; Vol. 72 – Núm. 2; 2003.

Levine, Marvin J.; "Una encuesta sobre la sindicalización universitaria"; Revista de Ciencias Sociales; Vol. XV. Núm.3; 1971.

Malavet Vega, Pedro; *Derechos y libertades constitucionales en Puerto Rico*; Ediciones Lorena, 2003.

Martínez Torres, Rafael L.; "La Primera Enmienda se va de la Universidad de Puerto Rico: restricciones absolutas a los derechos de expresión"; *Revista Jurídica de la Universidad de Puerto Rico*; Núm. 52; 1983; pp.665-709.

Marroquín Zaleta; Jaime Manuel; "El error judicial inexcusable como causa de responsabilidad administrativa"; Instituto de la Judicatura Federal de Ciudad Victoria. 2000.

Meléndez Juarbe, Hiram; "Derechos civiles y seguridad en tiempos de crisis"; Revista *derechoalderecho*: comentarios sobre Derecho, Justicia y Democracia en Puerto Rico; 27 de enero de 2014; http://derechoalderecho.org/

_____; "La primera enmienda se va del Tribunal Supremo"; Revista *derechoalderecho*: comentarios sobre Derecho, Justicia y Democracia en Puerto Rico; 29 de junio de 2011; http://derechoalderecho.org/

Mettler, Suzanne; *Degrees of Inequality: How the Politics of Higher Education Sabotaged the American Dream*; Basic Books, N.Y., 2014.

Milgram, Stanley; *Obedience to Authority: An Experimental View*, Harper, NY, 1974.

Montes Bello, Alba; "Las condiciones de trabajo de los profesores en la universidad neoliberal" (Parte 1); Revista *Apuesta*; Núm. 1; 2006.

_____; "Las condiciones de trabajo de los profesores en la universidad neoliberal" (Parte 2); Revista *Apuesta*; Núm. 2; 2007.

Muñiz Varela, Miriam; "Un imperativo ético al que no podemos renunciar"; *80grados*; 28 de marzo de 2017.

Muriente Pérez, Julio A.; "La Universidad de Puerto Rico: cien años después"; ponencia presentada en el 2do Congreso de Investigación de la Asociación Puertorriqueña de Profesores Universitarios (2004); publicada en 2006.

Navarro Rivera, Pablo.; "Control político y protesta estudiantil en la Universidad de Puerto Rico, 1903-1952; Revista *Nueva Época*, Núm. 8; 2000

_____; *Universidad de Puerto Rico: De control político a crisis permanente (1903-1952)*; Ediciones Huracán, Río Piedras, 2000.

Negrón de Montilla; *La americanización en Puerto Rico y el sistema de instrucción pública (1900-1930)*; Editorial de la Universidad de Puerto Rico, 1976.

Negrón Vargas, Mariana; "El Poder Judicial"; Capt. 10 en Acevedo, Héctor L (Editor); *Puerto Rico y su Gobierno: Estructura, retos y dinámicas*; Ediciones SM, 2016.

Newfield, Christopher; *Unmaking the Public University: The Forty-Year Assault on the Middle Class*; USA; 2008.

Nieves Falcón, Luis; Cunningham, Ineke; Rivera, Israel; Torres, Francisco; Amundaray, Hiram; *Huelga y Sociedad*; Editorial Edil, Río Piedras, 1982.

_____; *Un siglo de represión política en Puerto Rico (1898-1998)*; Ediciones Puerto, San Juan, 2009.

Pabón, Milton; "La intolerancia social hacia los grupos políticos minoritarios en Puerto Rico" (ensayo integrado a informe de la Comisión de Derechos Civiles en 1967); Revista de Ciencias Sociales. Vol. 14. Núm. 2. 1970.

Pérez Martínez, Luis; "La Universidad cínica": entrevista de Carlos Gil; Psi-Jurídicos La Ley y la Gente; http://www.cgprlaw.com

Picó de Hernández, Isabel; "Origins of the Puerto Rican university student movement under U.S. domination (1903-1930)" (1974); en López, Adalberto & James Petras, eds.; *Puerto Rico and Puerto Ricans: studies in history and society*; New York: Schenkman; 1974.

Quiñones, Argeo; entrevista en *Hoy en las Noticias*; 30 de marzo de 2017. (https://audioboom.com)

Revista de Ciencias Sociales; Centro de Investigaciones Sociales UPR-RP (1957-1995); en http://rcsdigital.homestead.com/

Revista *Nueva época*; Centro de Investigaciones Sociales UPR-RP (1996-2012); digitalizada en http://rcsdigital.homestead.com/

Rivera Ramos, Efrén; *The Legal Construction of Identity: The Judicial and Social Legacy of American Colonialism in Puerto Rico;* American Psychological Association, Washington, DC; 2002.

_____; Presentación ante el Comité de Ley y Reglamento del Senado Académico de la UPR sobre la Propuesta de enmienda constitucional para garantizar la Autonomía Universitaria; 11 d octubre de 2016.

Juan A. Rivero, Juan A.; "Los *peer reviewing*"; Revista *Ladrillos II*, (fc)

Rodríguez, Nereida; *Debate universitario y dominación colonial (1941-1947)*; San Juan, 1996.

Román, Madeline; "Interrogantes para mentes reflexivas: sobre el combinatorio huelga=cierre (viejos debates y nuevos desafíos)"; (http://www.observatoriomovil.com); 21 de marzo de 2017.

_____; "Revisar la política institucional sobre la convivencia en la UPR"; (http://www.observatoriomovil.com); 27 de marzo de 2017.

Rosselló, Pedro; *Internacionalización de la Educación Superior y el Ciudadano Global*, Puerto Rico, 2015.

Santana Rabell, Leonardo; *Fulgor y decadencia de la Administración Pública en Puerto Rico*; Editorial La Torre, San Juan, 1994,

Santiago Rivera, Carlos Alá (Editor); *Comentario a la Reforma Laboral 2017*; Centro de Estudios Económicos, Sociales y Jurídicos del Trabajo (CEESJUTRA), Río Piedras, PR, 2017.

Santiago Rivera, Carlos Alá; *Derecho Laboral: Leyes en Puerto Rico y su Jurisprudencia 1900-2014: Materiales para elaborar un Código Laboral*; Ediciones SITUM, 2015.

_____; "La apoplejía del saber: análisis crítico de UPR v APPU, 136 D.P.R. 335 (1994)"; Revista de Estudios Críticos del Derecho; Universidad Interamericana, Facultad de Derecho; Tomo 2, Núm.1, 2007.

_____; "Reforma, autonomía y negociación colectiva" (Documento de discusión); 1994.

Seda Bonilla, Eduardo; "El estado de los derechos civiles en la cultura puertorriqueña"; *Revista de Ciencias Sociales*; Vol. III, Núm. 4, diciembre, 1959.

_____; *Los Derechos Civiles en la Cultura Puertorriqueña*; Editorial de la Universidad de Puerto Rico, 1963.

_____; "La cultura cívica de Puerto Rico"; *Revista de Ciencias Sociales*; Vol. XIII, Núm. 2, abril-junio de 1969.

Santa Pinter, J.J.; *Los Derechos Civiles en Puerto Rico*; Editorial Edil, Río Piedras, 1973.

Silva Gotay, Samuel; "La tecnologización de la Universidad o el fin de la utopía"; conferencia presentada en la Facultad de Ciencias Sociales, 1985.

Sued, Gazir; "Devenir histórico de los derechos civiles y la (in)justicia laboral en Puerto Rico: jurisprudencia y legislación pertinentes al contexto universitario y su relación con los trabajadores docentes"; 2017 (Investigación adjunta en las apelaciones del Dr. Sued a la Junta de Gobierno de Universidad de Puerto; Tribunal Apelativo y Tribunal Supremo de Puerto Rico, entre otros)

_____; "Investigación histórica sobre las condiciones laborales de los docentes sin plaza en la Universidad de Puerto Rico" / Proyecto de Ley: Carta de Derechos del Personal Docente sin Plaza en Instituciones Públicas de Educación Superior de Puerto Rico; presentado a: Comisión de Educación y Reforma Universitaria del Senado de Puerto Rico; Junta de Gobierno de la Universidad de Puerto Rico; Comisión de Derechos Civiles de Puerto Rico; Departamento del Trabajo y Recursos Humanos, entre otros; 13 de julio de 2017.

_____; "Docentes sin plaza ante la incertidumbre laboral y la violencia institucional"; Revista *80grados*; 23 de junio de 2017.

_____; "La UPR ante la crisis fiscal del Estado y el proyecto neoliberal"; Revista *80grados*; 16 de junio de 2017.

_____; "Silencio"; Revista *80grados*; 21 de abril de 2017.

_____; Resolución para atender la situación de inequidad, segregación y cesantías injustificadas de docentes sin plaza en la UPR; aprobada en la Asamblea Nacional de la Asociación Puertorriqueña de Profesores Universitarios, 5 de abril de 2017.

_____; Moción para reconocer derecho al voto a docentes sin plaza en la Asamblea Claustral del Recinto de Río Piedras; 27 de marzo de 2017.

_____; Posición sobre organización de profesores sin plaza; 2da reunión organizativa del CADSP; 3 de marzo de 2017.

_____; "Profesores desechables e inequidad laboral en la Universidad de Puerto Rico" (Parte I y II); Revista *80 grados*, 2 y 9 de septiembre de 2016. (http://www.80grados.net)

_____; "El trabajo intelectual académico: proyecto para la reconfiguración de la política editorial de la UPR y sus revistas académicas", presentado al Senado Académico de la UPR-RP, 16 de abril de 2016.

_____; *(Im)posturas: antología de escritos periodísticos e investigativos, arte y fotografía documental (2003-2015)* (Editorial *La Grieta*; San Juan, 1ra edición 2014; 2da edición aumentada 2016)

_____; *Tiranía Antropocéntrica: Historia de la crueldad contra primates no-humanos en Puerto Rico (1936-2012)*; Editorial *La Grieta*; San Juan, 1ra edición 2013; 2da edición 2016.

_____; Ponencia: "Algunas consideraciones críticas sobre la condición actual de las 'Ciencias' Sociales"; presentada en el Seminario de Educación General del Departamento de Ciencias Sociales: A 20 años del desafío por 'abrir las Ciencias Sociales', 23 de octubre de 2015, JBR 306.

_____; Ponencia: "Educación General: paradojas irresolubles y (re)soluciones (in)deseables"; presentada en el foro Miradas al curso Introducción a las Ciencias Sociales; Seminario de Educación General del DCISO, Universidad de Puerto Rico, Recinto de Río Piedras, Facultad de Estudios Generales, Departamento de Ciencias Sociales; Salón 306 JBR; viernes, 27 de febrero de 2015.

_____; "Reforma Universitaria: Autonomía y Democratización"; Propuesta presentada ante Asamblea del Claustro de la Universidad de Puerto Rico; Cayey, 21 de mayo de 2010.

_____; "Reforma Universitaria"; ponencia presentada ante las Vistas Públicas de la Comisión de Educación y Cultura del Senado de Puerto Rico para la Revisión de la Ley Universitaria. (4 de mayo de 1995); y ante las Vistas Públicas del Comité Institucional para la revisión de la Ley Universitaria. (8 de noviembre de 1994)

Tort, Bernat; "Los Testigos de Jehová y los profesores de blanco"; *80grados*; 21 de mayo de 2017.

Tous Rodríguez, José M.; *Desarrollo Histórico-Político y Jurídico del Estado Libre Asociado*; San Juan, Puerto Rico, 1977.

Trías Monge, José; *Sociedad, Derecho y Justicia*; Editorial de la Universidad de Puerto Rico, 1986.

_____; "La crisis del Derecho en Puerto Rico" / "El Tribunal Supremo de Puerto Rico: Término de 1978-1979"; *Revista Jurídica de la Universidad de Puerto Rico*; Vol. XLIX, Núm. 1, 1980.

_____; *El sistema judicial de Puerto Rico*; Editorial Universitaria, Universidad de Puerto Rico, 1978.

Vázquez Irizarry, William; "Aspectos legales del discrimen político en Puerto Rico: cinco propuestas que apuestan por la transparencia"; XVII Congreso Internacional del CLAD sobre la Reforma del Estado y de la Administración Pública, Cartagena, Colombia, 30 oct. - 2 Nov. 2012.

Vélez Cardona, Waldemiro; *El financiamiento de la educación superior en Puerto Rico*; Ediciones Educación Superior, San Juan, 2002.

_____; "La negociación colectiva bajo la Ley 130 de 1945 y nuestra concepción de la Universidad"; ponencia presentada en foro *La Negociación Colectiva Docente: Retos y Perspectivas*, auspiciada por Encuentro Docente por la Reforma; UPR Recinto de Cayey, 1 de febrero de 2002.

_____; "La Universidad de Puerto Rico en el siglo XXI"; ponencia presentada en el *2do Congreso de Investigación de la Asociación Puertorriqueña de Profesores Universitarios* (2004); publicada en 2006.

_____; "La negociación colectiva como instrumento para los docentes sin plaza"; ponencia presentada en foro *Las condiciones de trabajo para los docentes universitarios*, APPU, UPR Carolina, 7 de noviembre de 2006.

_____; "La reestructuración neoliberal de la UPR y el aumento en los costos de matrícula y cuotas"; Revista *Apuesta*, Núm. 1, 2006.

Washburn, Jennifer; *University, Inc.: The Corporate Corruption of Higher Education*; Basic Books, 2006.

Wilson, John K.; "AAUP's 1915 *Declaration of Principles*: Conservative and Radical, Visionary and Myopic"; AAUP Journal of Academic Freedom; Vol. 7 (https://www.aaup.org)

Documentos de organizaciones docentes

American Association of University Professors; Report: Background Facts on Contingent Faculty (1993-2017) (https://www.aaup.org)

_____; Report; Contingent Appointments and the Academic Profession (1993; 2003-2014); (https8://www.aaup.org)

_____; The Inclusion in Governance of Faculty Members Holding Contingent Appointments: Recommendations. (https://www.aaup.org)

_____; Report: The Status of Non-Tenure-Track Faculty; 1993 (https://www.aaup.org)

_____; Statement on Professional Ethics; 1966; 1987; 2009 (https://www.aaup.org)

_____; 1940 Statement of Principles on Academic Freedom and Tenure (with 1970 Interpretive Comments) (https://www.aaup.org)

_____; Statement on Academic Government for Institutions Engaged in Collective Bargaining, 1988 (https://www.aaup.org)

_____; Statement on Government of Colleges and Universities (https://www.aaup.org)

Asociación Puertorriqueña de Profesores Universitarios (APPU); Ponencia de la Junta de Directores de la APPU ante las vistas públicas del Comité de Ley y Reglamento del Senado Académico, UPR-RP; 1994.

_____; Manifiesto de los Docentes Sin Plaza (2006); Asociación Puertorriqueña de Profesores Universitarios; Revista *Apuesta*; Núm. 2 – marzo 2007.

_____; Ponencia ante las comisiones de Educación y Cultura y del Trabajo y Relaciones Laborales sobre el R. de la C. 5939; presentada por prof. María Gisela Rosado Almedina (presidenta); 13 de junio de 2007.

_____; Informe del Comité de Docentes Sin Plaza-APPU; preparado por el prof. Ramón Rosario Luna; 25 de octubre de 2007.

_____; Proyecto de enmiendas al Reglamento General de la Universidad de Puerto Rico para concederle nombramientos permanentes al personal docente bajo contrato; sometido al presidente de la UPR, 7 de diciembre de 2007.

_____; Datos en torno a la situación de los docentes en contrato de servicio en la UPR (2005-2006); Boletín de noviembre 2007.

_____; Segunda comparecencia de la APPU ante las comisiones de Educación y Cultura y del Trabajo y Relaciones Laborales sobre el R. de la C. 5939; presentada por prof. María Gisela Rosado Almedina (presidenta); 2008.

_____; Ponencia ante la Comisión de Educación y de Organizaciones Sin Fines de Lucro y Cooperativas de la Cámara de Representantes de Puerto Rico (Posición de la APPU sobre el P. de la C. 264); presentada por prof. María Gisela Rosado Almedina (presidenta); 15 de septiembre de 2009.

_____; Ponencia ante la Comisión de Educación y de Organizaciones Sin Fines de Lucro de la Cámara de Representantes de Puerto Rico; 26 de agosto de 2009.

_____; Informe de la presidenta, Prof. María Gisela Rosado; Asamblea de Docentes UPR; Centro de Convenciones de Caguas; 23 noviembre de 2010.

_____; Informe a los Docentes sobre la UPR y la Acreditación; presentado por la Prof. Yohana de Jesús Berríos; Asamblea de Docentes UPR; Centro de Convenciones de Caguas; 23 noviembre de 2010.

_____; "Estado de situación UPR 2011" (Mensaje de la Junta Nacional de la APPU; María Gisela Rosado, presidenta; Miguel Hernández Mercado, vicepresidente; Lida Orta Anés, presidenta capítulo de Ciencias Médicas; José Maldonado; Jorge Colón, vicepresidente capítulo de Río Piedras; Frances Bothwell, secretaria) Video en https://docentesuprrp.wordpress.com)

_____; Resolución sobre el informe del Comité Asesor del Gobernador sobre el futuro de la Educación Superior en Puerto Rico; Aprobado en Asamblea General; 13 de marzo de 2012.

_____; Posición adoptada por la Asamblea Extraordinaria; Recinto de Río Piedras; 11 de marzo de 2016.

_____; Resolución de Asamblea General; 17 de febrero de 2017.

_____; Carta abierta a la comunidad universitaria y al pueblo puertorriqueño; 30 de marzo de 2017. (http://www.appu.org)

Carta Abierta a colegas en puestos administrativos y a colegas con plazas regulares en la UPR; 19 de mayo de 2017. *Redactada colaborativamente entre el Comité de Acción de Docentes Sin Plaza (CADSP, UPR-Río Piedras), la mesa de trabajo Lxs sin plaza del colectivo Profesorxs Transformándonos en Solidaridad Tornada en Acción (PROTESTAmos, UPR-Mayagüez) y lxs Profesorxs Autoconvocadxs en Resistencia Solidaria (PAReS, UPR-RP). Además, suscriben esta carta: DeMoS (UPR-Cayey), APRUM (Asociación de Profesores del Recinto Universitario de Mayagüez) y APPU (Asociación Puertorriqueña de Profesores Universitarios). Digitalizada en https://protestamos.net. y en http://profesautoconvocados.blogspot.com.

Coalition on the Academic Workforce; A Portrait of Part-Time Faculty Membres; June 2012.

CONAPU; Informe del portavoz, Prof. Luís P. Sánchez; Asamblea de Docentes UPR; Centro de Convenciones de Caguas; 23 noviembre de 2010.

Declaración de la Facultad de Estudios Generales: Concepción de la Universidad... (Marzo de 1969); Revista *Puerto*, Facultad de Estudios Generales, Núm. 4-6, junio 1968-diciembre 1969.

Declaración de profesores/as por una Universidad Democrática de Excelencia Académica; 29 de abril de 2010 (digitalizada en *Diálogo*, http://dialogoupr.com/)

Declaración de docentes de la Escuela de Derecho de la UPR; *Diálogo*, 23 de diciembre de 2010.

Manifiesto de los docentes del Recinto de Río Piedras de la Universidad de Puerto Rico; 21 de mayo de 2010 (digitalizado en http://poderyambiente.blogspot.com/)

PAReS; Carta abierta a la Presidenta y a la Junta de Gobierno de la UPR; 26 de abril de 2017 (http://www.80grados.net)

Propuestas de Acciones Afirmativas de la Facultad de Ciencias Sociales, UPR-Recinto de Río Piedras aprobadas en reunión de Facultad; Oficina del Decanato; 10 de marzo de 2017.

Resoluciones aprobadas por la Asamblea de Docentes UPR; Centro de Convenciones de Caguas; 23 noviembre de 2010.

Resolución de la Facultad de Ciencias Sociales de la UPR-RP; 2 de octubre de 1987; en Carta Circular Núm. 6, Año 1987-88; Oficina del Decano, Saúl J. Pratts; 8 de octubre de 1987.

Resolución presentada por el Comité de Acción de Docentes sin Plaza (CADSP) ante Asamblea Extraordinaria de la Asociación Puertorriqueña de Profesores Universitarios (APPU); 5 de abril de 2017.

Resolución presentada por el Comité de Acción de Docentes sin Plaza (CADSP) ante la Asamblea Nacional de Docentes de la

Universidad de Puerto Rico, celebrada en Cayey, 5 de mayo de 2017. (Digitalizada en http://www.appu.org)

Resolución en defensa de las plazas regulares, la calidad de enseñanza y la justicia laboral en la UPR; aprobada en la Asamblea Nacional de Profesores de la UPR, 5 de mayo de 2017) (Digitalizada en http://www.appu.org)

Resolución presentada por PAReS (Profesorxs Autoconvocadxs en Resistencia Solidaria) en Asamblea Nacional de Profesores de la UPR; 5 de mayo de 2017. (http://profesautoconvocados.blogspot.com)

Resolución presentada por la Coordinadora Nacional de Docentes sin Plaza (CoNaD) y aprobada (según enmendada) por el Primer Pleno Nacional de Docentes sin Plaza; 26 de mayo de 2017.

Resolution of the Rutgers University Senate to endorse the American Association of University Professors' policy statement "Contingent Appointments and the Academic Profession" (http://senate.rutgers.edu)

Respuesta de profesores y profesoras ante estado de situación de la Universidad y del país; (Endosado por profesores de las facultades de Ciencias Sociales (60), Humanidades (8), Estudios Generales (10), Derecho (3), Administración de Empresas (1), Escuela de Comunicación (2) y Educación (1); del Recinto de Río Piedras; y por 21 profesores de otros recintos); publicado en Revista *80grados*, 23 de febrero de 2017.

Universitarios por la Excelencia Académica en la Docencia (UPED); Carta al presidente de la UPR, Lic. Antonio García Padilla; 10 de noviembre de 2008.

_____; Carta a la rectora del Recinto de Río Piedras, Gladys Escalona de Motta; 3 de agosto de 2008.

_____; Informe sobre docentes con contratos de servicio y tarea parcial en la UPR (s.f.)

Documentos Institucionales de la UPR

Carta Circular Núm.75-10 del Decanato de Estudios, UPR-RP; 31 de marzo de 1975.

Carta Circular de la Rectora Interina del Recinto de Río Piedras, María de los Ángeles Castro Arroyo, a la Comunidad Universitaria; 16 de febrero de 2017.

_____; "Mi renuncia al cargo"; 7 de febrero de 2017.

Carta Circular de la Presidenta a la Comunidad Universitaria; "Un llamado a la defensa de la Universidad de Puerto Rico abierta"; Nivia A. Fernández Hernández, Ed.D. (Presidenta Interina); 27 de marzo de 2017.

_____; "Diálogo y acción colaborativa para una universidad abierta"; Nivia A. Fernández Hernández, Ed.D. (Presidenta Interina); 22 de marzo de 2017.

Carta Circular de la Rectora a la Comunidad Universitaria: "Actividades académicas y administrativas"; Carmen Haydée Rivera Vega, Ph.D. (Rectora Interina del Recinto de Río Piedras); 27-28 de marzo de 2017.

_____; "Política Institucional sobre la Convivencia en la UPR"; 26 de marzo de 2017.

_____: "La Comunidad Universitaria ante los retos del País"; 22 de marzo de 2017.

Catálogo General de la Universidad de Puerto Rico (2003-2006) en http://www.collegesource.org/

Certificaciones de Consejo de Educación Superior: • Núm. 137 (1981-1982) • Núm. 103 (1988-1989)

Certificación Núm.113 del Senado Académico (Guía General y Criterios para la Evaluación del Personal Docente del Recinto de Río Piedras de la Universidad de Puerto Rico); 30 de abril de 2015.

Certificaciones del Senado Académico; UPR-RP: • Núm. 83 (s.f.) • Núm. 76 (1988-89) • Núm. 72 y Núm. 83 (1991-92) • Núm. 153 (2000-

2001) • Núm. 53 (2002-2003) • Núm. 18 (2009-2010) • Núm. 59 y Núm. 86 (2015-2016)

Certificación Núm. 30 (Año Académico 2016-2017); Senado Académico. Recito de Río Piedras; 25 de octubre de 2016. (Resolución sobre la ley PROMESA y la UPR)

Certificación Núm. 36 (Año Académico 2016-2017); Senado Académico. Recito de Río Piedras; 17 de noviembre de 2016. (Propuesta de enmienda constitucional para proteger la autonomía universitaria)

Certificación Núm. 78 del Senado Académico del Recinto de Río Piedras; 24 de marzo de 2017.

Certificación Núm. 45 del Senado Académico, UPR-RP; Resolución sobre violación a la autonomía universitaria del Proyecto de la Cámara de Representantes 451; enero de 2017.

Certificación Núm. 46 del Senado Académico, UPR-RP - Resolución sobre congelación del presupuesto de la UPR, según el Proyecto de la Cámara de Representantes 451; enero de 2017.

Certificación Núm. 49 del Senado Académico, UPR-RP - Solicitud a la Presidencia de la UPR y a la Junta de Gobierno de la UPR a que reafirmen ante la Legislatura la defensa del principio de autonomía universitaria; enero de 2017.

Certificación Núm. 64 del Senado Académico del Recito de Río Piedras; - Referido, para estudio, a los Comités de Asuntos Claustrales y Asuntos Académicos de la directriz de la Vicepresidenta de Asuntos Académicos de no recibir ni considerar solicitudes de creación de cursos electivos nuevos; febrero de 2017.

Certificación Núm. 65 del Senado Académico, UPR-RP - Solicitud a la Presidencia de la UPR para que provea inmediatamente el Informe del posible recorte al presupuesto presentado ante la Junta de Gobierno de la UPR; febrero de 2017.

Certificación Núm. 69 del Senado Académico, UPR-RP - Invitación a los Senados Académicos del Sistema UPR a una reunión en el mes de marzo para unir esfuerzos en defensa de la Institución; febrero de 2017.

Certificación Núm. 70 del Senado Académico, UPR-RP - Acuerdo para escribir un comunicado y convocar a la prensa del País, a la brevedad posible, para discutir la situación financiera de la UPR; febrero de 2017.

Certificación Núm. 71 del Senado Académico, UPR-RP - Rechazo y censura a la Junta de Supervisión Fiscal y a la Autoridad de Asesoría Financiera y Agencia Fiscal de PR por intervenir y trastocar el presupuesto de la UPR; 21 de febrero de 2017.

Certificación Núm. 74 (2016-2017) del Senado Académico, UPR-RP; 28 de febrero de 2017. / Comunicado de Prensa: "Senado Académico del Recinto de Rio Piedras rechaza y censura a la Junta de Supervisión Fiscal y AAFAF por violentar la autonomía fiscal, administrativa y académica de la UPR"; 27 de febrero de 2017.

Certificaciones Núm. 4 y Núm. 7 (2016-2017) del Senado Académico de UPR-RRP; 27 de marzo de 2017.

Certificaciones de la Junta Administrativa; UPR-RP: • Núm. 110 (1997-98) • Núm. 84 (1997-1998) • Núm. 110 (1997-1998) • Núm. 8 (2012-2013) • Núm. 7 (2013-2014) • Núm. 8 (2014-2015) Núm. 12 (2015-2016)

Certificación Núm. 114 del Consejo de Educación Superior (1980-1981) Aprobación de Reglamento General de la UPR.

Certificación Núm. 100 del Consejo de Educación Superior (1990-1991) Aprobación de versión revisada del Reglamento General de la UPR.

Certificación Núm. 58 de la Junta de Síndicos de la UPR (2004-2005) (Política contra la discriminación en la Universidad de Puerto Rico; 28 de febrero de 2005)

Certificación Núm. 1 de la Junta de Gobierno de la UPR; 7 de julio de 2016.

Certificación Núm. 70 de la Junta de Gobierno de la UPR (2016-2017) Enmiendas al Reglamento General de Estudiantes de la Universidad de Puerto Rico. Capt. VI. Normas Disciplinarias y Procedimientos.

Certificación Núm. 75 de la Junta de Gobierno de la UPR (2016-2017) (Moratoria a programa de becas presidenciales); 3 de marzo de 2017.

Certificación Núm. 38 (2015-2016) de la Junta de Gobierno; Política Institucional sobre la Convivencia en la Universidad de Puerto Rico.

Certificación Núm. 62 (2016-2017) de la Junta de Gobierno; (Resolución sobre la Junta de Supervisión y Administración Financiera para Puerto Rico) 6 de febrero de 2017.

Certificación Núm. 71 (2016-2017) de la Junta de Gobierno; (Nombramiento de la Dra. Nivia Fernández Hernández como presidenta interina de la Universidad de Puerto Rico); 17 de febrero de 2017.

Certificación Núm. 86 (2016-2017) de la Junta de Gobierno; (Nombramiento de la Dra. Carmen Haydée Rivera Vega como rectora interina del Recinto Universitario de Río Piedras, efectivo al 21 de febrero de 2017); 23 de marzo de 2017.

Certificación Núm. 107 (2016-2017) de la Junta de Gobierno, UPR; 29 de abril de 2017.

Certificaciones Núm. 98; 99; 100 (2016-2017) de la Junta de Gobierno de la UPR; 27 de marzo de 2017.

Certificaciones de la Junta de Gobierno de la UPR sobre Presupuesto: • Núm. 130 (30 de junio de 2016) • Núm. 150 (30 de junio de 2015) • Núm. 152 (8 de julio de 2014) • Núm. 51 (1 julio de 2013) • Núm. 93 (15 de junio de 2012) (Oficina de Planificación Estratégica y Presupuesto (OPEP); (https://opep.uprrp.edu)

Certificaciones Núm. 1-7; Aprobadas por Asamblea del Claustro del Recinto de Río Piedras; Universidad de Puerto Rico; 27 de marzo de 2017.

Circular Núm.77 del rector Antonio Miró Montilla, dirigida a los decanos y directores; UPR-RP; 10 de abril de 1980.

Circular Núm. 3 del rector Antonio Miró Montilla; UPR-RP; 29 de julio de 1983.

Circular Núm. 10 del rector Juan Fernández; UPR-RP; 1 de noviembre de 1988.

Circular Núm. 12 del rector Juan Fernández; UPR-RP; 22 de noviembre de 1988.

Circular Núm. 8 del rector George V. Hillyer (Política de requerimiento del grado doctoral y sus excepciones) UPR-RP; 1999-2000.

Circular Núm. 89 del rector George V. Hillyer (Proceso de Planificación Académica y Reclutamiento de Personal) a Decanos y Directores de Departamentos Académicos; UPR-RP; 1999-2000.

Circulares del Decano de Asuntos Académicos; UPR-RP: • Núm. 11 (11 de junio de 1990) • Núm. 10 (30 de abril de 1991)

Circular Núm. 1 del Decanato de Asuntos Académicos, UPR-RP (Criterios para el Proceso de Reclutamiento Docente) (1994-95)

Circular Núm. 11 del Decanato de Asuntos Académicos (Vigencia de la recomendación académica para la renovación de nombramientos, contratos de servicio y compensaciones adicionales para tarea docente) UPR-RP; (2000-2001)

Circular Núm. 9 del Decanato de Asuntos Académicos (Guía para el Plan de Desarrollo Académico de Programas) UPR-RP (2003-2004) digitalizado en http://daarrp.uprrp.edu/daa.

Circulares del Decanato de Asuntos Académicos; UPR-RP (2003-2013); digitalizadas en http://daarrp.uprrp.edu/

Circular Núm. 4 del Decanato de Asuntos Académicos (Guía para declarar la moratoria de programas académicos…); UPR-RP; 16 de noviembre de 2009.

Circular Núm. 15 (2016-2017); Senado Académico del Recinto de Río Piedras; Convocatoria e instrucciones para la reunión extraordinaria del claustro; 24 de marzo de 2017.

Consejo de Educación Superior de Puerto Rico; "Historia del Consejo de Educación Superior de Puerto Rico"; 2003. (http://www.gobierno.pr/)

Declaración del Presidente y Rectores de la Universidad de Puerto Rico, 28 de marzo de 2016. Firmada por el presidente de la UPR, Dr. Uroyoán R. Walker Ramos y los rectores Dr. Carlos E. Severino Valdez (Recinto de Río Piedras); Dr. John Fernández Van Cleve (Recinto Universitario de Mayagüez); Dr. Noel J. Aymat Santana(Recinto de Ciencias Médicas); Dr. Nelson A. Vera Hernández (UPR en Aguadilla); Dr. Otilio González Cortés (UPR en Arecibo); Prof. Margarita Fernández Zabala (UPR en Bayamón); Dr. Moisés Orengo Avilés (UPR en Carolina); Dr. Mario Medina Cabán (UPR en Cayey); Dr. Efraín Vázquez Vera (UPR en Humacao); Dr. Leonardo Morales Tomassini (UPR en Ponce); Dra. Raquel G. Vargas Gómez (UPR en Utuado)

De la Torre, José Ramón (Presidente de la UPR); Carta a la Comunidad Universitaria; publicada en *Diálogo*; 4 de mayo de 2010.

Díaz González, Abraham (Rector UPR); Discurso al claustro sobre situación R.O.T.C en el Recinto de Río Piedras; 2 de octubre de 1969; Transcrito en Revista *Puerto*, Facultad de Estudios Generales, Núm. 4-6, junio 1968-diciembre 1969.

Documento: Diez para la Década: Agenda para la Planificación en la Universidad de Puerto Rico (2005-2015) / Carta del presidente Antonio García Padilla a la Comunidad Universitaria; 18 de febrero de 2005.

Estados Financieros de la UPR (2005-2015); Administración Central de la UPR; http://www.upr.edu/

González Tejera; Efraín; Ponencia presentada por el Rector del Recinto de Río Piedras sobre la Reforma de la Ley Universitaria, Senado Académico; UPR-RP; 5 de enero de 1993.

Informe Anual 2014-2015. Junta de Síndicos. Universidad de Puerto Rico.

Informe Anual de la Junta de Gobierno de la Universidad de Puerto Rico; julio 2015 - diciembre 2016.

Informe del Comité Institucional sobre las recomendaciones y planteamientos en torno a la Reforma Universitaria expresados por los diversos sectores de la comunidad universitaria; 1994.

Informe del Comité de Asuntos Claustrales para Evaluar la Proliferación de Contratos de Servicios entre los Docentes del Recinto de Río

Piedras de la U.P.R.; Senado Académico; 28 de mayo / 17 de octubre de 2002.

Informe sobre la proliferación de contratos de servicio en el Recinto de Río Piedras; Comité de Asuntos Claustrales; Senado Académico UPR-RP; 27 de enero de 2007.

Informe de la Rectora Gladys Escalona de Motta al Senado Académico del Recinto de Río Piedras, 29 de enero de 2009.

Informe de los claustrales electos ante la Junta Universitaria para la Asamblea de Docentes de todo el Sistema de la UPR; Cayey, Puerto Rico; 21 de de mayo 2010.

Informe sobre reunión del claustro de la Universidad de Puerto Rico: La paralización de la Junta Universitaria; 21 de mayo de 2010.

Informe Tendencias en los nombramientos docentes (2004-2009) (separaciones (retiros, muertes, renuncias y traslados a otros recintos) y reclutamientos) / Perfil del personal docente de enseñanza. (digitalizado en https://opep.uprrp.edu)

Informe a la Junta Universitaria en relación a cumplimiento y recomendaciones del Senado Académico del Recinto de Río Piedras con la Certificación Núm. 39 (2015-2016) de la Junta de Gobierno.

Informe del Comité Especial del Senado Académico de Río Piedras sobre la situación fiscal del Recinto; 31 de marzo de 2016.

Informe Final del Comité Conjunto para estudiar las contrataciones del personal docente y la congelación de plazas en el Recinto de Río Piedras. Senado Académico, UPR-RP; 21 de abril de 2016.

Informe Final de la Comisión Investigativa sobre las Becas Presidenciales (2015-2016)

Instrumento de Evaluación para el Personal Docente (Criterios, Guías y Procedimiento); facultad de Ciencias Sociales, UPR-RP; 20 de abril de 2001.

Junta de Gobierno de la Universidad de Puerto Rico; http://www.juntagobierno.upr.edu.

Libros de Datos Estadísticos / Fact Book (1994-2009) Oficina de Planificación Académica. Decanato de Asuntos Académicos. Universidad de Puerto Rico. Recinto de Río Piedras.

Libros de Datos Estadísticos (2002-2016); Oficina de Planificación Estratégica y Presupuesto; UPR-RP (https://opep.uprrp.edu)

Manual del Profesor; Decanato de Asuntos Académicos del Recinto de Río Piedras, Universidad de Puerto Rico; 2001.

_____; Decanato de Asuntos Académicos del Recinto de Río Piedras, Universidad de Puerto Rico; 4ta edición revisada, 2010.

Memorial Explicativo de Uroyoán R. Walker Ramos, presidente de la UPR a la senadora Mari Tere González López, presidenta de la CEFDI del Senado de Puerto Rico; 16 de junio de 2014.

Morales Carrión, Arturo (presidente de UPR); "Exposición en torno a la situación universitaria"; Alocución televisada por WIPR-TV; 10 de octubre de 1976.

Normas generales para la implantación de los procesos de reclutamiento, nombramiento y evaluación del personal docente del Recinto de Río Piedras de la Universidad de Puerto Rico (Certificación Núm. 35 del Senado Académico del Recinto de Río Piedras; 27 de octubre de 2016)

Oficina del Registrador y Decanato de Asuntos Académicos en http://daarrp.uprrp.edu/

Perfil de Unidades de la Universidad de Puerto Rico; Vicepresidencia de Asuntos Académicos, 2011 (http://www.estadisticas.gobierno.pr/)

Perfil Institucional de la UPR. Año Académico 2011 – 2012. UPR. Administración Central Vicepresidencia en Asuntos Académicos. División de Investigación y Planificación (http://www.estadisticas.gobierno.pr/)

Plan Estratégico 2017-2022 de la UPR: Una Nueva Era de Innovación y Transformación para el Éxito Estudiantil (Certificación Núm. 50 de la Junta de Gobierno, 2016-2017)

Presupuesto del Recinto de Río Piedras (2013-2016); Oficina de Planificación Estratégica y Presupuesto; UPR-RP (digitalizado en https://opep.uprrp.edu)

Presupuesto del Sistema UPR (2013-2016); Oficina de Planificación Estratégica y Presupuesto; UPR-RP (https://opep.uprrp.edu)

Propuesta de revisión del Programa de Bachillerato en Sociología de la Facultad de Ciencias Sociales; aprobado por el Senado Académico (Cert. Núm. 87, Año 2007-2008.

Propuestas de Acciones Afirmativas de la Facultad de Ciencias Sociales, UPR-Recinto de Río Piedras; aprobadas en reunión de Facultad; 10 de marzo de 2017.

Propuestas del Departamento de Sociología y Antropología frente a recortes impuestos por la Junta de Supervisión Fiscal; UPR-RP, 3 de marzo del 2017.

Proyecto de Presupuesto Año Fiscal 2013-2014. Oficina de Planificación Estratégica y Presupuesto (OPEP). UPR-RP.

Reglamento General de la Universidad de Puerto Rico / Certificación Núm. 160 (2014-2015) de la Junta de Gobierno de la Universidad de Puerto Rico; 29 de junio de 2015.

Reglamento de Procedimientos Apelativos para el Sistema Universitario (Certificación Núm. 138 de 1981-82; Consejo de Educación Superior); Certificaciones Núm. 79 (1982-83); Núm. 138 (1983-84); Núm. 59 (1984-85); Núm. 83 (1988-89); Núm. 93 (1989-90) del Consejo de Educación Superior; Certificaciones Núm. 21 (1993) y Núm. 91 (1999-2000) de la Junta de Síndicos.

Senado Académico del Recinto de Río Piedras; "Enseñanza Militar y Universidad: Exposición del debate del ROTC / Ponencias ante el Comité de Asuntos Académicos / Resolución del Senado; Revista *Puerto*, Facultad de Estudios Generales, Núm. 4-6, junio 1968-diciembre 1969.

University of Puerto Rico Fiscal Plan (Draft), 30 de abril de 2017.

UPR; Comunicado de Prensa de los rectores del sistema UPR: Noel J. Aymat Santana (Ciencias Médicas); María de los Ángeles Castro Arroyo (Río Piedras); José M. Encarnación González (Humacao);

Margarita Fernández Zavala (Bayamón); John Fernández Van-Cleve (Mayagüez); Otilio González Cortés (Arecibo); Moisés Orengo Avilés (Carolina); Doris S. Torres Negrón (Ponce); Raquel G. Vargas Gómez (Utuado); Nelson A. Vera Hernández (Aguadilla); publicado bajo el título "Rectores de la UPR renuncian junto a la Presidenta" en revista *80grados*, 16 de febrero de 2017.

_____; (Comunicado de Prensa) "UPR expresa indignación ante nuevos recortes propuestos por la Junta de Supervisión Fiscal"; 10 de marzo de 2017.

_____; (Comunicado de Prensa) "La Dra. Celeste E. Freytes González presentó hoy su renuncia al puesto de Presidenta Interina de la Universidad de Puerto Rico"; 16 de febrero de 2017.

_____; (Comunicado de Prensa) "UPR expresa indignación ante nuevos recortes propuestos por la Junta de Supervisión Fiscal."; 10 de marzo de 2017.

2016 Self-Study Report; University of Puerto Rico, Río Piedras Campus.

Códigos y Leyes

Código Civil de Puerto Rico de 1930; 31 L.P.R.A.

Código de Enjuiciamiento Civil de 1933; 32 L.P.R.A.

Código de Enjuiciamiento Civil (enmendado por Ley Núm. 12 de 8 de agosto de 1974)

Código de Ética que Regirá la Conducta de los Miembros de la Profesión Legal de Puerto Rico. Tribunal Supremo de Puerto Rico; 24 de diciembre de 1970.

Código de Ética Profesional (1970); (http://www.lexjuris.com)

Constitución del Estado Libre Asociado de Puerto Rico (1952) / Carta de Derechos; digitalizada en http://www.ramajudicial.pr/

Diario de Sesiones de la Convención Constituyente de Puerto Rico (17 de septiembre de 1951 a 6 de febrero de 1952); digitalizado en http://www.oslpr.org

H. R. 5278; 114th Congress 2d Session; The Senate of the United States (An Act to establish an Oversight Board to assist the Government of Puerto Rico, including instrumentalities, in managing its public finances, and for other purposes); June 13, 2016. Esta ley se abrevia como "Puerto Rico Oversight, Management, and Economic Stability Act" (PROMESA)

H.R. 5278; Senado de los Estados Unidos, 114vo Congreso, 2da Sesión (Ley para la Supervisión, Administración, y Estabilidad Económica de Puerto Rico), 13 de junio de 2016. (Traducido al español por Dr. Alejandro Álvarez Nieves)

Informe de la Comisión de Carta de Derechos de la Asamblea Constituyente; *Diario de Sesiones de la Convención Constituyente de Puerto Rico*, vol.4.

Informe Negativo de la Comisión de Hacienda sobre el P. de la C. 2720; Cámara de Representantes. 16ta Asamblea Legislativa. 5ta Sesión Ordinaria. 31 de marzo de 2011.

Ley Orgánica de Puerto Rico (Acta Foraker); 12 de Abril de 1900 (1 L.P.R.A. Documentos Históricos)

Ley del 12 de marzo de 1903 (Act to establish the University of Porto Rico...); reproducida en el periódico *Universidad: Órgano Oficial de la Universidad de Puerto Rico*; 12 de marzo de 1953; digitalizado en http://universidad.homestead.com.

Ley Orgánica de Puerto Rico (Acta Jones); 2 de marzo de 1917 (1 L.P.R.A. Documentos Históricos)

Ley Núm. 67 (reorganiza la Universidad de Puerto Rico) 28 de julio de 1923.

Ley Núm. 50 ("Ley sobre la reorganización de la Universidad"); 21 de julio de 1925.

Ley Núm. 15 (Ley Orgánica del Departamento del Trabajo y Recursos Humanos); 14 de abril de 1931.

Ley Núm. 213; 15 de mayo de 1938 (18 L.P.R.A) (Para establecer el nombramiento permanente de los maestros de instrucción pública, después de transcurrido cierto periodo probatorio, para determinar el procedimiento para su separación, y para otros fines.

Ley de 7 de mayo de 1942 (Ley para proteger a los obreros y empleados contra perjudiciales discrímenes de sus patronos, fijar penalidades por las violaciones a esta Ley...); *Leyes de Puerto Rico*; No. 114.

Ley Núm. 135 (7 de mayo de 1942) (Ley de la Universidad de Puerto Rico); *Leyes de Puerto Rico*.

Ley Núm. 131 (Ley de Derechos Civiles de Puerto Rico); 13 de mayo de 1943.

Ley Núm. 130 (Ley de Relaciones del Trabajo de Puerto Rico); 8 de mayo de 1945.

Ley Núm. 345 (Ley de Personal); 12 de mayo de 1947.

Ley Núm. 379 (Ley de Jornada de Trabajo); 15 de mayo de 1948.

Ley Núm. 53 ("Ley de Mordaza"); 21 de mayo de 1948.

Ley Núm. 140 (Proveyendo para la reorganización de los departamentos ejecutivos y las agencias del gobierno insular); 28 de abril de 1949.

Ley Pública Núm. 600 (Ley del Congreso proveyendo para la organización de un Gobierno Constitucional por el pueblo de Puerto Rico); 3 de julio de 1950. (1 L.P.R.A. Documentos Históricos)

Ley Núm. 382 (Ley que prohíbe el discrimen político en el empleo); 11 de mayo de 1950.

Ley Núm. 100 (Ley contra el discrimen en el empleo); 30 de junio de 1959 (29 L.P.R.A.)

Ley Núm. 102 (Ley que crea la Comisión de Derechos Civiles) 28 de junio de 1965.

Ley Núm. 1 (Ley de la Universidad de Puerto Rico); 20 de enero de 1966.

Ley Núm. 1 de 20 de enero de 1966, según enmendada; compilación preparada por la oficina del Secretario Ejecutivo de la Junta de Gobierno de la Universidad de Puerto Rico; 30 de abril de 2013.

Ley Núm. 5 (Ley de Personal del Servicio Público); 14 de octubre de 1975.

Ley Núm. 80 (Ley de indemnización por despido sin justa causa); 30 de mayo de 1976.

Ley Núm. 100 (P. de la C. 328) (Departamento del Trabajo y Recursos Humanos); 23 de junio de 1977.

Ley Núm. 69 (Ley para Garantizar la Igualdad de Derecho al Empleo); 6 de Julio de 1985.

Ley Núm. 12 (Ley de Ética Gubernamental del Estado Libre Asociado de Puerto Rico), 24 de Julio de 1985.

Ley Núm. 56 (Ley para reconocer como empleado de carrera permanente a todo empleado transitorio…) 16 de agosto de 1989.

Ley Núm. 115 (P. del S. 987) (Ley de represalias contra empleado por ofrecer testimonio y causa de acción); 20 de diciembre de 1991.

Ley Núm. 121 (P. del S. 280) (Enmienda la ley 100 que prohíbe el discrimen); 13 de septiembre de 1997.

Ley Núm. 172 (P. del S. 2557) (Reconocer como Empleado de Carrera los transitorios); 30 de julio de 2004.

Ley Núm. 184 (Ley para la Administración de los Recursos Humanos en el Servicio Público); 3 de agosto de 2004.

Ley Núm. 60 de 12 de mayo de 2008 (P. del S. 2398)

Ley Núm. 7 (P. de la C. 1326) (Ley Especial Declarando Estado de Emergencia Fiscal y Estableciendo Plan Integral de Estabilización Fiscal para Salvar el Crédito de Puerto Rico); 9 de marzo de 2009.

Ley Núm. 1 (P. del S. 2046) (Ley de Ética Gubernamental de Puerto Rico), 3 de enero de 2012.

Ley Núm. 7 (P. de la C. 636); (Ley para asegurar que la UPR reciba la totalidad de los fondos de la fórmula presupuestaria de ingresos del Fondo General) 7 de abril de 2013.

Ley Núm. 66 (P. de la C. 1922) Ley Especial de Sostenibilidad Fiscal y Operacional del Gobierno del Estado Libre Asociado de Puerto Rico; 17 de junio de 2014.

Ley Núm. 169 (P. de la C. 1467) (Enmienda a la Ley Núm. 115); 29 de septiembre de 2014.

Ley Núm. 3 (P. de la C. 451) "Ley para Atender la Crisis Económica, Fiscal y Presupuestaria para Garantizar el Funcionamiento del Gobierno de Puerto Rico"; 23 de enero de 2017.

Ley Núm. 4 (P. de la C. 453) "Ley de Transformación y Flexibilidad Laboral"; 26 de enero de 2017.

Ley Núm. 5 (P. de la C. 675) "Ley de Emergencia Financiera y Responsabilidad Fiscal de Puerto Rico."; 29 de enero de 2017.

Ley Núm. 7 (P. del S. 51) "Ley para la Descolonización Inmediata de Puerto Rico"; 3 de febrero de 2017.

Ley Núm. 8 (P. de la C. 454) "Ley para la Administración y Transformación de los Recursos Humanos en el Gobierno de Puerto Rico"; 4 de febrero de 2017.

Ley Núm. 22 (P. del S. 428) (Para derogar el Artículo 2 de la Ley 97-2015, el cual crea la "Comisión para la Auditoría Integral del Crédito Público"); 19 de abril de 2017.

Ley Núm. 23 (P. del S. 427) (Ley para enmendar la Ley Núm. 7); 19 de abril de 2017.

Ley Núm. 26 (P. de la C. 938) "Ley de Cumplimiento con el Plan Fiscal"; 29 de abril de 2017.

P. de la C. 3691 (3 de julio de 2007); Cámara de Representantes. 15ta Asamblea Legislativa. 6ta Sesión Ordinaria. Presentado por el representante Torres Cruz.

P. de la C. 4540 (19 de junio de 2008) (Para crear la "Carta de Derechos del Personal Docente sin Plaza en Instituciones Públicas de

Educación Superior de Puerto Rico"); Cámara de Representantes. 15ta. Asamblea Legislativa. 7ma. Sesión Ordinaria. Presentado por los representantes García San Inocencio y Ferrer Ríos.

P. de la C. 264 (2 de enero de 2009) (Para crear la "Carta de Derechos del Personal Docente sin Plaza en Instituciones Públicas de Educación Superior de Puerto Rico"); 16ta. Asamblea Legislativa. 1ra. Sesión Ordinaria. Presentado por la representante Rivera Ramírez.

P. de la C. 1363 (26 de mayo de 2015) (Procedimiento Disciplinario Uniforme de la Profesión Legal en Puerto Rico); 17ma. Asamblea Legislativa. 5ta. Sesión Ordinaria.

P. de la C. 2944 (Ley de Transparencia y Acceso a la Documentación y a la Información Pública); Cámara de Representantes; 17ma. Asamblea Legislativa. 7ma. Sesión Ordinaria; 9 de mayo de 2016. Presentado por los representantes Varela Fernández y Méndez Núñez.

P. de la C. 743; (Enmiendas al Código Penal), 7 de febrero de 2017.

P. del S. 726 (6 de septiembre de 2013) (Para crear la "Carta de Derechos del Personal Docente sin Plaza en Instituciones Públicas de Educación Superior de Puerto Rico") Senado de Puerto Rico. 17ma. Asamblea Legislativa. 2da. Sesión Ordinaria. Presentado por la senadora González López.

_____; Informe Recomendando la Aprobación del Proyecto del Senado 726 (4 de noviembre de 2014); Comisión de Educación, Formación y Desarrollo del Individuo (CEFDI). Senado de Puerto Rico. 17ma Asamblea Legislativa. 4ta Sesión Ordinaria.

P. del S. 442 (Ley de acceso a la información pública y de procedimiento); Senado de Puerto Rico. 18va Asamblea Legislativa. 1era Sesión Ordinaria; 24 de abril de 2017. Presentado por el senador Dalmau Ramírez.

R. de la C. 5939. 15ta Asamblea Legislativa. 4ta Sesión Ordinaria. Cámara de Representantes de Puerto Rico. Estado Libre Asociado de Puerto Rico. Presentada por representante García San Inocencio. 13 de noviembre de 2006.

_____; Informe Final de la Comisión de Educación y Cultura - presidida por la representante Alba Rivera Ramírez- y de la Comisión del Trabajo y Relaciones Laborales - presidida por el representante Carlos Méndez Núñez. 15ta Asamblea Legislativa. 7ma Sesión Ordinaria. Cámara de Representantes de Puerto Rico. 23 de junio de 2008.

R. del S. 1439. 16ta. Asamblea Legislativa. 4ta. Sesión Ordinaria. Senado de Puerto Rico. Estado Libre Asociado de Puerto Rico. Presentada por senador Suárez Cáceres. 20 de julio de 2010.

R. del S. 55; Senado de Puerto Rico. 18va Asamblea Legislativa. 1ra Sesión Ordinaria. 23 de enero de 2017. (Presentado por los senadores Nazario Quiñones y Ríos Santiago.) Aprobada en 1 de marzo de 2017.

Reglamento del Tribunal de Apelaciones (Re: Enmiendas al Reglamento del Tribunal de Apelaciones, Resolución ER-2017-07, aprobada el 19 de julio de 2017; In Re: Enmiendas al Reglamento del Tribunal de Apelaciones, Resolución ER-2018-03, aprobada el 23 de febrero de 2018) (Digitalizado en http://www.ramajudicial.pr)

Reglamento del Tribunal Supremo de Puerto Rico; 22 de noviembre de 2011 (Digitalizado en http://www.ramajudicial.pr)

The Alien Registration Act of 1940 (Smith Act), 76th United States Congress, 3d session, ch. 439, 54 Stat. 670, 18 U.S.C. § 2385)

The Constitution of the United States; Bill of Rights; Transcription of the 1789 Joint Resolution of Congress proposing 12 Amendments to the U.S. Constitution (www.archives.gov.)

Documentos y enlaces gubernamentales

Academia Judicial Puertorriqueña; *Glosario de Términos y de Conceptos Jurídicos o Relativos al Poder Judicial*; Oficina de Administración de los Tribunales; 2015 (Digitalizado en http://www.ramajudicial.pr)

Boletín Administrativo Núm. OE-1999-62. Orden Ejecutiva del Gobernador de Puerto Rico, Pedro Rosselló González; 14 de diciembre de 1999.

Carta del Gobernador de Puerto Rico, Ricardo Rosselló Nevares a José L. Carrión, presidente de la Junta de Supervisión Fiscal; 20 de marzo de 2017. (Digitalizada en https://notiuno.com/)

Carta de la Junta de Supervisión Fiscal al Gobernador de Puerto Rico, 9 de marzo de 2017. Publicada como parte de las declaraciones autorizadas del secretario de Asuntos Públicos y Política Pública, Ramón Rosario Cortés en http://www.foronoticioso.com.

Consejo de Educación Superior de Puerto Rico (CEPR); Gobierno de Puerto Rico (http://www.ce.pr.com)

Comisión de Derechos Civiles (CDC), Estado Libre Asociado de Puerto Rico (http://www.cdc.pr.com)

Comisión Estatal de Elecciones. Estado Libre Asociado de Puerto Rico (http://ww2.ceepur.org)

Datos Estadísticos de Facultad de las Instituciones de Educación Superior en Puerto Rico (1997-1999); Consejo de Educación Superior; División de Política y Planificación; enero 2000.

Departamento del Trabajo y Recursos Humanos (DTRH), Gobierno de Puerto Rico (www.trabajo.pr.gov)

División de Inteligencia de la Policía de Puerto Rico: Informes mensuales sobre las actividades de la F.U.P.I. (1964 -198?)

Fiscal Plan for Puerto Rico; Puerto Rico Fiscal Agency and Financial Advisory Authority; Government of Puerto Rico, 13 de marzo de 2017.

Informe del Centro de Estudios y Documentación sobre la Educación Superior Puertorriqueña; Consejo de Educación Superior; División de Investigación y Documentación de Educación Superior; 2007-2008.

Impacto del Discrimen Político en el Gobierno: Cuarto Congreso Laboral. Oficina del Contralor. Estado Libre Asociado de Puerto Rico. 26 de octubre de 2011.

Instituto de Estadísticas de Puerto Rico (IEPR) (http://www.estadisticas.gobierno.pr)

Instituto de Estadísticas de Puerto Rico; Acceso, divulgación y confidencialidad de la información del gobierno: Informe de investigación externa para el Director Ejecutivo. 30 de junio de 2009.

Mensaje de Presupuesto del Gobernador Rosselló Nevares ante la Asamblea Legislativa; 31 de mayo de 2017 (fortaleza.pr.gov)

Oficina de Ética Gubernamental (OEGPR), (http://eticapr.com)

Oficina de Gerencia y Presupuesto (OGP); Gobierno de Puerto Rico (http://www.ogp.pr.com)

Oficina de Servicios Legislativos (http://oslpr.org)

Plan de Crecimiento Económico y Fiscal para Puerto Rico; Grupo de Trabajo para la Recuperación Fiscal y Económica de Puerto Rico conforme a la Orden Ejecutiva 2015-022; 9 de septiembre de 2015. (http://www.gdbpr.com)

Presupuesto Consolidado del Fondo General por Agencia. Años Fiscales 2015 al 2018; Gobierno de Puerto Rico (http://www2.pr.gov)

The Financial Oversight and Management Board for Puerto Rico (Documents) (http://juntasupervision.pr.gov)

Tribunal Supremo de Puerto Rico / La Rama Judicial de Puerto Rico (http://www.ramajudicial.pr)

Universidad de Puerto Rico (UPR), (http://www.upr.edu)

Informes de la Comisión de Derechos Civiles

Informe del Comité del Gobernador para el estudio de los Derechos Civiles en Puerto Rico; Editorial Colegio de Abogados de Puerto Rico, San Juan, 1959.

Informe de la Comisión de Derechos Civiles (15 de marzo de 1967); "La Libertad Académica en la Universidad de Puerto Rico"; Revista del Colegio de Abogados; Vol. XXVII, Núm. 4; agosto de 1967; pp.289-353.

Informe de la Comisión de Derechos Civiles sobre la Vigilancia e Investigación Policiaca y los Derechos Civiles; 18 de febrero de 1970.

Informe de la Comisión del Recinto de Río Piedras sobre Normas y Criterios de Evaluación de Profesores, 1974-1975.

Informe de la Comisión de Derechos Civiles de Puerto Rico sobre discrimen y persecución por razones políticas: la práctica gubernamental de mantener listas, ficheros y expedientes de ciudadanos por razón de su ideología política; Vol. I (Informe) – Vol. II. Apéndice con documentos; 1 de febrero de 1989.

Informe de la Comisión de Derechos Civiles sobre Discrimen Político en el Empleo Público; 6 de junio de 1989.

Informe de la Comisión de Derechos Civiles sobre Discrimen Político en el Empleo Público; 30 de junio de 1993.

Informe de la Comisión Especial sobre Fiscalización del Estado Actual de los Derechos Constitucionales. Colegio de Abogados de Puerto Rico; 12 de julio de 2010.

Informe de la Comisión de Derechos Civiles sobre Derechos Humanos y Corrupción; 24 de julio de 2015.

Convenios Internacionales

Constitución de la Organización Internacional del Trabajo (1944); digitalizados en http://www.ilo.org/

Convenio sobre la Libertad Sindical y la Protección del Derecho de Sindicación; OIT (1948); digitalizados en http://www.ilo.org/

Convenio sobre el Derecho de Sindicación y de Negociación Colectiva; OIT (1949); digitalizados en http://www.ilo.org/

Convenio sobre Igualdad de Remuneración; OIT (1951); digitalizados en http://www.ilo.org/

Convenio relativo a la Discriminación (empleo y ocupación); OIT (1958); digitalizados en http://www.ilo.org/

Declaración de Filadelfia (10 de mayo 1944), reconstituyó la Organización Internacional del Trabajo como órgano de las Naciones Unidas.

Declaración Universal de Derechos Humanos (10 de diciembre de 1948); Asamblea General de las Naciones Unidas.

Estudio especial sobre el derecho de acceso a la información; Organización de los Estados Americanos. Comisión Interamericana de Derechos Humanos. Relatoría Especial para la Libertad de Expresión.; 2007.

Recomendación conjunta de la OIT y la UNESCO relativa a la situación del personal docente; 1966; (unesdoc.unesco.org)

Recomendación de la UNESCO relativa a la condición del personal docente de enseñanza superior; 1997; digitalizada en http://unesdoc.unesco.org/

Recomendación de la UNESCO relativa a la situación de los investigadores científicos, 1974.

The Versailles Treaty (28 de junio de 1919) Part XIII. Labour; digitalizado en http://avalon.law.yale.edu/

Decisiones del Tribunal Supremo de Puerto Rico

- Lutz v. Post, Gobernador de Puerto Rico (1908) 14 D.P.R.
- Ruiz v. del Valle (1911) 17 D.P.R.
- Belaval v. Todd, Alcalde (…) 22 D.P.R.
- Belaval v. Todd, Alcalde (1916) 24 D.P.R.
- Cintrón v. Berríos, Alcalde (1917) 24 D.P.R.
- Sarriera v. Todd (1917) 26 D.P.R
- Jiménez v. Reily, Gobernador (1922) 30 D.P.R.
- Castro v. Gallardo, Tesorero (1925), 34 D.P.R.
- Gil v. Chardón, (1930) 41 D.P.R;
- Pérez v. Estéves, Comisionado (1932) 43 D.P.R.

- Vincenty v. Junta de Síndicos (1932) 45 D.P.R.
- Matos v. Veve, Marshal, (1934) 46 D.P.R.
- Romero Moreno v. Gore, Gobernador (1934) 46 D.P.R.
- Pérez Marchand v. Garrido (1935) 48 D.P.R.
- Domenech v, Corte (1935) 48 D.P.R.
- Pereda v. Padín, (1936) 49 D.P.R.
- Maura v. Junta de Pensiones (1936), 49 D.P.R.
- Pueblo v. Lastra Charriez (1936) 50 D.P.R.
- Martínez v. Colom, Comisionado (1937), 51 D.P.R.
- Gatell v. MacLeod (1940) 56 D.P.R.
- Cruz v. Garrido, (1941) 58 D.P.R.
- González v. Gallardo (1943) 62 D.P.R.
- García v. Cordero, Admor. (1943) 62 D.P.R
- Rodríguez v. Buscaglia, Tes. (1944) 63 D.P.R.
- Rosario v. Gallardo (1945) 65 D.P.R.
- Cantellops v. Fernós (1945) 65 D.P.R.
- Núñez v. Benítez, Rector (1946) 65 D.P.R.
- Abella v. Piñero, Gobernador (1946) 66 D.P.R.
- Luce & Co. v. Junta de Relaciones del Trabajo (1950) 71 D.P.R.
- Rivera Valiente v. Benítez, Rector (1952) 73 D.P.R.
- Pueblo v. Burgos (1953) 75 D.P.R.
- López v. Muñoz, Gobernador (1957) 80 D.P.R.
- Bezares v. González, Alcalde (1962) 84 D.P.R.
- Vélez Quiñones v. Srio. de Instrucción (1962) 86 D.P.R.
- J.R.T. v. Morales, (1964) 89 D.P.R.
- Santiago Agricourt v. C.R.U.V. (1964) 90 D.P.R.

- González Saldaña v. Tribunal Superior (1965); 92 D.P.R.
- J.R.T. v. Bankers Club of P.R., Inc. (1967) 94 D.P.R.
- Arcelay Rivera v. Superintendente Policía, (1967) 95 D.P.R.
- Mari Brás v. Cabañas (1968) 96 D.P.R
- Soto v. Alcalde Mun. Bayamón, (1970) 99 D.P.R.
- Báez Cancel v. Alcalde Mun. de Guaynabo (1972) 100 D.P.R.
- Wackenhut Corp. v. Rodríguez Aponte (1972) 100 D.P.R.
- Pastor Lozada v. Director Ejecutivo (1974), 101 D.P.R.
- Zachary International v. Tribunal Superior (1975), 104 D.P.R.
- Lupiáñez v. Srio. de Instrucción (1977) 105 D.P.R.
- Rivera Santana v. U.P.R. (1977) 105 D.P.R.
- Pierson Muller I. v. Feijóo (1978) 106 D.P.R.
- Pagán Hernández v. U.P.R. (1978) 107 D.P.R.
- Berríos Martínez v. U.P.R. (1978) 107 D.P.R.
- Rodríguez v. Srio. de Instrucción (1979) 109 D.P.R.
- Galarza Soto v. E.L.A. (1979) 109 D.P.R.
- Pou Estape v. F.S.E (1979) 109 D.P.R.
- León Rosario v. Torres, (1980) 109 D.P.R.
- Reyes Coreano v. Director Ejecutivo (1980), 110 D.P.R.
- U.P.R. v. Alejandro Rivera. (1981) 111 D.P.R.
- Ramos v. Srio. de Comercio (1982) 112 D.P.R.
- Morales Narváez v. Gobernador (1982) 112 D.P.R.
- Soto v. Secretario de Justicia, (1982) 112 D.P.R.
- De Franco v. Municipio de Cidra (1982) 113 D.P.R.
- Pueblo v. Ruiz Negrón (1982) 113 D.P.R.
- Clemente v. Depto. de la Vivienda (1983) 114 D.P.R.

- Colón v. C.R.U.V (1984) 115 D.P.R.

- Sepúlveda v. U.P.R. (1984) 115 D.P.R.

- Berríos v. U.P.R (1985) 116 D.P.R.

- Santiago v. Bobb y El Mundo, Inc., (1986) 117 D.P.R.

- Pueblo v. Srio. de Justicia (1986) 117 D.P.R.

- Depto. Recs. Naturales v. Correa (1987) 118 D.P.R.

- Rivera Santiago v. Srio. Hacienda (1987) 119 D.P.R.

- García Cabán v. U.P.R. (1987) 120 D.P.R.

- Henríquez v. Consejo Educación Superior (1987) 120 D.P.R.

- Ortíz Ortíz v. Depto. de Hacienda (1987) 120 D.P.R.

- Noriega v. Gobernador (1988) 122 D.P.R.

- McCrillis v. Aut. Navieras (1989) 123 D.P.R.

- Elba A.B.M. v. U.P.R. (1990) 125 D.P.R. p.294?

- Rodríguez Cruz v. Padilla Ayala (1990) 125 D.P.R.

- Torres Solano v. P.R.T.C. (1990) 127 D.P.R.

- Santiago v. Kodak Caribbean, Ltd. (1992) 129 D.P.R.

- Orta v. Padilla Ayala (1992) 131 D.P.R.

- Guadalupe v. Saldaña, Pres. U.P.R. (1993) 133 D.P.R

- C.E.S v. Gobernador I. (1993) 134 D.P.R.

- U.P.R. v. Asoc. Pur. Profs. Universitarios (1994) 136 D.P.R.

- C.E.S. U.P.R. v. Gobernador (1994) 137 D.P.R.

- Coss y U.P.R. v. C.E.E. (1995) 137 D.P.R.

- García v. Municipio de Arroyo (1996) 140 D.P.R.

- Segarra v. Municipio de Peñuelas (1998) 145 D.P.R.

- Misión Ind. P.R. v. J.P. (1998) 146 D.P.R.

- Belk v. Martínez (1998) 146 D.P.R.

- Cuevas v. Ethicon Div. J & J Prof. Co., (1999) 148 D.P.R.
- Alberty v. Bco. Gub. de Fomento (1999) 149 D.P.R.
- Angueira v. Junta de Libertad bajo Palabra (2000) 150 D.P.R.
- Irrizary v. J & J Cons. Prods. Co., Inc., (2000) 150 D.P.R.
- Ortiz v. Dir. Administrativa de los Tribunales (2000) 152 D.P.R.
- Aponte Burgos v. Aponte Silva (2001) 154 D.P.R.
- Nieves Cruz v. U.P.R. (2000) D.P.R.
- S.L.G. Giovanetti v. E.L.A. (2004) 161 D.P.R.
- Villanueva Aponte v. UPR. (2005) 166 D.P.R.
- Santana y otros v. Gobernadora Sila María Calderón y otros, 165 D.P.R. 28, 47-48 (2005) -según citado en Ley Núm. 3 (2017)-
- Sánchez Isaac v. Sylvania Lighting, Co., (2006) 166 D.P.R (TSPR 27)
- Aponte Hernández v. Riera (2009) 175 D.P.R.
- Moreno v. Pres. U.P.R. II. (2010) 178 D.P.R.
- U.P.R. v. Laborde Torres y otros I. (2010) 180 D.P.R.
- U.P.R. v. Laborde Torres y otros II. (2010) 180 D.P.R.
- Domínguez Castro v. E.L.A., (2'10 178 D.P.R.
- Whittenburg v. Col. Ntra. Sra. del Carmen (2011) 182 D.P.R.
- U.P.R. Aguadilla v. Lorenzo Hernández (2012); 184 D.P.R.
- Cordero Jiménez v. UPR. (2013) 188 D.P.R.
- Reyes Sánchez v. Eaton Electrical (2013) 189 D.P.R. (DTS 108)
- Romero et als., v. Cabrer Roig et als. (2014) 191 D.P.R.
- Díaz Carrasquillo v. García Padilla (2014) 191 D.P.R.); según citado en Ley Núm. 3 (2017)
- Pueblo v. Sánchez Valle y otros (2015) 192 D.P.R.; según citado en Ley Núm. 26 (2017)

Apelaciones

- Asociación Puertorriqueña de Profesores v. Universidad de Puerto Rico (Caso Núm. K LRA 201100404) Tribunal General de Justicia. Tribunal de Apelaciones. Región Judicial de San Juan. 27 de febrero marzo de 2012.

- Asociación Puertorriqueña de Profesores Universitarios (APPU) vs. Dra. Gladys Escalona de Motta, Rectora UPR Rio Piedras; Dr. Víctor Borrero Aldahondo, Rector de UPR en Carolina; Dr. César Cordero Montalvo, Rector de UPR en Utuado; Dr. José Carlo Izquierdo, Rector del Recinto de Ciencias Médicas; Apelación a presidencia; UPR Oficina del Presidente; 19 de marzo de 2009.

- Asociación Puertorriqueña de Profesores Universitarios (APPU) vs. Recinto Universitario de Río Piedras, Universidad de Puerto Rico en Carolina, Universidad de Puerto Rico en Utuado y Recinto de Ciencias Médicas; Apelación Núm. 90-948 (Oposición a "Moción de desestimación y/o sentencia sumaria..."); UPR Oficina del Presidente; 10 de agosto de 2009.

- Asociación Puertorriqueña de Profesores Universitarios v. Recinto Universitario de Río Piedras, Universidad de Puerto Rico en Carolina, Universidad de Puerto Rico en Utuado y Recinto de Ciencias Médicas, JS 10-28; Decisión de Apelación de la Junta de Síndicos; Núm. 29 DAJS (2010-2011); 30 de marzo de 2011.

- _____; Apelación Administrativa Núm. JS 10-28 / Informe del Comité de Apelaciones; Junta de Síndicos; 19 de marzo de 2011.

- Gazir Sued Jiménez (apelante) vs. Universidad de Puerto Rico, Recinto de Rio Piedras (apelado)- Apelación Administrativa JG 17-08; Junta de Gobierno, Universidad de Puerto Rico. (2017)

    _____; Apelación Núm. 90.1105 (Dr. Gazir Sued Jiménez vs. Universidad de Puerto Rico, Recinto de Río Piedras); 2016-2017.

    _____; Informe y Recomendación del Oficial Examinador, Lic. Frank Gotay Barquet; sobre Apelación Núm. 90.1105 (Dr. Gazir Sued v. Universidad de Puerto Rico, Recinto de Río Piedras; 16 de marzo de 2017.

_____; Resolución de la presidenta interina, Dra. Nivia A. Fernández Hernández sobre Apelación Núm. 90.1105 (Dr. Gazir Sued v. Universidad de Puerto Rico, Recinto de Río Piedras); 6 de abril de 2017.

_____; Revisión Administrativa procedente de la Junta de Gobierno de la Universidad de Puerto Rico Caso Núm. 1 DAJG (2018-2019) sobre apelación Dr. Gazir Sued Jiménez vs. UPR, Recinto de Río Piedras (Apelación Administrativa – (JG 17-08)

_____; Dr. Gazir Sued-Jiménez vs. Universidad de Puerto Rico y Otros; Apelación al Tribunal de Apelaciones de Puerto Rico (caso KLRA201800657); versión final editada y presentada el 30 de noviembre de 2018.

- Alegato en Oposición sobre caso KLRA201800657 presentado por la firma Nolla, Palou & Casellas LLC y los abogados Juan M. Casellas Rodríguez (RUA 12,968) y Jennifer López Negrón (RUA 16,506); en representación de la UPR; 21 de diciembre de 2018.

_____; Sentencia del Tribunal de Apelaciones sobre caso KLRA201800657 (Panel XII integrado por el juez Hernández Sánchez (presidente); la jueza Brignoni Mártir; y la jueza Méndez Miró (ponente); 27 de marzo de 2019

_____; Dr. Gazir Sued-Jiménez vs. Universidad de Puerto Rico y Otros; Apelación al Tribunal Supremo de Puerto Rico; 29 de abril de 2019 (Núm. de Caso: CC-2019-341)

- Gazir Sued (Demandante) v. Edmundo Kraiselburd, Janis González Martínez, Rafael Rodríguez Mercado, Miguel A. Muñoz (Demandados); *Mandamus* (Civil Núm. K PE2012-0199); Tribunal de Primera Instancia; San Juan; 18 de enero de 2012.

- Moreno Viqueira v. Universidad de Puerto Rico. Tribunal de Apelaciones de Puerto Rico. 18 de diciembre de 2015.

- Nieve de los Ángeles Vázquez v. UPR-Bayamón; Caso Núm: 90-1034; Junta de Gobierno, UPR; 25 de abril de 2014.

- Nieve de los Ángeles Vázquez v. Uroyoán Ramón Emeterio Walker, presidente UPR; Civil No. 15-1891 (PAD); United States District Court, D. Puerto Rico.

- Orta Anes v. Universidad de Puerto Rico (Caso Núm. K PE2011-2464) Tribunal de Apelaciones. Región Judicial de San Juan. 14 de septiembre de 2012.

- Prof. Carlos Hernández Hernández vs. UPR en Ponce; Apelación Núm. JS 06-05 (Sobre denegatoria de renovación de contrato) / Informe del Comité de Apelaciones sometido a la Junta de Síndicos; 24 de junio de 2006.

- Rectora del RURP v. Dr. Tomás Reyes Peña; Decisión de Apelación de la Junta de Síndicos; Número 18 DAJS (2009-2010); 6 de abril de 2010.

- _____; Apelación Administrativa Núm. JS 09-29 / Informe del Comité de Apelaciones; Junta de Síndicos; 27 de marzo de 2010.

- Rodríguez González v. UPR (Caso Núm. KLRA200900799) Tribunal de Apelaciones de Puerto Rico, 22 de diciembre de 2010.

- Resolución de la Junta de Relaciones del Trabajo; Caso Núm. P-87-12, D-91-1171; 26 de febrero de 1991.

- U.P.R v. U.B.O.S-U.P.R (Caso Núm. P-2013-01) Tribunal de Apelaciones; 31 de agosto de 2016.

- William McCann v. Alejandro Ruiz, Rector UPR-RUM; Apelación Núm. 10-91-15 / Informe del Oficial Examinador, 23 de febrero de 1993.

- William McCann v. Junta Administrativa del RUM; Caso Núm. 10-91-15 / Informe del Asesor Legal; 15 de enero de 1992.

- McCann v. Ruiz; Civ. No. 90-2164 (JP) United States District Court, D. Puerto Rico - 788 F. Supp. 109; February 11, 1992.

Artículos de Periódicos impresos y digitales

American Association of University Professors; "A Concerted Attack on Academic Freedom"; January 13, 2017 (https://www.aaup.org)

Alvarado León, Gerardo; "Junta de Gobierno destituye al presidente de la UPR"; *El Nuevo* Día; 7 de julio de 2016.

Asociación Puertorriqueña de Profesores Universitarios (APPU); "Amenazada la calidad académica en la UPR por sustancial reducción en plazas docentes" (Comunicado de Prensa, 4 de octubre de 2006)

_____; "APPU entrega al Presidente de la UPR firmas de apoyo a campaña en defensa de docentes sin plaza"; Comunicado de Prensa, 2 de febrero de 2007.

_____; "Amenazada la contratación de cientos de profesores de la UPR"; Comunicado de Prensa; 8 de mayo de 2008.

_____; "La APPU demanda acción del Presidente de la UPR para garantizar plazas a 18 docentes"; Comunicado de Prensa; 19 de marzo de 2009.

_____; "A restituir fondos a la UPR"; *El Vocero*; 15 de junio de 2010.

_____; "Grupos de interés exigen transparencia a la UPR sobre caudal de bienes"; Comunicado de Prensa; 15 de marzo de 2011.

_____; Aviso Núm. 6 (Alerta ante los intentos de aumentar la carga académica del docente); 18 de mayo de 2011.

Aragunde, Rafael; "Sin negociación no habrá reforma"; *Claridad*, 22 al 28 de octubre de 1993.

Bello, Gladys M.; "APPU justifica voto de huelga"; *Diálogo*, 2 de junio de 2009.

Betancourt, Alex; "El contexto de la crisis y la crisis del contexto"; *Noticel* (http://www.noticel.com), 30 de marzo de 2017.

Campos, José Gabriel; "Otra presidencia de corte partidista"; *Claridad*, 18 al 24 de febrero de 1994.

Carmona Baez, Antonio; "We Are No Longer Scared: Non-Tenure Track Faculty at the University of Puerto Rico"; *New Politics* (newpol.org); 13 de marzo de 2017.

Clarion; "Adjuncts to CUNY board: we deserve fair pay for our work"; Clarion; mayo 2017. (http://psc-cuny.org)

Colón Dávila, Javier; "La UPR no identifica de donde recortar para llegar a los $450 millones"; *El Nuevo Día*; 17 de marzo de 2017.

Colón, María de los Milagros; "Profesores sin plaza son de segunda clase"; *Primera Hora*; 5 de mayo d 2017.

De los Ángeles Vázquez, Nieve; "La UPR, el dinero y el acceso a la justicia"; *El Vocero*; 16 de febrero del 2017.

Diálogo; "La APPU solicita plazas permanentes de profesores"; *Diálogo*; 25 de marzo de 2009.

_____; "Los profesores marchan para reivindicar la universidad pública"; Diálogo, 29 de abril de 2010.

_____; "Grupo de profesores/as por una Universidad Democrática de Excelencia Académica"; *Diálogo*, 29 de abril de 2010.

_____; "Profesores aprueban voto de huelga"; *Diálogo*; 21 de mayo de 2010.

_____; "Profesores del RUM se oponen al desalojo de universitarios"; *Diálogo*; 3 de junio de 2010.

_____; "La degradación del proyecto universitario"; *Diálogo*, 26 de mayo de 2010.

_____; "Apoyo internacional a huelga UPR"; Diálogo, 6 de mayo de 2010.

_____; "Informe revela alto número de profesores en edad de retiro en UPR-RP"; *Diálogo*, 26 de abril de 2016.

_____; "Profesores aceptan proceso con cautela"; *Diálogo*, mayo de 1994.

Editorial; "Voluntad de cambio para salvar la UPR"; *El Nuevo Día*, 11 de marzo de 2017.

_____; "La justicia tiene que ser rápida y transparente"; *El Nuevo Día*, 6 de marzo de 2014.

_____; "Nada exime a la UPR de la Austeridad"; *El Nuevo Día*, 4 de febrero de 2014.

Ferré Rangel, Luis Alberto; "La UPR: ¿su peor enemigo?; *El Nuevo Día*, 26 de febrero de 2017.

Figueroa Cancel, Alex; "Roselló advierte que intervendrá en la UPR"; *El Nuevo Día*, 17 de febrero de 2017.

Giovannetti, Jorge L.; "Para hacer universidad", *El Vocero*; 22 de marzo de 2017.

González Nieves, Mary y Roche, Mario Edgardo; "Se inicia el movimiento hacia la reforma"; *Diálogo*, mayo de 1994.

González Ortiz, Beauregard; "Aprendamos de las experiencias"; *Diálogo*, abril de 1994.

López Alicea, Keila; "Ante un reto financiero", *El Nuevo Día*, 29 de enero de 2017.

_____; "Renuncian 9 de los rectores y la presidenta interina de la UPR"; El Nuevo Día; 16 de febrero de 2017

Maldonado Arrigoitía, Wilma; "Opacidad: cómplice de muchos males"; *El Nuevo Día*, 1 de mayo de 2016.

Meléndez García, Lyanne; "Tijera de $201 millones a la UPR"; *Metro*, 7 de abril de 2017.

Metro; "Hallan causa contra tres extrectores UPR", *Metro*, 26 de mayo de 2017.

Moscoso, Francisco; "Error eliminar plazas de jubilados y fallecidos en UPR"; El *Nuevo Día*, 27 de julio de 2017.

Mulero, Leonor; "Promueve el PIP su plan de reforma universitaria"; *El Nuevo Día*, 5 de marzo de 1993.

Negrón de Montilla, Aida; "La crisis universitaria"; *El Nuevo Día*, 2 de febrero de 1990.

Negrón Pérez, Ivis M.; "Profesores exigen su permanencia"; *El Vocero*, 5 de octubre de 2006.

Ortega Marrero, Melisa; "Destituyen a todos los rectores de la UPR"; *El Nuevo Día*, 18 de julio de 2017.

_____; "Revelan plan de recortes para sistema de la UPR"; *El Nuevo Día*, 21 de marzo de 2017.

Pabón, Milton; "El nuevo estatuto universitario: claves para contrarrestar el control partidista"; *Diálogo*, febrero de 1994.

Pacheco, Istra; "Nueva presidenta de la UPR rechaza un recorte de $300 millones"; *Primera Hora*, 21 de febrero de 2017.

Parés, Marga y Saker, Gabriela; "Contra la pared la Universidad de Puerto Rico"; *El Nuevo Día*, 14 de marzo de 2017.

Pérez Díaz, Carlos (presidente Junta Gobierno UPR); "El plan fiscal para la UPR", *El Nuevo Día*, 22 de abril de 2017.

Pérez García, Juan C.; "Gazir Sued y la fragilidad de los profesores por contrato en la UPR"; *El Post Antillano*, 27 de abril de 2017 (http://elpostantillano.net/)

Periódico *Poder Estudiantil: Expresión Política de la Federación Universitaria Pro Independencia* (1993-1996)

Periódico *Universidad: Organo Oficial de la Universidad de Puerto Rico*: (1948-1960); (http://universidad.homestead.com)

Portada *El Nuevo Día*, "PRESTIGIO ECLIPSADO POR EL FAVORITISMO"; 19 de julio de 2016.

Portada *Metro*; "Sonoro reclamo a UPR por falta de transparencia'"; 29 de junio de 2016.

Portada *Primera Hora*, "BOTA'O POR TRAQUETEO CON BECAS"; 8 de julio de 2016.

Portada *El Vocero*; "PROTESTAN EN DEFENSA DE LA UPR", 23 de febrero de 2017.

_____; "RENUNCIAS MASIVAS EN LA UPR", 17 de febrero de 2017.

Quintero, Ana Helvia; "Hacia una nueva estructura administrativa que apoye la nueva visión de la Universidad"; *Diálogo*, abril de 1994.

Quintero, Laura M., "La UPR queda sin cabeza"; *El Vocero*, 17 de febrero de 2017

———; "Devastador informe sobre becas presidenciales"; *El Vocero*, 8 de julio de 2016.

———; "Había mucha presión de arriba, de personas muy poderosas"; *El Vocero*, 8 de julio de 2016.

Rivera Ramos, Efrén; "Las tendencias del Tribunal Supremo"; *El Nuevo Día*, 15 de octubre de 2013.

———; "UPR"; *El Nuevo Día*, 19 de mayo de 2015.

Rivera, Odalys; "Para largo la presencia policíaca en la UPR"; *Diálogo*, 9 de diciembre de 2010.

Rivera Vega, Carmen H. (rectora UPR-RP); "La UPR debería ser prioridad para la Junta y el Gobierno"; *El Nuevo Día*, 14 de marzo de 2017.

———; "Abrir la Universidad"; *El Nuevo Día*, 1 de abril de 2017.

Resolución / Comunicado de Prensa; Departamento de Psicología, Facultad de Ciencias Sociales, UPR-RP; 6 de agosto de 2010.

Roldán Soto, Camile; "Se quejan profesores por plazas"; *El Nuevo Día*, 5 de octubre de 2006.

Román, Madeline; "Por una Universidad robusta"; *El Nuevo Día*, 23 de febrero de 2017.

———; "Política institucional y convivencia en la UPR"; *El Nuevo Día*, 28 de marzo de 2017.

Ruiz Kuilan, Gloria; "Hay fuerzas políticas envueltas en todo esto"; *El Nuevo Día*, 13 de julio de 2016.

Saker Jiménez, Gabriela; "La UPR elegirá a su presidente en julio"; *El Nuevo Día*, 15 de marzo de 2017.

Salmonte, Lourdes; "Retorno a los tiempos de represión"; *Diálogo*; 2 de junio de 2009

Santiago, Carlos Alá; "Reforma, autonomía y negociación colectiva"; *Claridad*, 11 al 17 de febrero de 1994.

Sued Badillo, Jalil; "El injusto primer centro docente"; *El Nuevo Día*, 28 de febrero de 2007.

Sued, Gazir; "Iniciativa en defensa de derechos de profesores universitarios" (Comunicado de Prensa); 18 de julio de 2017.

_____; "Ultimátum a Junta de Gobierno UPR por discrimen y represalia contra profesor universitario". (Comunicado de Prensa); 7 de junio de 2017.

_____; "Huelga"; *El Nuevo Día*, 21 de mayo de 2017.

_____; "Deserciones en la UPR"; *El Nuevo Día*, 24 de febrero de 2017.

_____; "Secretismo"; *El Nuevo Día*, 17 de septiembre de 2016

_____; "Relevos vitales"; *El Nuevo Día*, 1 de junio de 2016.

_____; "Profesor denuncia violación a derechos civiles y laborales en la UPR". Comunicado de Prensa: 19 de septiembre de 2016.

_____; "Efecto dominó", *El Nuevo Día*, 16 de mayo de 2013.

_____; "Investigador demanda directivos de UPR y Centro de Primates por violación a derechos de información, expresión y prensa". Comunicado de Prensa: 2 de febrero de 2012.

_____; "De la reforma política de la Universidad"; *El Nuevo Día*, 24 de febrero de 2012.

_____; "La Universidad del Estado"; Revista *80 grados*, 14 de diciembre de 2012.

_____; "Voluntad de saber", *El Nuevo Día*, 26 de abril de 2012.

_____; "La reforma va"; *El Nuevo Día*, 27 de enero de 2011.

_____; "Alma Máter"; *El Nuevo Día*, 2 de marzo de 2011.

_____; "Denuncia complicidad y encubrimiento de directivos del Recinto de Ciencias Médicas con trato cruel y matanza de primates". Comunicado de Prensa. 6 de diciembre de 2011.

_____; "Editorial y censura"; *El Nuevo Día*, 7 de septiembre de 2010.

_____; "Universidad y ley"; *El Nuevo Día*, 21 de abril de 2010.

_____; "Universidad, autonomía y huelga"; *El Nuevo Día*, 12 de mayo de 2010.

_____; "La mayoría si(l)ente"; *El Nuevo Día*, 16 de mayo de 2010.

_____; "Reforma Universitaria"; *El Nuevo Día*, 28 de mayo de 2010.

_____; "Libertad de cátedra"; *El Nuevo Día*, 18 de junio de 2010.

_____; "Universidad, voluntad y ley"; *El Nuevo Día*, 20 de noviembre de 2010.

_____; "Repensar lo posible"; *El Nuevo Día*, 30 de diciembre de 2010.

_____; "Educación y Derecho"; *El Nuevo Día*, 18 de agosto de 2008.

_____; "Profesores desechables"; *El Nuevo Día*, 5 de diciembre de 2008.

www.ingramcontent.com/pod-product-compliance
Lightning Source LLC
Chambersburg PA
CBHW020938230426
43666CB00005B/76